公司法判例与实务

任春玲 著

北京理工大学出版社
BEIJING INSTITUTE OF TECHNOLOGY PRESS

版权专有　侵权必究

图书在版编目（CIP）数据

公司法判例与实务 / 任春玲著 . —北京：北京理工大学出版社，2021.3
ISBN 978－7－5682－9577－2

Ⅰ.①公… Ⅱ.①任… Ⅲ.①公司法－研究－中国Ⅳ.①D922.291.914

中国版本图书馆 CIP 数据核字（2021）第 037324 号

出版发行 / 北京理工大学出版社有限责任公司
社　　址 / 北京市海淀区中关村南大街 5 号
邮　　编 / 100081
电　　话 /（010）68914775（总编室）
　　　　　（010）82562903（教材售后服务热线）
　　　　　（010）68948351（其他图书服务热线）
网　　址 / http：//www.bitpress.com.cn
经　　销 / 全国各地新华书店
印　　刷 / 三河市华骏印务包装有限公司
开　　本 / 787 毫米 × 1092 毫米　1/16
印　　张 / 20　　　　　　　　　　　　　　　　　　　责任编辑 / 徐艳君
字　　数 / 446 千字　　　　　　　　　　　　　　　　文案编辑 / 徐艳君
版　　次 / 2021 年 3 月第 1 版　2021 年 3 月第 1 次印刷　责任校对 / 周瑞红
定　　价 / 80.00 元　　　　　　　　　　　　　　　　责任印制 / 施胜娟

图书出现印装质量问题，请拨打售后服务热线，本社负责调换

前　言

公司法是一门实用型的法律，也是应用型的法律，它主要调整股东与股东之间的关系，当然随之而来的还会有股东与公司的关系、股东与公司机关之间的关系，公司与公司机关之间的关系，公司机关之间的关系，如果一个公司这五种关系都很正常，公司的人合性和法人治理结构就会非常好，如果没有特别重大的外部事件公司就将立于不败之地。如果公司的两权分离财产结构不明晰，法人治理结构不符合公司法的相关规定，公司成立时的矛盾纠纷、公司运行期间的矛盾纠纷、公司清算时的矛盾纠纷就将在所难免。公司诉讼就是一种必需的救济机制，其通过处理股东与股东、股东与公司、股东与公司债权人、公司与董事、高级管理人员之间的各种纠纷来考量与平衡控股股东、异议股东、公司、债权人、实际控制人之间的利益博弈，其在法律实践中具有高度的复杂性，一方面表现为各类案件处理依据、处理程序的差异性，另一方面表现为公司诉讼类型的多样性。

本书以最高人民法院《民事案件案由规定》中"与公司有关的纠纷"为线索，按照公司纠纷类型设计了24章内容。每章内容都分为典型案例、裁判要旨、实务指引、拓展案例等四个部分。每章选取的案例都具有真实、典型、新颖的特征，且全部来源于我国各级法院的真实判例，每个案件都包含多个法律关系或者法律概念，而且这些案例大都曾经确立或影响过某一重要法律理论和原则，是具有代表性的典型案例，在最终选取的48个典型案例和拓展案例中，大部分是社会关注度高、争议较多的案例。在实务指引环节介绍了该类公司纠纷的定义、管辖、诉讼主体、纠纷的具体类型以及该类纠纷的裁判规则，以阐述该类纠纷中的关键法律问题及法律疑点和难点，对复杂的法律规范进行了系统的梳理，对各种类型的公司诉讼程序和实体所涉及的法律问题及实务做了较深入的阐述，基本涵盖了公司诉讼所涉及的法律问题。本书对从事法律实务的业界人士和法律专业的学生均具有一定的指导意义，使他们可以掌握不同类型公司纠纷诉讼案件的基本程序问题和实务操作关键要点，从而判断自己运用公司法的具体制度解决公司争议是否正确。但是，由于作者的公司法理论修养和实践能力的限制，本书内容难免存在疏漏、不足，甚至错误，恳请前辈和同行指正。

著　者

目 录

第一章 股东资格确认纠纷 ……………………………………………………… (1)

【典型案例】周艳与建都公司股东资格确认纠纷 ………………………………… (1)

【裁判要旨】……………………………………………………………………… (2)

【实务指引】……………………………………………………………………… (4)

    一、股东资格确认纠纷的定义 ………………………………………………… (4)

    二、股东资格确认纠纷的管辖 ………………………………………………… (4)

    三、股东资格确认纠纷的诉讼主体 …………………………………………… (5)

    四、股东资格确认纠纷是否适用诉讼时效 …………………………………… (5)

    五、股东资格确认纠纷的类型 ………………………………………………… (5)

    六、股东资格确认纠纷的裁判规则 …………………………………………… (6)

【拓展案例】陈鲁与被告北京颐鸿房地产开发有限公司、第三人杨九安等股东资格
           确认纠纷 ………………………………………………………… (8)

第二章 股东名册记载纠纷 ………………………………………………………… (10)

【典型案例】陈某贤与贵港市食品公司股东名册记载纠纷 ……………………… (10)

【裁判要旨】……………………………………………………………………… (11)

【实务指引】……………………………………………………………………… (12)

    一、股东名册记载纠纷的定义 ………………………………………………… (12)

    二、股东名册记载纠纷的管辖 ………………………………………………… (13)

    三、股东名册记载纠纷的诉讼主体 …………………………………………… (13)

    四、股东名册记载纠纷的类型 ………………………………………………… (13)

    五、股东名册记载纠纷不适用诉讼时效 ……………………………………… (14)

    六、股东名册记载纠纷的判裁规则 …………………………………………… (14)

【拓展案例】陈某与远东公司股东名册记载纠纷 ………………………………… (16)

第三章 请求变更公司登记纠纷 …………………………………………………… (18)

【典型案例】马连芬等与东方上宇公司请求变更公司登记纠纷 ………………… (18)

【裁判要旨】……………………………………………………………………… (18)

【实务指引】……………………………………………………………………… (19)

    一、请求变更公司登记纠纷的定义 …………………………………………… (19)

    二、请求变更公司登记纠纷的管辖 …………………………………………… (19)

三、请求变更公司登记纠纷的诉讼主体 …………………………………… (20)
四、请求变更公司登记纠纷不适用诉讼时效 ……………………………… (21)
五、法定代表人变更是否需要代表三分之二以上表决权的股东通过 …… (21)
六、请求变更公司登记纠纷的裁判规则 …………………………………… (22)
【拓展案例】北京前门实业股份有限公司与北京辰宇实业总公司请求变更公司登记
纠纷 ……………………………………………………………………… (25)

第四章 股东出资纠纷 ……………………………………………………………… (28)

【典型案例】袁玉岷与光彩宝龙公司、宝纳资源公司、龙湾港公司股东出资纠纷
……………………………………………………………………………… (28)
【裁判要旨】 …………………………………………………………………… (29)
【实务指引】 …………………………………………………………………… (30)
一、股东出资纠纷的定义 …………………………………………………… (30)
二、股东出资纠纷的管辖 …………………………………………………… (30)
三、股东出资纠纷的诉讼主体 ……………………………………………… (31)
四、股东出资纠纷举证责任分配和诉讼时效 ……………………………… (31)
五、股东出资纠纷的类型 …………………………………………………… (31)
六、股东出资纠纷的裁判规则 ……………………………………………… (32)
【拓展案例】北京晶蓝国际教育咨询有限公司诉被告常鑫股东出资纠纷 ………… (38)

第五章 新增资本认购纠纷 ………………………………………………………… (40)

【典型案例】戴健、史东明、吴钰与联合智信公司新增资本认购纠纷 …………… (40)
【裁判要旨】 …………………………………………………………………… (41)
【实务指引】 …………………………………………………………………… (43)
一、新增资本认购纠纷的定义 ……………………………………………… (43)
二、新增资本认购纠纷的管辖 ……………………………………………… (43)
三、新增资本认购纠纷的类型 ……………………………………………… (43)
四、新增资本认购纠纷的裁判规则 ………………………………………… (44)
【拓展案例】于森与沈东磊等新增资本认购纠纷 …………………………………… (48)

第六章 股东知情权纠纷 …………………………………………………………… (50)

【典型案例】张世友、肖淑霞与好风好雨公司股东知情权纠纷 …………………… (50)
【裁判要旨】 …………………………………………………………………… (50)
【实务指引】 …………………………………………………………………… (52)
一、股东知情权纠纷的定义 ………………………………………………… (52)
二、股东知情权纠纷的诉讼主体 …………………………………………… (53)
三、股东知情权纠纷的管辖 ………………………………………………… (53)
四、提起股东知情权诉讼的前置程序条件 ………………………………… (54)
五、股东知情权纠纷的裁判规则 …………………………………………… (54)

【拓展案例】澳中佳缘（北京）窗帘布艺有限公司与邱玉梅股东知情权纠纷 …… (60)

第七章　请求公司收购股份纠纷 …… (64)

【典型案例】张彦辰、解云平请求公司收购股份纠纷 …… (64)
【裁判要旨】 …… (65)
【实务指引】 …… (66)
　　一、请求公司收购股份纠纷的定义 …… (66)
　　二、异议股东股份收购请求权的行使条件 …… (67)
　　三、异议股东股份收购请求权的行使方式 …… (68)
　　四、请求公司收购股份纠纷的裁判规则 …… (68)
【拓展案例】贵州金农科技有限责任公司与黎勇及陈文强请求公司收购股份纠纷
　…… (74)

第八章　股权转让纠纷 …… (78)

【典型案例】张炜与韬蕴（上海）企业发展有限公司、温晓东股权转让纠纷 …… (78)
【裁判要旨】 …… (80)
【实务指引】 …… (85)
　　一、股权转让纠纷的定义 …… (85)
　　二、股权转让纠纷的诉讼主体 …… (85)
　　三、股权转让纠纷的管辖 …… (86)
　　四、股权转让纠纷的裁判规则 …… (86)
【拓展案例】詹汉丁与王荣杰、王晓林等股权转让纠纷 …… (98)

第九章　公司决议纠纷 …… (103)

【典型案例】平顶山雪豹面粉有限责任公司、韩西庆公司决议纠纷 …… (103)
【裁判要旨】 …… (106)
【实务指引】 …… (109)
　　一、公司决议纠纷的定义 …… (109)
　　二、公司决议纠纷的诉讼主体 …… (110)
　　三、公司决议纠纷的裁判规则 …… (110)
【拓展案例】李根富、金华市华亿新型建材有限公司公司决议纠纷 …… (115)

第十章　公司设立纠纷 …… (117)

【典型案例】余荣贤、陈清渊公司设立纠纷 …… (117)
【裁判要旨】 …… (117)
【实务指引】 …… (118)
　　一、公司设立纠纷的定义 …… (118)
　　二、公司设立纠纷的管辖 …… (118)
　　三、公司设立纠纷的诉讼主体 …… (119)
　　四、公司设立纠纷的类型 …… (119)

五、公司设立纠纷的裁判规则 …………………………………………（120）
　【拓展案例】葛志立等与任学军公司设立纠纷 ……………………………（122）

第十一章　公司证照返还纠纷 …………………………………………（126）
　【典型案例】陈少棠、厦门嘉裕德汽车电子科技有限公司公司证照返还纠纷 ……（126）
　【裁判要旨】………………………………………………………………（126）
　【实务指引】………………………………………………………………（127）
　　一、公司证照返还纠纷的定义 ………………………………………（127）
　　二、公司证照返还纠纷的诉讼主体 …………………………………（127）
　　三、公司证照返还纠纷的管辖 ………………………………………（129）
　　四、返还公司证照纠纷的类型 ………………………………………（129）
　　五、占有人是否有义务返还公司证照 ………………………………（130）
　　六、返还公司证照纠纷的举证要点 …………………………………（132）
　　七、与返还公司证照相关的其他诉请 ………………………………（133）
　【拓展案例】李春明与杨青会、桑照丽、郑州通得商贸有限公司公司证照返还纠纷
　　………………………………………………………………………………（134）

第十二章　发起人责任纠纷 ……………………………………………（138）
　【典型案例】马丽、谢昭贤发起人责任纠纷 ………………………………（138）
　【裁判要旨】………………………………………………………………（138）
　【实务指引】………………………………………………………………（140）
　　一、发起人责任纠纷的定义 …………………………………………（140）
　　二、发起人责任纠纷的管辖 …………………………………………（141）
　　三、发起人责任纠纷的裁判规则 ……………………………………（141）
　【拓展案例】张娅婷、林樱发起人责任纠纷 ………………………………（143）

第十三章　公司盈余分配纠纷 …………………………………………（145）
　【典型案例】济宁鲁兴房地产开发有限公司、互标有限公司公司盈余分配纠纷
　　………………………………………………………………………………（145）
　【裁判要旨】………………………………………………………………（146）
　【实务指引】………………………………………………………………（147）
　　一、公司盈余分配纠纷的定义 ………………………………………（147）
　　二、公司盈余分配纠纷的诉讼主体 …………………………………（147）
　　三、公司盈余分配纠纷的管辖 ………………………………………（147）
　　四、公司盈余分配纠纷的裁判规则 …………………………………（148）
　【拓展案例】焦作市峰华房地产有限公司、毋海利公司盈余分配纠纷 ……（151）

第十四章　损害股东利益责任纠纷 ……………………………………（155）
　【典型案例】张彦辰、解云平请求公司收购股份纠纷 ……………………（155）
　【裁判要旨】………………………………………………………………（157）

【实务指引】 (157)
　　　　一、损害股东利益责任纠纷的定义 (157)
　　　　二、损害股东利益责任纠纷的诉讼主体 (158)
　　　　三、损害股东利益责任纠纷的管辖 (159)
　　　　四、损害股东利益责任纠纷的相关实体问题 (159)
　　【拓展案例】周萌与殷涛、西安天纵有害生物防治有限公司损害股东利益责任纠纷 (162)

第十五章　损害公司利益责任纠纷 (164)

　　【典型案例】斯曼特微显示科技（深圳）有限公司、胡秋生损害公司利益责任纠纷 (164)
　　【裁判要旨】 (165)
　　【实务指引】 (169)
　　　　一、损害公司利益责任纠纷的定义 (169)
　　　　二、损害公司利益责任的管辖 (170)
　　　　三、损害公司利益责任的诉讼主体 (170)
　　　　四、损害公司利益责任纠纷的具体表现形式 (172)
　　　　五、损害公司利益责任纠纷的成因分析 (172)
　　　　六、损害公司利益责任纠纷中的程序问题 (173)
　　　　七、损害公司利益责任纠纷的裁判规则 (175)
　　【拓展案例】廖永光、黄建明损害公司利益责任纠纷 (176)

第十六章　股东损害公司债权人利益责任纠纷 (180)

　　【典型案例】张全民、陈洪德股东损害公司债权人利益责任纠纷 (180)
　　【裁判要旨】 (180)
　　【实务指引】 (182)
　　　　一、股东损害公司债权人利益责任纠纷的定义 (182)
　　　　二、股东损害公司债权人利益责任纠纷的管辖 (182)
　　　　三、股东损害公司债权人利益责任纠纷的类型 (183)
　　　　四、股东损害公司债权人利益责任纠纷案件中的诉讼时效起算 (184)
　　　　五、股东损害公司债权人利益责任纠纷的侵权构成 (185)
　　　　六、引发股东损害公司债权人利益责任类纠纷的主要原因 (186)
　　　　七、股东损害公司债权人利益责任纠纷的裁判规则 (186)
　　【拓展案例】侯秀芹、齐商银行股份有限公司中心路支行股东损害公司债权人利益责任纠纷 (191)

第十七章　公司关联交易损害责任纠纷 (193)

　　【典型案例】耿志友、刘月联公司关联交易损害责任纠纷 (193)
　　【裁判要旨】 (195)

【实务指引】 (199)
　　　　一、公司关联交易损害责任纠纷的定义 (199)
　　　　二、公司关联交易损害责任纠纷的管辖 (199)
　　　　三、公司关联交易损害责任纠纷的裁判规则 (200)
　　【拓展案例】昆明云南红酒业发展有限公司、吴宏良公司关联交易损害责任纠纷 (203)

第十八章　公司合并纠纷 (207)

　　【典型案例】北京实圣达停车场管理有限公司等与北京华源亿泊停车管理有限公司公司合并纠纷 (207)
　　【裁判要旨】 (210)
　　【实务指引】 (213)
　　　　一、公司合并纠纷的定义 (213)
　　　　二、公司合并纠纷的管辖 (213)
　　　　三、公司合并纠纷的诉讼主体 (213)
　　　　四、公司合并纠纷的裁判规则 (214)
　　【拓展案例】我爱我家管理有限公司、邓州市上品酒店有限公司公司合并纠纷 (215)

第十九章　公司分立纠纷 (217)

　　【典型案例】李宏虎、长沙宏盛投资发展有限公司公司分立纠纷 (217)
　　【裁判要旨】 (218)
　　【实务指引】 (219)
　　　　一、公司分立纠纷的定义 (219)
　　　　二、公司分立的步骤 (220)
　　　　三、公司分立登记的程序 (221)
　　　　四、公司分立纠纷的裁判规则 (223)
　　【拓展案例】史某等公司分立纠纷 (224)

第二十章　公司减资纠纷 (231)

　　【典型案例】胡仁建、彭世美与穆春燕公司减资纠纷 (231)
　　【裁判要旨】 (231)
　　【实务指引】 (233)
　　一、公司减资纠纷的定义 (233)
　　二、公司减资纠纷的管辖 (234)
　　三、公司减资纠纷的类型 (234)
　　四、债权人要求减资股东承担减资赔偿责任的请求权基础 (235)
　　五、公司减资纠纷的举证 (235)
　　六、公司不当减资纠纷的裁判规则 (238)

【拓展案例】青岛市李沧建筑安装工程有限公司、张学健公司减资纠纷⋯⋯⋯⋯（242）

第二十一章　公司增资纠纷⋯⋯⋯⋯⋯⋯⋯⋯⋯⋯⋯⋯⋯⋯⋯⋯⋯⋯⋯⋯⋯（244）

【典型案例】何齐元与南通锴炼实业（集团）有限公司、张希等公司增资纠纷
⋯⋯⋯⋯⋯⋯⋯⋯⋯⋯⋯⋯⋯⋯⋯⋯⋯⋯⋯⋯⋯⋯⋯⋯⋯⋯⋯⋯⋯⋯⋯⋯（244）
【裁判要旨】⋯⋯⋯⋯⋯⋯⋯⋯⋯⋯⋯⋯⋯⋯⋯⋯⋯⋯⋯⋯⋯⋯⋯⋯⋯⋯⋯（246）
【实务指引】⋯⋯⋯⋯⋯⋯⋯⋯⋯⋯⋯⋯⋯⋯⋯⋯⋯⋯⋯⋯⋯⋯⋯⋯⋯⋯⋯（249）
一、公司增资纠纷的定义⋯⋯⋯⋯⋯⋯⋯⋯⋯⋯⋯⋯⋯⋯⋯⋯⋯⋯⋯⋯（249）
二、公司增资纠纷的管辖⋯⋯⋯⋯⋯⋯⋯⋯⋯⋯⋯⋯⋯⋯⋯⋯⋯⋯⋯⋯（249）
三、公司增资纠纷的裁判规则⋯⋯⋯⋯⋯⋯⋯⋯⋯⋯⋯⋯⋯⋯⋯⋯⋯⋯（250）
【拓展案例】浙江华汇能源环境投资股份有限公司、滁州市人民政府国有资产监
督管理委员会公司增资纠纷⋯⋯⋯⋯⋯⋯⋯⋯⋯⋯⋯⋯⋯⋯⋯⋯⋯⋯⋯（252）

第二十二章　公司解散纠纷⋯⋯⋯⋯⋯⋯⋯⋯⋯⋯⋯⋯⋯⋯⋯⋯⋯⋯⋯⋯⋯（259）

【典型案例】上海昌润房产有限公司与石熙明公司解散纠纷⋯⋯⋯⋯⋯⋯⋯⋯（259）
【裁判要旨】⋯⋯⋯⋯⋯⋯⋯⋯⋯⋯⋯⋯⋯⋯⋯⋯⋯⋯⋯⋯⋯⋯⋯⋯⋯⋯⋯（260）
【实务指引】⋯⋯⋯⋯⋯⋯⋯⋯⋯⋯⋯⋯⋯⋯⋯⋯⋯⋯⋯⋯⋯⋯⋯⋯⋯⋯⋯（264）
一、公司解散纠纷的定义⋯⋯⋯⋯⋯⋯⋯⋯⋯⋯⋯⋯⋯⋯⋯⋯⋯⋯⋯⋯（264）
二、公司解散纠纷的受理条件⋯⋯⋯⋯⋯⋯⋯⋯⋯⋯⋯⋯⋯⋯⋯⋯⋯⋯（265）
三、公司解散事由具体分析⋯⋯⋯⋯⋯⋯⋯⋯⋯⋯⋯⋯⋯⋯⋯⋯⋯⋯⋯（266）
四、公司解散纠纷的审查重点⋯⋯⋯⋯⋯⋯⋯⋯⋯⋯⋯⋯⋯⋯⋯⋯⋯⋯（268）
五、公司解散纠纷的裁判规则⋯⋯⋯⋯⋯⋯⋯⋯⋯⋯⋯⋯⋯⋯⋯⋯⋯⋯（274）
【拓展案例】上海圣博华康文化创意投资股份有限公司与上海浦东乡传农业科技
有限公司公司解散纠纷⋯⋯⋯⋯⋯⋯⋯⋯⋯⋯⋯⋯⋯⋯⋯⋯⋯⋯⋯⋯⋯（275）

第二十三章　申请公司清算纠纷⋯⋯⋯⋯⋯⋯⋯⋯⋯⋯⋯⋯⋯⋯⋯⋯⋯⋯⋯（278）

【典型案例】王秋林与邢台市公共交通总公司申请公司清算纠纷⋯⋯⋯⋯⋯⋯（278）
【裁判要旨】⋯⋯⋯⋯⋯⋯⋯⋯⋯⋯⋯⋯⋯⋯⋯⋯⋯⋯⋯⋯⋯⋯⋯⋯⋯⋯⋯（279）
【实务指引】⋯⋯⋯⋯⋯⋯⋯⋯⋯⋯⋯⋯⋯⋯⋯⋯⋯⋯⋯⋯⋯⋯⋯⋯⋯⋯⋯（279）
一、申请公司清算纠纷的定义⋯⋯⋯⋯⋯⋯⋯⋯⋯⋯⋯⋯⋯⋯⋯⋯⋯⋯（279）
二、申请公司清算纠纷的管辖⋯⋯⋯⋯⋯⋯⋯⋯⋯⋯⋯⋯⋯⋯⋯⋯⋯⋯（279）
三、申请公司清算纠纷的诉讼主体⋯⋯⋯⋯⋯⋯⋯⋯⋯⋯⋯⋯⋯⋯⋯⋯（280）
四、申请公司清算纠纷的审查、受理及撤回⋯⋯⋯⋯⋯⋯⋯⋯⋯⋯⋯⋯（280）
五、无法清算案件的处理⋯⋯⋯⋯⋯⋯⋯⋯⋯⋯⋯⋯⋯⋯⋯⋯⋯⋯⋯⋯（281）
六、申请公司清算是否符合法律规定的相关问题⋯⋯⋯⋯⋯⋯⋯⋯⋯⋯（281）
七、公司清算程序的终结⋯⋯⋯⋯⋯⋯⋯⋯⋯⋯⋯⋯⋯⋯⋯⋯⋯⋯⋯⋯（282）
【拓展案例】济南四建（集团）有限责任公司与刘士海等申请公司清算纠纷⋯⋯（283）

第二十四章　清算责任纠纷⋯⋯⋯⋯⋯⋯⋯⋯⋯⋯⋯⋯⋯⋯⋯⋯⋯⋯⋯⋯⋯（284）

【典型案例】青海昆源矿业有限公司与王海森清算责任纠纷⋯⋯⋯⋯⋯⋯⋯⋯（284）

【裁判要旨】 …………………………………………………………………… (285)
【实务指引】 …………………………………………………………………… (288)
  一、清算责任纠纷的定义 ……………………………………………… (288)
  二、清算责任纠纷的管辖 ……………………………………………… (289)
  三、清算责任纠纷案件的诉讼主体 …………………………………… (290)
  四、申请破产清算责任纠纷的类型 …………………………………… (292)
  五、清算责任纠纷的裁判规则 ………………………………………… (294)
【拓展案例】丁春月、陆燕霞清算责任纠纷 ………………………………… (302)

第一章 股东资格确认纠纷

【典型案例】

周艳与建都公司股东资格确认纠纷①

建都公司原名启东市建都房产项目开发有限公司,成立于1997年10月10日,原注册资本200万元,其中启东市建筑安装工程公司(先后更名为启东市建筑安装工程有限公司、启东建筑集团有限公司)出资160万元,启东市建筑装饰工程成套公司出资40万元。2007年9月,建都公司注册资本变动增加到5000万元,其中,启东市博圣投资发展有限公司(系启东市建筑安装工程有限公司下属公司,后更名为江苏博圣集团有限公司)出资2500万元,启东市建筑安装工程有限公司出资2500万元。

自2009年2月起,建都公司实行股权改制,江苏博圣集团有限公司将其占注册资本50%的出资额2500万元、启东建筑集团有限公司(以下简称建筑集团)将其占注册资本16.4%的出资额820万元通过签订《股权转让合同》转让给公司职工共计3320万股。其中,周渭新出资2100万元从江苏博圣集团有限公司受让2100万股,双方于2009年2月18日签订了《股权转让合同》。后建都公司经多次股权转让,至2014年12月20日,公司股东演变为31名自然人股东,其中周渭新出资额为2100万元,占注册资本42%。建都公司工商登记上记载1997年10月至2016年3月法定代表人为周渭新。2016年3月变更法定代表人为陈建飞。

建都公司自2009年后多次修改章程。其中2009年2月11日、2009年4月29日、2012年3月29日的章程在第四章第七条规定:"股东之间经股东会批准,可以相互转让其全部或者部分股权。股东不得向股东以外的人转让股权。股东出资的股份在经营期内不保本、不保息。股本金实行动态持股管理办法。对免职、调离、终止合同、退休(退休后继续任职的除外)等人员及时办理股权转让手续,由公司其他股东按原出资额受让,转让股权的股东,除公司发生累计亏损外(经会计师事务所审计确认),其持股期间每年另按出资额的8%享受公司增值资产固定回报。对不及时办理转让手续的股东,自股东会批准转让之日起不再享受分红,也不享受银行存款或贷款利息的回报。股东由于主观原因造成公司重大损失或因严重违反财经法纪,徇私舞弊,中饱私囊构成违法、违纪被处理的人员也将被取消股东资格,其股金及分红应首先用于弥补公司损失。"

2015年1月,建都公司经股东会决议再次修改公司章程,在原章程第四章第七条中增加规定"对正常到龄退休(返聘除外)、长病、长休、死亡的股东,应及时办理股权手续,

---

① 参见江苏省高级人民法院民事判决书(2016)苏民初10号。来源:中国裁判文书网 http://wenshu.court.gov.cn。

股东退股时,公司累计有盈余的(经会计师事务所审计确认),持股期间按本人持股额每年享受20%以内回报",该内容作为第七条第三款。

周渭新生于1948年10月,与曹允如系夫妻关系,周艳系二人唯一女儿,生于1980年2月。周渭新自1997年10月至去世之前一直担任建都公司法定代表人。2011年年初,周渭新经诊断患病。2015年11月23日,周渭新在钟鸣、宋洁琼(均为复旦大学附属中山医院医护工作人员)见证下订立遗嘱,遗嘱中明确遗嘱执行人为上海陆德劲和律师事务所邵万雷律师、田亦冰律师。遗嘱内容:"鉴于本人身患重症,特立此遗嘱,表明本人就自己拥有的股权财产在去世后的处理意愿。一、股权财产情况:本人拥有的公司股权财产包括:1.投资于建都公司的全部股权,出资额贰仟壹佰万元人民币,占建都公司初始注册资本的42%。2.投资于建筑集团的全部股权,出资额壹仟万元人民币。二、股权财产继承:本人去世后,以上投资于建都公司和建筑集团的股权均由本人女儿周艳继承。与以上股权相对应的股东权利均由周艳享有并承受。本人在此明确,订立本遗嘱期间本人神志清醒且就订立该遗嘱未受到任何胁迫、欺诈,上述遗嘱为本人自愿作出,是本人内心真实意思的表示。本人其他亲属或任何第三人均不得以任何理由对继承人继承本人以上遗产及权益进行干涉。以上任一条款无效的,不影响整个遗嘱或其他条款的效力。立遗嘱人签字:周渭新。日期:2015年11月23日"。见证人也在该遗嘱上签字。同年12月4日,周渭新逝世。2016年2月25日,周渭新配偶曹允如出具说明,对周渭新2015年11月23日订立的遗嘱无异议,并同意将周渭新名下建都公司42%股权变更登记在周艳名下。钟鸣、宋洁琼也分别出具声明,证明周渭新遗嘱的订立及见证过程。

周渭新去世后,周艳向建都公司主张股东资格并要求将原登记在周渭新名下的42%股权变更至周艳名下,但遭到建都公司及其他股东的拒绝,遂于2016年3月2日向法院提起诉讼,要求确认周艳享有建都公司42%的股权(股权价值为32555万元),并判令建都公司将周艳载入股东名册、办理将上述股权变更登记至周艳名下的相应变更登记手续。

诉讼期间,即2016年7月2日,建都公司召开股东会,形成系列决议,其中第四项决议为公司股东辞职、离职、去世或退休后不再返聘的(统称离职股东),按公司章程规定应及时办理股权转让或退股手续。具体流程是:离职股东的股权,先由剩余股东按各自所占的股权比例受让,放弃受让的股东可以在一个月内推荐其他股东受让其有权受让的股权份额。如果一个月内未能达成股权转让协议的,则由公司董事会协商推荐受让股东人选,然后按章程规定办理股权转让手续,以保持公司现有的注册资本金,不影响公司房地产开发的一级资质。第五项决议为股东周渭新因病去世,其持有的2100万元股权按公司章程规定办理股权转让或退股手续,具体办理程序按照本决议第四条第一款规定执行……。

【裁判要旨】

本案中,双方争议的焦点主要为:原告周艳要求确认其股东资格,并要求被告建都公司办理股权变更手续是否有事实和法律依据。

关于有限责任公司自然人股东死亡后其股东资格继承问题,《中华人民共和国公司法》(以下简称《公司法》)第七十五条规定"自然人股东死亡后,其合法继承人可以继承股东资格；但是，公司章程另有规定的除外。"根据该条规定，自然人股东的合法继承人可以继承股东资格，同时考虑到有限责任公司具有人合性，股东之间的合作基于相互间的信任，允许公司章程对此另行规定。

本案中，原告周艳的父亲周渭新去世前在建都公司有42%的股权，周渭新去世前留有遗嘱，将其案涉股权全部由周艳继承，由于周渭新的其他继承人对该遗嘱并无争议，故周艳作为原告提起本案诉讼，要求继承其父亲的股东资格，其主体资格符合法律规定。至于其诉请能否得到支持，主要在于如何看待建都公司章程的规定。

首先，本案应以周渭新去世之前的2015年1月最后一次所参与修改的公司章程为据进行认定。对该章程的修订程序，各方均未提出异议，内容也未违反法律强制性规定，章程合法有效，对全体股东均有约束力。

其次，章程第四章第七条第三款明确"对正常到龄退休（返聘除外）、长病、长休、死亡的股东，应及时办理股权手续，股东退股时，公司累计有盈余的（经会计师事务所审计确认），持股期间按本人持股额每年享受20%以内回报"。章程第七条系对股东之间转股的规定，该条款充分体现了建都公司人合性特点，对离开公司的股东的股权由其他股东受让。本案中，周渭新去世后，公司和其他股东理应按章程规定处理，即公司应安排其他股东受让周渭新的股权以维护公司的人合性，但建都公司在诉讼中明确表示公司其他股东无人受让周渭新的42%的股权，而该种情形如何处理在建都公司的章程中并未作出明确规定，因此该章程对继承问题的规定具有不完全性。故虽然公司章程可以对股权继承问题作出另行规定，作为建筑公司也有权在遵守法律基本原则的前提下通过实行岗位股进行公司治理的创新，但应以章程的明确规定为据，对公司章程中没有明确规定的情形则应按法律规定处理。即本案中，在公司无人受让周渭新股权的情况下应按《公司法》第七十五条的规定"自然人股东死亡后，其合法继承人可以继承股东资格"而支持周艳根据遗嘱继承周渭新在建都公司的股东资格。建都公司在周渭新去世后，周渭新所合法拥有公司42%的股权未参加表决的情况下通过的股东会决议，对周渭新的股权作减资处理，不符合《公司法》第四十三条第二款规定的"股东会会议作出修改公司章程、增加或者减少注册资本的决议，以及公司合并、分立、解散或者变更公司形式的决议，必须经代表三分之二以上表决权的股东通过。"

再次，虽然被告提供了郁尚新、曹敏华、张红萍、陆建昌四名股东离职时转让股权的事例以证明公司章程排除继承，但这四名股东中的张红萍、陆建昌系在周渭新去世之后自愿办理的股权转让，郁尚新、曹敏华系根据周渭新去世前所参与制定的公司章程并在有股东受让的情况下办理的股权转让，与本案因股东去世且无人受让而产生股权争议的情况不同，周渭新是公司自成立以来发生的第一起在职股东去世因股东资格继承发生的争议，公司尚无先例可借鉴。故被告提供的四位股东离职情况与本案不具可比性，尚不能充分证明公司章程排除继承的问题。

综上，由于非原告周艳的原因致周渭新的股权无法转让，且公司当时的章程对无人受让股权如何处理未作明确规定，故原告周艳根据父亲所立遗嘱要求继承周渭新的股东资格符合《公司法》第七十五条的规定，其要求确认股权并由被告办理股东资格手续的诉请应予支持。

【实务指引】

一、股东资格确认纠纷的定义

股东资格确认纠纷是指股东与股东之间或者股东与公司之间就股东资格是否存在，或者具体的股权持有数额、比例等发生争议而引起的纠纷。股东资格的确定是对当事人是否为公司股东、是否应当享有股东权利并承担股东责任具有关键性意义的认定。

法律上对于股东资格的定义没有明确界定，一般指的是投资人拥有股东身份、享有股东权利的资格。股东资格是股东行使股东权利的基础。股东资格的取得包括原始取得和继受取得。原始取得是指直接向公司认购股份，包括设立取得和增资取得。继受取得又称传来取得或派生取得，包括转让取得、继承取得、赠与取得和因公司合并而取得股东资格。

根据公司法的规定，有限责任公司的股东应具备下列特征：①在公司章程或者公司设立的协议上签名或者盖章，表明接受公司章程的约束，被公司章程记载为股东；②向公司投入在章程中承诺投入的资本，实际履行了出资义务；③在工商行政机关登记的公司文件中列名为股东；④在公司成立后取得公司签发的出资证明书；⑤被载入公司股东名册；⑥在公司中享有资产受益、重大决策和选择管理者等权利。上述股东特征中，工商登记、公司章程和股东名册的记载属于股权取得的形式要件；签署公司章程、实际出资、实际履行股东职责、享有股东权利属于实质要件。

二、股东资格确认纠纷的管辖

（一）地域管辖

《中华人民共和国民事诉讼法》（以下简称《民事诉讼法》）第二十六条规定："因公司设立、确认股东资格、分配利润、解散等纠纷提起的诉讼，由公司住所地人民法院管辖。"故因股东资格确认纠纷而提起的诉讼应该以公司住所地法院为管辖法院。

实践中，通常会发生公司住所地与实际经营地不一致的情况，根据《最高人民法院关于适用〈中华人民共和国民事诉讼法〉的解释》（以下简称《民事诉讼法司法解释》）第三条，"法人或者其他组织的住所地是指法人或者其他组织的主要办事机构所在地。法人或者其他组织的主要办事机构所在地不能确定的，法人或者其他组织的注册地或者登记地为住所地。"

（二）级别管辖

股东资格确认纠纷亦涉及诉讼标的额，应按股权价值确定管辖法院。

最高人民法院认为，股东资格的确认是对股权归属的确认，而股权属于综合性权利，既包含财产性权利，又包含非财产性权利，股东资格确认纠纷亦涉及诉讼标的额。

三、股东资格确认纠纷的诉讼主体

《最高人民法院关于适用〈中华人民共和国公司法〉若干问题的规定（三）》（以下简称《公司法司法解释（三）》）第二十一条规定："当事人向人民法院起诉请求确认其股东资格的，应当以公司为被告，与案件争议股权有利害关系的人作为第三人参加诉讼。"

需注意的是，在隐名股东提起股东资格确认之诉时，仍应以公司为被告，将名义股东列为第三人。

四、股东资格确认纠纷是否适用诉讼时效

我国法律、法规及司法解释对确认之诉是否适用诉讼时效制度没有明确规定。依据《最高人民法院关于审理民事案件适用诉讼时效制度若干问题的规定》精神，当事人可以对除支付存款本金及利息请求权，兑付国债、金融债券以及向不特定对象发行的企业债券本息请求权，基于投资关系产生的缴付出资请求权等之外的债权请求权提出诉讼时效抗辩。即当事人可以对上述债权请求权之外的债权请求权提出诉讼时效抗辩。我们认为，诉讼时效的客体为请求权，与实体法上的请求权相对应的诉为给付之诉。对于当事人在确认之诉中提出的诉讼请求所对应的实体法上的权利并非请求权，而是形成权。虽然在名义上被称为请求权，但实质并非诉讼时效客体的请求权，只有请求权才能适用诉讼时效。当事人请求法院或仲裁机构确认股权等财产权的，均非实体法上的请求权，不适用诉讼时效。

最高人民法院发布的《第八次全国法院民事商事审判工作会议（民事部分）纪要》（2016年11月30日）第24条规定：利害关系人请求确认物权的归属或内容，对方当事人以超过诉讼时效期间抗辩的，应不予支持。

《最高人民法院关于审理中央级财政资金转为部分中央企业国家资本金有关纠纷案件的通知》（法〔2012〕295号）第三条第二款："当事人主张确认公司或企业出资人权益请求权不适用诉讼时效的规定。"股东资格或出资人资格确认之诉，实即股权或出资人权益确认之诉，不适用诉讼时效。

但亦有规定认为股东资格确认纠纷适用诉讼时效，如北京市高级人民法院在《关于审理公司纠纷案件若干问题的指导意见（试行）》（2004年2月24日京高法发〔2004〕50号）中认为有限责任公司股东要求确认其股东资格，诉讼时效期间的计算适用《中华人民共和国民法通则》第一百三十七条关于2年诉讼时效期间和20年最长诉讼时效的规定。

五、股东资格确认纠纷的类型

（一）因代持股关系引起的隐名股东与显名股东之间的股东资格确认纠纷

依据《公司法司法解释（三）》第二十四条第二款关于"前款规定的实际出资人与名义股东因投资权益的归属发生争议，实际出资人以其实际履行了出资义务为由向名义股东主张

权利的，人民法院应予支持。名义股东以公司股东名册记载、公司登记机关登记为由否认实际出资人权利的，人民法院不予支持"的规定，实际出资人与名义股东之间的股权归属争议，属公司内部纠纷，应根据契约自由、意思自治的原则进行处理。就股东资格确认而言，依据上述规定，应采用实质要件而非形式要件，即以审查隐名出资协议和实际出资人出资的事实为主而不以工商登记等对外公示的事实为准。

（二）因股东未足额出资引起的公司与股东之间的确认股东资格纠纷

出资是股东的主要义务，同时也是股东取得股东资格的重要考量标准。那么股东未足额出资的，是否就不享有股东资格？《中华人民共和国公司法》（以下简称《公司法》）第二十八条规定："股东应当按期足额缴纳公司章程中规定的各自所认缴的出资额。股东以货币出资的，应当将货币出资足额存入有限责任公司在银行开设的账户；以非货币财产出资的，应当依法办理其财产权的转移手续。股东不按照前款规定缴纳出资的，除应当向公司足额缴纳外，还应当向已按期足额缴纳的股东承担违约责任。"故从立法来看，股东未足额出资的应当承担补足出资的责任，当然不丧失股东资格。

（三）因继承引起的股东与公司之间的股东资格确认纠纷

《公司法》第七十五条"自然人股东死亡后，其合法继承人可以继承股东资格；但是，公司章程另有规定的除外"明确规定了只要公司章程没有相反规定，自然人股东的合法继承人即依法定而直接取得股东资格。这一规定并不是对有限责任公司"人合性"的破坏，因为法律允许股东基于有限责任公司的人合性在公司章程上就股东资格继承问题作出排除性规定。所以该类案件需要同时审查两个问题：①死亡的自然人股东是否具有股东资格；②公司章程对于继承人继承股东资格有无禁止性规定。

（四）因股权转让引起的股东资格确认纠纷

转让取得是股权常见的一种继受取得方式。在办理股权转让引起的股东资格确认纠纷中，应当考虑两个方面的问题：①转让流程是否合法。有限责任公司虽然在性质上属于资合公司，但因股东之间重视相互间的联系，具有人合公司的因素，故在向股东以外的人转让出资时受到一定的限制。即必须经全体股东过半数同意尚可转让，否则转让无效。②转让的股权在法律、公司章程等对于受让主体、转让时间等是否有禁止性的规定。虽然理论上来说不论是何种类型的公司，股东的出资均可转让，但是对于股权的转让，根据公司类型不同、公司章程约定不同、国家法律法规的规定不同等都有限制性条件。

六、股东资格确认纠纷的裁判规则

《公司法司法解释（三）》第二十二条规定："当事人之间对股权归属发生争议，一方请求人民法院确认其享有股权的，应当证明以下事实之一：（一）已经依法向公司出资或者认缴出资，且不违反法律法规强制性规定；（二）已经受让或者以其他形式继受公司股权，且不违反法律法规强制性规定。"

（一）取得股东资格和股东权利须符合的要件[①]

股东取得完整无瑕疵的股东资格和股东权利，无论是原始取得还是继受取得，须符合两个要件，即实质要件和形式要件。实质要件是以出资为取得股东资格的必要条件，形式要件是对股东出资的记载和证明，是实质要件的外在表现。公司法规定了有限责任公司和发行记名股票的股份有限公司应当置备股东名册，并规定了记载的法定事项，记载于股东名册的股东，可以依股东名册主张行使股东权利。因此，股东名册上记载的股东出于维护交易安全的需要可以推定为具有股东资格。但这并不具有决定性的效力，股东名册上没有记载的股东未必没有股东资格，因为可能存在公司漏记或记载错误的情形。形式要件存在的意义主要在于涉及交易第三人时对善意的保护，而此条仅是关于股权归属有争议的当事人之间的规定。

投资人（包括公司设立时的发起人与公司成立后增资扩股时的向公司认购股份者）主张对公司享有股权或股东资格，需要以其出资或认缴出资为"对价"。因此，在股东资格归属争议的情形下，需要证明自己已经依法向公司出资或认缴出资。"依法"是指依据公司法的规定，股东负有出资义务，应当按期足额缴纳公司章程中规定的各自所认缴的出资额。而投资人取得股权的对价行为，并不限于实际出资，还包括认缴出资，即在认股协议或公司章程中承诺出资的行为，只要承诺履行出资义务就可取得股东资格。这就可能出现公司登记成立后，股东违反认股协议缴纳股款的情况。对于投资人不按约定认购股份或者缴纳股款的行为，公司法另规定了发起人的补足出资责任、承担违约责任和损害赔偿责任，但并不认为其因此当然丧失股权。

（二）投资者具有对公司出资的事实和该出资具有"股权性投资"的性质，是确认股东资格的实质性、基础性要件[②]

根据股东资格与股权权益的基本构成原理，我们认为其中的核心规则应当是：待确权的投资者与公司之间形成"股权性出资"合意且有实际出资行为的，是确认其股东身份及其股权的基础性依据。在此类确认之诉中，主张股权确认的一方应对其"出资"的性质承担证明责任；公司或其他股东以"借款"等非出资性质抗辩的，应承担排除性举证责任；股东身份的确认与投资者是否在公司章程中签字，是否被记载于股东名册及是否完成了工商登记等外在表现形式，并无必然的制约关系。

对出资事实本身的确认及对出资性质的甄别是司法实践的两个难点问题。这也是待确权投资者一方必然要遭遇的抗辩理由。《公司法司法解释（三）》要求，当事人之间对是否已履行出资义务发生争议，一方提供对股东履行出资义务产生合理怀疑证据的，另一方股东应当就其已履行出资义务承担举证责任。

司法实践中，若待确权投资者一方没有任何直接证据对其与公司之间的经济往来作出"出资"或是"借款"性质确认的，则只能根据其他间接证据、优势证据规则或是当事人的

[①] 《最高人民法院关于公司法解释（三）、清算纪要理解与适用（注释版）》，最高人民法院民事审判第二庭编著，人民法院出版社2016年4月出版。
[②] 《公司纠纷裁判精要与规则适用》，王林清、杨心忠著，北京大学出版社2014年10月出版。

行为来判断其真实意思表示。民商事活动中,投资者出资后不索取任何凭证的情况是极少见的,一般至少都会有"收据"。因此,即使公司没有向出资人签发正式、规范的"出资证明书",但"收据"中的有关内容亦完全可以表明公司是否具有接受该"出资"的意思表示。如果原告持有的"收据"明确有该资金性质系股金款、股本款、投资款等之类的记载,则可以确认公司系将该类款项作为"股权性出资"接受的而并非"借款"。该类"收据"当然可以作为待确权投资者与公司之间关于对出资事实与性质达成"合意"的直接证据和书面协议。同时,这也是确认其股东资格及股权权益的基础性依据。

由于在实践中大量存在表里不一的股东关系,导致了很多法律纠纷的产生。当形式要件与实质要件不一致时,如何确定股东资格就成为需要解决的问题。在广义的确认股东资格问题上,一般在学界有三种观点:①形式主义规则。强调法律关系的稳定性,坚持应以对外公示的材料作为确认股东资格的基本标准,即在公司对外公示材料上如股东名册、公司章程记载为股东的,即为股东。②实质主义规则。强调在确认股东资格时,应探求公司构建时股东关系的真实意思。这种观点主张不管名义股东是谁,应当认定事实上有成为公司股东意思表示并实际出资的人为股东,而不考虑外在的公示内容。③折中主义规则。折中主义规则的实质是根据不同的法律关系,对于上述两种观点的灵活使用。

鉴于股东资格确认纠纷是采用实质主义规则,所以在该类案件中,我们应当特别注意以下几个问题:①出资人设立公司的真实意思表示(比如签署发起人协议、签署公司章程);②实际的出资或者认缴出资、受让股份的行为;③有无实际参与公司的经营管理(比如作出股东会决议);④有无参与公司的分红;⑤有无其他行使股东权利的行为。

【拓展案例】

陈鲁与被告北京颐鸿房地产开发有限公司、第三人杨九安等股东资格确认纠纷[①]

2000年10月,颐鸿公司设立,经营范围为房地产开发及商品房销售,发起人为高红、马占杰、李兰霞、于北北、倪玲,公司法定代表人及执行董事为高红,注册资金为1000万元,各股东相应订立了公司章程。

2001年,根据开业登记验资报告书、股权转让协议、股东会决议、公司章程记载,颐鸿公司经增资、股权转让,相应股东及股份份额为:高红占股50%、张建志占股10%,新增股东廖立君占股20%、李冬生占股10%、刘毅占股5%、闫炜占股5%。

2003年11月,经股权转让协议记载,同时股东会决议及公司章程显示:廖立君将全部股权转让给高红,李冬生、刘毅、闫炜将全部股权转让给新增股东耿艳。变更后的股权份额为高红占股70%、张建志占股10%、耿艳占股20%。

2004年2月,经股权转让协议记载,同时股东会决议及公司章程显示:高红将45%的股权转让给新增股东杨九安,耿艳将20%的股权转让给新增股东王殿章。变更后的股东及股权比例为:杨九安占股45%、高红占股25%、张建志占股10%、王殿章占股20%。经股

---

① 参见北京市大兴区人民法院民事判决书(2017)京0115民初9665号。来源:中国裁判文书网 http://wenshu.court.gov.cn。

东会决议及公司变更申请记载，公司执行董事及法定代表人变更为杨九安。

2004年10月，经股权转让协议记载，同时股东会决议及公章章程显示：杨九安将35%的股权转让给新增股东李自强，将10%的股权转让给新增股东陈鲁，王殿章将10%的股权转让给张建志，将10%的股权转让给新增股东陈鲁，变更后的公司股东及占股比例为：陈鲁占股20%、高红占股25%、张建志占股20%、李自强占股35%。经股东会决议及公司变更申请记载，公司执行董事及法定代表人变更为陈鲁。

上述工商档案材料中，股东变更过程涉及的股权转让协议、股东会决议、公司章程均有相应股东签字。庭审中，陈鲁、杨九安、王殿章对上述工商档案材料中出现的其本人签字的真实性均不认可，但经法院释明，陈鲁、杨九安、王殿章对其本人签字的真实性均不申请笔迹鉴定。

陈鲁发现，颐鸿公司的工商资料中伪造了陈鲁的工作履历，多处伪造了陈鲁的签名，提交的陈鲁的照片也是从其他照片中裁剪出来的，陈鲁从未向颐鸿公司提交过自己的照片，陈鲁实在不清楚是何人出于何种目的将陈鲁登记为颐鸿公司的股东，且还登记为该公司的法定代表人，陈鲁也从未在颐鸿公司参与过经营管理，从未行使过法定代表人的职责，也从未享有过任何股东权利。故，根据《中华人民共和国民事诉讼法》《中华人民共和国合同法》《中华人民共和国公司法》以及《侵权责任法》等相关法律、法规规定，请求人民法院确认陈鲁不具有颐鸿公司的股东和法定代表人的资格，杨九安、王殿章以及颐鸿公司停止侵权，协助陈鲁变更工商登记中关于陈鲁股东资格及法定代表人的登记。

法院经审理认为，根据《最高人民法院关于民事诉讼证据的若干规定》第二条规定："当事人对自己提出的诉讼请求所依据的事实或者反驳对方诉讼请求所依据的事实有责任提供证据加以证明。没有证据或者证据不足以证明当事人的事实主张的，由负有举证责任的当事人承担不利后果。"本案中，陈鲁主张其不具有颐鸿公司法定代表人及股东资格，主要理由是工商档案材料中陈鲁签字并非本人签署，且杨九安、王殿章均否认自身股东身份，故股权转让的基础不存在。但经本院释明，陈鲁不对颐鸿公司工商档案材料中其本人签字的真实性申请笔迹鉴定，其应自行承担举证不利的后果。故，本院对陈鲁关于工商档案材料中"陈鲁"签字并非其本人签署的主张不予采信。另外，颐鸿公司的设立、变更等信息均系经工商行政管理部门审核后登记或备案在册，具有公示公信效力，在无充分证据推翻的情况下不应予以撤销。而且，陈鲁的股东资格争议显然已涉及案外人的利益，仅凭杨九安、王殿章在庭审中的陈述不足以否定陈鲁的法定代表人和股东身份。综上，陈鲁要求确认其不具有颐鸿公司法定代表人及股东资格并要求变更工商登记的诉讼请求，欠缺事实和法律依据，本院不予支持。

第二章 股东名册记载纠纷

【典型案例】

陈某贤与贵港市食品公司股东名册记载纠纷①

2002年5月10日,贵港市食品总公司经改制成立食品公司。经贵港市人民政府批复,同意贵港市食品总公司内部职工一次性认购公司的全部国有资产,原国有企业退出国有序列,职工不再保留国有身份。陈某贤出资3000元,认购食品公司3000股股权。2003年11月18日,食品公司给陈某贤签发出资证明,股权证编号为:股权字第287号。

2003年6月10日,食品公司向其公司机构发出关于推荐股东代表的通知,通知写明,公司改制后,现有股东286人,股东超出法定人数,要求在全体股东中推荐股东代表。出资额3万元的股东,自然成为股东,出资额达不到3万元的,以3万元以上6万元以下(不含6万元)推荐一名股东代表,代为行使股东权利和义务,期限为1年。覃塘、港南、港北、城区四个区域进行推荐股东代表。

2012年3月16日,陈某贤、董某考等6人委托叶某才为股东代表,代为办理第四届股东代表选举有关事宜。

2012年11月6日,公司章程记载的股东为何某光等41人,公司注册资本162万元。

2013年2月5日,食品公司召开股东会议,根据会议记载,应出席会议股东41人,实际出席股东35人。会议决议:同意宾业茂、叶某才等39人股东将其持有的公司股权转让给何某光;确认公司于2012年4月收购韦某、吴某奇、黄某容的股权全部转让给何某光。股权转让后,何某光认缴出资额152.7万元,占注册资本比例94.26%,胡某林认缴出资9.3万元,占注册资本比例5.74%。

2013年2月5日,公司章程记载公司股东为何某光和胡某林,公司注册资本162万元。其中何某光认缴出资152.7万元,占注册资本比例94.26%,胡某林认缴出资9.3万元,占注册资本比例5.74%。

2013年2月6日,公司股东召开股东会议。会议决议:同意何某光将其持有公司的94.26%股权转让给何某1;同意胡某林持有公司的4.63%股权转让给何某1;同意胡某林持有公司的1.11%股权转让给何某2。

案件在审理过程中,陈某贤提供贵港市港北区人民法院(2016)桂0802刑初244号判决证明,黄某燕、梁某霖、陈某贤、韦某宁、韦某伟未转让所持有的贵港市食品有限公司股

---

① 参见广西壮族自治区贵港市中级人民法院民事判决书(2019)桂08民终1173号。来源:中国裁判文书网http://wenshu.court.gov.cn。

权和未领取利润分红。

另查明，食品公司现登记的公司股东为宁某明、贵港市万隆建材贸易有限公司，企业类型为有限责任公司（自然人投资或控股），法定代表人为宁莲，经营范围包括人工饲养动物、肉及制品、水产品、饲料、百货建筑材料、房地产开发与经营等。

陈某贤向一审法院起诉请求：（1）判令被告将原告姓名及住址、出资额以及出资证书编号记载于股东名册并将原告（股东）的姓名向公司登记机关登记；（2）本案诉讼费由被告承担。

【裁判要旨】

一审法院认为，《公司法》第三十二条规定，有限责任公司应当置备股东名册，记载下列事项：（一）股东的姓名或者名称住所；（二）股东的出资额；（三）出资证明编号。记载股东名册的股东，可以依股东名册主张行使股东权利。公司应当将股东的姓名或者名称向公司登记机关登记；登记事项发生变更的，应当办理登记。未经登记或者变更登记的，不得对抗第三人。本案是食品公司在政府主导改制后，因公司股东资格的确认而发生纠纷。在此情况下，要确认该有限责任公司的股东资格，除根据公司法的有关规定外，还需综合考虑政府部门关于国有企业改制的有关政策和规定。陈某贤根据贵港市人民政府批复同意，认购贵港市食品总公司国有资产3000元，贵港市食品总公司经改制更名为食品公司后，陈某贤应当确认为食品公司的实际投资人，是食品公司的实际股东。由于法律规定有限责任公司的登记股东为50人以下以及食品公司的规定，出资额为3万元以上的才被登记为公司股东。食品公司设立时，实际出资人达到286人，陈某贤出资额为3000元，根据食品公司的内部规定，陈某贤未能登记为食品公司的名义股东，但食品公司应当将陈某贤是公司股东记载于股东名册上。根据工商登记信息记载，食品公司登记的名义股东为宁某明和贵港市万隆建材贸易有限公司，在名义股东不超50人的情况下，食品公司应当将陈某贤是公司股东向工商登记部申请办理登记手续。因此，对陈某贤的该项请求，予以支持。

陈某贤等人委托叶某才作为代理人参加食品公司第四届股东代表选举会议，委托权限并不包括出让公司股权。陈某贤未转让其所持有的公司股权，也未领取过公司的利润分红是经生效的法院裁判文书证明。在食品公司未能提供足以推翻该事实证据的情况下，一审法院采信原告的主张，对该事实予以确认。因此，对食品公司称，陈某贤已委托叶某才将股权转让给何某光的抗辩理由不予采信。

一审法院判决：被告广西壮族自治区贵港市食品有限公司于本案判决生效之日起15日内将原告陈某贤的姓名、出资额以及出资证明编号记载于股东名册并向公司登记机关申请办理原告陈某贤是广西壮族自治区贵港市食品有限公司股东的登记手续。案件受理费100元，减半收取计50元，由被告广西壮族自治区贵港市食品有限公司负担。食品公司不服，提起上诉。

二审法院认为，关于被上诉人所持有的股权是否转让的问题，上诉人主张被上诉人所持有的股权已委托叶某才作为代表并经公司同意转让，但其所提交的证据未能推翻已生效的贵港市港北区人民法院（2016）桂0802刑初244号刑事判决书所认定的事实，故对上诉人的该主张不予采信。被上诉人所持有的股权字第287号股权证和贵港市港北区人民法院（2016）桂0802刑初244号刑事判决书可以证实被上诉人所持有的股权并未转让，在其股权未转让前其仍是上诉人公司的持股人之一。一审法院根据上诉人所提交到庭的《广西壮族自治区贵港市食品有限公司章程》的规定及所查明的现上诉人公司登记的名义股东仅为宁某明和贵港市万隆建材贸易有限公司的事实，而判决上诉人应将被上诉人的姓名、出资额以及出资证明编号记载于股东名册并向公司登记机关申请办理被上诉人是上诉人公司股东的登记手续是符合公司法的相关规定的。因此，上诉人的上诉请求没有事实依据，也与本案案件所查明的事实不符，对其上诉理由，依法不予采信，对其上诉请求，依法予以驳回。

【实务指引】
一、股东名册记载纠纷的定义

股东名册记载纠纷，是指股权转让后股东名册未及时进行变更登记，导致股东无法依据股东名册上的记载主张权利而产生的纠纷。实践中，股东名册记载纠纷常与股东资格确认纠纷、请求变更公司登记纠纷一并提起诉讼。

根据《公司法》第三十二条的规定："有限责任公司应当置备股东名册，记载下列事项：（一）股东的姓名或者名称及住所；（二）股东的出资额；（三）出资证明书编号。记载于股东名册的股东，可以依股东名册主张行使股东权利。公司应当将股东的姓名或者名称向公司登记机关登记；登记事项发生变更的，应当办理变更登记。未经登记或者变更登记的，不得对抗第三人。"

股东名册是有限责任公司和股份有限公司必须具备的文件，是指公司依法置备的记载股东及其持股情况的簿册。对于有限责任公司以及发行记名股票的股份有限公司，股东名册必须记载股东的姓名或名称、持股数量等内容；当股东转让股权或者发生其他应当变更股东名册记载事项时，公司应当予以变更，否则，即酿成此诉。

在一定程度上，股东名册是确认股东资格很重要的依据，未经登记或变更登记的，为保护第三人的信赖利益，法律上推定股东名册上记载的股东为真实股东。而公司对股东的通知或催告，也以股东名册上记载的股东住所为送达目的地，即使股东未收到，公司也不承担责任。在公司分配股息或红利时，也以股东名册里记载的股东为受益人。因此，当股东名册上记载的事项发生变更时，当事人一定要积极进行变更登记。

根据《中华人民共和国公司登记管理条例》（以下简称《公司登记管理条例》）第三十四条规定："有限责任公司变更股东的，应当自变更之日起30日内申请变更登记，并应当提交新股东的主体资格证明或者自然人身份证明。"因此，对于转让股东不履行变更登记义务的，受让方应自转让股权之日起30日内申请变更登记，转让股东超过30日未予提供便利并协助其办理变更登记的，则受让方可以起诉转让方的方式要求其履行变更登记义务，并可将公司列为共同被告；对于公司不及时变更股东名册的，则股权转让方和受让方均可以公司为被告起诉，要求其协助办理转让手续。

二、股东名册记载纠纷的管辖

《民事诉讼法司法解释》第二十二条规定:"因股东名册记载、请求变更公司登记、股东知情权、公司决议、公司合并、公司分立、公司减资、公司增资等纠纷提起的诉讼,依照民事诉讼法第二十六条规定确定管辖"。

《民事诉讼法》第二十六条规定:"因公司设立、确认股东资格、分配利润、解散等纠纷提起的诉讼,由公司住所地人民法院管辖。"

根据上述规定,因股东名册记载纠纷而提起的诉讼应该以公司住所地法院为管辖法院。

实践中,通常会发生公司住所地与实际经营地不一致的情况,根据《民事诉讼法司法解释》第三条,"法人或者其他组织的住所地是指法人或者其他组织的主要办事机构所在地。法人或者其他组织的主要办事机构所在地不能确定的,法人或者其他组织的注册地或者登记地为住所地。"

三、股东名册记载纠纷的诉讼主体

股东名册记载纠纷案件应以对股东名册记载存异议的当事人为原告,以目标公司作为被告。

《公司法司法解释(三)》第二十三条规定:"当事人依法履行出资义务或者依法继受取得股权后,公司未根据公司法第三十一条、第三十二条的规定签发出资证明书、记载于股东名册并办理公司登记机关登记,当事人请求公司履行上述义务的,人民法院应予支持。"

根据上述规定,签发出资证明书、记载股东名册并办理公司登记机关登记的义务人为公司,而不是通过股权转让方式取得股权时的转让方。

四、股东名册记载纠纷的类型

根据《最高人民法院民事案件案由规定理解与适用》,股东名册记载纠纷主要包括以下两种类型:

(一)因转让方股东怠于履行变更登记义务产生的纠纷

一般来讲,股东名册变更登记必须由转让方股东向公司提出申请,由公司进行变更登记;如果转让方股东因为懈怠或者过失而未向公司申请变更登记,此时即可能产生股东名册记载纠纷。

(二)因公司不履行记载义务产生的纠纷

股东名册由公司备有和保管,并由公司负责办理登记事宜。因此,当公司因为懈怠或者过失而未变更股东名册时,就可能产生股东名册记载纠纷。

五、股东名册记载纠纷不适用诉讼时效

诉讼时效的客体为请求权，只有请求权才能适用诉讼时效。当事人请求法院或仲裁机构变更股东名册记载的，均非实体法上的请求权，不适用诉讼时效。

六、股东名册记载纠纷的裁判规则

（一）若当事人并非依法履行出资义务或依法继受股权，无权适用《公司法司法解释（三）》第二十三条

（2016）苏民申4920号吴爱华与镇江市润州西京工贸有限责任公司股东资格确认纠纷中，江苏省高级人民法院认为：《公司法司法解释（三）》第二十三条规定的是当事人依法履行出资义务或者依法继受取得股权的情形，本案中，西京公司成立时发起人并非吴爱华，吴爱华不存在依法履行出资义务的事实，其即使从吴爱平处继受获得相应权利，但不符合西京公司章程约定及法律规定，不属于依法继受取得股权的情形，故吴爱华主张本案应当适用上述司法解释条款规定的理由不能成立。

（二）公司清算注销后，当事人主张在该公司股东名册上记载股东身份已经不能实现，但可依法另案主张相关权利

（2015）川民申字第900号姜波与宜宾市龙兴科技有限公司股东名册记载纠纷中，四川省高级人民法院认为：本案系股东名册记载纠纷，现宜宾龙兴科技有限公司已经清算注销，姜波关于在该公司股东名册上记载股东身份的主张已经不能实现，可依法另案主张相关权利。

（三）确认《出资证明书》合法有效系公司管理内部事务，不属于民事诉讼的范围

（2016）桂民终38号桂林医药集团有限公司与杨年坤、桂林市联坤商贸开发有限公司合同纠纷中，广西壮族自治区高级人民法院认为：《出资证明书》是表现有限责任公司股东地位或者股权权益的一种要式证券，是公司提供股东的一种书面凭证和股东对抗公司证明自己已经履行对公司出资义务的内部凭证。有限公司股东获得的《出资证明书》只能作为证明权利或法律事实的文书存在，并不能决定权利的有无。原告起诉要求确认《出资证明书》合法有效系公司管理内部事务，不属于民事诉讼的范围，不能通过司法审判方式予以评判。

（四）股东不能仅以未被股东名册记载为由主张收回出资或拒绝承担补缴出资义务，法院应根据认定股东资格的实质要件对其是否具有股东资格进行认定

（2016）最高法民申1961号宁波晶圆贸易有限公司与青岛广大物业发展有限公司合资、合作开发房地产合同纠纷中，最高人民法院认为：股东不能仅以未被股东名册记载为由主张

收回出资或拒绝承担补缴出资义务，法院应根据认定股东资格的实质要件对其是否具有股东资格进行认定。

（五）有限责任公司股东未履行出资义务，公司可否拒绝为其办理股东变更登记

股东资格，是出资人取得和行使股东权利、承担股东义务的基础。根据我国《公司法》第二十八条的规定，"股东应当按期足额缴纳公司章程中规定的各自所认缴的出资额。股东以货币出资的，应当将货币出资足额存入有限责任公司在银行开设的账户；以非货币财产出资的，应当依法办理其财产权的转移手续。股东不按照前款规定缴纳出资的，除应当向公司足额缴纳外，还应当向已按期足额缴纳出资的股东承担违约责任"，可以推断股东资格的取得并不以股东完全履行出资义务为必要条件。股东出资不到位所应承担的是因违反公司章程和设立公司合同的约定产生的违约责任，并不影响其股东资格的取得。

有限责任公司股东履行出资义务并非公司办理变更登记的必要条件。也就是说，股东在合法取得股东资格后，即使未履行出资义务，公司也不可以此为理由拒绝为其办理股东变更登记，但是公司可以向人民法院另行起诉主张权利，要求股东足额缴纳出资。

（六）如果受让方怠于进行股东名册的变更，是否就否认其股东地位，进而不用履行股东义务，而其也无法享有股东权利呢？

对于公司未置备股东名册，或股东名册未予变更记载的，可通过公司章程上签名并记载为股东来判断是否具有股东身份，股东不得以其未被股东名册记载为由主张不履行股东义务或要求收回出资。当公司内部就股东名册上的记载发生争议并诉至法院时，股东名册的记载也不能作为确认股东资格的最终依据，法院应根据当事人提供的证据，依据公司法的相关规定、公司股东应当具备的各项条件对向相关主体是否具有股东资格进行判断，从而最终作出实体的认定和判决。如《山东省高级人民法院关于审理公司纠纷案件若干问题的意见（试行）》第二十八条："公司未置备股东名册，或股东名册未予记载，但在公司章程上签名并为公司章程记载为股东的，人民法院应认定其具有股东资格。股东仅以未被股东名册记载为由主张收回出资或拒绝承担补缴出资义务的，人民法院不予支持。"

（七）股权转让后，受让股东有权要求目标公司办理股权变更登记，无权要求转让人协助办理股权登记

在（2015）鲁商终字第527号马亿民、张咏强与三庆实业集团有限公司股权转让纠纷中，山东省高级人民法院认为：本案马亿民、张咏强将其持有的宝雅公司的股权转让给三庆公司后，三庆公司作为继受取得股权的股东，宝雅公司亦认可三庆公司实际行使马亿民股东权利并承担相应股东义务，如果需办理过户变更登记手续，其可以要求宝雅公司办理股权变更登记，而无权要求转让人马亿民、张咏强协助办理股权登记。

【拓展案例】

陈某与远东公司股东名册记载纠纷①

2002年1月1日，陈某向远东公司缴纳股本金238万元。同日，远东公司向陈某发放了编号为100452的股权证书。远东公司在股权证书上加盖单位公章，法定代表人签名确认。2002年4月25日，远东公司向市工商行政管理局申请就企业名称、企业类型、营业期限、股东、注册资本等进行变更登记，其中企业类型为有限公司，注册资本由6800万元变更为3亿元，工商部门于同年4月27日予以核准。根据工商资料记载，远东公司于2002年4月12日召开第一次股东会议，但陈某的名字未在股东名册及公司章程中出现。

远东公司2013年12月20日股东会决议，同意增加新股东，股东人数由8人增加至50人，公司注册资本由3亿元增加至6.66亿元，并通过修改后的公司章程等事项。同日，远东公司至工商部门办理了公司注册资本及股东等变更登记，工商部门于同日予以核准，但远东公司未将陈某作为新增加股东在股东名册上记载，并办理变更登记。鉴于上述情况，陈某诉至法院，请求判令远东公司将其记载在远东公司股东名册上并办理股东工商登记，本案诉讼费由远东公司负担。

一审法院认为，对于陈某向远东公司缴纳股本金238万元，陈某自2002年1月1日起已为远东公司股东的事实，已经法院生效法律文书予以确认，对此法院予以认定。远东公司认为陈某向其缴纳的股本金不具有公司法意义上出资的法律特征，其向陈某签发的股权证书不是公司法意义上的出资证明书，陈某不是其股东的抗辩主张，法院不予采纳。

《公司法》第二十四条规定，有限责任公司由五十个以下股东出资设立。此项规定对有限责任公司股东最高人数进行了限制。第三十二条规定，有限责任公司应当置备股东名册，记载下列事项：（一）股东的姓名或者名称及住所；（二）股东的出资额；（三）出资证明书编号。公司应当将股东的姓名或者名称向公司登记机关登记；登记事项发生变更的，应当办理变更登记。未经登记或者变更登记的，不得对抗第三人。远东公司为有限责任公司，按照法律规定，远东公司应当在法院生效判决确认陈某为远东公司的股东后即将陈某记载在公司股东名册上，并向公司登记机关进行登记。但远东公司2013年12月20日股东会决议，将股东人数由8人增加至50人，该增加的股东中未包括陈某。现因远东公司记载于股东名册中的股东人数已达到法律规定的上限，远东公司可通过变更为股份有限公司增加股东人数，或者陈某通过转让股份等其他形式实现。但陈某现要求远东公司进行股东名册记载、登记出资额并办理股东工商登记的主张于法无据，法院不予支持。

当事人可以对债权请求权提出诉讼时效抗辩，也即诉讼时效制度适用的权利范围为债权请求权，本案不属于债权请求权之诉。退一步说，即使适用诉讼时效制度规定，因陈某于2012年10月19日经本院终审判决确认为远东公司的股东，陈某于2014年9月4日提起本案之诉，也未超过二年的诉讼时效。对远东公司提出本案已过诉讼时效的主张，法院不予支持。

---

① 参见江苏省无锡市中级人民法院（2015）锡商终字第0542号。来源：中国裁判文书网 http://wenshu.court.gov.cn。

二审法院认为，有限责任公司应当置备股东名册，记载股东的姓名或者名称及住所、股东的出资额、出资证明书编号，并将股东的姓名或者名称向公司登记机关登记，此为有限责任公司的法定义务。但公司在履行上述法定义务时需严格遵守法律规定，包括《公司法》第二十四条规定的有限责任公司股东不得超过五十个的人数限制。本案中，陈某向远东公司缴纳股本金238万元，并自2002年1月1日起为远东公司股东的事实，经生效判决确认后，未及时办理公司股东名册记载和工商登记。后2013年12月20日远东公司股东会决议，将股东人数增至50人，该增加的股东中未包括陈某，现因远东公司记载于股东名册的股东人数已达到法律规定的上限，陈某要求将其记载入股东名册并办理股东工商登记，需远东公司变更公司性质为股份有限公司增加股东人数或进行股权回购等其他方式实现，但该实现途径非本案理涉范畴，故陈某有关进行股东名册记载并办理股东工商登记等上诉诉请不予支持。对此，原审判决驳回陈某的诉讼请求并无不当。

此案判决显示，股东的身份与股东名册登记可以分离，受限于股东人数上限的规定，陈某不能记载于股东名册，但并不因此导致陈某丧失股东身份，也即超过公司法规定的股东人数的股东身份仍得到法院的支持。由此可以延伸到隐名股东的问题，通过隐名协议的安排，有限公司的实际股东人数会突破法律规定的50人上限，但突破上限的股东只是不能记载于股东名册，不妨碍实际股东享受股东的权利、履行股东义务。在公司性质变更为股份有限公司增加股东人数或公司进行股权回购时，实际股东可以实现登记于股东名册的目的。从实务上看，原告以"股东资格确认纠纷"案由提起诉讼确认股东身份后，在明知公司股东人数已达50人后，没有必要再提起本案"股东名册记载纠纷"之诉，徒增诉累。

第三章 请求变更公司登记纠纷

【典型案例】

马连芬等与东方上宇公司请求变更公司登记纠纷①

张振民系东方上宇公司的股东,于2013年11月2日去世。

马连芬、张燕、张京一审提交以下证据证明马连芬、张燕、张京的亲属情况:1.中国人民解放军某部队政治工作处于2019年3月15日出具的继承权公证亲属关系证明信,内容为:张振民于2013年11月在北京死亡,其配偶马连芬现住北京海淀区,其夫妇共育有2个子女:张燕,女,出生日期1972年9月;张京,女,出生日期1977年6月。2.2017年11月20日北京市海淀公安分局马连洼派出所出具的证明信,内容为:圆明园西路1号院7楼204房屋登记的户主为马连芬,马连芬长女为张燕、次女为张京。3.中国人民解放军某部队政治部于2013年12月11日出具的证明,内容为:张振民与马连芬系夫妻关系。4.南通市通州区平潮镇平西村村民委员会出具的证明,内容为:张振民与马连芬自1971年2月起为事实夫妻关系,该证明加盖南通市通州区平潮镇人民政府民政办公室印章。5.南通市通州区平潮镇平西村村民委员会出具的证明,内容为:张振民父亲张成,已于1960年3月病故,其母亲马领珍,已于1994年6月病故,情况属实。张燕、张京均向一审法院出具放弃继承声明书,载明:我父亲张振民于2013年11月2日去世,他生前系东方上宇公司股东,占该公司注册资本80%,之后转让给他人股权16.4%,于该公司还占有63.6%股权。我作为张振民之女,系其法定第一顺序继承人,根据《中华人民共和国公司法》第七十五条之规定,我有权继承父亲生前的股权,同时可以依法继承其股东资格。根据《中华人民共和国继承法》第二十五条第一款之规定,我自愿放弃我父亲生前的股权,我自愿放弃继承我父亲的股东资格,本应属于我继承父亲的股权以及其股东资格的部分,郑重声明由我母亲马连芬继承。张燕、张京分别在放弃继承声明书上签字。另,东方上宇公司的工商登记中载明张振民的持股比例为63.6%,马连芬、张燕、张京及东方上宇公司均认可张振民持有东方上宇公司63.6%的股权。马连芬、张燕、张京请求东方上宇公司办理股权变更登记手续未果,遂向法院提起诉讼。

【裁判要旨】

法院认为,《中华人民共和国公司法》第七十五条规定,自然人股东死亡后,其合法继

---

① 参见北京市第二中级人民法院民事判决书(2019)京02民终11614号。来源:中国裁判文书网 http://wenshu.court.gov.cn。

承人可以继承股东资格；但是，公司章程另有规定的除外。由于东方上宇公司的章程中对股东资格的继承并无其他限制性规定，本案中，张燕、张京均向一审法院提交放弃继承声明书，放弃继承张振民在东方上宇公司股权及股东资格，由马连芬进行继承；故张振民去世后，马连芬作为其第一顺序的法定继承人有权继承张振民在东方上宇公司的股权，取得东方上宇公司的股东资格，即马连芬通过继承的方式取得东方上宇公司63.6%的股权。根据《最高人民法院关于适用〈中华人民共和国公司法〉若干问题的规定（三）》第二十三条之规定，当事人依法履行出资义务或者依法继受取得股权后，公司未根据公司法第三十一条、第三十二条的规定签发出资证明书、记载于股东名册并办理公司登记机关登记，当事人请求公司履行上述义务的，人民法院应予支持。故，马连芬有权要求东方上宇公司协助将原股东张振民名下所持有的东方上宇公司63.6%的股权变更过户至马连芬名下。因此，马连芬要求东方上宇公司协助办理变更股权登记的诉讼请求，于法有据，法院予以支持。

【实务指引】

一、请求变更公司登记纠纷的定义

请求变更公司登记纠纷是指股东对于公司登记中记载的事项请求予以变更而产生的纠纷。

《公司登记管理条例》第九条规定："公司的登记事项包括：（一）名称；（二）住所；（三）法定代表人姓名；（四）注册资本；（五）公司类型；（六）经营范围；（七）营业期限；（八）有限责任公司股东或者股份有限公司发起人的姓名或者名称。"如果上述事项发生变更，就可能产生请求变更公司登记纠纷，实务中主要以第（三）项及第（八）项居多。其中，法定代表人变更纠纷常见类型有"挂名"法定代表人请求变更、作为公司股东的法定代表人转让股权后请求变更等；股东或者股份变更情形包括：因股权转让或公司增资事宜导致股东发生变更并由此申请变更公司登记，因股东被公司除名导致股东发生变更并由此申请变更公司登记，以及"隐名股东"申请变更股东等。

二、请求变更公司登记纠纷的管辖

因请求变更公司登记纠纷而提起的诉讼应以公司住所地法院为管辖法院。

《民事诉讼法司法解释》第二十二条规定："因股东名册记载、请求变更公司登记、股东知情权、公司决议、公司合并、公司分立、公司减资、公司增资等纠纷提起的诉讼，依照民事诉讼法第二十六条规定确定管辖。"

《民事诉讼法》第二十六条规定："因公司设立、确认股东资格、分配利润、解散等纠纷提起的诉讼，由公司住所地人民法院管辖。"

若公司住所地与实际经营地不一致，根据《民事诉讼法司法解释》第三条规定，"法人或者其他组织的住所地是指法人或者其他组织的主要办事机构所在地。法人或者其他组织的主要办事机构所在地不能确定的，法人或者其他组织的注册地或者登记地为住所地。"

三、请求变更公司登记纠纷的诉讼主体

（一）法定代表人登记变更案件

（1）公司拒不按照股东会决议办理工商登记变更手续的，股东可以公司为被告提起民事诉讼，请求判令公司依照股东会的决议办理相关工商变更程序。

（2）若工商部门不作为，则可直接以工商部门为被告提起行政诉讼，请求人民法院判令工商部门依法履行职责。也可以公司为被告提起民事诉讼，请求判令公司依照股东会的决议办理相关工商变更程序。

（二）股东登记变更案件

1. 当事人依法履行出资义务或者依法继受取得股权的情形

（1）应以对股东姓名记载存异议的当事人为原告，以目标公司为被告。

《公司法司法解释（三）》第二十三条规定："当事人依法履行出资义务或者依法继受取得股权后，公司未根据公司法第三十一条、第三十二条的规定签发出资证明书、记载于股东名册并办理公司登记机关登记，当事人请求公司履行上述义务的，人民法院应予支持。"

根据上述规定，办理公司登记机关登记的义务人为公司，而不是通过股权转让方式取得股权时的转让方。

如（2015）鲁商终字第527号马亿民、张咏强与三庆实业集团有限公司股权转让纠纷中，山东省高级人民法院认为：马亿民、张咏强将其持有的宝雅公司的股权转让给三庆公司后，三庆公司作为继受取得股权的股东，宝雅公司亦认可三庆公司实际行使马亿民股东权利并承担相应股东义务，如果需办理过户变更登记手续，其可以要求宝雅公司办理股权变更登记，而无权要求转让人马亿民、张咏强协助办理股权登记。

（2）亦有观点认为股权转让方与目标公司作为共同被告，皆有义务办理工商变更登记。

（2014）芝商初字第1162号王志超与姜秀兰、烟台三环锁业集团有限公司请求变更公司登记纠纷中，烟台市芝罘区人民法院认为：被告三环集团公司董事会关于将被告姜秀兰持有的8%的股权以每股1.34元的价格转让给原告的决议的内容合法有效，两被告均应履行该决议确定的义务。原告以其已履行了将股权转让款存于被告姜秀兰名下之义务为由，主张被告姜秀兰将其持有的被告三环集团公司的8%的股权变更登记至原告王志超名下，并由被告三环集团公司予以协助的诉讼请求于法有据，本院予以支持。

2. 冒名股东变更登记的情形

被冒名人不承担法律责任，法律并不赋予被冒名人任何公司股东的义务，因此被冒名人亦不应享有任何公司股东的权利，从而被冒名人无权请求变更公司工商登记，但为妥善解决公司工商登记中股东名实不符问题，减少可能产生的矛盾和纠纷，被冒名股东有义务协助办理股东变更登记手续。

（2015）二中民（商）终字第12365号杨文华等与北京东方上宇科技发展有限公司请求

变更公司登记纠纷中，北京市第二中级人民法院认为：根据《公司法司法解释（三）》第二十八条规定，冒用他人名义进行登记的行为人应当就其冒用行为向公司、其他股东、公司债权人等承担法律责任，而被冒名人不承担相关法律责任，也就是说法律并不赋予被冒名人任何公司股东的义务，反之，被冒名人亦不应享有任何公司股东的权利。据此不应将杨文华视为法律上的东方上宇公司股东。由于杨文华并非法律上的东方上宇公司股东，故其要求变更东方上宇公司的工商登记为杨文华在东方上宇公司占有2%出资额的上诉请求，缺乏事实和法律依据，本院不予支持。

（2017）沪民申1631号潘雄伟与上海好丝精日用化工有限公司请求变更公司登记纠纷中，上海市高级人民法院认为：本案纠纷系因潘雄伟身份信息被冒用而引发，潘雄伟对此虽不存在过错，但潘雄伟作为公司登记机关记载的股东，对外仍具有公示效力。原审法院为尽快妥善解决好丝精公司工商登记中股东名实不符问题，减少可能产生的矛盾和纠纷，判令潘雄伟协助好丝精公司办理股东变更登记手续，并无不当。

3. 要求原法定代表人返还公司证照、印鉴章、财务账册的诉讼，提起诉讼的主体应当是公司

（2016）鲁14民终2338号德州科信土工材料工程有限公司、赵方瑞请求变更公司登记纠纷中，德州市中级人民法院认为：公司证照、印鉴章、财务账册属于公司所有，要求原法定代表人返回公司证照、印鉴章、财务账册的诉讼，提起诉讼的主体应当是公司而非变更后的法定代表人。

四、请求变更公司登记纠纷不适用诉讼时效

根据《最高人民法院关于审理民事案件适用诉讼时效制度若干问题的规定》第一条的规定，"当事人可以对债权请求权提出诉讼时效抗辩，但对下列债权请求权提出诉讼时效抗辩的，人民法院不予支持：（一）支付存款本金及利息请求权；（二）兑付国债、金融债券以及向不特定对象发行的企业债券本息请求权；（三）基于投资关系产生的缴付出资请求权；（四）其他依法不适用诉讼时效规定的债权请求权。"

由此可见，由于债权请求权以财产利益为内容，不具支配性，若权利人长期怠于行使权利，会使法律关系处于不确定状态，不利于维护社会交易秩序稳定，故债权请求权适用诉讼时效的规定。

变更公司登记的请求权并非以财产利益为内容的债权请求权，故不应适用诉讼时效的规定。

五、法定代表人变更是否需要代表三分之二以上表决权的股东通过

（一）若法定代表人姓名未记载于公司章程

在此情况下，若公司章程无特殊规定，变更法定代表人的股东会决议经代表二分之一以上表决权的股东通过即可。因为变更法定代表人并非公司法规定的要由代表三分之二以上表

决权的股东通过的重大事项,且无须修改公司章程。

(二) 若法定代表人姓名记载于公司章程

在此情况下,司法实践中存在不同的做法。因为若变更法定代表人,则需要修改公司章程,而公司法规定修改公司章程必须经过代表三分之二以上表决权的股东通过。

从立法目的上来看,只有对公司经营造成特别重大影响的事项才需要经代表三分之二以上表决权的股东通过。因此"修改公司章程"不能看作修改公司章程中的任何内容,应看作修改实质上的内容,而非形式上的内容。法定代表人名称的变更在章程中体现出的是一种形式方面的记载。

综上,即使公司章程载明了法定代表人的姓名,变更法定代表人的股东会决议只需经代表二分之一以上表决权的股东通过即可。

(2014) 新民再终字第1号新疆豪骏贸易有限公司、张东升与乌鲁木齐市祥平实业有限公司、乌鲁木齐市祥平房地产开发有限公司公司决议撤销纠纷中,新疆维吾尔自治区高级人民法院认为:房地产公司的章程对此也未作出特别约定。从立法本意来说,只有对公司经营造成特别重大影响的事项才需要经代表三分之二以上表决权的股东通过。公司法定代表人一项虽属公司章程中载明的事项,但对法定代表人名称的变更在章程中体现出的仅是一种记载方面的修改,形式多于实质,且变更法定代表人时是否需修改章程是工商管理机关基于行政管理目的决定的,而公司内部治理中由谁担任法定代表人应由股东会决定,只要不违背法律法规的禁止性规定就应认定有效。此外,从公司治理的效率原则出发,倘若对于公司章程制订时记载的诸多事项的修改、变更均需代表三分之二以上表决权的股东通过,则反而是大股东权利被小股东限制,若无特别约定,是有悖确立的资本多数决原则的。若更换法定代表人必须经代表三分之二以上表决权的股东通过,那么张东升、豪骏公司只要不同意就永远无法更换法定代表人,这既不公平合理,也容易造成公司僵局。因此,公司股东会按照股东出资比例行使表决权所形成的决议,理应得到尊重。公司更换法定代表人,只要股东会的召集程序、表决方式不违反和公司章程的规定,即可多数决。

六、请求变更公司登记纠纷的裁判规则

(一) 在公司章程没有特别规定的情况下,公司法定代表人是印章、证照的实质掌管者和移交义务人

(2014) 鲁民四终字第196号忠旺有限公司与杜磊公司证照返还纠纷、请求变更公司登记纠纷中,山东省高级人民法院认为:公司印章和证照体现公司经营管理权和相应合法资质,在没有公司章程特别规定的情况下,杜磊作为海泽公司的原法定代表人、总经理,任职期间,有权控制和支配印章,是印章、证照的实质掌管者和移交义务人,在不担任公司的法定代表人之后,继续控制公司的印章,证照已经没有依据,作为公司的高级管理人员,其对公司负有忠实勤勉义务,应该将上述证照、印章等予以交还。

（二）要求原法定代表人返还公司证照、印鉴章、财务账册的诉讼，提起诉讼的主体应当是公司

(2016) 鲁14民终2338号德州科信土工材料工程有限公司、赵方瑞请求变更公司登记纠纷中，德州市中级人民法院认为：公司证照、印鉴章、财务账册属于公司所有，要求原法定代表人返回公司证照、印鉴章、财务账册的诉讼，提起诉讼的主体应当是公司而非变更后的法定代表人。

（三）公司股东变更登记

(1) (2018) 京01民终2008号韩新海等与杨洲请求变更公司登记纠纷中，法院认为，依据法律、司法解释的规定应当由公司住所地人民法院管辖，该管辖权的确定不因当事人协议管辖而变更。

(2) (2019) 京03民终6554号北京龙泽红旗汽车销售有限公司等与胡桂芳等请求变更公司登记纠纷中，法院认为：办理股东登记是公司的法定义务，且工商变更登记具有变更股权情况的公示性效力，无论公司董事、监事、高级管理人员，抑或是实际控制人，均应负有办理变更登记的责任。公司不及时变更股东名册和到工商行政管理部门进行变更登记的，股权转让方和受让方均可以公司为被告提起办理转让手续请求之诉。

(3) (2018) 京01民终9912号夏仙强与韩美福代（北京）餐饮管理有限公司等请求变更公司登记纠纷中，法院认为：转让方股东主张《股权转让协议》系被欺诈的情况下签订，但并未能提供有效证据予以证明，应当承担不利的法律后果。同时，在未经请求并被人民法院或仲裁机构变更或撤销的情况下，协议仍合法有效。

(4) (2019) 京02民终2002号重庆趣游旅游咨询服务中心与中网拍（北京）信息科技有限公司等请求变更公司登记纠纷中，法院认为：仅签订《转让协议》，未约定股权转让款项的支付方式，且无充足证据证明曾就股权转让款项的支付方式达成一致意见的，法院认定涉案《转让协议》未履行完毕，请求公司变更登记的请求条件尚未成就。

(5) (2018) 京01民终6146号徐永志等与北京长城广昊腐植酸厂等请求变更公司登记纠纷中，法院认为：签订《股权转让协议》后，虽未将款项支付至股权转让协议中约定的账户，但能够综合认定股权转让款已支付，股权转让协议已经履行的，要求公司变更登记的诉讼请求，应予支持。

(6) (2018) 京03民终7942号不乱买电子商务（北京）有限公司等与彭振文请求变更公司登记纠纷中，法院认为：公司股东签订股权转让协议，将其持有的公司股份转让给股东以外的人，并通知公司其他股东。其他股东未及时行使优先购买权的，受让方有权作为公司股东取得相应股份，公司应履行变更登记义务。

(7) (2018) 京03民终4187号艾荷美（北京）教育咨询有限公司与季秀丽等请求变更公司登记纠纷中，法院认为：原股东是否全面履行出资义务并非能够转让股权的前提条件，公司无权以原股东未全面履行出资义务为由拒绝办理变更登记。原股东存在损害公司利益的行为，与请求变更公司登记无关，公司可以在另案中予以主张。

(8) (2018) 京01民终683号陈小红等与苏绍军请求变更公司登记纠纷中，法院认为：

生效民事判决确认现股东持有公司股权,公司及原股东均未提供反证否定生效判决的裁判结果,法院判决公司为现股东办理股权变更登记手续。

(9)(2019)京02民终10118号北京前门实业股份有限公司与北京辰宇实业总公司请求变更公司登记中,法院认为:生效判决已确认股权归属,公司以正在申请再审,涉案股权归属未定为由,拒绝配合股权变更登记的,不符合法律规定,不予支持。

(10)(2018)京03民终3942号刘月竹与北京尚嘉品鉴信息咨询有限公司等请求变更公司登记纠纷中,法院认为:《股权授予合作协议》系双方真实意思表示,不违反法律、行政法规的强制性规定,应当认定合法有效,双方均应自觉依照合同约定履行各自的义务。请求公司变更登记法院重点审查了两个方面:一是在公司任职期间是否依约履行了相应的合同义务;二是根据变更登记公司的股权是否符合《中华人民共和国公司法》第七十一条第二款之规定。

(11)(2016)鲁02民终8287号孙明君与青岛国建节能科技有限公司请求变更公司登记纠纷中,青岛市中级人民法院认为:合同相对方为孙明君与付海涛,且合同中并未约定双方的履行顺序,国建节能公司不得以股权转让款的履行与否对抗其已经生效的股东会决议及《章程修正案》,且对于股权转让款付海涛可另案主张,本案不予处理。

(四)公司法定代表人变更登记

(1)公司法定代表人的选任属于公司内部事务,由公司依据相关法律规定及公司章程作出决定。请求公司办理公司法定代表人工商变更登记,应当举证证明公司已经就法定代表人变更事项作出了新的有效变更决议或决定。未能举证证明的,法院不予支持。

(安鹏飞与张琳等请求变更公司登记纠纷二审民事判决书[(2018)京02民终12330号]、高飞与乐乐互动体育文化发展(北京)有限公司请求变更公司登记纠纷二审民事判决书[(2019)京03民终5399号]等5案)

(2)法定代表人提交的离职会签单,仅表明与公司之间解除了劳动关系,无法体现出公司的股东一并同意其辞去法定代表人的职务,公司并未选任新的法定代表人,要求公司办理公司法定代表人工商变更登记没有事实和法律依据,法院不予支持。

(张国泰与北京天元建业装饰工程有限公司请求变更公司登记纠纷二审民事判决书[(2019)京03民终4564号])

(3)股东会决议仅载明同意在法定代表人离职离任后,辞去公司法定代表人身份,其中并未包含关于变更公司法定代表人的有效决议内容,也未明确公司法定代表人的具体人选。公司法定代表人的选任属于公司内部事务,由公司依据相关法律规定及公司章程作出决定。未能举证证明公司已经作出变更法定代表人的决议或决定,要求公司办理公司法定代表人工商变更登记没有事实和法律依据,法院不予支持。

(田绪文与北京朗途融通信息科技有限公司请求变更公司登记纠纷二审民事判决书[(2018)京02民终6292号])

(4)《股东会决议》中未经股东授权代为签字,股东会决议不成立。《企业变更(改制)登记(备案)申请书》上亦为代签的,公司应当将法定代表人恢复到变更前的状态。

（刘有才等与李桂云请求变更公司登记纠纷二审民事判决书〔（2018）京 02 民终 5937 号〕）

（5）公司被依法吊销营业执照，由此产生公司解散的法律后果，其应当依法进行清算。对于要求公司办理法定代表人变更登记的诉讼请求，不具备办理条件，不予支持。

（位灵芝与孟祥林等请求变更公司登记纠纷二审民事判决书〔（2018）京 03 民终 3562 号〕）

（6）公司法定代表人变更，应当办理变更登记，未办理登记的法定代表人变更，对外不得对抗善意第三人。

最高人民法院认为：1995 年 4 月 13 日刘玉章作为三峡公司的法定代表人与公达公司签订了革新里项目转让协议，在该协议书上有三峡公司的公章及刘玉章的签字。此时，刘玉章虽然已被三峡公司上级单位停止了工作，但直至 1995 年 4 月 22 日，工商登记才将三峡公司的法定代表人刘玉章变更为张胜利。即刘玉章在与公达公司签订项目转让协议时，在三峡公司的工商登记上刘玉章仍为该公司的法定代表人。因此，双方签订的项目转让协议应当依法成立并生效。

（北京公达房地产有限责任公司诉北京市祥和三峡房地产开发公司房地产开发合同纠纷案（2009）民提字第 76 号）

（7）安徽省高级人民法院认为：本案中，六安农商行签订涉案《最高额抵押合同》时通过企业工商信息网确认了左立兵系玄凯公司法定代表人，审查了左立兵提供的玄凯公司公章、公司章程、股东会决议及相关材料，并且与左立兵共同前往房地产管理部门办理了房地产抵押登记手续，其已经尽到合理的注意义务，玄凯公司也没有举证证明六安农商行知道或者应当知道左立兵签订《最高额抵押合同》超越权限，故左立兵的代表行为对玄凯公司有效。

（安徽玄凯房地产开发有限公司与六安农村商业银行股份有限公司确认合同无效纠纷案〔（2015）皖民二终字第 01069 号〕）

【拓展案例】

北京前门实业股份有限公司与北京辰宇实业总公司请求变更公司登记纠纷[①]

2012 年 12 月 26 日，甲方（转让方）辰宇公司与乙方（承让方）同信齐家公司签订《股权转让协议书》，约定："依据《北京辰宇实业总公司企业分立实施方案》和《北京辰宇实业总公司对新立公司所持前门股份公司股权及其配套资金放弃的协议书》，甲、乙双方就股权转让事宜做出如下协议：一、甲方现将所持有的北京前门实业股份有限公司法人股 2570 万股，按每股 0.7737 元转让给乙方持有，并放弃其股东所有权利。二、乙方同意按每股值 0.7737 元，承接甲方所持有的北京前门实业股份有限公司法人股 2570 万股。股权转让后，乙方承认原北京前门实业股份有限公司的合同、章程及附件，愿意履行并承担原甲方在

[①] 参见北京市第二中级人民法院民事判决书（2019）京 02 民终 10118 号。来源：中国裁判文书网 http://wenshu.court.gov.cn。

北京前门实业股份有限公司中的一切权利、义务及责任。三、原甲方委派的董事会成员自动退出北京前门实业股份有限公司，并由乙方重新委派董事。"同日，双方就上述股权转让事宜向北京市工商行政管理局申请办理了股权变更登记。前门实业公司于一审庭审中认可上述股权自该次工商变更后至今一直登记在同信齐家公司名下。

2017年9月5日，北京市高级人民法院（2016）京民再17号民事判决确认《股权转让协议书》不具有法律效力。该判决认为："本案争议的焦点是2012年12月26日双方签订的《股权转让协议书》的效力问题。根据2017年6月29日（2017）京0101民初8230号民事判决，已确认2012年12月10日张永祥与黄德恒、杨树全签订的《分立方案》不具有法律效力。签订《股权转让协议书》系履行《分立方案》和《补充协议》中存续方辰宇公司和新立方同信齐家公司就资产分割部分约定的行为。既然《分立方案》未经职工代表大会通过，亦未经主管部门批准，并已被生效判决确认不具有法律效力，且作为民营企业同信齐家公司法定代表人的张永祥，明知其已被免去辰宇公司总经理职务，仍以辰宇公司法定代表人的身份与其作为法定代表人的同信齐家公司签订股权转让协议显属不当，该协议亦应确认无效。辰宇公司的再审请求成立，本院予以支持。据此，依照《中华人民共和国民事诉讼法》第二百零七条第一款、第一百七十条第一款第二项的规定，判决如下：一、撤销北京市第二中级人民法院（2014）二中民（商）终字第09768号民事判决及北京市丰台区人民法院（2014）丰民初字第9603号民事判决；二、确认北京辰宇实业总公司与北京同信齐家投资管理有限公司于2012年12月26日签订的《股权转让协议书》不具有法律效力。"

2017年10月11日，辰宇公司就《股权转让协议书》向北京市丰台区人民法院起诉同信齐家公司股权转让纠纷，请求将同信齐家公司持有的前门实业公司2570万股在北京股权登记管理中心变更为由辰宇公司持有。2018年3月28日，北京市丰台区人民法院作出（2017）京0106民初28634号民事判决书，认定："根据相关法律规定，无效的民事法律行为自始没有法律约束力，行为人因该行为取得的财产应当予以返还。本案中，同信齐家公司依据无效的股权转让协议取得的北京前门实业股份有限公司的股权（2570万股）应当返还给辰宇公司。"最终判决确认同信齐家公司持有的前门实业公司2570万股股权恢复为由辰宇公司持有并判令同信齐家公司办理恢复辰宇公司持有前门实业公司2570万股股权的变更手续。上述判决作出后，同信齐家公司不服一审判决，向本院提出上诉。2018年8月30日，本院作出（2018）京02民终6142号民事判决书，判决驳回上诉，维持原判。后，辰宇公司就（2017）京0106民初28634号民事判决书向丰台法院申请强制执行，执行过程中，北京股权登记管理中心将登记的同信齐家公司持有的前门实业公司2570万股股权变更登记为辰宇公司所有，但北京市工商行政管理局登记的股权信息未予变更。对此，辰宇公司于一审庭审中陈述系因前门实业公司性质为股份公司，工商登记信息的变更必须前门实业公司配合，无法直接依据生效判决进行办理。

辰宇公司向一审法院起诉请求：判令前门实业公司立即办理股权工商变更登记手续，将原登记在同信齐家公司名下的2570万股权变更登记在辰宇公司名下。

法院审理认为，《中华人民共和国合同法》第五十八条规定，合同无效或者被撤销后，因该合同取得的财产，应当予以返还；不能返还或者没有必要返还的，应当折价补偿。本案中，关于辰宇公司与同信齐家公司签订的《股权转让协议书》，北京市高级人民法院已经作出（2016）京民再17号民事判决确认其不具有法律效力，故同信齐家公司因该合同取得的前门实业公司2570万股股权应当返还给辰宇公司，北京市丰台区人民法院（2017）京0106民初28634号民事判决亦判令上述股权恢复为由辰宇公司持有。

《中华人民共和国公司法》第三十二条第三款规定："公司应当将股东的姓名或者名称向公司登记机关登记；登记事项发生变更的，应当办理变更登记。未经登记或者变更登记的，不得对抗第三人。"故就上述股权返还事项进行工商变更登记是前门实业公司应当履行的法定义务。辰宇公司要求前门实业公司办理股权工商变更登记手续，即将原登记在同信齐家公司名下的2570万股股权变更登记在辰宇公司名下的诉讼请求，事实清楚、于法有据，一审法院予以支持。

关于前门实业公司辩称（2018）京02民终10557号民事判决已被申请再审，《股权转让协议书》应为有效，（2016）京民再17号民事判决依据不足，涉案股权权属存在争议的答辩意见，因再审审理期间判决书的效力不受影响，前门实业公司的上述意见缺乏事实和法律依据，法院不予采信。

第四章　股东出资纠纷

【典型案例】

袁玉岷与光彩宝龙公司、宝纳资源公司、龙湾港公司股东出资纠纷①

2007年9月20日，龙湾港公司和宝纳资源公司的前身中宝纳资源控股有限公司签订了《光彩宝龙兰州新区建设有限公司章程》，其中第七条约定：龙湾港公司以货币出资2719.2万元，占注册资本的51.5%；宝纳资源公司以货币出资2560.8万元，占注册资本的48.5%。同日，光彩宝龙公司董事会选举袁玉岷为该公司董事长兼总经理。同年9月28日，宝纳资源公司对光彩宝龙公司的2560.8万元出资到位。翌日，由宝纳资源公司作为协调人并担保，龙湾港公司向珠海经济特区瑞福星医药工业公司（以下简称瑞福星公司）借款1439万元，专用于龙湾港公司作为股东的光彩宝龙公司所需注册资金。同日，龙湾港公司向光彩宝龙公司交纳1439万元和1280.2万元两笔出资，其出资亦全部到位。袁玉岷既是光彩宝龙公司的法定代表人，也是光彩宝龙公司股东龙湾港公司的法定代表人，同时还是龙湾港公司下属子公司疏浚公司（以下简称疏浚公司）的法定代表人。2007年12月4日，光彩宝龙公司以支付工程款名义向疏浚公司汇款1439万元。第二日，疏浚公司将该笔款又以工程款名义转付给瑞福星公司。同年12月7日，袁玉岷在光彩宝龙公司该笔用途为工程款的资金使用申请单上签字。另案由最高人民法院作出的（2012）民一终字第52号民事判决认定疏浚公司与光彩宝龙公司没有事实上的工程合同关系或委托关系；光彩宝龙公司支付给疏浚公司的1439万元未用于工程建设，而是由疏浚公司支付给瑞福星公司偿付了借款。海南省高级人民法院（2012）琼民一终字第42号民事判决书认定，龙湾港公司持有疏浚公司80%的股份，是疏浚公司的控股股东，疏浚公司的法定代表人是袁玉岷，而袁玉岷是龙湾港公司持有50%股份的股东，该两公司具有关联性；光彩宝龙公司注册成立后，其法定代表人系袁玉岷，光彩宝龙公司与龙湾港公司及疏浚公司是关联公司；龙湾港公司向疏浚公司支付的1439万元款项未用于工程施工建设，而是由疏浚公司支付给瑞福星公司偿付了借款。

另查明，兰州市七里河区人民法院于2008年6月13日作出（2008）七法民督字第3002号支付令、第3003号支付令、第3004号支付令，该支付令均已执行完毕，合计执行光彩宝龙公司款项6159424.23元。

光彩宝龙公司、宝纳资源公司认为龙湾港公司的行为严重损害了其合法权益，遂依法提起诉讼，请求：1. 确认龙湾港公司抽逃了对光彩宝龙公司的出资20549424.23元；2. 判令

---

① 参见中华人民共和国最高人民法院民事判决书（2014）民二终字第00092号。来源：中国裁判文书网http://wenshu.court.gov.cn。

龙湾港公司向光彩宝龙公司返还抽逃的出资20549424.23元，并支付同期银行贷款利息；3. 判令袁玉岷对龙湾港公司抽逃注册资金的行为承担连带责任；4. 判令若龙湾港公司未在合理期限返还20549424.23元出资，光彩宝龙公司应及时办理减少龙湾港公司20549424.23元出资的法定手续；5. 判令被告承担与本案有关的全部诉讼费用。

【裁判要旨】

本院认为，本案二审争议的焦点问题是袁玉岷是否协助龙湾港公司抽逃了出资，应否承担连带返还责任。

关于袁玉岷是否协助龙湾港公司抽逃了出资，应否承担连带返还责任问题，原审判决认定龙湾港公司抽逃了对光彩宝龙公司的1439万元出资，龙湾港公司和袁玉岷对此均未提出上诉，故本院予以确认。龙湾港公司抽逃出资的方式，是通过虚构光彩宝龙公司与疏浚公司之间的工程款债务，将款项从光彩宝龙公司转入疏浚公司，再从疏浚公司转入瑞福星公司，用以偿还了龙湾港公司欠瑞福星公司的借款。在光彩宝龙公司为龙湾港公司抽逃出资而出具的《资金使用申请单》上，袁玉岷签字同意。虽然该行为发生在款项已经转出之后，但仍代表袁玉岷对龙湾港公司抽逃出资行为的认可。根据《中华人民共和国公司法解释三》第十四条第一款规定，公司的其他股东、董事、高管人员等，只要实施了协助股东抽逃出资的行为，即应承担连带责任，而与协助行为对抽逃出资所起作用的大小、是否为抽逃出资的必要条件等无关。故原审法院认定袁玉岷实施了协助抽逃出资的行为，应当承担连带责任并无不妥。

从主观上看，龙湾港公司、光彩宝龙公司、疏浚公司之间通过虚构债务、间接转款用以抽逃出资、偿还债务的行为，显然系精心设计、相互配合、故意而为之，采用间接转款的隐蔽方式是为了规避公司法关于禁止股东抽逃出资的规定，袁玉岷一方在庭审中对此也是认可的。龙湾港公司、光彩宝龙公司、疏浚公司的时任法定代表人均为袁玉岷，从常理上判断，袁玉岷对其控制的三个关联公司之间故意实施的抽逃出资行为应是明知或应知的，袁玉岷在虚构工程款以抽逃出资的资金使用申请单上签字同意亦可证明此点。袁玉岷主张抽逃出资行为系宝纳公司的法定代表人贾文成授意其委派到光彩宝龙公司担任财务经理的刘燕所实施，目的是将1439万元尽快转至瑞福星公司，而其本人对此主观上并不知情，客观上也未实施协助行为，本院认为不足采信。首先，刘燕虽然是宝纳公司委派的人员，但光彩宝龙公司的另一财务人员李某却不是，根据光彩宝龙公司的财务制度，一万元以上的对外付款必须经袁玉岷批准，且由刘燕和李某分别签章才能完成。故没有光彩宝龙公司人员的配合，即便贾文成授意刘燕帮助龙湾港公司抽逃出资，刘燕也无法完成。在刘燕明知付款行为无法掩饰，而擅自付款又将承担巨大法律责任的情况下，其未经袁玉岷的同意而擅自对外付款，也与常理不符。其次，如果系贾文成授意刘燕不经袁玉岷的同意而擅自转款，以便尽快偿还龙湾港公司欠瑞福星公司的借款，那么刘燕为何会舍近求远，避简就繁，不将款项直接转入贾文成控制的瑞福星公司，而是先转入刘燕和贾文成均不掌控、但却是袁玉岷担任法定代表人的疏浚公司？再次，从疏浚公司向外转款的过程看，款项是由时任龙湾港公司人事部经理、疏浚公司人事部总经理的梁宁镉指示疏浚公司出纳王雪峰，于1439万元到账后的第二天即转出支付给了瑞福星公司。而梁宁镯恰是当初龙湾港公司向瑞福星公司借款时，受袁玉岷委托，在借款协议上签字的经办人员。梁宁镯是疏浚公司的人事部总经理，财务事宜并不在其工作职责范围之内，如果不是法定代表人袁玉岷的授权指使，其何以能够得知1439万元款项到账的事实，又何来权力指令财务人员将款项转给瑞福星公司？综上，本院认为，从本案的一系列事实分析判断，有充足的理由使人相信，袁玉岷对通过其担任法定代表人的三个关联公司之间故意虚构债务以抽逃出资的行为主观上存在过错，客观上也实施了协帮的行为，应当承担连带返还责任。

另外，原审原告一审中提出了确认龙湾港公司抽逃出资20549424.23元等诉讼请求，而原审判决仅确认龙湾港公司抽逃出资1439万元，对原告诉请的若龙湾港公司未在合理期限返还20549424.23元出资，光彩宝龙公司应及时办理减资手续的诉讼请求则予以驳回，即原审法院对原审原告的诉讼请求并未全部支持，在此情形下，原审法院判令一审案件受理费144548元全部由原审被告龙湾港公司、袁玉岷承担，有失妥当，本院予以适当调整。

综上，本院认为，原审判决认定事实清楚，适用法律正确，上诉人关于其不应承担连带责任的上诉请求不予支持。本院根据《中华人民共和国民事诉讼法》第一百七十条第一款第（一）项的规定，判决如下：驳回上诉，维持原判。

【实务指引】

一、股东出资纠纷的定义

股东出资是指公司股东在公司设立或增加资本时，按照法律、公司章程的规定以及协议的约定，向公司交付财产或履行其他给付义务以取得股权的行为。出资是股东对公司的基本义务，也是形成公司财产的基础。如果股东未按规定缴纳出资，或者虚假出资、出资不足、抽逃出资等，即可能引发公司与股东、股东与股东、股东与债权人之间的出资纠纷和诉讼，股东可能被起诉而依法承担继续履行、损害赔偿等违约责任。基于出资制度在整个公司制度中的重要意义，公司法对于股东出资的数额、期限、方式及其责任等都有所规定，公司法还规定了未履行义务股东或发起人的补缴差额责任和其他股东或发起人的连带认缴责任。此外，因违反出资义务而造成公司其他已履行义务的出资人损失的，还须承担损害赔偿责任。

二、股东出资纠纷的管辖

股东出资纠纷类型众多，关于其不同类型诉讼的管辖法院问题，公司法及其相关司法解释包括各地司法文件均没有特备加以规定，故适用民事诉讼法确定的一般管辖原则，即"原告就被告"原则。不管哪一种类型的股东出资纠纷，只要确定了被告，即可向被告住所地人民法院提起诉讼。需要提醒的是，在诸多类型的股东出资纠纷中，作为诉讼主体的被告往往不止一人，在这种情况下，可以适用民事诉讼法中的"共同管辖"原则，即每一个被告住所的法院均有管辖权，原告可以在诸多管辖权的法院中选择其中之一提起诉讼。

三、股东出资纠纷的诉讼主体

（1）股东未缴或少缴所认缴的出资额，公司提起诉讼的，应当以该股东为被告请求其补缴出资股。

（2）股东作为出资的实物、工业产权、非专利技术、土地使用权的出资额显著低于公司章程所定的价额的，公司可以该股东和公司成立时的其他发起人股东为共同被告要求其承担连带责任。

（3）公司起诉违法抽回出资或股本的股东返还出资或股本的，可列帮助抽逃出资的股东、董事、经理等共同侵权人为被告。

（4）有限责任公司股东未按出资合同或公司章程的规定履行出资义务的，公司成立后或者设立失败的，其他已足额出资的股东可以未履行出资义务的股东为被告，要求其承担违约责任。

（5）公司债权人起诉公司要求公司承担违约责任的，因公司实有资本不足公司股东对公司债权人承担公司债务的，有权向未足额出资股东追偿。

四、股东出资纠纷举证责任分配和诉讼时效

股东出资纠纷案件适用一般举证规则，由原告提供对股东履行出资义务产生合理怀疑的证据后，再由股东就其已履行出资义务进行举证。

在证明标准上原告只需初步证明达到产生"合理怀疑"的程度即可。股东抽逃出资或瑕疵出资行为均具有较强隐蔽性，认定是否违反股东出资义务的关键证据，如公司的业务往来账册、资产负债表等会计账目均保存于公司内部，甚至仅由控股股东掌控，其他股东或公司债权人往往难以知悉或获取。因此，公司其他股东、债权人等只需提供对股东抽逃出资或瑕疵出资行为产生合理怀疑的初步证据后，即应由该股东就其已如实履行出资义务或已经履行补足出资义务进行证明。

另需注意的是，股东违反出资义务的初步证明标准因主张者身份不同而存在一定差异：公司外部债权人由于难以获知公司内部管理和运营信息，因此初步证明标准较低；公司、其他股东等则因参与公司管理和运营的程度较高，则证明标准相应较高。

股东对公司所负出资义务不受诉讼时效限制，违反出资义务的股东不得以此为由对抗要求其补足出资的主张。原因在于，若因期限届满则股东不再履行出资义务，将不利于落实资本充实原则和严格股东出资义务，在损害公司、股东利益的同时亦会损害交易安全。

五、股东出资纠纷的类型

（一）虚假出资

虚假出资是指股东认购出资而未实际出资，取得公司股权的情形。常见的表现形式有：

以无实际现金或高于实际现金的虚假银行进账单、对账单骗取验资报告，从而获得公司登记；以虚假的实物投资手续骗取验资报告，从而获得公司登记；以实物、工业产权、非专利技术、土地使用权、房产出资，但并未办理财产权转移手续；作为出资的实物、知识产权、专利技术、土地使用权的实际价额显著低于公司章程所定价额；设立公司时，为了应付验资，将款项短期转入公司账户后又立即转出，公司未实际使用该款项进行经营；未对投入的净资产进行审计，仅以投资者提供的少记负债高估资产的会计报表验资。

（二）出资不足

出资不足是指在约定的期限内，股东仅仅履行了部分出资义务或者未能补足出资的情形。出资不足的具体表现形式有：货币出资只履行了部分出资义务；作为出资的实物、知识产权、土地使用权的实际价额显著低于公司章程所定价额，或未经评估；出资的标的物存在第三人合法权利。

（三）逾期出资

逾期出资是指股东没有按期缴足出资的情形。公司法规定注册资本可以分期缴纳，公司章程也可以规定分期缴纳及分期缴纳的具体办法，当股东未依照公司法和公司章程的规定履行出资义务时，就产生逾期出资的行为，应当承担相应的责任。

（四）抽逃出资

抽逃出资是指股东在公司成立后违法将出资收回。抽逃出资的具体表现形式有：将出资款项转入公司账户验资后又转出；通过虚构债权债务关系将其出资转出；制作虚假财务会计报表虚增利润进行分配；利用关联交易将出资转出；其他未经法定程序将出资抽回的行为。

六、股东出资纠纷的裁判规则

（一）股东对出资数额和持股比例所作的特别约定的效力问题

在公司注册资本符合法定要求的情况下，各股东的实际出资数额和持股比例属于公司股东意思自治范畴，股东可以就各自的实际出资额和所占持股比例作出特别约定。也就是说，股东持有股权的比例一般与其实际出资比例一致，但是有限责任公司的全体股东内部也可以约定不按实际出资比例持有股权，这样的约定并不影响公司资本对公司债务担保等对外基本功能的实现。如该约定是各方当事人的真实意思表示，且未损害他人的利益，不违反法律和行政法规的规定，应属有效，股东按照约定持有的股权应当受到保护。

（二）受让人明知或应知出让人出资不实仍受让股权的，是否需要向公司承担出资不实的责任问题

在公司股权转让过程中，受让人明知其受让的股权存在出资不实，股东资格有瑕疵等情

形，根据协议约定或者公司章程的规定，受让人应对公司承担出资不实的法律责任，即应向公司履行出资义务，在其未履行出资义务的情形下，与出资义务相应的股东权利的行使应当受到限制。

（1）根据《公司法》第二十八条的规定，"有限责任公司的股东应当按期足额缴纳公司章程中规定的各自所认缴的出资额，否则除应当向公司足额缴纳外，还应当向已按期足额缴纳出资的股东承担违约责任。"《公司法司法解释（三）》第十三条规定，"股东未履行或未全面履行出资义务，公司或者其他股东请求其向公司依法全面履行出资义务的，人民法院应予支持。"

（2）股权转让中，受让方对其受让的股权出资不实系明知，应当对公司承担出资不实的法律责任。通常而言，工商登记所载明的出资状况对于股权受让人具有公示力和公信力，股权受让人有理由相信股权出让人已经履行工商登记的出资义务，其基于股权转让合同取得股权后，无须对出资人的出资瑕疵承担责任。但是，《公司法司法解释（三）》第十八条也规定，有限责任公司的股东未履行或者未全面履行出资义务即转让股权，受让人对此知道或者应当知道的，公司请求该股东履行出资义务、受让人对此承担连带责任的，或者公司债权人对该股东提起诉讼，同时请求前述受让人对此承担连带责任的，人民法院应予支持。受让人承担责任后，可以向该股东追偿，除非当事人另有约定。

（3）股东出资不实不影响股东资格，但相应的股东权利会受到影响。《公司法司法解释（三）》第十六条规定，"股东未履行或者未全面履行出资义务或者抽逃出资，公司根据公司章程或者股东会决议对其利润分配请求权、新股优先认购权、剩余财产分配请求权等股东权利作出相应的合理限制，该股东请求认定该限制无效的，人民法院不予支持。"

（三）股东对公司新增注册资本的优先认缴权的行使问题

《公司法》第三十四条规定："股东按照实缴的出资比例分取红利；公司新增资本时，股东有权优先按照实缴的出资比例认缴出资。但是，全体股东约定不按照出资比例分取红利或者不按照出资比例优先认缴出资的除外。"

根据上述规定，一方面，除非公司章程或者全体股东另有约定，否则股东对新增注册资本的优先认缴权是不可被排除或剥夺的；另一方面，除非全体股东另有约定，有限责任公司新增注册资本时股东优先认缴出资的权利以及该权利的行使范围以其实缴的出资比例为限，股东对其他股东放弃的优先认缴份额不享有优先购买权。这是公司法在保障公司自由发展和保护原股东利益之间所作的平衡。公司增资扩股的股东会决议侵犯原股东优先认缴权的部分无效（其他部分仍然有效），但该公司据此与第三人签署的增资扩股协议并未当然无效，需结合《中华人民共和国民法典》（以下简称《民法典》）的规定来审查。

另外，从性质上看，股东的优先认缴权属于形成权，基于权利人的单方意志就能够引起法律关系的变动，其对相对方的权利影响巨大，因此，尽管并无法律规定该权利的行使期限，但从维护交易安全、维护经济秩序和保护善意第三人的角度讲，股东优先认缴权应在合理期限内行使，否则将难以获得法院的支持。并且鉴于这一权利的行使属于典型的商事行为，关于合理期限的认定应当比通常的民事行为更为严格，具体根据个案把握。

(四) 有限公司异议股东股权回购请求权的行使问题

《公司法》第七十四条规定："有下列情形之一的，对股东会该项决议投反对票的股东可以请求公司按照合理的价格收购其股权：（一）公司连续五年不向股东分配利润，而公司该五年连续盈利，并且符合本法规定的分配利润条件的；（二）公司合并、分立、转让主要财产的；（三）公司章程规定的营业期限届满或者章程规定的其他解散事由出现，股东会会议通过决议修改章程使公司存续的。"

（1）关于股权回购请求权的权利主体。根据上述规定，有权行使股权回购请求权的主体为对股东会决议投反对票的股东，但是回购请求权的设立宗旨就是在公司客观情况发生重大变化时，给予少数股东特定的救济渠道。因此，如果少数股东非因自身过错而错过了参加股东会并投反对票的机会，其在知道或者应当知道股东会决议后的合理期限内及时向公司表达了反对意见，这样也可视为合格的股权回购请求权的权利主体。

（2）关于股权回购请求权的权利范围。公司连续五年不向股东分配利润，而公司该五年连续盈利，并且符合本法规定的分配利润条件的；公司合并、分立、转让主要财产的；公司章程规定的营业期限届满或者章程规定的其他解散事由出现，股东会会议通过决议修改章程使公司存续的。

（3）关于股权回购请求权的行使期限。自股东会决议通过之日起六十日内，股东与公司不能达成股权收购协议的，股东可以自股东会决议通过之日起九十日内向人民法院提起诉讼。九十日为除斥期间，不因任何原因而中止、中断或延长。九十日的起算时间一般为股东会决议通过之日，但如果股东非因自身原因（比如未收到有效会议通知等）而不知股东会决议通过的，则可以自其知道股东会决议内容之日起起算。

(五) 有限公司与股东签订的股权收购协议的效力问题

《最高人民法院关于适用〈中华人民共和国公司法〉若干问题的规定（二）》（以下简称《公司法司法解释（二）》）第五条规定："人民法院审理解散公司诉讼案件，应当注重调解。当事人协商同意由公司或者股东收购股份，或者以减资方式使公司存续，且不违反法律、行政法规强制性规定的，人民法院应予支持。当事人不能协商一致使公司存续的，人民法院应当及时判决。经人民法院调解公司收购原告股份的，公司应当自调解书生效之日起六个月内将股份转让或者注销。股份转让或注销前，原告不得以公司收购其股份为由对抗公司债权人。"

根据上述规定，一方面，法律允许股东与公司以协议方式就股权回购事宜进行约定；另一方面，公司与股东签署的股权回购协议不得对抗公司债权人。在公司将回购的股份转让或注销前，股东不得以此为由对抗公司债权人。

资本维持原则要求公司设立后必须保持与注册资本相当的资本或财产，以维护交易安全和保护债权人的利益。公司回购股权会导致公司资本减少，可能危及债权人的利益，因此，审查公司和股东签署的股权回购协议的效力时，应重点管制双方订立合同是否以损害债权人利益为目的，客观上是否给债权人的利益造成损害。

在公司和股东就股权回购协议效力发生争议时，如果没有《民法典》第一百五十三条、第一百五十四条规定的情形（即违反法律、行政法规的强制性规定的民事法律行为无效。但是，该强制性规定不导致该民事法律行为无效的除外；违背公序良俗的民事法律行为无效；行为人与相对人恶意串通，损害他人合法权益的民事法律行为无效），应当认定该协议合法有效，但是，在协议约定的股份被转让或注销前，股东不得以此为由对抗债权人。

（六）违反出资义务行为的认定

《公司法司法解释（三）》将违反出资义务行为区分为瑕疵出资与抽逃出资两种。实践中瑕疵出资行为主要集中在非货币财产出资情形，货币财产的瑕疵出资表现为未按期限足额出资，抽逃出资行为则主要集中在货币财产出资情形。

1. 货币财产瑕疵出资行为的认定

股东以货币出资时是否存在瑕疵出资行为的审查要点在于出资数额是否充足，出资期限是否符合章程规定。

现行公司法规定的注册资本认缴制允许股东通过公司章程约定在一定期限内向公司出资，无须在公司设立或增资时即将认缴出资全部缴足。股东在公司章程中约定的出资数额、出资时间构成对公司和公司债权人所作认缴出资的承诺，并已通过公司章程对外进行公示，公司债权人基于该章程公示的内容产生信赖和预期利益。当股东在章程规定的出资期限届满后仍未足额缴纳出资，或者出资期限届满后通过修改公司章程恶意延长出资期限的，均构成瑕疵出资。

2. 非货币财产瑕疵出资行为的认定

（1）非货币财产是否实际交付与办理过户。股东以非货币财产出资的应当实际交付公司使用，需办理登记的还应办理权属变更登记，缺少任何一项均构成瑕疵出资。法院对于不同情形的处理存在一定差异：若股东既未进行登记，亦未交付使用，则此时构成瑕疵出资；若股东已将非货币出资财产实际交付公司使用，但尚未办理权属变更登记手续，此时法院应责令当事人在法庭辩论终结前或庭审结束后一定期限内办理权属变更登记，未能办理的则认定为瑕疵出资；若股东未将非货币出资财产实际交付使用，即便已办理权属变更登记的，依然构成瑕疵出资，且公司和其他股东可主张瑕疵出资人交付财产后方可享有相应股东权利。

（2）非货币财产是否经评估作价。股东以非货币财产出资，公司、其他股东或公司债权人主张出资人未履行出资义务的，若该非货币财产未进行评估作价，法院应委托具有合法资质的评估机构进行评估作价。若评估得出的价额低于公司章程所定价额，则应认定为瑕疵出资。

（3）非货币财产是否设定权利负担。股东以设定权利负担的土地使用权或其他财产出资，或者以划拨土地使用权出资的，法院应当责令股东在合理期限内办理土地变更手续或者解除财产权利负担；逾期未办理或者未解除的，应认定为瑕疵出资。

（4）对非货币财产是否享有处分权。股东应当以其个人财产进行出资。股东以不享有处分权的非货币财产进行出资的，法院对该出资行为的效力以及公司是否取得该财产所有权的判断，应当依照《民法典》第三百二十一条的善意取得条款进行审查。审查要点应当包括：该财产的价值与股权份额之间是否匹配；出资财产需要登记的是否已经登记至公司名下，无须登记的是否已经交付给公司；公司或公司设立时的其他发起人受让该财产时是否为善意。

3. 抽逃出资行为的认定

股东抽逃出资同瑕疵出资虽然都会造成公司资本的减损，但两者存在较大差异。瑕疵出资是股东自始至终均未及时足额履行过出资义务，而抽逃出资则是股东在履行了出资义务后又将出资财产取回。对股东抽逃出资行为的认定应从以下两个方面进行审查：

（1）股东有抽回出资的行为。股东抽回出资存在积极和消极两种行为方式：积极方式是指股东从公司直接将资产转出的行为，例如股东将转入公司验资账户的款项再次转入个人账户等；消极方式则是指股东虽未从公司转出资产，但存在免除股东对公司应负债务的行为。例如增资过程中公司以自有资金进行增资、为公司内部股东之间的股权转让支付价款等。股东抽回出资行为的构成应当仅限于公司成立之后，在数额认定上应以股东出资数额为限，超过出资数额部分的资金转移仅能由公司依据侵权责任损害赔偿的方式予以救济。

（2）抽回出资行为未经法定程序。实践中，股东抽逃出资往往是以借款、交易等形式进行，因此在认定是否构成未经法定程序的抽回出资行为，需审查该行为外观的真实性。具体的审查过程中，可结合以下要点综合认定：

一是对于以借款名义抽回出资的，应审查借款金额是否达到出资数额的全部或大部分，是否约定有借款利息和偿还期限，是否经过公司股东会决议或董事会决议等内部决策程序，是否在公司财务会计报告中作为公司应收账款处理。

二是对于以交易名义抽回出资的，应审查是否有明确的交易磋商签订过程，交易相对方与股东之间是否存在特定关系，标的物价格是否偏离正常价值，交易双方是否有真实的货物交付行为，交易内容是否超出公司日常经营需求。

三是对于以利润分配名义抽回出资的，应审查公司的真实盈利情况，以及利润分配是否经过股东会决议、弥补亏损等程序。

（七）股东补足出资行为有效性的认定

股东出资纠纷案件中，违反出资义务的股东往往主张其已补足出资，具体可分为债务抵销型、债务代偿型、股东注资型三种类型，对其有效性应做如下审查：

1. 债务抵销型补足出资的认定

债务抵销型补足出资是指违反出资义务的股东主张公司对其负有债务，并以此债务与自己对公司所负补足出资责任相互抵销，进而主张其已完成补足出资。

法院在审查公司对股东所负债务真实的基础上，应认可股东补足出资的有效性。股东对公司的出资义务本质上是股东对公司的所负债务。因此，当股东以其对公司所享有的债权来补足对公司的出资时，本质上属于股东行使抵销权。法院应依照行使抵销权的要件对该补足出资行为的有效性进行审查，审查公司对股东所负债务是否真实、两项债务清偿期限是否均已届满、是否存在难以抵销的障碍。

需注意的是，此处讨论的仅为公司同股东之间内部关系的情形，公司外部债权人对股东主张抵销及债权清偿顺序提出异议的情形在实践中存在较大争议。

2. 债务代偿型补足出资的认定

债务代偿型补足出资是指违反出资义务的股东主张本人或通过第三人已代为清偿公司对外债务，以此主张其已补足出资。

该类型补足出资实质上是第三人代偿债务，是否发生补足出资的效力应取决于公司对该代偿行为是否认可。若公司认可，则该代偿行为对公司发生效力，可以视为股东已完成补足出资；若公司不认可，则股东不得以此代偿行为主张补足出资，对该代偿行为应由股东另案主张。与此同时，法院还应审查该代偿债务是否真实存在，公司与股东是否存在虚构债务来抵偿股东出资义务的情形。

3. 股东注资型补足出资的认定

股东注资型补足出资是指违反出资义务的股东在公司经营过程中与公司存在资金往来，其主张向公司注入的一笔或多笔资金为补足出资。

对于此种主张是否可以认定为有效的补足出资，核心在于查明注资款项是否实际注入公司并由公司使用。法院可审查公司是否经过决议流程对该注资形成股东会或董事会决议，是否在财务账册中计入为"实收资本"；可要求该股东提供合同、划款凭证等，就其向公司注资的原因、基础关系等予以证明；可审查该款项的用途和走向以查明是否由公司使用。

（八）违反出资义务责任的承担

1. 违反出资义务股东对公司债务的补充赔偿责任

违反出资义务的股东对公司负有补足出资的义务，还需对公司债务承担补充赔偿责任。债权人既可在向公司主张债权的同时将违反出资义务的股东一并列为被告，也可在债权人与公司的基础债权债务关系确定后，另案提起股东损害公司债权人利益纠纷诉讼，要求股东承担赔偿责任。在审理中法院应注意如下两点：

（1）违反出资义务的股东仅对公司不能清偿的债务部分承担赔偿责任。法院在判决中应当明确在公司不能履行债务时，由该股东对公司不能清偿的部分承担赔偿责任。

（2）违反出资义务的股东向全体债权人承担赔偿责任的范围应以未履行出资义务的本金及利息范围为限。法院应当查明该股东是否已经在出资本息范围内承担过责任，对已经承担过的部分应当予以扣除。

对于股东已在前案判决中承担补充赔偿责任的，后案判决中是否应当扣除相关赔付金额，法院应区分情况处理：

一是若后案查明了股东已承担补充赔偿责任的事实，则在后案判决中扣除股东已赔付金额，判令股东在剩余未出资本息范围内承担赔偿责任。

二是若在后案审理中因当事人缺席、前案执行情况无法查明等，致使前案判决中股东责任的履行情况无法查明，后案裁判文书可采用如下表述方式："被告××（瑕疵出资股东）在未出资本息×××元范围内，对被告×××（债务人公司）上述判决第×条应承担的×××元债务不能清偿的部分，承担补充赔偿责任。被告××（瑕疵出资股东）在其他案件中已实际赔付的部分，不再承担赔偿责任"，以明确后续履行或执行的标准。

2. 董事、高管等协助抽逃出资的责任承担

公司的董事、高管等协助抽逃出资的，应与抽逃出资的股东承担连带责任。董事、高管的身份界定应结合公司法和公司章程规定，依据公司规模和权力架构作具体判断，在行为方式上需要行为人存在主动协助抽逃出资的行为。例如签发股东用于抽逃出资的转账支票、对伪造的合同加盖公章、对用于抽逃出资的用款申请单进行署名签发等，主观上则要求行为人知道或应当知道在协助抽逃出资。此种主观因素的认定应依据经验法则，结合股东抽逃出资行为的时间、方式、金额，以及董事、高管具体的工作职责和发现抽逃出资行为的可能性等综合判断。

3. 瑕疵股权受让人的责任承担

公司股东瑕疵出资的，受让人在知道或应当知道股权存在瑕疵的情况下依然受让该股权的，公司及债权人可一并主张该受让人承担连带责任。对此，法院的审查要点在于受让人的主观状态，即如何认定受让人为知道或应当知道。

对于受让人的主观状态应由公司或债权人负责举证。法院在审查过程中可以根据如下要素进行判断：转让协议中是否对股权出资状况和出资义务负担有过约定，转让价格是否明显背离正常价值，股权数额的大小，受让人在公司中是否任职及职务高低，受让人与瑕疵出资股东之间是否有特殊关系等。若股权转让价格明显偏低或者股权数额较大时，受让人应当更加审慎地查明股东是否已经充实出资，此时即可认定受让人的主观状态为知道或应当知道。

【拓展案例】

北京晶蓝国际教育咨询有限公司诉被告常鑫股东出资纠纷①

晶蓝国际公司系有限责任公司，注册成立于2014年7月11日，股东分别为杜江岩、常鑫、郝健。2015年6月23日，杜江岩、常鑫、郝健共同签署《投资进度书》，确认公司现投入情况，杜江岩80万元（约数），郝健60万元（约数），常鑫5万元（约数）。常鑫即日（2015年6月23日）起分3次向晶蓝国际公司公共账户补齐投资款项60万元，7月23日之前转账20万元，8月23日之前转账20万元，9月23日之前转账20万元，如逾期未到，取消其公司股东身份，公司按当时投资情况3人共同承担风险，尾款3日内补齐，如3日内还未补交公司投资款项，责令常鑫补齐公司投资剩余款项，同时常鑫将赔付晶蓝国际公司的总投资款60万元的10%，即6万元作为违约金。杜江岩、常鑫、郝健三人均签字、捺印确认。上述协议签订后，常鑫未向晶蓝国际公司交付上述款项。

2017年常鑫以股东知情权纠纷为由诉至法院，要求晶蓝国际公司提供自2014年7月11日公司成立至判决生效之日止的会计报告（包括资产负债表、损益表、现金流量表、财务情况说明书和利润分配表）、股东会议记录表、董事会会议决议、监事会会议决议以供常鑫查阅、复制，及会计账簿记载内容有关的记账凭证或者原始凭证以供常鑫查阅。本院于2017年12月12日作出（2017）京0115民初22239号民事判决书，判决："一、被告北京

---

① 参见北京市大兴区人民法院民事判决书（2017）京0115民初14373号。来源：中国裁判文书网 http://wenshu.court.gov.cn。

晶蓝国际教育咨询有限公司于本判决生效之日起十日内置备自二〇一四年七月十一日公司成立之日起至判决生效之日止的财务会计报告（包括资产负债表、损益表、现金流量表、财务情况说明书和利润分配表）、股东会会议记录于其办公场所（按照工商登记地址为北京市北京经济技术开发区科创十四街20号院16号楼4单元一层172室，如果地址有变动，则以实际办公的地址为准）供原告常鑫查阅、复制，上述材料由原告常鑫在被告北京晶蓝国际教育咨询有限公司正常营业时间内查阅，查阅、复制时间不得超过五个工作日；二、驳回原告常鑫的其他诉讼请求。"该判决书已生效。

晶蓝国际公司向法院提出诉讼请求：1. 判令常鑫给付晶蓝国际公司出资款60万元，并赔付违约金6万元；2. 诉讼费用由常鑫承担。

法院经审理认为，股东出资纠纷是指股东在公司设立或增加资本时，按照法律、公司章程的规定以及认股协议的约定，向公司交付财产或履行其他给付义务以取得股权过程中发生的纠纷。杜江岩、常鑫、郝健三人签订的《投资进度书》系双方当事人真实意思表示，不违反法律法规关于合同效力的强制性规定，合法有效，应当按照合同的约定履行义务，常鑫应当按照《投资进度书》的约定向晶蓝国际公司支付投资款。现常鑫未按协议约定向晶蓝国际公司支付投资款，故对晶蓝国际公司主张常鑫支付投资款及违约金的诉讼请求，有合同依据，符合法律规定，本院予以支持。对于常鑫主张投资款非用于公司经营的主张，证据不足，本院不予支持。对于常鑫主张本案超过诉讼时效的抗辩，根据《中华人民共和国民法总则》第一百八十八条："向人民法院请求保护民事权利的诉讼时效期间为三年。法律另有规定的，依照其规定。诉讼时效期间自权利人知道或者应当知道权利受到损害以及义务人之日起计算。法律另有规定的，依照其规定。但是自权利受到损害之日起超过二十年的，人民法院不予保护；有特殊情况的，人民法院可以根据权利人的申请决定延长。"第一百八十九条："当事人约定同一债务分期履行的，诉讼时效期间自最后一期履行期限届满之日起计算。"故对于常鑫的该项抗辩，本院不予采纳。综上所述，依据《中华人民共和国民法总则》第一百八十八条、第一百八十九条，《中华人民共和国合同法》第一百零七条、第一百一十四条之规定，判决常鑫于本判决生效之日起十日内向北京晶蓝国际教育咨询有限公司支付出资款60万元及违约金6万元。

第五章　新增资本认购纠纷

【典型案例】

戴健、史东明、吴钰与联合智信公司新增资本认购纠纷①

联合智信公司成立于2014年6月24日，类型为其他有限责任公司，法定代表人肖南，注册资本为3300万元。

2016年6月14日，联合智信公司作出2016年第二次临时董事会决议，上载："先锋投资集团于2016年6月14日在北京网信大厦召开了2016年第二次临时董事会议。出席本次会议的董事成员应到3人，实际出席2人，经出席会议董事一致同意，本次会议通过如下决议：联合智信公司高管和集团以1：2比例投资643万元。高管资金投入共计200万元，集团资金投入共计443万元。"

2016年7月5日，联合智信公司作出2016年第三次董事会决议，上载："联合智信公司于2016年7月5日在北京网信大厦召开了2016年第三次董事会议。出席本次会议的董事成员应到4人，实际出席3人，经出席会议董事一致同意，本次会议通过如下决议：一、通过股东方委托顶尖云财务咨询（北京）有限公司对联合智信公司的财务工作进行管理，同时派驻吴珏为联合智信公司财务负责人。二、通过联合智信公司高管股权方案，史东明出资127.24万元，占比9.54%；吴钰出资36.44万元，占比2.73%；戴健出资36.32万元，占比2.72%。"

2016年6月15日至9月19日，戴健向联合智信公司转账8.44万元、史东明向联合智信公司转账126.5万元、吴钰向联合智信公司转账30.06万元。戴健、史东明、吴钰认可联合智信公司已经退还10万元给史东明。

2017年2月6日，联合智信公司向戴健、史东明、吴钰发出《关于联合智信公司相关人员出资一事的通知函》，上载："一、关于史东明等人向联合智信公司投资155万人民币，但因种种原因并未顺利办理股权登记手续一事，经联合智信公司研究决定，将在如下条件成就时向史东明等人返还该笔款项：1. 史东明等人须将公司的经营权移交给公司，包括但不限于移交公司经营所需的公章、财务章、法人章、营业执照及其副本（原件）、工商登记文件等。2. 史东明等人须承诺于2017年2月15日前同公司解除劳动关系。二、史东明等人，自收到合计155万人民币的投资款之日起，本次向联合智信公司出资一事即告终结，日后不就此向联合智信公司及其现有股东主张任何权利和利益。三、前述（一、2）中各方须于2017年2月15日前是否同意此函件中所述内容书面（包括但不限于邮件等）答复公司，逾

---

① 参见北京市第三中级人民法院民事判决书（2018）京03民终1400号。来源：中国裁判文书网 http://wenshu.court.gov.cn。

期公司将视为拒绝,届时公司将保留依法采取相关措施的权利。联合智信公司法定代表人肖南在落款处签字。"

2017年2月7日,戴健、史东明、吴钰的委托代理人刘桂薇发出《回复函》,上载:"《关于联合智信公司相关人员出资一事的通知函》已收悉,现就通知函中的有关内容回复如下:一、投资人原则上同意公司向投资人返还其余155万元投资款。二、投资人在收到公司返还的155万元投资款后将该公司的经营权移交给公司。三、因公司主动提出解除与投资人之间的劳动合同关系,应按《劳动合同法》的有关规定给予投资人相应的经济赔偿。公司管理权、劳动关系与此事宜无关,建议另议。四、在公司履行完毕上述义务后,投资人不向公司及公司现有股东主张'155万元投资事宜'其他权益。"

戴健、史东明、吴钰为主张利息损失,提交其深圳壹房壹贷信息技术服务有限公司出具的《借款证明》一张,上载:借款人史东明2016年6月28日借款150万元,所借款项用于其在职公司经营使用,现借款人需提供借款证明用于财务结算使用,需我司提供借款及相关服务费用证明,具体明细如下:

借款金额:150万元;借款期限:12个月;借款人总成本:年化18%;投资人收益率:10.3%,每月需还款12874.51元;担保费率:1%,共计15000元;借款咨询费率:2.5%,共计37500元;平台服务费率:3.5%,共计52500元;支付费率:0.7%,共计10500元。

戴健、史东明、吴钰已经与联合智信公司解除了劳动关系。

戴健、史东明、吴钰向一审法院起诉请求:1.联合智信公司返还戴健8.44万元、返还史东明116.5万元、返还吴钰30.06万元;2.联合智信公司返还戴健、史东明、吴钰利息22.5万元;3.要求先锋国盛公司、先锋创业公司对上述1、2项诉讼请求承担连带责任。

【裁判要旨】

本案中,双方争议的焦点主要为:一是戴健、史东明、吴钰是否已经成为联合智信公司的股东,二是款项是否应当由联合智信公司退还。

一、关于戴健、史东明、吴钰是否已经成为联合智信公司的股东一项,联合智信公司主张戴健、史东明、吴钰已经成为其公司股东,其无须退还增资款,对此,联合智信公司提交两份股东会决议予以佐证,对此,戴健、史东明、吴钰不予认可。

1. 章程是公司作为法人最主要的象征之一,即为判断股东身份和股权的重要标志。《中华人民共和国公司法》第二十五条规定:"有限责任公司章程应当载明下列事项:(一)公司名称和住所;(二)公司经营范围;(三)公司注册资本;(四)股东的姓名或者名称;(五)股东的出资方式、出资额和出资时间;(六)公司的机构及其产生办法、职权、议事规则;(七)公司法定代表人;(八)股东会会议认为需要规定的其他事项。股东应当在公司章程上签名、盖章。"股东签署章程使其作为公司股东的真实意思表示。公司章程对内是确定股东及其权利义务的主要依据,具有对抗股东之间其他约定的效力;对外具有公示和公信力,是相对人判断公司股东的重要依据。本案中,在公司决议同意戴健、史东明、吴钰增资入股后,未修改章程。现阶段,戴健、史东明、吴钰非公司章程中载明的股东。

2. 我国要求有限责任公司必须配备股东名册,将股东如实登记于股东名册。《中华人民共和国公司法》第三十二条第一款规定:"有限责任公司应当置备股东名册,记载下列事项：(一) 股东的姓名或者名称及住所；(二) 股东的出资额；(三) 出资证明书编号。记载于股东名册的股东，可以依股东名册主张行使股东权利。"股东名册是股东主张行使股东权利的重要证明。本案中，经询，戴健、史东明、吴钰并未登记于联合智信公司的股东名册当中。

3. 出资为股东实际缴付资本的行为，出资证明书为公司签发给股东的证明凭证。《中华人民共和国公司法》第三十一条规定："有限责任公司成立后，应当向股东签发出资证明书。出资证明书应当载明下列事项：(一) 公司名称；(二) 公司成立日期；(三) 公司注册资本；(四) 股东的姓名或者名称、缴纳的出资额和出资日期；(五) 出资证明书的编号和核发日期。出资证明书由公司盖章。"出资证明书是证权证券，而非设权证券，但其作为公司签发给股东的证明凭证，亦为证明股东身份的因素之一。本案中，联合智信公司未提交证据证明其曾向戴健、史东明、吴钰签发出资证明书。

4. 股权变更经过工商登记后方得对抗第三人的效力。《中华人民共和国公司法》第三十二条第二款规定："公司应当将股东的姓名或者名称向公司登记机关登记；登记事项发生变更的，应当办理变更登记。未经登记或者变更登记的，不得对抗第三人。"工商登记非设权登记，股东身份不能仅依据工商登记。工商登记的目的在于将股权的归属及其变化向社会公示与披露，成为相对人确认公司股东的重要证据。故，工商登记亦为确认股东身份的主要依据之一。本案中，联合智信公司主张戴健、史东明、吴钰已经成为公司股东，但其未就此办理工商变更登记。戴健、史东明、吴钰已经与联合智信公司解除了劳动关系，且在三人出资后一年多的时间内未被公司登记为股东。

5. 股东是否实际履行了出资义务、实际享受股东权利和履行股东义务，亦为判断是否为公司股东的实质要素。当股东没有记载于公司章程或者股东名册，工商登记中亦无股东登记资料，但该人实际履行了股东出资义务，实际享受了公司股东的权利以及履行了公司股东的义务，比如参加股东会、参与股东决策、签署股东文件、分享公司红利，公司和公司其他股东亦知悉和承认其股东身份，则根据实际情况，亦可认定为该人具有公司的股东身份。本案中双方均认可戴健、史东明、吴钰已经向联合智信公司支付了增资款。另，经法庭询问，联合智信公司无证据证明在其主张的戴健、史东明、吴钰成为股东的期间内，戴健、史东明、吴钰曾出席或签署过股东会决议、参与过股东决策等，即联合智信公司未向法庭提交证据证明戴健、史东明、吴钰在公司实际享受了股东权利并履行了股东义务。

综上，根据现有证据，联合智信公司以戴健、史东明、吴钰已经成为股东为由主张其无须返还增资款，本院难以采信。

二、关于款项是否应当由联合智信公司退还一项，联合智信公司以股权投资系股东之间的关系为由主张其非退还增资款的主体，对此，戴健、史东明、吴钰不予认可。《中华人民共和国公司法》第一百七十八条规定："有限责任公司增加注册资本时，股东认缴新增资本的出资，依照本法设立有限责任公司缴纳出资的有关规定执行。"新增资本为股东通过向公司出资成为公司股东的行为，其与股权转让有所区别，出资针对的是公司而非股东之间的行为。本案中，联合智信公司和戴健、史东明、吴钰均认可诉争155万元为戴健、史东明、吴钰向联合智信公司支付的增资款，且根据《关于联合智信公司相关人员出资一事的通知函》等现有证据，一审法院认定应当由联合智信公司返还戴健、史东明、吴钰已支付的增资款，并无明显不当，本院予以支持。

【实务指引】

一、新增资本认购纠纷的定义

新增资本认购纠纷是指有限责任公司新增资本认购、股份有限公司发行新股认购产生的纠纷。

现实中，公司增资就是增加公司注册资本，主要方式有：增加票面价值，增加出资，发行新股及债转股。有限责任公司大多采取前两种方式，股份有限公司一般是采取后两种方式。基于上述增资方式引发的纠纷，即为新增资本认购纠纷。

二、新增资本认购纠纷的管辖

新增资本认购纠纷在《民事案件案由规定》中属于与公司有关的纠纷，对于该类纠纷案件的管辖适用问题，实务中也存在分歧，究竟是适用《民事诉讼法》第二十三条关于合同纠纷管辖的一般规定，抑或是适用《民事诉讼法》第二十六条由公司住所地法院管辖？目前实务中普遍认为，还是适用《民事诉讼法》第二十六条由公司住所地法院管辖。以下为实务中法院适用管辖法条的分歧：

（2013）东三法民四重字第2号文镇国与周洪峰、潘笑伦等新增资本认购纠纷、买卖合同纠纷案中，法院认为：关于管辖权。根据《中华人民共和国民事诉讼法》第二十三条关于"因合同纠纷提起的诉讼，由被告住所地或者合同履行地人民法院管辖"的规定，本案中，三被告的住所地均在东莞市常平镇，该镇属本院辖区，故本院对该案享有管辖权。

（2016）川01民辖终2049号李静与成都乐高体育文化传播有限公司、唐涛、高琴新增资本认购纠纷案中，法院认为：本案为新增资本认购纠纷，根据《中华人民共和国民事诉讼法》第二十六条关于"因公司设立、确认股东资格、分配利润、解散等纠纷提起的诉讼，由公司住所地人民法院管辖"的规定，以及《最高人民法院关于〈中华人民共和国适用民事诉讼法〉的解释》第二十二条关于"因股东名册记载、请求变更公司登记、股东知情权、公司决议、公司合并、公司分立、公司减资、公司增资等纠纷提起的诉讼，依照《民事诉讼法》第二十六条规定确定管辖"的规定。

三、新增资本认购纠纷的类型

（一）双方因行使优先购买权产生的纠纷

公司新增资本的优先购买权是指有限责任公司新增资本或股份有限公司发行股份时，原有股东享有优先于非股东购买新股的权利。在我国，公司法仅明确规定了有限责任公司股东的优先购买权。我国《公司法》第三十四条规定，有限责任公司新增资本时，股东有权按照出资比例优先认缴出资，但是全体股东约定不按照出资比例优先认缴出资的除外。但对于股份有限责任公司股东的优先购买权，我国公司法未作明确规定，只是规定公司发行新股，股东大会应当对向原有股东发行新股的种类及数额作出决定。这种差异的原因在于：有限责任公司具有人合性，其股东比较固定，股东之间具有相互信赖、依赖的关系，因此，在有限责任公司需要增加资本时，应当由本公司的股东行使优先购买权。

（二）投资人起诉要求确认享有公司股权

根据公司法的相关规定，在满足以下条件时，人民法院应判令公司向公司登记机关办理相应的变更登记，确认出资人享有公司股权：

（1）公司股东会或者股东大会关于增加公司注册资本的决议合法、有效；

（2）公司股东会或股东大会决议新增资本总额已经认缴；

（3）新增资本已经向公司缴纳并经依法设立的验资机构验资；

（4）有限责任公司原告股东主张认缴的份额符合《公司法》第三十四条的规定；

（5）股份有限公司增加注册资本依法需要报经国务院证券监督管理机构核准的，已经核准。

四、新增资本认购纠纷的裁判规则

（一）关于对赌协议的效力

最高院于2012年审理的"海富案"一直被司法机关奉为在处理对赌协议效力问题时的刚性指引，即投资人与股东对赌有效，与目标公司对赌协议无效。但江苏高级人民法院于2019年再审审理的"华工案"旗帜鲜明地撤销了"海富案"中确立的规则，首次承认与目标公司对赌协议的效力。华工案的判决说明了未来逐步为公司对赌效力"松绑"，与国际司法实践接轨的司法动向。在2019年8月6日最高人民法院发布的《全国法院民商事审判工作会议纪要（征求意见稿）》中，则更加明确了在确认投资方与股东或实际控制人签订的对赌协议效力有效的前提下，关于由目标公司回购股权或现金补偿的约定，能否判决履行需要看是否符合《公司法》关于股份回购或盈余分配的强制性规定。符合规定的，将予以支持。故未来的司法审判在原则上将对与公司对赌和与股东对赌两种情形持同样的支持观点，除非出现违反法律强制性规定的情形。

《全国法院民商事审判工作会议纪要（征求意见稿）》原文：实践中所称的"对赌协议"，是指在股权性融资协议中包含了股权回购或者现金补偿等对未来不确定事项进行交易安排的协议。从签约主体的角度看，有投资方与目标公司的股东或者实际控制人"对赌"，投资方与目标公司"对赌"，投资方与目标公司的股东和目标公司"对赌"等形式。人民法院在审理此类案件时，既要坚持鼓励投资方对实体企业特别是科技创新企业投资原则，从而在一定程度上缓解企业融资难问题，又要贯彻资本维持原则和保护债权人合法权益原则，平衡投资方、公司股东、公司以及公司债权人之间的利益。对于投资方与股东或者实际控制人签订的"对赌协议"的效力，实践中并无争议。有争议的是投资方与目标公司（有时包括与目标公司的股东）签订的"对赌协议"的效力，对此，应当把握如下处理规则：6.【与目标公司对赌】所谓与目标公司对赌，指的是投资方与目标公司（有时包括目标公司的股东）签订的协议约定，当目标公司在约定期限内未能实现双方预设的目标时，由目标公司按照事先约定的方式回购投资方的股权或者向投资方承担现金补偿义务，或者约定由目标公司的原股东（在投资方入股目标公司后，也可能仍然是股东，也可能不是）向目标公司承担现金补偿义务。如该协议不存在其他影响合同效力的事由的，应认定有效。

在对赌失败的情形下，关于由目标公司的原股东向目标公司承担现金补偿义务的约定，不存在履行的法律障碍，投资方请求履行的，应予支持。但关于由目标公司回购投资方的股权或者向投资方承担现金补偿义务的约定，投资方请求履行的，能否判决强制履行，则要看是否符合《公司法》关于股份回购或者盈利分配等强制性规定。符合强制性规定的，应予支持。不符合强制性规定，存在法律上不能履行的情形的，则应当根据《合同法》第一百一十条的规定，驳回投资方请求履行上述约定的诉讼请求。

例如，投资方请求目标公司收购其股权的，而目标公司一旦履行该义务，就会违反《公司法》第七十四条和第一百四十二条的规定。要不违反《公司法》的上述强制性规定，目标公司就必须履行减少公司注册资本的义务。因此，在目标公司没有履行减资义务的情况下，对投资方有关目标公司收购其股权的请求，就不应予以支持。又如，根据《公司法》第一百六十六条第四款的规定，公司只有在弥补亏损和提取公积金后仍有利润的情况下才能进行分配。投资方请求目标公司承担现金补偿义务的，由于投资方已经是目标公司的股东，如无其他法律关系如借款，只能请求公司分配利润。因此，人民法院应当查明目标公司是否有可以分配的利润。只有在目标公司有可以分配的利润的情况下，投资方的诉讼请求才能得到全部或者部分支持。否则，对投资方请求目标公司向其承担现金补偿义务的，不应予以支持。

(2019) 苏民再 62 号江苏华工创业投资有限公司与扬州锻压机床股份有限公司、潘云虎等请求公司收购股份纠纷中，江苏省高级人民法院再审认为："案涉对赌协议效力应认定有效。我国《公司法》并不禁止有限责任公司回购本公司股份，有限责任公司回购本公司股份不当然违反我国《公司法》的强制性规定。有限责任公司在履行法定程序后回购本公司股份，亦不会损害公司股东及债权人利益，亦不会构成对公司资本维持原则的违反。在有限责任公司作为对赌协议约定的股份回购主体的情形下，投资者作为对赌协议相对方所负担的义务不仅限于投入资金成本，还包括激励完善公司治理结构以及以公司上市为目标的资本运作等。投资人在进入目标公司后，亦应依《公司法》的规定，对目标公司经营亏损等问题按照合同约定或者持股比例承担相应责任。案涉对赌协议中关于股份回购的条款内容，是当事人特别设立的保护投资人利益的条款，属于缔约过程中当事人对投资合作商业风险的安排，系各方当事人的真实意思表示。"

（二）工商登记仅具有证权效力，并无设权效力，公司未出具出资证明书、变更股东名册及工商登记的，不影响出资协议的效力认定

(2017) 粤 17 民终 1049 号阳江市索文餐饮策划管理有限公司、卢扬锐新增资本认购纠纷、买卖合同纠纷案中，阳江市中级人民法院认为："索文公司作为甲方与谭俭荣作为乙方，就认购股权事宜签订本案《股份认购协议书》，上述协议的当事人为索文公司与谭俭

荣，协议约定谭俭荣认购索文公司筹备经营的索吻酒吧项目，项目总投资为1700万元，谭俭荣通过向索文公司出资人民币170万元认购索文公司10%的股份，享有获得索文公司总盈利利润（税后）10%的分成，谭俭荣担任索文公司的监事。从上述协议的内容来看，索文公司通过增资扩股的方式吸纳投资资金，协议主体适格，内容没有违反法律强制性规定，因此该《股份认购协议书》合法有效。虽然索文公司没有向谭俭荣出具出资证明书，没有履行变更股东名册、变更工商登记等义务，但不影响《股份认购协议书》的效力。该协议对双方具有约束力，一审判决对此认定正确，本院予以维持。"

（三）公司应对增资股东履行如实告知义务，特别是直接影响到股东投资决定的公司财务状况，否则若公司履行告知义务存在瑕疵，出资人可以公司的行为构成欺诈为由，主张撤销认购协议

（2017）苏09民终2649号唐炜薇与盐城市江南环境工程有限公司、上海仟家信资产管理有限公司新增资本认购纠纷、买卖合同纠纷案中，盐城市中级人民法院认为："在本案中，江南环境公司为实现增资扩股的目的，在上海股权托管交易中心对外发布虚假的招股说明书，隐瞒对外担保和财务状况严重恶化等重要信息，导致唐炜薇在违背真实意思的情况下与江南环境公司签订《增资扩股协议书》，严重损害了唐炜薇的合法权利，其行为已经构成欺诈。江南环境公司提出的没有欺诈被上诉人的故意，更不存在欺诈被上诉人的行为的上诉理由，与事实不符，本院不予采信。原审判决事实基本清楚，判决结果并无不当，应予维持。"

（四）若公司未按照认购协议的约定履行变更登记的约定义务，股东有权诉请公司要求解除合同，公司实际控制人以个人身份参与了收取增资款等增资程序的，可能会被认定为与公司承担连带责任

（2015）深中法商终字第2092号袁代洪、杜泳萱、张丹与德富园林绿化设计（深圳）有限公司新增资本认购纠纷案中，深圳市中级人民法院认为："经德富公司的催告，上莲公司在合理期限内仍未履行合同，德富公司有权解除涉案合同，上莲公司应向德富公司返还已支付的投资款100万元及相应的利息。杜泳萱作为上莲公司的实际控制人以及涉案投资款的实际收取人，应当对上述款项的返还承担连带责任。"

（五）新增资本认购纠纷是有限责任公司新增资本认购、股份有限公司发行新股认购产生的纠纷，规范的是公司新增注册资本时除股东出资纠纷之外的相关纠纷，界定的是新出资人与公司之间的法律关系，与股东出资纠纷属于两种不同的案由，应当区别适用

（2016）川08民终333号广元经济开发区融华小额贷款有限公司、广州市兴和建设有限公司与王培明、郭万和新增资本认购纠纷中，广元市中级人民法院认为："股东出资是指公司股东在公司设立或增加资本时，按照法律、公司章程的规定以及认购协议的约定，向公司交付财产或履行其他给付义务以取得股权的行为。而本案原告在出资时，并不是被告公司的股东，其出资是作为被告公司新增资本时的新出资人出资，其与公司之间的纠纷，是新出资人与公司之间发生的新增资本认购纠纷，案由应为新增资本认购纠纷。原告以股东出资纠纷向本院提起诉讼，其主张案由与其主张的民事法律关系性质不符，根据《最高人民法院关于印发修改后的〈民事案件案由规定〉的通知》第三条第5项的规定，当事人起诉的法律关系与实际诉争的法律关系不一致的，人民法院结案时应当根据法庭查明的当事人之间实际存在的法律关系的性质，相应变更案件的案由，故本院确认案由为新增资本认购纠纷。"

（六）投资人应与公司或股东就增资行为有明确的约定，包括对于投资比例、利润分配、亏损承担等重要问题的约定，如果仅有投资但并未有明确的证据可以证明投资人有成为股东的合意的，应认定为民间借贷纠纷

（2015）浙杭商终字第3047号施年华与杭州合创电子科技有限公司民间借贷纠纷中，杭州市中级人民法院认为："就争议的30万元款项，合创公司出具的收款收据上记载为投资款。投资关系是一种比较宽泛的表述，不同类型当事人之间基于投资关系，根据不同的权利义务约定可能产生不同的法律关系。施年华作为非股东的个人，向已设立的合创公司投资，双方据此设立的法律关系应结合当事人具体的权利义务进行明确。结合双方相关陈述，双方就施年华通过投资成为股东并无合意，施年华也未实际成为公司股东或通过他人代持股份，故本案施年华向合创公司投资并未建立新增资本认购关系，而是欲通过投资获得相应的财产性收益，这种通过向公司进行货币投资，在不取得股东资格或权利的情况下享有财产性权益的权利义务安排，本质上仍属于民间借贷关系。故本院确认双方之间就争议款项建立的是民间借贷关系，原审法院对法律关系定性错误，本院予以纠正。"

（七）公司新增资本时，有限责任公司的股东有权优先按照其实缴的出资比例认缴出资，但对其他股东放弃的增资份额是否有优先认购权，法律无明文规定，故应由公司章程或股东会决定

（2009）民二终字第3号贵州捷安投资有限公司与贵阳黔峰生物制品有限公司、重庆大林生物技术有限公司、贵州益康制药有限公司、深圳市亿工盛达科技有限公司股权确认纠纷中，最高人民法院认为：我国《公司法》第三十五条[①]规定，公司新增资本时，股东有权优先按照其实缴的出资比例认缴出资，直接规定了股东认缴权的范围和方式，并没有直接规定股东对其他股东放弃的认缴出资比例增资份额有无优先认缴权，也并非完全等同于该条但书或除外条款即全体股东可以约定不按照出资比例优先认缴出资的除外所列情形，此条所列情形是完全针对股东对新增资本的认缴权而言的，这与股东在行使认缴权以外对其他股东放弃认缴的增资份额有无优先认缴权并非完全一致。对此，有限责任公司的股东会完全可以有权决定将此类事情及可能引起争议的决断方式交由公司章程规定，从而依据公司章程规定方式作出决议，当然也可以包括股东对其他股东放弃的认缴出资有无优先认购权的问题，该决议不存在违反法律强行规范的问题，决议是有效力的，股东必须遵循。只有股东会对此问题没

---

① 《公司法》于2015年进行了修订，修订后原第三十五条变成第三十四条。本书后面还有类似条款变化情况。——编者注

有形成决议或有歧义理解时，才有依据公司法规范适用的问题。即使在此情况下，由于公司增资扩股行为与股东对外转让股份行为确属不同性质的行为，意志决定主体不同，因此二者对有限责任公司的人合性要求不同。在已经充分保护股东认缴权的基础上，捷安公司在黔峰公司此次增资中利益并没有受到损害。当股东个体更大利益与公司整体利益或者有限责任公司人合性与公司发展相冲突时，应当由全体股东按照公司章程规定方式进行决议，从而有个最终结论以便各股东遵循。

【拓展案例】

于淼与沈东磊等新增资本认购纠纷[①]

八月公司成立于2010年1月22日，公司类型为有限责任公司。成立时注册资本为10万元，股东刘文建认缴出资5万元，邱莉认缴出资5万元。2012年11月26日，刘文建和邱莉将其二人全部出资转让给王雯丽。2013年1月23日，八月公司增加注册资本至100万元，由王雯丽认购全部新增资本。2016年5月28日，王雯丽将其持有的出资30万元转让给沈东磊，将持有的70万元出资转让给刘文建；同日，八月公司增加注册资本至2000万元，刘文建认缴出资1400万元，沈东磊认缴出资600万元。

2016年6月30日，甲方八月公司与乙方于淼、丙方刘文建、沈东磊签订《增资协议》，主要内容如下：乙方会同其他增资方共计以18873888元对八月公司进行增资，完成本次增资后，八月公司的注册资本增加至23732743元，此次增资方共33名，其中于淼增资30万元，计入注册资本金额为59332元，计入资本公积金金额为240668元，股权比例为0.25%。本协议各方一致同意并确认，乙方应在本协议生效后3个工作日内将认缴的出资额付至甲方指定的账户；本次增资以取得工商部门向八月公司签发的增加注册资本后营业执照之日为交割日。本次增资资金用于八月公司对拍拍淘公司的收购事项；各方同意本次增资完成后，八月公司通过股权收购、增资等方式取得拍拍淘公司的控制权，并将现有的资产、业务、人员注入拍拍淘公司的全资子公司。本协议可通过下列方式解除：（1）本协议各方共同以书面协议解除并确定解除生效时间；（2）下列情形发生时，一方可提前至少10个工作日以书面方式通知另一方解除本协议，并于通知中载明解除生效日期：（a）另一方的陈述或保证在作出时或在交割日存在重大不真实或有重大遗漏；（b）另一方未按本协议的规定履行本协议项下的约定、承诺、义务，并经对方发出书面催告后15个工作日内未采取有效的补救措施；（3）如本协议第2.2条所述的交割无法在本协议签署之日60日之内完成，本协议任何一方均有权解除本协议。任何一方违反本协议的约定，或未履行其在本协议中的承诺保证，或其在本协议中的承诺、保证不真实，均属违约。除本协议各方另有约定外，乙方未按本协议规定的期限足额支付增资款的，该方应就延迟支付部分，按每日万分之五向甲方支付违约金，乙方逾期超过30日，则甲方、丙方有权解除与乙方中违约方的协议。除本协议各方另有约定外，若本协议经过各方协商一致终止的，甲方应在协议终止之日起90日内将甲方的增

[①] 参见北京市朝阳区人民法院民事判决书（2019）京0105民初19464号。来源：中国裁判文书网http：//http：//wenshu.court.gov.cn。

资款返还给乙方，否则，甲方应按逾期返还金额每日万分之五向乙方支付违约金。任何一方存在其他违约行为，在收到守约方通知后30日内违约状况仍未改变的，守约方有权解除本协议，违约方应当赔偿因其违约行为给守约方造成的全部损失。对违约方违约行为的弃权仅以书面形式作出方有效，任何一方未行使或者迟延行使其在本协议项下的任何权利不构成弃权。

2016年4月19日，于淼向沈东磊转账30万元，八月公司向于淼出具收据。

于淼向法院提出如下诉讼请求：1. 请求确认于淼与八月公司、刘文建、沈东磊于2016年6月30日签订的《增资协议》已解除；2. 请求判令八月公司、刘文建和沈东磊共同向于淼返还增资款30万元；3. 请求判令八月公司、刘文建和沈东磊共同向于淼赔偿利息损失（以30万元为基数，自2016年4月19日起至实际给付之日止，按照中国人民银行同期贷款利率计算）；4. 请求判令八月公司、刘文建和沈东磊共同向于淼支付违约金（以30万元为基数，自合同解除之日起至实际给付之日止，按照每日万分之五的标准计算）。

法院经审理认为：于淼与八月公司、刘文建、沈东磊签订的《增资协议》系各方当事人真实意思表示，内容不违反法律、行政法规的强制性规定，应属合法有效。根据《增资协议》的约定，八月公司在收到于淼的增资款后，应当办理工商变更登记，将于淼登记为股东。但是，于淼在将增资款支付至八月公司后，八月公司并未依约办理工商变更登记，其行为已经构成违约，并且符合《增资协议》第6.1条中第（3）项"如本协议第2.2条所述的交割无法在本协议签署之日60日之内完成，本协议任何一方均有权解除本协议"约定的合同解除条件，于淼有权解除《增资协议》。因于淼没有举证其在起诉前向八月公司、刘文建、沈东磊发送解除通知书，故其解除合同的日期应当根据本次起诉的文书送达予以确定。本院系通过公告方式向刘文建和沈东磊送达起诉书，送达日期为2019年9月15日，因此，《增资协议》的解除日期应为2019年9月15日。

合同解除后，尚未履行的终止履行，已经履行的，根据履行情况和合同性质，当事人有权要求恢复原状、采取其他补救措施，并有权要求赔偿损失。因此，在《增资协议》解除后，于淼有权要求增资款的收款方八月公司返还30万元的增资款，并且赔偿利息损失。由于《增资协议》系于2019年9月15日解除，故增资款的返还日期也应为该日。于淼要求利息损失自2016年4月16日起算，于法无据，本院依法调整至2019年9月16日。关于于淼主张的违约金，本院认为，虽然《增资协议》第7.3条约定了违约金计算方式，但该违约金适用的情形是当事人协商解除《增资协议》后，八月公司未在90日返还增资款，并不适用本案中于淼行使约定解除权解除《增资协议》的情形，于淼主张的违约金没有合同依据，本院不予支持。另外，关于于淼要求刘文建和沈东磊承担共同返还责任，本院认为，根据《增资协议》的约定，合同解除后，应当由八月公司承担返还责任，但是沈东磊在诉讼中同意向于淼返还增资款，故本院对此不持异议。然而，刘文建仅为八月公司的原股东，并未作出共同返还的承诺，也未有承担连带责任保证的意思表示，故于淼无权要求刘文建共同返还增资款并赔偿利息损失。

第六章 股东知情权纠纷

【典型案例】

张世友、肖淑霞与好风好雨公司股东知情权纠纷①

好风好雨公司于2005年7月8日成立，注册地为北京市朝阳区朝阳门北大街乙12号1号楼07公寓A，现张世友、肖淑霞在企业工商信息系统中登记为好风好雨公司的股东。

2019年6月21日，张世友、肖淑霞向好风好雨公司的注册地发送查阅申请书，载明：申请人张世友、肖淑霞作为好风好雨公司的股东，为了了解公司的经营情况，申请查阅公司成立以来的会计账簿（含总账、明细账、日记账、其他辅助性账簿）和公司会计凭证（含记账凭证、相关原始凭证及作为原始凭证附件入账备查的有关资料）。查询邮件送达情况为他人代收。

张世友、肖淑霞向一审法院起诉请求：1. 判令好风好雨公司提供自公司成立之日起至今的公司章程及修正案、股东会会议记录及决议、财务会计报告供张世友、肖淑霞及所聘任的律师、会计师查阅、复制；2. 判令好风好雨公司提供自公司成立以来的公司会计账簿（含总账、明细账、日记账及其他辅助性账簿）和会计凭证（含记账凭证、相关原始凭证以及作为原始凭证入账备查的有关资料）供张世友、肖淑霞及所聘任的律师、会计师查阅；3. 判令好风好雨公司承担诉讼费用。

【裁判要旨】

一审法院认为，《公司法》第三十三条规定，公司的股东有权查阅、复制公司章程、股东会会议记录、董事会会议决议、监事会会议决议和财务会计报告。股东可以要求查阅公司会计账簿。股东要求查阅公司会计账簿的，应当向公司提出书面请求，说明目的。公司有合理根据认为股东查阅会计账簿有不正当目的，可能损害公司合法利益的，可以拒绝提供查阅，并应当自股东提出书面请求之日起十五日内书面答复股东并说明理由。公司拒绝提供查阅的，股东可以请求人民法院要求公司提供查阅。根据好风好雨公司工商登记材料记载，张世友、肖淑霞系好风好雨公司股东，应当享有股东知情权。张世友、肖淑霞要求查阅、复制公司成立之日起至今的公司章程及修正案、股东会会议记录及决议、财务会计报告于法有据，一审法院予以支持。张世友、肖淑霞所谓至今，一审法院将其定义为开庭之日。

关于张世友、肖淑霞申请查阅会计账簿和会计凭证的诉讼请求，一审法院认为：第一，

---

① 参见北京市第三中级人民法院民事判决书（2020）京03民终1338号。来源：中国裁判文书网http://wenshu.court.gov.cn。

张世友、肖淑霞提起诉讼要求查阅会计账簿是否满足法律规定的前置条件。依照《公司法》的规定，股东申请查阅公司会计账簿应向公司提出书面请求、说明目的。起诉前，张世友、肖淑霞于2019年6月21日向好风好雨公司邮寄了申请，说明了查阅目的，该邮寄地址为好风好雨公司的工商注册地，邮件显示他人代收。应视为张世友、肖淑霞已经履行了法律规定的程序，其提起股东知情权诉讼的前置条件已经满足。第二，张世友、肖淑霞要求查阅会计账簿是否具有不正当目的。现好风好雨公司以不正当目的进行答辩，但是好风好雨公司并未举证证明张世友、肖淑霞存在何种不正当目的，即使张世友、肖淑霞为挂名股东，挂名股东要求行使知情权也并非不正当目的。第三，张世友、肖淑霞能否查阅好风好雨公司的会计凭证。有限责任公司股东有权查阅的公司会计账簿包括记账凭证和原始凭证。根据《中华人民共和国会计法》第十四条第一款、第十五条第一款的规定及国家统一的会计制度规范，会计账簿必须是以经过审核的会计凭证为依据进行登记而形成的。据此，会计凭证是形成会计账簿的基础资料，查阅会计凭证并不超出法律规定的查阅会计账簿的范围，张世友、肖淑霞要求查阅会计凭证的诉讼请求，一审法院予以支持。

另外，由于张世友、肖淑霞并非财务专业人士，其在行使股东知情权时，并不能完全理解公司特定文件资料的全部内容，行使股东知情权的目的也就会落空，故张世友、肖淑霞查阅好风好雨公司特定文件资料时，在张世友、肖淑霞在场的情况下，其有权委托注册会计师及律师在场协助。

综上，依照《中华人民共和国公司法》第三十三条，《最高人民法院关于适用〈中华人民共和国公司法〉若干问题的规定（四）》第八条、第十条之规定，判决：一、北京好风好雨文化艺术有限公司于判决生效之日起十日内于其办公场所置备自2005年7月8日起至2019年9月5日的公司章程及修正案、股东会会议记录及决议、财务会计报告供张世友、肖淑霞查阅、复制，在张世友、肖淑霞在场的情况下，可以由张世友、肖淑霞委托的注册会计师、律师在场协助查阅；二、北京好风好雨文化艺术有限公司于判决生效之日起十日内于其办公场所置备自2005年7月8日起至2019年9月5日的会计账簿（包括总账、明细账、日记账及辅助账簿）和会计凭证（包括原始凭证和记账凭证）供张世友、肖淑霞查阅，在张世友、肖淑霞在场的情况下，可以由张世友、肖淑霞委托的注册会计师、律师在场协助。

本案二审的争议焦点为：一、张世友、肖淑霞是否有权要求查阅、复制好风好雨公司自2005年7月8日至2019年9月5日的公司章程及修正案、股东会会议记录及决议、财务会计报告，以及自2005年7月8日至2019年9月5日的会计账簿（包括总账、明细账、日记账及辅助账簿）和会计凭证（包括原始凭证和记账凭证）；二、张世友、肖淑霞要求查阅、复制上述材料是否存在不正当目的，可能损害好风好雨公司的合法权益；三、张世友、肖淑霞查阅、复制上述材料时由委托的注册会计师、律师在场协助是否符合法律规定。

关于争议焦点一，根据《公司法》第三十三条之规定，股东有权查阅、复制公司章程、股东会会议记录、董事会会议决议、监事会会议决议和财务会计报告，可以要求查阅公司会计账簿。本案中，好风好雨公司上诉提出张世友、肖淑霞要求查阅、复制好风好雨公司特定文件材料并非张世友、肖淑霞的真实意思表示，因本案二审中张世友、肖淑霞到庭明确表示在本案中提出的诉讼请求系其真实意思表示，故对好风好雨公司该项上诉主张，本院不予采纳。

对于好风好雨公司上诉提出张世友、肖淑霞要求查阅的会计凭证超出法律规定的查阅范围的意见,本院认为,根据《中华人民共和国会计法》第十四条第一款、第十五条第一款的规定及国家统一会计制度规范,会计账簿系以经过审核的会计凭证为依据进行登记形成的材料,会计凭证是形成会计账簿的基础资料,张世友、肖淑霞在本案中要求查阅好风好雨公司的会计凭证并未超出法律规定的查阅会计账簿的范围,一审判决对张世友、肖淑霞要求查阅好风好雨公司会计凭证的诉讼请求予以支持,符合规范性法律文件的规定,本院予以维持。好风好雨公司该项上诉主张,依据不足,本院不予支持。

关于争议焦点二,根据《最高人民法院关于适用〈中华人民共和国公司法〉若干问题的规定(四)》第八条之规定,有限责任公司有证据证明股东存在下列情形之一的,人民法院应当认定股东有《公司法》第三十三条第二款规定的"不正当目的":(一)股东自营或者为他人经营与公司主营业务有实质性竞争关系业务的,但公司章程另有规定或者全体股东另有约定的除外;(二)股东为了向他人通报有关信息查阅公司会计账簿,可能损害公司合法利益的;(三)股东在向公司提出查阅请求之日前的三年内,曾通过查阅公司会计账簿,向他人通报有关信息损害公司合法利益的;(四)股东有不正当目的的其他情形。本案中,好风好雨公司上诉提出张世友、肖淑霞要求查阅、复制好风好雨公司特定文件材料存在不正当目的,但好风好雨公司并未就张世友、肖淑霞提起本案诉讼存在上述规定中的"不正当目的"予以充分举证,故好风好雨公司该项上诉主张缺乏充分的事实依据,本院不予支持。

关于争议焦点三。根据《最高人民法院关于适用〈中华人民共和国公司法〉若干问题的规定(四)》第十条第二款的规定,股东依据人民法院生效判决查阅公司文件材料的,在该股东在场的情况下,可以由会计师、律师等依法或者依据执业行为规范负有保密义务的中介机构执业人员辅助进行。本案中,张世友、肖淑霞并非专业的财务人员,其在行使股东知情权时,对好风好雨公司特定文件资料的内容势必难以全面理解,仅允许其本人单独查阅好风好雨公司特定文件资料会导致其行使股东知情权的目的落空,故结合本案实际情况,在张世友、肖淑霞在场的情况下,应当允许其委托注册会计师及律师在场协助,一审判决对此作出的认定处理并未违反法律规定,本院予以维持。好风好雨公司该项上诉主张于法无据,本院不予支持。

综上所述,好风好雨公司的上诉请求不能成立,应予驳回;一审判决认定事实清楚,适用法律正确,本院予以维持。依照《中华人民共和国民事诉讼法》第一百七十条第一款第一项之规定,判决如下:驳回上诉,维持原判。

【实务指引】

一、股东知情权纠纷的定义

股东知情权是指法律赋予公司股东了解公司经营状况、财务状况以及与其利益密切相关的公司情况的权利。该种权利系股东的一项基础性权利,是股东参与公司管理的前提,也是实现其他股东权利的基础。同时,该项权利是一项固有权利,即无法通过公司章程或股东协商予以限制。

股东知情权纠纷就是指股东行使股东知情权受阻或者该权利受到损害时而产生的纠纷。

二、股东知情权纠纷的诉讼主体

通常股东知情权仅指公司股东知情权，并不包括监事等其他主体。

（1）股东应当是现时股东，即提起知情权诉讼时仍具有公司股东资格的人，即工商登记的股东或者公司章程及股东名册等记载的股东。公司法规定知情权的目的是便于股东及时了解公司的经营及财务情况，以确保其合法权益；而且从权利性质上讲，股东知情权属于参与权的一种，只有现时拥有股权的股东才能实际行使股东参与权，丧失了股东身份也就丧失了行使股东参与权的前提，因此，知情权的主体不应当包括已经将股权全部转让的原股东。

（2）瑕疵出资的股东提起知情权诉讼的适格主体。股东知情权是股东行使资产收益、参与重大决策和选择管理者等其他权利的基础，只要具备股东资格，就应享有知情权，股东出资瑕疵不影响其对公司知情权的行使。对于出资瑕疵的股东，公司要要求其依法补足，并承担其他法定的责任，但不能以瑕疵出资为由否定其股东知情权的行使。当然，根据《公司法司法解释（三）》第十七条的规定，股东未履行或者未全面履行出资义务的，公司可根据公司章程或股东会决议对其利润分配请求权、新股优先认购权、剩余财产分配请求权等股东权利作出合理的限制。

（3）公司法未赋予公司监事通过司法途径行使知情权的权利。《公司法》第五十四条规定："监事可以列席董事会会议，并对董事会决议事项提出质询或者建议。监事会、不设监事会的公司的监事发现公司经营情况异常，可以进行调查；必要时，可以聘请会计师事务所等协助其工作，费用由公司承担。"根据该规定，监事或者监事会行使检查公司财务的职权，仅限于公司经营情况异常时，针对异常情况进行调查；属于公司内部经营管理范畴，如果公司不配合监事或者监事会行使检查公司财务的权利，监事或者监事会应当通过提议召开临时股东会，向股东会提出议案等内部救济的形式解决。监事会或者监事以其知情权受到侵害提起的知情权诉讼不具有可诉性，人民法院不予受理，已经受理的，应当裁定驳回起诉。当然，公司监事同时具有股东身份的，也可以并且也只能以股东名义提起知情权诉讼。

三、股东知情权纠纷的管辖

根据《民事诉讼法》第二十六条"因公司设立、确认股东资格、分配利润、解散等纠纷提起的诉讼，由公司住所地人民法院管辖"及《民事诉讼法司法解释》第二十二条"因股东名册记载、请求变更公司登记、股东知情权、公司决议、公司合并、公司分立、公司减资、公司增资等纠纷提起的诉讼，依照民事诉讼法第二十六条规定确定管辖"之规定可知，股东知情权的诉讼管辖为公司住所地人民法院。

四、提起股东知情权诉讼的前置程序条件

对于第一层面股东要求查阅公司章程、股东会会议记录、董事会会议决议、监事会会议决议和财务会计报告未作程序限定;但对于第二层面股东要求查阅会计账簿的,则设置了正当目的和前置程序的限制,即股东提起知情权诉讼前,需向公司提供书面请求并说明正当目的,如果公司在十五日内拒绝查阅,股东才可以提起诉讼。这一前置条件的设定目的,一方面是保障股东在其查阅权受到限制时有相应的救济渠道,另一方面也能尽量防止股东滥用诉权,损害公司利益。

对于股东未履行前置程序,未在提起知情权诉讼前向公司提出书面查阅会计账簿的请求并说明目的的,法院向被告送达起诉状副本的行为是否可视为对前置程序进行了补救,实践中一般是持否定态度的。但如果股东向公司提出书面请求并说明目的后未满十五日,在公司尚未对其答复前即提起诉讼的,如果公司在后续答辩状中明确拒绝股东查阅的,股东有理由认为其知情权受到侵犯需要救济的,法院从避免诉累的角度,可能会对案件作出实体处理。因此,股东要提起侵权诉讼之前,至少需要完成书面请求的程序。

五、股东知情权纠纷的裁判规则

(一)股东知情权主体争议

一般而言,股东是知情权主体,但股东身份的认定以及特殊情况下非股东能否成为知情权主体,在实践中属于多发的争议类型之一。具体又有退股股东、隐名股东等能否行使知情权的争议类型,详述如下:

1. 退股股东争议

退股股东争议的判决均产生于《最高人民法院关于适用〈中华人民共和国公司法〉若干问题的规定(四)》(以下简称《公司法司法解释(四)》)出台前,其中法院普遍认为知情权是附属于股东身份的权利,一旦该身份丧失,则不得再行向公司主张,而无论其主张查阅了解的资料是否为其担任股东期间的材料或其主张是否有合理的理由。如在(2009)辽民二终字第19号案中,股东主张公司隐瞒真实经营状况,截留巨额利润,损害其合法权益,但法院对此没有作出审查,直接以不再具备股东身份为由驳回其诉讼请求。在唯一一个支持退股股东行使知情权的案例中,法院也没有要求股东举证证明其合法权益受到侵害或存在其他正当理由,仅以其曾经书面申请为由支持其主张,并最终将知情权的范围限定在担任股东期间所产生的资料,此与《公司法司法解释(四)》第七条的立场是一致的。

《公司法司法解释(四)》出台后,退股股东能否行使知情权的争议获得部分解决:首先,将股东身份作为起诉条件,原告不具备股东身份的,应当驳回其起诉而非驳回其诉讼请求;其次,退股股东在特定情形下可以主张知情权,而非一概不予准许。但《公司法司法解释(四)》第七条所要求的合法权益受侵害的初步证明,仍然有待理论和实务总结与细

化。实务中，比较常见的主张是，脱离股东身份的原股东主张股权价值或公司经营状态等被控制公司的控制方或股权受让方隐瞒，错误的信息导致其放弃股东身份、转让股权，其合法权益受到侵害。对于此类主张，若股东能够提供初步证据证明，法院应该予以支持。

2. 隐名股东争议

在以往的案例中，法院均以名义股东作为知情权主体，对于隐名股东主张知情权的，认为要先履行显名手续，在此之前，其只能通过名义股东行使权利，而不能自行主张。就此，我们认为针对不同实务场景，应分别采取不同的处理方式：

（1）如公司其他股东明知并认可隐名股东为真实股东（包括在出资协议中披露代持关系等），甚至隐名股东同时已经依据《公司法司法解释（三）》第二十四条第二款获取确认其实际出资人身份的生效判决，在此情形下，由于公司其他股东认可隐名股东享有对应股权的投资收益权，而且隐名股东了解公司运营情况并不会超出其他股东的人合性预期，故应当允许隐名股东行使股东知情权。

最高人民法院民二庭编著的《公司法司法解释（四）理解与适用》一书亦有如下表述："如果公司有证据证明起诉原告已经脱离了股东身份的，应当驳回起诉。例如，股东名册或者公司登记机关登记的股东为显名股东，隐名股东与公司关于股东权权利的行使有特殊约定，公司认可隐名股东为公司股东。……"虽然该表述意在列举显名股东脱离股东身份的情形，但从知情权系股东固有的法定权利、股东不得自行放弃等属性，应当能够合理推断出隐名股东此时应当可以行使知情权的结论。

（2）如有限公司其他股东并不知晓股权代持关系的存在，但隐名股东经生效判决确认享有实际出资人身份，此情形下，隐名股东能否主张行使知情权，从股东知情权制度的价值判断看，该类案件主要涉及利益的平衡和保护问题。在隐名股东一方，既然生效裁判已经确认其享有相应股权的投资收益权这一终极价值，而知情权属于维护和行使这种收益权的手段性股东权利，当然也应一并由其行使。再者，实务中经常出现显名股东难以取得联系等客观情形，一味要求隐名股东通过显名股东行使权利，那么在其股权价值受到严重侵害时，将造成隐名股东难以及时维护自身权益。然而，在公司和其他股东一方，基于有限责任公司人合性特征，其不愿将公司经营状况（尤其是涉及商业秘密）的文件材料披露给不接受的主体，亦属正当理由。我们倾向于认为，在特定的条件下，如果实际出资人通过名义股东行使权利确实存在困难时，应当有条件地允许其自行行使知情权。

3. 继受股东争议

在股权因转让、继承等发生继受的情形，受让人或继承人能否行使知情权，会发生争议。在样本案例中，法院均坚持登记主义的原则，认为登记股东可以行使知情权，在继承人未登记为股东的情况下不得主张知情权；同时，股权受让人一旦登记为股东，无论其是否足额支付股权受让款，是否与转让股东之间存在未决的纠纷或诉讼，均不影响其行使权利。

但是，《公司法司法解释（四）》施行后，可能会突破这种裁判思路，在特定情形下允许继受股东行使知情权。例如：《公司法司法解释（四）理解与适用》一书认为："如果公司有证据证明起诉原告已经脱离了股东身份的，应当驳回起诉。……再如，登记的股东将股权转让，受让方已经申请公司变更登记，变更手续正在办理中等。"并进一步指出，"在原告不能提交股东名册或者公司登记机关的登记时,应提交其他初步证据,并说明必要的理由。"由此可见,在以后的股东知情权纠纷审判实务中,不排除人民法院会逐渐转变对于原告"股东身份"的确认标准,相对淡化以登记作为绝对判断标准的裁判思路。

4. 其他企业股东争议

法院认为,中外合资经营企业、中外合作经营企业的股东主张知情权,可以参照适用《公司法》予以支持。但对于股份合作制企业,判例观点有分歧:(2016)川民申722号案中,法院认为股份合作企业股东主张权利不能适用《公司法》进行处理,因此不享有知情权;但(2005)皖民二终字第49号案则参照公司法理论和国家有关股份合作制企业政策进行处理,支持股东知情权主张。

(二) 股东知情权范围争议

股东知情权范围争议主要指的是股东可对哪个时间段的资料、哪种形式的资料主张知情权的争议。

1. 时间范围争议

关于时间范围的争议主要是,股东是否只对书面申请之前的资料具有知情权。对此,不同法院有截然不同的看法。在(2015)苏商外终字第00035号案中,江苏高级人民法院认为只要股东资格、公司仍然存续,由于公司的生产经营和财务状况必然发生变化,故股东对于书面申请之后的资料也具有知情权。但在(2017)黔民终109号案中,贵州高级人民法院则认为股东仅能对书面申请时间点之前的资料具有知情权。我们认为,此种时间范围限定不具有合理性,《公司法》对查阅会计账簿设置书面申请、说明理由的前置条件,并没有以此限定知情权对象范围的目的,且股东一直享有知情权,即使对书面申请之后产生的资料也可以主张查阅、复制。而上述限定无异于要求股东对于不同时间段的资料反复履行书面申请说明手续、反复提起诉讼,不合理地增加当事人、法院负担,徒添诉累。

2. 形式范围争议

(1) 会计凭证争议。股东知情权纠纷中所指向的"特定文件材料",依据《公司法》第三十三条的规定,包括两种类型:其一是股东享有绝对查阅权的资料,包括公司章程、股东会会议记录、董事会会议决议、监事会会议决议和财务会计报告,对此股东可以无条件地查询并复制;其二是股东享有相对查阅权的资料,法律规定的是会计账簿,对此股东仅能查询,且需说明正当目的。然而,实务中经常出现股东请求法院允许其查询公司会计凭证的案件类型,而会计凭证与《公司法》规定的文件材料并不相同,但又属于公司会计账簿的记账基础。对股东的该类请求是否支持,在样本案例中,法院存在不同裁判方式。

最高人民法院在(2012)民申字第635号案中认为:虽然公司法没有明确规定股东可以查阅会计凭证,但基于利益平衡以及确保信息真实的考虑,知情权范围不宜限定在一个不可伸缩的区域,尤其对于人合性较高的有限责任公司,严格限定知情权范围并不利于实现知情权制度设置的目的,故认为会计凭证可以纳入知情权范围。

实务中,法院一般沿循上述最高人民法院的裁判思路,以利益衡量或确保信息真实为由,支持股东有关查阅会计凭证的诉请。但由于最高人民法院的判例并非指导判例,并不具有强制适用的效力，故也有法院认为是否允许查阅会计凭证属于法院自由裁量的范围，可以根据案情予以支持或驳回。更有个别法院明确将会计账簿与会计凭证区分，进而以法无明文规定为由驳回股东对查阅会计凭证的诉请。《公司法司法解释（四）》在征求意见稿中，曾经规定股东可以查阅原始会计凭证，但在最终通过的版本中删除了该部分内容。此做法可能进一步扩大司法实践中关于会计凭证的争议。

对此，我们认为，基于我国公司治理实践现状，为确保股东查阅会计账簿的有效性，法院在近期内可能仍会坚持最高人民法院判例确定的立场，支持股东有关查阅会计凭证的诉请。但从未来演变方面推断，由于《公司法司法解释（四）》第七条将"章程规定"作为股东行使知情权的依据，且对于章程扩大规定股东知情权范围予以认可，故我们认为在经过一段时间的过渡期后，司法实务可能会从当事人对自身权利处分角度出发，以章程是否将会计凭证等纳入股东知情权查阅范围，作为认定股东诉请应否支持的理由。

（2）其他非法定资料争议。最高人民法院在（2016）最高法民终324号案中，对其他非法定资料的知情权主张采限定性立场。实际上，司法实务对此问题的处理确有较大自由裁量权。（2006）一中民初字第12369号案中，北京高级人民法院认为股东有权查阅董事会会议笔录纪要，而在（2016）苏民终618号案中，江苏高级人民法院则认为董事会会议记录并非股东有权查阅、复制的公司资料。但江苏高级人民法院在同一案件中又认为，依法应与会计报告一起提供的审计报告，即使不属于公司法规定的资料范围，股东亦有权查阅、复制，将知情权范围扩张至其他与公司法所规定资料有法律上牵连的其他资料。此种司法自由裁量权直接导致司法裁判具有较大不确定性，容易滋生同案不同判的风险。

对此，我们认为，股东对于非法定形式的资料主张知情权的，可以遵循以下思路进行处理：一是章程有规定的，依照章程规定。章程是股东意思自治的产物，若章程扩张知情权范围，则不存在限制、消解股东权利的问题，故应该予以准许，依照章程规定进行裁判，此与《公司法司法解释（四）》第四条有关股东可以依据章程主张股东知情权的规定是一致的。二是即使章程未规定，对于依法（如《中华人民共和国会计法》）与法定资料直接关联的资料，其作为印证、核实法定资料真实性的依据，应当结合股东要求查阅的必要性、其查阅目的的正当性，以及是否属于公司商业秘密等情形，综合判断应否纳入股东知情权范围，而非一概以法无明文规定为由予以驳回，以确保知情权的有效行使。

（三）股东知情权行权条件争议

1. 前置程序争议

根据《公司法》第三十三条的规定，股东主张查阅会计账簿须经过书面申请并经过十五日而公司拒不配合这一前置程序。对于是否满足这一前置程序要求，股东应负相应举证责任，对此司法实务没有争议。样本案例反映的争议是书面申请要件能否有其他替代方式。司法实务中，一般认可股东委托律师发出的律师函为适格的书面申请，此不难理解。同时，样本判例反映，有的法院对书面申请的送达及时间进行了审查，体现严格审查前置程序的立场。但也有的法院对前置程序持宽松立场，有的将通话作为适格的申请方式，有的更是将起诉状送达作为书面申请的一种方式，即认为股东提起诉讼，法院向公司送达起诉材料后，公司便知悉股东的知情权诉求,从而满足了上述书面申请程序的要求,当然也有法院对此持否定态度。

实务中,对于前置程序有三种不同的态度:第一种认为,前置程序是起诉受理的条件,未达成应不予受理或驳回股东起诉;第二种认为,前置程序是权利受保护的实体要求,未达成应驳回股东诉请;第三种认为,股东起诉视为向公司提出申请,若公司拒绝,应支持股东诉请。有学者从效率的角度对第一种观点进行了论证:若不驳回存在前置程序瑕疵的请求而直接受理,以后股东会省却法律明文规定的前置程序,会使本可以协商解决的问题转为不必要的诉讼,影响效率。对此,我们认为,即使是一般理性经济人,在能够通过低成本的非诉程序主张权利的情况下绝不会通过高成本且复杂费时的诉讼程序主张权利,而股东相较于一般民事主体往往具有更强的经济理性,更不可能采取此种不经济的方式。我们更倾向于认为,能够形成诉讼的知情权纠纷,往往是股东与公司无法自行调和的纠纷,故试图通过前置程序过滤纠纷从而实现高效率的预期是难以实现的。

但最高人民法院在(2016)最高法民申3785号案中,认为下级法院以公司正常治理结构已经解体、股东查阅申请无法送达从而导致股东行使知情权的前置程序无法完成为由驳回股东起诉并无不当,似乎采纳了第一种观点。

2. 正当目的争议

根据《公司法》第三十三条第二款,公司可以股东具有不正当目的为由,拒绝股东查阅公司会计账簿。《公司法司法解释(四)》第八条提出了三种具体化的不正当目的:同业竞争、通报信息可能损害公司利益、三年内曾通报信息损害公司利益。对于非正当目的,应由公司负举证责任,此为法律规定及司法实务一致意见。

(1)同业竞争。根据《公司法司法解释(四)》第八条,同业竞争指的是股东自营或者他人经营与公司主营业务有实质性竞争关系业务。何种情形能被认定为同业竞争是司法实务所要解决的问题。(2003)苏民三终字第029号案中,江苏高级人民法院认为,即使股东所经营的其他公司的经营范围与公司相同,也不能直接认定股东具有不正当目的,公司还须另行举证证明股东行为侵害或可能侵害公司商业秘密或为其经营公司同业竞争提供条件。我们赞同,不能直接以经营范围相同为由直接认定股东具有不正当目的,特别是在公司设立之前股东已经以其他公司经营同样业务的情况下更是如此,因为在市场经济环境下,股东自由经营的权利应该得到尊重及保障,不能以此权利行使为由限制股东知情权。

此外,即使股东所经营的其他公司的经营范围与公司经营范围不同,也不意味着股东目的正当,在两者业务有实质性竞争关系的情况下仍可能具有不正当目的。在(2018)冀民终4号案中,山西高级人民法院就认为,两公司虽然属于上下游关系,不属于相同经营范围,但正是这种生产与销售的关系,可能影响原告公司在北美的销售情况,进而影响该公司利益,从而认定股东具有不正当目的。当然,就该种情形下应适用《公司法司法解释(四)》第八条第一款第(一)项还是第(四)项,我们认为还有进一步探讨的空间。

需要说明的是,《公司法司法解释(四)》对于"非正当目的"采取的是以客观事实证明主观目的的事实推定模式。而股东出于商业投资需要,往往会同时对多家公司出资,此为正常的商业行为。再者,我国《公司法》并未对股东作出竞业禁止要求,故此种商业行为亦不违反法律规定。因此,《公司法司法解释（四）》第八条第一款第（一）项对于"同业竞争"以"公司章程另有规定或全体股东另有约定"作为例外规定。从有效避免风险的角度出发，有此需求的股东在《公司法司法解释（四）》施行后，应注意在章程中明确相关内容；否则，随着《公司法司法解释（四）》在审判实务中所起作用逐步加深加大，不排除法院将来会以存在同业竞争关系作为认定股东存在非正当目的之充分条件。

（2）其他非正当目的抗辩。公司除了提出同业竞争的抗辩，还提出了其他的非正当目的抗辩。具体包括：①股东查询资料用于与公司对抗的诉讼、仲裁及保全；②股东查询资料是为了高价收购公司股权；③股东存在违规、违约情形，如股东存在发布公司虚假信息、撕毁公司资料等违规行为，股东违反设立公司的合作协议等；④股东存在犯罪行为；⑤股东查询资料是为了诽谤、诬告管理层；⑥股东侵害公司商业秘密。法院对上述抗辩均持严格审查的立场，最终都没有采纳公司的抗辩。

3. 资料不存在抗辩

样本案例中，有的公司提出股东主张知悉的资料不存在，进而无法配合的抗辩，对此，法院应该严格审查公司是否确实无法制作相应的资料，如公司没有实际经营；否则，可能会被上级法院以事实未查清为由发回重审；在查实公司确实无法提供部分资料的情况下，对于公司能够提供的资料仍应当予以支持。

4. 已知情抗辩

有不少公司辩称股东已经通过自行参与或委派他人参与公司经营的方式，或者通过其他方式知悉所主张查询、复制的资料。对此，法院均认为，股东已知悉相关资料并不妨碍股东再次主张知情权。

（四）股东知情权行权方式争议

股东可以自行行使知情权，此自不待言；但股东能否委托他人代为行使或协助其行使知情权，实属理论及实务中有争议的问题。《公司法司法解释（四）》第十条第二款规定，股东依据人民法院生效判决查阅公司文件材料的，在该股东在场的情况下，可以由会计师、律师等依法或者依据执业行为规范负有保密义务的中介机构执业人员辅助进行。根据该规定，最高人民法院基于泄密的担忧采取了限定知情权行权方式的立场，即认为股东只能委托他人协助查阅，而且必须委托负有保密义务的中介机构执业人员辅助进行。

我们认为，行权方式的限定需要考虑利益平衡及实践合理性的问题。上述《公司法司法解释（四）》的规定仍有值得斟酌之处。对于自然人股东而言，一概否定其委托行使权利并不具有当然的正当性。第一，公司股东基于实际操作的原因不可避免地需要委托员工代为行使权利，此时可能有多人参与参阅、复制资料的过程，不可避免存在信息泄露的风险，自然人股东委托他人代为查阅、复制资料所产生的泄密风险并不会更高，故不能单单以可能泄密为由对自然人股东行权进行区别性限定；第二，客观而言，无法排除股东确实无法自行在场行使权利的情况，特别是在判决有期限限定的情况下更是如此；第三，委托本来就是法律所允许的当事人扩张自己行为的合法方式且法律后果也由本人承担，故司法实务对股东行权方式应预留一定的弹性，而非一概予以否定。考虑到公司利益保护的问题，可以有以下几种折中的限定方式：第一，可对自然人股东委托的主体范围予以限定，如限定在近亲属范围，或由自然人股东在司法程序中直接予以指定，然后由法院在双方对抗的基础上审查决定是否允许；第二，可以由自然人委托的主体向公司出具保密承诺，在其泄密的情况下，另行通过损害赔偿诉讼对公司利益进行救济。此种保密承诺实际上与《公司法司法解释（四）》所要求的执业行为规范所要求的保密义务在效力上区别不大，同时也符合该司法解释以事后救济方式威慑受托人泄密行为、救济公司利益的思路。

（五）知情权义务主体

股东知情权义务主体一般是公司，对于不享有股权的公司不能主张知情权。样本案例中出现的争议是，被吊销营业执照的公司能否成为义务主体以及公司的实际控制人是否为义务主体。对于被吊销营业执照的公司能否成为义务主体的问题，不同法院可能有不同观点。在（2015）渝高法民终字第00335号案中，重庆高级人民法院认为，即使公司被吊销营业执照，公司的法人资格仍然存续，故可判决公司承担相应的配合义务。但在（2016）最高法民申3785号案中，最高人民法院则基于公司被吊销营业执照以及其他公司停止经营的因素，认定公司意思自治的正常治理结构已经解体，以申请查阅的通知无法到达公司为由，认为继续审理的条件客观上已不具备，进而驳回股东的起诉。我们认为，最高人民法院考虑的因素更加全面。若有证据证明公司客观上已经无法被送达申请，且无法提供配合，则应该驳回股东起诉，待成立有条件配合的清算组之后，股东可以另行主张权利。

【拓展案例】

澳中佳缘（北京）窗帘布艺有限公司与邱玉梅股东知情权纠纷①

2009年8月28日，澳中佳缘公司经北京市工商行政管理局朝阳分局依法核准登记成立，企业类型为有限责任公司（自然人投资或控股）；注册资本200万元，现登记的股东为邱玉梅和何京丽，分别持股20%和80%。2019年9月2日，公司的法定代表人由何京丽变更为沈巧元，现任执行董事为沈巧元，监事为邱玉梅。

2019年8月16日，邱玉梅通过中国邮政速递向澳中佳缘公司的住所地北京市朝阳区十八里店乡十里河村十里河桥西南邮寄了《查阅申请》，内容为："邱玉梅系澳中佳缘公司登记股东，拥有20%股份，但对公司经营状况知晓甚少，为了维护股东权益和公司正常经营与发展，依据《中华人民共和国公司法》的规定，特向公司发函请求对下列材料进行查阅、复制。1. 公司自2015年起的公司章程、董事会决议、监事会决议、股东会会议记录、财务会计报告，经营情况报告（包括但不限于对内对外签订的各类合同）。2. 公司自2015年起的会计账簿、会计凭证、原始单据及银行对账单等，包括但不限于总账、明细账、日记账、其他辅助性账簿、入账备查的相关资料。对上述申请，望公司准备好所有资料，请在收到本申请之日起15日内给予书面答复，如未答复或不依法提供查阅及复制，申请人将通过诉讼

---

① 参见北京市第三中级人民法院民事判决书（2020）京03民终3544号。来源：中国裁判文书网 http://wenshu.court.gov.cn。

维护自己的合法权利。"该快递收件人处写明何京丽澳中佳缘公司，电话为138××××××××，内件处注明查阅申请。查询记录显示2019年8月21日，已签收，他人代收。一审庭审中，澳中佳缘公司认可138××××××××为何京丽的电话。

邱玉梅向一审法院起诉请求：1. 请求判令澳中佳缘公司向邱玉梅提供自2015年1月1日起至2019年8月31日止的公司章程、股东会会议记录、执行董事决定、监事决定、财务会计报告供邱玉梅查阅、复制；2. 请求判令澳中佳缘公司向邱玉梅提供自2015年1月1日起至2019年8月31日止的会计账簿（包括总账、明细账、日记账和其他辅助性账簿）和会计凭证供邱玉梅查阅；3. 诉讼费由澳中佳缘公司负担。

一审庭审中，澳中佳缘公司提交了其与案外人之间的民事判决书三份，证明程卫多次以公司名义向他人借款，邱玉梅系程卫之母对此知情。邱玉梅对判决书的真实性不持异议，对证明目的持有异议，认为判决没有认定程卫借款用于个人目的，被诉的主体为澳中佳缘公司，不能证明程卫和邱玉梅损害了公司利益。一审法院对澳中佳缘公司提交的上述证据的真实性予以确认。

一审法院认为，《中华人民共和国公司法》第三十三条第一款规定，公司的股东有权查阅、复制公司章程、股东会会议记录、董事会会议决议、监事会会议决议和财务会计报告。本案中，根据澳中佳缘公司的工商公示信息记载，邱玉梅系澳中佳缘公司的股东，依法享有股东知情权。澳中佳缘公司仅设有一名执行董事和监事，故其应形成执行董事决定和监事决定。邱玉梅关于查阅、复制公司章程、股东会会议记录、执行董事决定、监事决定、财务会计报告的诉讼请求，不违反法律规定，一审法院予以支持。澳中佳缘公司关于邱玉梅的股权系代程卫持有的答辩意见，证据不充分，且与本案不属于同一法律关系，故一审法院不予采信。

关于邱玉梅要求查阅公司会计账簿和会计凭证的诉讼请求，一审法院认为，《中华人民共和国公司法》第三十三条第二款规定，股东可以要求查阅公司会计账簿。股东要求查阅公司会计账簿的，应当向公司提出书面请求，说明目的。公司有合理根据认为股东查阅会计账簿有不正当目的，可能损害公司合法利益的，可以拒绝提供查阅，并应当自股东提出书面请求之日起十五日内书面答复股东并说明理由。公司拒绝提供查阅的，股东可以请求人民法院要求公司提供查阅。本案争议的焦点主要有三：一是邱玉梅是否已经履行法律规定的内部救济程序；二是邱玉梅要求查阅会计账簿是否具有不正当目的；三是邱玉梅可以查阅会计账簿的范围。

关于焦点一，一审法院认为，2019年8月16日，邱玉梅向澳中佳缘公司的住所地邮寄了《查阅申请》，说明了查阅目的。该快递于2019年8月21日被签收。快递单上载明邮寄内件为《查阅申请》，收件人为时任法定代表人何京丽，澳中佳缘公司确认快递单上载明的电话是何京丽本人的电话，故上述证据可以认定澳中佳缘公司收到该份《查阅申请》。澳中佳缘公司在收到邱玉梅的《查阅申请》之后，并未在法定的时间内提供会计账簿供其查阅，故邱玉梅已经履行了法律规定的股东内部救济程序。

关于焦点二，一审法院认为，《最高人民法院关于适用〈中华人民共和国公司法〉若干问题的规定（四）》第八条规定，有限责任公司有证据证明股东存在下列情形之一的，人民法院应当认定股东有《公司法》第三十三条第二款规定的"不正当目的":(一)股东自营或者为他人经营与公司主营业务有实质性竞争关系业务的,但公司章程另有规定或者全体股东另有约定的除外;(二)股东为了向他人通报有关信息查阅公司会计账簿,可能损害公司合法利益的;(三)股东在向公司提出查阅请求之日前的三年内,曾通过查阅公司会计账簿,向他人通报有关信息损害公司合法利益的;(四)股东有不正当目的的其他情形。澳中佳缘公司提供的其与案外人的判决书,不足以证明邱玉梅存在不正当目的,可能损害公司利益,故澳中佳缘公司答辩意见,一审法院不予采信。邱玉梅有权查阅公司的会计账簿。

关于焦点三,一审法院认为,《中华人民共和国会计法》第十四条第一款规定,会计凭证包括原始凭证和记账凭证。第十五条第一款规定,会计账簿登记,必须以经过审核的会计凭证为依据,并符合有关法律、行政法规和国家统一的会计制度的规定。会计账簿包括总账、明细账、日记账和其他辅助性账簿。据此,会计凭证是形成会计账簿的基础资料,查阅会计凭证并不超出法律规定的查阅会计账簿的范围,邱玉梅要求查阅总账、明细账、日记账、其他辅助性账簿和会计凭证的诉讼请求,一审法院予以支持。

综上,依照《中华人民共和国公司法》第三十三条、《最高人民法院关于适用〈中华人民共和国公司法〉若干问题的规定(四)》第十条之规定,判决:一、澳中佳缘(北京)窗帘布艺有限公司于判决生效之日起10日内于其办公场所置备自2015年1月1日起至2019年8月31日止的公司章程、股东会会议记录、执行董事决定、监事决定、财务会计报告供邱玉梅查阅、复制;二、澳中佳缘(北京)窗帘布艺有限公司于判决生效之日起10日内于其办公场所置备自2015年1月1日起至2019年8月31日止的会计账簿(包括总账、明细账、日记账和其他辅助性账簿)和会计凭证供邱玉梅查阅。

本案二审期间的争议焦点为:一、邱玉梅是否具有股东资格;二、邱玉梅是否已履行法定前置程序;三、邱玉梅行使股东知情权是否存在不正当目的。

关于争议焦点一,双方均认可邱玉梅目前仍登记为澳中佳缘公司股东,但澳中佳缘公司主张邱玉梅仅为名义股东并未实际持股。本院认为,现代商法采用外观主义保障交易安全。我国公司法要求公司应当将股东的姓名或者名称向公司登记机关登记;登记事项发生变更的,应当办理变更登记。在工商机关备案的公司股东信息,具有公示公信力。本案中,邱玉梅为澳中佳缘公司登记的股东,澳中佳缘公司对邱玉梅已非其股东的意见并未提交任何证据。综上,对澳中佳缘公司该项意见本院不予采信。

关于争议焦点二,澳中佳缘公司主张其并未收到邱玉梅邮寄的《查阅申请》,且邱玉梅的《查阅申请》不符合法律规定。本院认为,股东诉请行使知情权必须经过前置程序,即股东应当首先向公司提出书面请求并说明查阅目的,公司自股东提出书面请求之日起十五日内拒绝提供查阅或不配合股东查阅请求的,股东可行使诉权。本案中,邱玉梅向澳中佳缘公司住所地邮寄了查阅申请,写明了查阅目的,快递单载明邮件内容为查阅申请,收件人为澳中佳缘公司时任法定代表人何京丽,澳中佳缘公司确认联系电话为何京丽本人电话,邮件投递记录亦显示已签收。上述证据足以证明澳中佳缘公司已收到邱玉梅的书面查阅申请。

澳中佳缘公司二审中以投递记录显示为"他人签收"为由主张其并未收到该申请,本院认为,《中华人民共和国公司法》第三十三条规定并未要求股东向公司提出的书面请求必须达到民事诉讼法上的送达状态,从法条行文和立法本意来看,仅要求股东在查阅会计账簿前首先向公司提出请求和说明,而非澳中佳缘公司所理解的邱玉梅必须就书面请求被公司法定代表人或职员亲自签收进行严格举证。澳中佳缘公司关于其未收到查阅申请的意见缺乏依据,亦与事实不符,本院对此不予采信。澳中佳缘公司在收到邱玉梅的《查阅申请》之后,并未在法定的时间内提供会计账簿供其查阅,故邱玉梅已经履行了法律规定的前置程序。

关于争议焦三,当事人对自己提出的诉讼请求所依据的事实或者反驳对方诉讼请求所依据的事实,应当提供证据加以证明,但法律另有规定的除外。澳中佳缘公司主张邱玉梅行使股东知情权有不正当目的,邱玉梅与澳中佳缘公司原法定代表人程卫系母子关系,程卫多次以公司名义借款,损害了公司的利益。但其提交的民事判决书并未认定程卫损害公司利益,亦不足以证明其主张的不正当目的,故本院对澳中佳缘公司的上述主张不予采信。

综上所述,澳中佳缘公司的上诉请求不能成立,一审法院不予支持;一审判决认定事实清楚,适用法律正确,应予维持。依照《中华人民共和国民事诉讼法》第一百七十条第一款第一项之规定,判决如下驳回上诉,维持原判。

第七章 请求公司收购股份纠纷

【典型案例】

张彦辰、解云平请求公司收购股份纠纷①

2016年9月11日，解云平与麒丰公司签订《认购协议》一份，主要约定："鉴于麒丰公司拟在全国中小企业股份转让系统或同类型证券交易所挂牌并公开转让，解云平认购麒丰公司发行的股份30万股，价格为1.4元/股，认购价款为人民币42万元。解云平应于协议生效之后三日内，将全部认购款足额打入麒丰公司指定账户（4120012010180100607370）。"同日，解云平作为乙方和张彦辰为丙方、麒丰公司为甲方签订《回购协议》一份："为保障各方利益，各方就公司认购协议签订后可能出现的相关事宜达成以下协议，作为认购协议的回购协议，各方须共同遵守：

3.1 若无不可抗力，甲方麒丰公司承诺：在2017年12月31日前完成全国中小企业股份转让系统或同类型证券交易所挂牌工作。如不能实现，乙方解云平可以选择继续持股或要求丙方张彦辰按原认购金额回购其所持有的河南麒丰饮品股份有限公司的股份。如乙方选择回购，则丙方同意在60个工作日内按原认购金额回购乙方所持有的河南麒丰饮品股份有限公司的股份，并根据乙方的实际投资额，按照年化收益10%支付乙方利息，支付利息按乙方实际投资时间计算。

3.2 若无不可抗力，甲方承诺：2016年净利润不低于2500万元；2017年净利润不低于3500万元。如不能实现，丙方同意按原认购金额回购乙方所持有的河南麒丰饮品股份有限公司的股份，并根据乙方的实际投资额，按照年化收益10%支付乙方利息，支付利息按乙方实际投资时间计算。"

协议签订后，解云平于2016年9月12日将42万元汇入麒丰公司指定的上述账户。2016年10月6日，解云平作为乙方和张彦辰为丙方、麒丰公司为甲方又签订《增资附加协议》一份，主要约定："鉴于乙方已签署关于河南麒丰饮品股份有限公司认购及回购协议，已经按相关协议约定的条件、金额及价格，乙方作为投资者不参与甲方企业经营管理，并委托丙方管理公司日常事务包括但不限于企业融资、挂牌上市、银行贷款等业务。丙方作为公司管理人恪守职业操守，定期向乙方提供财务报表及营业状况报告，以保障乙方合法权益。"麒丰公司给解云平签发了股权证书。2017年12月18日，麒丰公司发布《告投资人书》："麒丰公司承诺在2018年12月31日前完成在全国中小企业股份转让系统或同类型证

---

① 参见河南省南阳市中级人民法院民事判决书（2019）豫13民终3314号。来源：中国裁判文书网 http://wenshu.court.gov.cn。

券交易所挂牌工作，各个投资人所持股权及原协议顺延至2018年12月31日。若到期后，未能完成挂牌或境外上市工作，给予各投资人回购股权。"截止到2017年12月31日，麒丰公司净利润为1362.053608万元，亦未能完成在全国中小企业股份转让系统或同类型证券交易所挂牌工作。2018年5月9日，解云平向麒丰公司提出回购申请书。2018年7月16日麒丰公司承诺在2018年7—10月每月月底前每月不低于12万元直至给付完毕为止。任何一方违约，违约金按未支付部分金额的日万分之五计算。后解云平多次找麒丰公司要求支付回购款，麒丰公司拖延给付，引发诉讼。一审庭审中，麒丰公司称，2016年8月17日，衡循公司与麒丰公司签订《项目合作协议书》系合伙欺诈，但麒丰公司未提供《项目合作协议书》原件。麒丰公司自认截止庭审结束时公安机关未立案，麒丰公司亦未主张行使合同撤销权。

解云平向一审法院起诉请求：1. 依法判令张彦辰支付回购款42万元、利息90000元（以本金42万元为基数按年化收益10%标准，自2016年9月12日起暂计算至2018年10月31日）及违约金28300元（以本息合计51万元为基数按日万分之五的标准，自2018年7月10日暂计算至2018年10月31日），以上共计538300元；2. 判令以上利息和违约金支付至实际付款之日止；3. 判令麒丰公司对以上1、2项诉讼请求承担连带清偿责任；4. 判令张彦辰、麒丰公司承担本案的诉讼费和保全费。

【裁判要旨】

本案的主要争议焦点在于协议约定的股权回购条款是否有效。该条款模式目前普遍发生于投资方与目标公司的股东、实际控制人之间，机制设计的初衷是高效促成交易、良性引导目标公司的经营管理、降低投资风险，且对双方交易起到一定的担保功能，同时还隐含有一定程度对于目标公司估值调整的期权，业内将该条款称为'对赌条款'。由于'对赌条款'在内容上亦隐含有非正义性的保底性质，容易与现行法律规定的合同无效情形相混淆，且无对应的法律条文予以规范，故人民法院在对此法律行为进行适度评判时，应当遵循以下原则：1. 鼓励交易；2. 尊重当事人意思自治；3. 维护公共利益；4. 保障商事交易的过程正义，以此来确定'对赌条款'的法律效力。综合本案查明的基本法律事实，关于股权回购之约定从本质上而言，均属于'对赌条款'性质。上述条款的订立，首先完全基于签约各当事人的真实意思表示，属于意思自治范畴，应予充分尊重；其次，该条款亦促成了麒丰公司增资行为的依法顺利完成，最大限度维护了原始股东、增资方以及目标公司的基本利益；至于触发回购的条件，各方当事人约定以麒丰公司在一定期限内完成挂牌或核准上市作为适用情形，而不是对于麒丰公司的估值进行价格调整，虽有不妥之处，但亦未严重违背以上评判四原则，故该回购条款仍应为有效。最高人民法院民二庭对"明股实债协议的性质与效力"一文中也指出"投资人投资目的并非取得目标公司股权，而仅是为了获取固定收益，且不享有参与公司经营管理权的，应认定为债权投资，投资人是目标公司或有回购义务的股权的债权人"。故张彦辰、麒丰公司认为该条款无效的理由，因缺乏充分的法律依据，一审法院不予支持。麒丰公司如认为衡循公司存在欺诈行为，根据合同相对性，可另行处理。因麒丰公司至今未完成在全国中小企业股份转让系统或同类型证券交易所挂牌工作，客观上已不可能在期限内实现上市，显然已经触发了股权回购条款，解云平作为投资方，请求麒丰公司、张彦辰按约予以回购，该请求权已具备了相应的合同依据，应予支持。张彦辰系麒丰公司法定代表人，对外代表公司，民事责任应由公司承担，张彦辰应承担连带给付责任。麒丰公司未按《告投资人书》的约定时间向解云平支付股权回购款，依法应当承担违约责任，麒丰公司应除退还解云平股权回购款42万元及年化收益10%外，还应从逾期退还之日即2019年1月1日起向解云平支付违约金，解云平请求违约金按未支付部分金额的日万分之五计算，一审法院予以支持。截止到2018年12月31日，共计828天，按42万元为基数，年化收益为96600元。案经调解无效，依照《中华人民共和国合同法》第六十条、第一百零七条，《最高人民法院关于适用〈中华人民共和国民事诉讼法〉的解释》第九十条规定，判决：一、被告河南麒丰饮品股份有限公司于本判决生效之日起十日内支付原告解云平股权回购款420000元及年化收益96600元，合计516600元；二、被告河南麒丰饮品股份有限公司应于本判决生效之日起十日内支付原告解云平违约金（以516600元基数，从2019年1月1日起计算至本判决确定履行之日止按日万分之五给付）；三、被告张彦辰对被告河南麒丰饮品股份有限公司支付本判决上述第一、二项款项承担连带给付责任。如果未按本判决指定的期间履行给付金钱义务，应当依照《中华人民共和国民事诉讼法》第二百五十三条规定，加倍支付迟延履行期间的债务利息。案件受理费9185元，申请费5000元，合计14185元，由原告解云平负担219元，被告张彦辰、河南麒丰饮品股份有限公司共同负担13966元。

二审法院审理认为：1. 关于是否应当追衡循公司参加诉讼的问题。因衡循公司并非案涉《认购协议》《增资附加协议》《回购协议》《股权回购申请书》的合同相对方，麒丰公司与衡循公司之间的纠纷与本案不属同一法律关系，故张彦辰要求追加衡循公司参加诉讼缺少事实及法律依据，本院不予支持。

2. 关于案涉《认购协议》《回购协议》的效力问题。麒丰公司与解云平之间签订的《认购协议》是双方真实意思表示。该《认购协议》第2条约定：甲方（麒丰公司）本次增资扩股方案已依照《中华人民共和国公司法》的规定，经甲方股东大会决议通过。第3条约定：在本次增资扩股之前，甲方的原股东均已书面承诺放弃优先认购权。因此，张彦辰主张案涉《认购协议》无效的理由不能成立，本院不予支持。麒丰公司、张彦辰与解云平签订的《回购协议》亦是三方真实意思表示，该协议第3.1条、3.2条约定的回购义务人是张彦辰，张彦辰作为目标公司股东做出回购承诺，并不违反法律或行政法规的强制性规定。因此，张彦辰主张案涉《回购协议》无效的理由亦不能成立，本院不予支持。

3. 关于张彦辰应否承担连带责任的问题。案涉《回购协议》约定的回购义务人是张彦辰，解云平虽主张曾对麒丰公司、张彦辰共同提出过回购申请，但经协商，解云平最终仅与麒丰公司签订了《股权回购申请书》，该《股权回购申请书》应视为对原《回购协议》的变更，因回购主体已经发生变更，现解云平要求张彦辰承担责任缺少依据，本院不予支持。一审法院对此处理不当，本院予以纠正。

【实务指引】

一、请求公司收购股份纠纷的定义

请求公司收购股份纠纷源于异议股东股权收购请求权，是指当股东会或股东大会基于多数表决，就有关公司重大事项作出决议时，持异议的少数股东虽投反对票但无力阻止决议通过的情况下，要求对其所持股权的价值进行评估并由公司以合理价格予以购买的权利，也称估价救济或异议估价权。

二、异议股东股份收购请求权的行使条件

（一）有限责任公司

我国现行《公司法》第七十四条对此作了明确规定。根据该条规定，股东行使股份收购请求权的条件有三，而且只有在这三个条件同时具备时股东才能行使该权利。

第一个条件是该股东对股东会的该项决议投了反对票，这是股东行使这一权利的前提条件；

第二个条件是股东所投反对票的事项限于下列情形之一，除此之外的其他事项即使投了反对票也不能行使此权利：

（1）公司连续五年不向股东分配利润，而公司该五年连续盈利，并且符合本法规定的分配利润条件的；

（2）公司合并、分立、转让主要财产的；

（3）公司章程规定的营业期限届满或者章程规定的其他解散事由出现，股东会会议通过决议修改章程使公司存续的。

第三个是期限条件，即股东在具备以上两个条件的情况下，还必须在法定的期限内行使这一权利。该期限分为协商期限（六十日）和诉讼期限（九十日），其起算点均是股东会会议决议通过之日。

（二）股份有限公司

根据《公司法》第一百四十二条的规定，股份有限公司原则上不得收购本公司股份，但有以下6种情形之一的，公司可以回购本公司股份：

（1）减少公司注册资本。需经股东大会决议，并自收购之日起十日内注销。

（2）与持有本公司股份的其他公司合并。需经股东大会决议，并自六个月内转让或者注销。

（3）将股份用于员工持股计划或者股权激励。可依照章程或者股东大会的授权，经三分之二以上董事出席的董事会会议决议，公司合计持有股份不得超过本公司已发行股份总额的百分之十，并在三年内转让或者注销。

（4）股东因对股东大会作出的公司合并、分立决议持异议，要求公司收购其股份。应当在六个月内转让或者注销。

（5）将股份用于转换上市公司发行的可转换为股票的公司债券。公司合计持有股份不得超过本公司已发行股份总额的百分之十，并在三年内转让或者注销。

（6）上市公司为维护公司价值及股东权益所必需。可依照章程或者股东大会的授权，

经三分之二以上董事出席的董事会会议决议，公司合计持有股份不得超过本公司已发行股份总额的百分之十，并在三年内转让或者注销。

三、异议股东股份收购请求权的行使方式

根据我国现行公司法的规定，异议股东股份收购请求权的行使方式有二，即协商方式和诉讼方式。

（一）协商方式

我国公司法规定的协商期限为六十日，即自股东会决议通过之日起六十日内，股东可以就股权收购问题与公司协商，如果双方就该问题达成协议则异议股东的股份收购请求权就已经行使完毕，在这种情况下是不需要通过诉讼行使该权利的。即使后来双方因协议的履行发生纠纷而引起诉讼，也只属于一般的股权收购合同纠纷，而不属于该项权利的行使。

（二）诉讼方式

如果双方未能在六十日内就股权收购达成协议的，异议股东可以自股东会决议通过之日起九十日（即协商期满三十日）内向人民法院提起诉讼，要求公司以合理价格收购其所持股权。

异议股东在六十日内协商不成时尚有三十日时间来提起诉讼，但是如果其在九十日内既没有通过协商也没有通过诉讼方式来行使这一权利，则该权利消灭。异议股东在此之后就只能寻求其他途径来维护自己的权利了。

四、请求公司收购股份纠纷的裁判规则

（一）股东通过公司回购股权退出公司，并不仅限于《公司法》第七十四条所列之情形

（2008）穗中法民二终字第2130号广州信康包装容器有限公司与张保建股权回购和公司盈余分配纠纷案中，广州市中级人民法院认为：

作为化解公司僵局的替代机制，股权回购有着特殊的意义。《公司法司法解释（二）》第五条第一款规定，"人民法院审理解散公司诉讼案件，应当注重调解。当事人协商同意由公司或者股东收购股份，或者以减资等方式使公司存续，且不违反法律、行政法规强制性规定的，人民法院应予支持。当事人不能协商一致使公司存续的，人民法院应当及时判决。"另外，《公司法》的立法价值之一在于保护股东的合法权益，尤其是中小股东的合法权益。完善中小股东的退出机制，防止控制股东滥用股东权利实施损害公司及中小股东的权利应当是《公司法》追求的价值取向。该案中，广州市番禺区人民法院指出："股东通过公司回购退出公司，并不仅限于《公司法》第七十四条规定的情形。公司的成立本身就是股东意思

表示一致的结果。公司存在的意义不在于将股东困于公司中不得脱身，而在于谋求股东利益最大化。在股东之间就公司的经营发生分歧，或者股东因其自身原因不能正常行使股东权利时，股东与公司达成协议由公司回购股东的股权，既符合有限责任公司封闭性和人合性特点，又可打破公司僵局、避免公司解散的最坏结局，使得公司、股东、公司债权人的利益得到平等保护。《公司法》允许公司与股东在公司解散诉讼案件中协商由公司回购股东股份，以打破公司僵局，使公司保持存续而免遭解散；那么允许公司与股东在公司僵局形成之初、股东提请解散公司之前即协商由公司回购股份以打破公司僵局、避免走向公司解散诉讼，这自是《公司法》应有之意。通过公司回购股东股份，使公司继续存续，可以保持公司的营运价值，并不必然导致公司债权人利益受损。"

再如在另外一起案件中［孙庆幸与安徽龙之韵贸易有限公司请求公司收购股份纠纷案，安徽省桐城市人民法院（2015）桐民二初字第00036号民事判决书］，法院根据原被告双方在诉讼中达成回购股权的合意，判令公司收购原告股权。该案仅存在控股股东擅自从公司借贷，并擅自将公司资产借贷案外第三人的情形。法院首先明确，此类情形尽管违反《公司法》第二十一条、第一百四十八条第一款第三项规定，但实际上并不能评判为转让公司资产，因此无法直接适用《公司法》第七十四条的规定。鉴于诉讼中原被告双方就回购股权达成合意，但就价格及原告孙庆幸是否应当预先分担借款无法收回之损失产生分歧，法院认为被告龙之韵公司之主张显属无理，遂判令公司回购原告股权。

（二）根据《公司法》第七十四条之规定，对股东会决议转让公司主要财产投反对票的股东有权请求公司以合理价格回购其股权。非因自身过错未能参加股东会的股东，虽未对股东会决议投反对票，但对公司转让主要财产明确提出反对意见的，其请求公司以公平价格收购其股权，法院应予支持

（2015）民申字第2154号民事裁定书（再审）袁朝晖与长江置业（湖南）发展有限公司请求公司收购股份纠纷案中，最高人民法院认为：

《公司法》第七十四条确立异议股东股权回购请求权制度，是为了保护少数股东的利益而赋予的权利，是少数股东在公司发生重大变更以致发生结构性、根本性改变的情况下，所享有的一项特别救济权利；通过该项权利的行使，异议股东可以退出公司。该项权利属于股东的固有权利，不得以章程规定加以剥夺。该项权利从权利属性上看，应属于形成权，一俟股东行使，不待公司之认诺，即"发生成立股份买卖契约之效果"。根据我国台湾地区"公司法"的规定，股东可以通过两种方式行使该项权利：一是在股东会正式开会前，以书面通知的形式载明其反对态度；二是在股东会决议上明确投反对票。根据《公司法》关于公司治理结构的相关规定，股东会是股东发表意见行使重大决策、资产收益及选择经营管理者权利的场所。股东会会议通知是股东行使上述固有权利并进而干预公司决策的前提和基础。根据《公司法》第三十七条第二款的规定，只有全体股东对决议事项一致同意才可以不召开会议而直接作出决议。除此之外，召开股东会必须于开会前15日书面通知股东，且股东会会议通知必须载明会议议程及审议事项，其立法宗旨即在于保障股东在开会之前能够熟稔所议内容，有效行使干预权。因此，如果公司股东会作出公司重大变更事项，但未依法向股

东进行通知,致使股东无法在股东会上行使干预权,其责任应由公司承担。一方面,股东可以以股东会在召集、通知上违反法律及公司章程的规定,诉请法院撤销股东会决议;另一方面,如果股东在知悉股东会决议后,毫不迟疑地明确表示反对,从前述异议股东回购请求权的立法宗旨来看,也应当对股东的该项固有权利进行保护。

具体到本案中,袁朝晖未被通知参加股东会,无从了解股东会决议,并针对股东会决议投反对票;况且,袁朝晖在2010年8月19日申请召开临时股东会,明确表示反对二期资产转让,要求立即停止转让上述资产,长江置业公司驳回了袁朝晖的申请,并继续对二期资产进行转让,已经侵犯了袁朝晖的股东权益。法院据此认定袁朝辉有权依照《公司法》第七十四条的规定,行使异议股东股权回购请求权。

(三)依无效之对赌协议请求公司回购股权,应不予支持

(2015)苏商终字第00310号南京博发投资咨询有限公司与江苏阳山硅材料科技有限公司请求公司收购股份纠纷中,江苏省高级人民法院认为:

关于对赌协议之效力,最高人民法院在苏州工业园区海富投资有限公司与甘肃世恒有色资源再利用有限公司、香港迪亚有限公司、陆波增资纠纷案[最高人民法院(2012)民提字第11号,《最高人民法院公报》2014年第8期]的裁判要旨指出,"在民间融资投资活动中,融资方和投资者设置估值调整机制(即投资者与融资方根据企业将来的经营情况调整投资条件或给予投资者补偿)时要遵守《公司法》和《合同法》的规定。投资者与目标公司本身之间的补偿条款如果使投资者可以取得相对固定的收益,则该收益会脱离目标公司的经营业绩,直接或间接地损害公司利益和公司债权人利益,故应认定无效。但目标公司股东对投资者的补偿承诺不违反法律法规的禁止性规定,是有效的。在合同约定的补偿条件成立的情况下,根据合同当事人意思自治、诚实信用的原则,引资者应信守承诺,投资者应当得到约定的补偿。"根据以上裁判规则,投资公司与目标公司之对赌原则上应认定为无效。具体到本案中,博发公司投资阳山公司并取得阳山公司10%的股权,依法可享有相应的股东权利。但《投资协议》约定阳山公司必须达到净利润目标或者必须在2014年12月31日完成上市,否则阳山公司有义务回购博发公司投资并按照投资本金加18%年利率回购其股权。该约定实质上是保证无风险绝对收益的保底条款,侵害公司、公司其他股东以及债权人的利益,应依法认定为无效。相应地,博发公司也无权依照无效的对赌协议条款请求阳山公司回购股权。

(四)转让资产是否构成公司主要财产,应从该资产是否是公司经营的常规核心资产,该资产占公司资产的比例,转让财产是否实质影响了公司的设立目的及公司存续,是否影响了公司的正常经营等因素进行考量

(2014)西中民四初字第00350号深圳金信诺高新技术股份有限公司与西安三元达海天天线有限公司请求公司收购股份纠纷案中,陕西省西安市中级人民法院认为:

《公司法》第七十四条将转让主要财产列为提起股份回购之诉的事由,其目的在于防止不慎重地转让公司财产,足以威胁公司的存在基础,对公司运营前景产生重大不利影响,并

从根本上动摇股东对公司的投资预期。美国法律研究院通过的《公司治理原则：分析与建议》指出，当公司出租、出售、交换或者以其他方式处分公司重要资产，并且这种处分导致公司实质上不能继续营业，股东就有权行使评定补偿权（也有译为评估权，实际上就是我们通常所说的异议股东回购请求权）。但是，如果公司属于在全国性证券交易场所挂牌交易或者是 NASDAQ 全国市场系统的组成部分时，因股权有公开交易场所，则公司股东不享有评定补偿权。可见，在美国法上对于重大资产处置，采取的是"公司主要业务是否能够继续进行"这一标准进行评判。我国台湾地区"公司法"规定"让与全部或者主要部分之营业或财产"是股东行使异议股东股权回购请求权的法定事由。学理上认为，"让与全部或者主要部分之营业或财产，系指因其主要部分营业或财产之转让，影响其原订所营事业之不能成就为准……（相关司法判例指出）至于'主要部分'之界限，应视各公司之营业及其经营性质而有不同，如某公司主要业务系砂糖之产销，其主要财产为制糖设备，其以副业产品工厂转售他人，尚非让与主要财产。"

（五）子公司重大资产处置行为可以被穿透认定为母公司重大资产处分

（2014）鄂民二终字第 00037 号徐景汉诉宜昌三峡矿业有限公司请求公司收购股份纠纷中，湖北省高级人民法院认为：

《公司法》第七十四条规定，公司转让主要资产，对股东会该项决议投反对票的股东可以请求公司按照合理的价格收购其股权。本案中，徐景汉投出反对票的决议为三峡矿业公司作出的"湖北恒达石墨集团（系三峡矿业公司子公司）有关资产处置方案""石墨集团慈溪分公司整体转让方案""金昌石墨矿（系三峡矿业公司子公司）50%股权转让方案"。上述决议涉及多处石墨矿及子公司的资产转让，从三峡矿业公司的经营范围包含石墨矿销售的内容看，该部分资产转让应涉及三峡矿业公司的重要资产。徐景汉投出反对票后，向三峡矿业公司提出收购其股权的请求。之后，双方就股权回购一事进行了协商，在就收购价格未达成一致意见的情况下，共同委托东方公司对三峡矿业公司资产进行审计，从而确定收购价格。因此从双方的诉前行为看，双方对于三峡矿业公司收购徐景汉的股权一事已达成共识。在一审诉讼期间，三峡矿业公司亦作出无论评估价格高低均愿意收购徐景汉的股权的陈述。故徐景汉提出的三峡矿业公司收购股权的诉讼请求既符合法律规定，又符合双方的约定，故法院判令三峡矿业公司收购徐景汉股权。

企业集团法中一项核心制度设计就是表决权的穿透，即股东可以透过公司本身，对子公司重大事项行使表决权和干预权。由表决权穿越作为论证起点，也可以引申出双重代表诉讼等制度安排。《公司法司法解释（四）》（征求意见稿）已经有条件地承认双重代表诉讼。作为持股平台（持股公司）的母公司所持有重大股份的子公司的状况发生结构性、根本性变化，可以相应地认为是母公司本身的资产状况发生变化；此种情况下，股东对于母公司（持股公司）的合理期待和信赖利益将受到损害，股权压迫亦同样可能发生，因此有扩张适用《公司法》第七十四条规定的必要。为此，美国法律研究院《公司治理原则：分析与建议》指出，要求法院在决定一家公司是否有"实质上的继续业务"时，对该公司子公司所从事的积极业务也应一并加以考虑。

（六）公司虽作出分立或者转让主要财产的股东会决议，但如果决议的内容事实上无法履行，原告股东不得行使异议股东股权回购请求权

(2011) 常商初字第 59 号仇定福、许宁芳诉常州钟楼区危积陋房屋改造开发有限公司请求公司收购股份纠纷中，江苏省常州市中级人民法院认为：

虽然异议股东股权回购请求权属于形成权，但该项权利的存在基础仍在于公司股东会作出决议，导致公司发生结构性、根本性的变化，危及公司存在的基础及股东合理期待。但如果公司收到异议股东的回购请求，主动取消该股东会决议，则通常认为股东回购请求因股东会决议之取消而丧失。如我国台湾地区"公司法"第一百八十八条第一项规定，"第一百八十六条股东之请求（异议股东回购请求——笔者注），于公司取消第一百八十五条第一项所列之行为时，失其效力。"

在本案中，法院认为原告仇定福、许宁芳主张的公司分立及转让主要资产的事实实际不可能发生。对于转让资产所涉及的安阳里项目改造，因常州市国土局答复该项目应当是危积陋公司的全资子公司，因此该项目不可能从危积陋公司中分立出去。设立全资子公司的行为不构成公司分立，且资产在母公司与全资子公司之间进行转让也有别于《公司法》第七十四条规定的对外转让公司主要财产。加之，原告所提其他争议并非请求收购股份纠纷案件审理的对象，故驳回两原告诉请。

（七）虽从公司领取过款项，但公司未按照公司法规定的盈余分配程序进行分红，不应将受领的款项认定为公司分红，股东仍得行使异议股东股权回购请求权。公司连续五年盈利且连续五年不向股东分红，即使不召开股东会，股东明确表示反对的，也可以行使异议股东股权回购请求权

(2014) 济商终字第 57 号李家滨诉济南东方管道设备有限公司请求公司收购股份纠纷中，山东省济南市中级人民法院认为：

《公司法》第七十四条异议股东股权回购请求权的立法旨趣是在公司发生结构性、根本性重大变化的时候，赋予少数股东以公允价值出售股权进而退出公司，该项权利是股东的固有权利。本案中，东方公司连续五年盈利，且该五年未曾向股东分配过红利，股东李家滨有权要求公司回购股权。尽管李家滨曾从控股股东处得到 36 万元款项，东方公司认为该款项即是公司委托控股股东代为履行支付分红款的义务。但综合全案证据，东方公司未能按照《公司法》规定的盈余分配程序依法分配盈余，也不是所有股东均按照持股比例获得盈余分配，东方公司也无法提供作出分配盈余的股东会决议、会议记录等证据，因此，不应认定李家滨受领款项构成盈余分配。事实上，《公司法》第一百六十六条第五款规定，公司在弥补亏损和提起法定公积金前分配利润的，股东必须将违反规定分配的利润退还公司。

另外，尽管《公司法》第七十四条规定股东行使异议股东股权回购请求权需要具备"对该项股东会决议投反对票"的要件，但如果公司连续五年盈利且连续五年不分配利润，而公司根本未就分红事项召开股东会会议，则原告股东将丧失在股东会上投反对票的前提条件。特别是对于持股比例低于 10% 的股东而言，其根本无法提议召开临时股东会会议；另外，即便股东持股比例超过 10% 而能够提议召开临时股东会，但公司当局对股东该项提议

置之不理，该股东自行召集股东会（内容往往为分配盈余），因缺乏其他股东参与，该股东自己投票赞成分配盈余，又因出席股东所持表决权无法达到全部股东表决权的二分之一，从而无法作出有效的分红决议。此种情况下，如果机械地要求必须在股东会上投反对票，则显得教条与不切实际。因此，追溯《公司法》第七十四条的立法本意，只要具备公司连续五年盈利且该五年未分配盈余的前提，股东明确提出反对意见，无论是否召开股东会议，股东皆得行使异议股东股权回购请求权。具体到本案中，法院认为，"李家滨作为持股4.33%（不足1/10）的小股东，在公司其他股东不提议召开临时股东会、公司又不按照法律规定及章程召开股东会的情况下，其无权提议召开临时股东会，亦没有机会在公司股东会上对公司分红问题提出异议，但在本案诉讼前，已以书面函件形式向公司表达了自己对分红及退股问题的意愿"，据此法院判决支持李家滨的股权回购请求。

（八）异议股东股权回购请求权属于形成权，起诉受除斥期间的规制，超过法定期间的，法院不予支持

（2015）河商初字第0050号季政诉江苏华天驰宇建筑装饰工程有限公司请求公司收购股份纠纷中，淮安市清河区人民法院认为：

本案中，法院以原告季政起诉超过法定起诉期间为由，裁定驳回原告季政的起诉。华天公司于2004年11月15日登记设立，经营期限为十年。2014年10月17日，华天公司通过股东会决议，决定公司营业期限由十年变更为三十年。季政在该次股东会决议中投票反对，因此，季政在股东会决议作出之日起六十日内未与华天公司就股权收购达成协议时，应于股东会决议作出之日起九十日内向人民法院提起诉讼。季政于2015年1月16日诉至法院，请求华天公司以合理价格收购其股份，已经超过了自股东会决议作出之日起算的九十日期限，不符合人民法院受理民事案件的条件，应当驳回起诉。

《最高人民法院关于适用〈中华人民共和国合同法〉若干问题的规定（一）》（以下简称《公司法司法解释（一）》）第三条规定，"原告以公司法第二十二条第二款、第七十四条第二款规定事由，向人民法院提起诉讼时，超过公司法规定期限的，人民法院不予受理。"

（九）股东行使异议股东股权回购请求权，超过法定期间，但有正当理由，法院仍应受理并作出裁判

（2014）常商终字第133号李鸿骏诉常州市创联生活用品有限公司请求公司收购股份纠纷中，江苏省常州市中级人民法院认为：

异议股东股份回购请求权如超过起诉期间，法院应不予受理。但如果股东有正当事由，即使超过法定起诉期间，法院仍应进行实体审理。本案中，李鸿骏因创联公司经营期限届满，不满该公司第13次股东会作出延长公司经营期限的决定，应当在该决定作出之日起六十日内与公司协商收购股权的事宜；如无法协商一致，应在决议通过之日起九十日内提起诉讼。李鸿骏持股东会决议复印件（显示日期为2011年4月28日），于2011年7月25日提起诉讼，在法律规定的起诉期间内。但在该次诉讼中，创联公司及其他两位股东否认曾作出第13次股东会决议，且李鸿骏因客观原因无法提供股东会决议原件，只得撤回请求公司收购股份诉讼，另行提起公司解散诉讼。在公司解散诉讼中，创联公司提交了此前李鸿骏主张

的第 13 次股东会决议且已经在工商部门办理了延长经营期限手续。李鸿骏遂又撤回公司解散诉讼，再次提起请求公司收购股份诉讼。李鸿骏撤回前次请求公司收购股份诉讼，完全是创联公司及其他股东违反诚实信用原则，恶意否认召开过第 13 次股东会，导致了诉讼程序的变化。现李鸿骏依据第 13 次股东会决议再次提起请求公司收购股份诉讼，应视为前次诉讼之延续，其起诉没有违反法律关于提起公司回购股权之诉的除斥期间的规定。法院应当进行实体审理，遂指定一审法院进行实体审理。

尽管 2006 年 3 月 27 日通过的《公司法司法解释（一）》第三条规定，公司决议撤销诉讼、请求公司收购股份诉讼的起诉期间为除斥期间，但实践中，在掌握上仍似有从宽把握的必要。如在聂小娟诉北京国金管理咨询有限公司公司决议损害股东权纠纷案［北京市海淀区人民法院（2007）海民初字第 15753 号民事判决书（一审），北京市第一中级人民法院（2008）一中民终字第 3894 号民事判决书（二审）］中，法院认定虽聂小娟提起本案诉讼系在决议作出之日起六十日后，但其在此前诉讼中，主张的事实、理由及请求与本案基本相同，亦是要求撤销相应的股东会决议。虽聂小娟此前起诉主体有误，但设定股东提起股东会决议撤销之诉期间的目的，不仅仅在于保障公司行为的效率，更重要的是保护股东的合法权益不受侵害，故在聂小娟就股东会决议效力已向法院提起撤销之诉的情况下，其起诉主体有误可构成时效中断事由。现其再次提起本案诉讼，在前次诉讼之日起六十日期间之内，故其并未丧失股东会决议撤销之诉的诉权。

【拓展案例】

贵州金农科技有限责任公司与黎勇及陈文强请求公司收购股份纠纷①

被告金农科技公司是 2000 年 7 月登记设立的有限责任公司，注册资本为人民币 3000 万元，经注册登记的股东为贵州省农业科学院、陈文强、陈华璋等 20 余人。其中陈文强实际出资金额为 40 万元，被告金农科技公司发给陈文强的出资证明书载明陈文强缴纳的出资金额为 40 万元，经陈文强签字确认的股金登记表亦载明陈文强认缴和实缴的股金为 40 万元，陈文强缴纳出资款的现金缴款单载明的缴款数额也为 40 万元。被告金农科技公司于 2014 年 11 月修订的公司章程第七条列明了股东名册共 29 人及相应的出资额，第十一条约定："公司股东不在公司任职后，必须退出其岗位股份。退出方式按实际入股金额＋未分配利润（未分配利润为正数时），或按实际入股金额＋未分配利润（未分配利润为负数时）的方式计算。退出股份暂由公司收购后再进行分配转让。"含陈文强在内的 28 名股东在公司章程后的股东名单上签字。

2015 年 1 月，被告金农科技公司作出（2015）13 号决定，指定高翔、张元虎等 24 位同志作为注册股东，代表公司 169 名实际股东参加股东代表大会或董事会，该决定所附的《注册股东代持股人员明细表》载明注册股东陈文强的注册资金为 100 万元，注册比例为 3.33%，代表人数为黎勇、李云等 7 人（含陈文强本人在内），陈文强实际出资额为 40 万

---

① 参见贵州省贵阳市中级人民法院民事判决书（2019）黔 01 民终 4502 号。来源：中国裁判文书网 http://http://wenshu.court.gov.cn。

元，黎勇实际出资额为15万元。被告发给黎勇的出资证明书载明黎勇缴纳的出资金额为15万元。2015年12月19日，原告黎勇将所持被告金农科技公司14万元的股份分别转让给了案外人巩华静、饶若琳，2016年9月，黎勇将所持被告剩余的1万元股份转让给了被告。

2015年4月，原告黎勇与陈文强签订股权转让协议，约定陈文强将所持被告3.33%的股权作价100万元转让给黎勇，原告陈述自己通过现金方式向陈文强支付了60万元转让款，尚欠40万元转让款。2015年4月17日，被告召开股东会会议，同意陈文强等12位股东将其在被告金农科技公司的股份转让给黎勇等10名股东，其中陈文强持股3.33%的股份全部转让给黎勇，转让后黎勇持股金额为100万元，比例为3.33%，被告对公司章程中的股东名单进行了修正，公司章程载明黎勇为公司新的股东，出资金额为100万元，公司的24名股东代表在股东登记表上签字。2015年10月21日，被告对变更后的股东情况进行了工商变更登记，黎勇被登记为被告公司新的股东，出资比例为3.3333%。黎勇原为金农科技公司职工，2016年9月30日，黎勇与金农科技公司共同签订《解除劳动关系合同证明》，一致协议从2016年9月30日起解除双方的劳动合同关系。

2015年、2016年和2017年年底，被告金农科技公司召开董事会，一致同意公司董事长提出的按每年12.5%（税后10%）的股东分红计划，即公司以股东实际出资额为基数，按照每年12.5%（税后10%）的标准进行分红，金农科技公司按该标准向股东实际进行了分红。被告陈述陈文强在2015年10月后应享受的分红，因陈文强和公司的其他经济纠纷而被暂扣，没有实际发放。

2019年1月21日，原告向法院提出书面申请，申请法院委托审计机构对被告公司的财务状况及利润数额进行审计，2019年3月19日，原告自愿撤回了该审计申请。

黎勇向一审法院起诉请求：1. 判令被告收购原告3.3333%的股权；2. 判令被告配合原告对被告财务进行审计，被告支付原告收购股权款100万元；3. 判令被告向原告支付从2015年10月30日起至注销股东资格时止的未分配利润（按照被告董事会决议的分配方案标准计算）。4. 诉讼费由被告承担。

一审法院认为，本案系股东要求公司回购股权，所谓股权回购，是指在特定情形下，公司购买股东所持有的股权，股东因此退出公司，故本案应为请求公司收购股份纠纷。根据原被告双方的诉辩主张，本案争议焦点为：一、原告黎勇与陈文强之间的股权转让行为是否有效？二、在黎勇离职后，金农科技公司是否应该收购黎勇在公司的股份？收购价格如何计算？三、原告要求被告公司支付未分配利润的金额如何计算？

关于第一个争议焦点，黎勇与陈文强之间的股权转让行为，签订了协议书，经过了金农科技公司股东会的同意，进行了工商变更登记，并在股东名册上记载了黎勇的股东身份，且陈文强对转让行为予以认可，双方的股权转让行为并不违反法律、行政法规的强制性规定，合法有效。股权转让后，黎勇成为金农科技公司的股东，享有相应的股东权益。关于股东出资额问题，因工商登记不具有设权效力，只具有证权功能，故股东的持股数额应当以实际出资额为准。陈文强在金农科技公司的股份经工商登记载明的出资额虽为100万元，股份比例为3.3333%，但根据公司颁发的出资证明书的内容显示，陈文强在金农科技公司的实际出资额为40万元，股份比例为1.3333%（40万元/3000万元），其余部分属于代他人持股。

因此，法院认定陈文强在被告处的出资额为40万元，股份比为1.3333%，陈文强无权转让代他人持股的股份，故原告黎勇只能受让取得陈文强实际出资额为40万元、股份比例为1.3333%的股权。关于被告辩称黎勇与陈文强之间的股权转让只是形式上的转让、陈文强仍是公司股东的意见，与法院查明的事实不符，且被告未提供证据予以证明，故法院对被告的该意见不予采信。

关于第二个争议焦点，《中华人民共和国公司法》并未对有限责任公司收购股东股份作出效力性强制禁止规定。根据《中华人民共和国公司法》第三章"有限责任公司的股权转让"部分第七十一条第四款"公司章程对股权转让另有规定的，从其规定"和《最高人民法院关于适用〈中华人民共和国公司法〉若干问题的规定（五）》第五条"人民法院审理涉及有限责任公司股东重大分歧案件时，应当注重调解。当事人协商一致以下列方式解决分歧，且不违反法律、行政法规的强制性规定的，人民法院应予支持：（一）公司回购部分股东股份；（二）其他股东受让部分股东股份；（三）他人受让部分股东股份；（四）公司减资；（五）公司分立；（六）其他能够解决分歧，恢复公司正常经营，避免公司解散的方式"之规定，公司法并不禁止股东在公司成立之后以合法方式退出公司，包括以公司回购股权的形式退出公司。因此，被告金农科技公司章程中关于收购离职股东股权的约定，并不违反法律、行政法规的强制性规定，属有效约定。有限责任公司章程制定过程体现了当事人协商一致的原则，是全体股东协商一致、意思自治的结果。根据《中华人民共和国公司法》第十一条"设立公司必须依法制定公司章程。公司章程对公司、股东、董事、监事、高级管理人员具有约束力"规定，公司章程对内约束公司及全体股东。在公司章程就股权处分权利已经作出事先安排时，公司依照章程收回股权是一种符合法律规定的合同履行行为。原告黎勇与被告金农科技公司解除劳动合同关系，黎勇丧失金农科技公司的职工资格，便触发了金农科技公司章程中关于"公司股东不在公司任职后，必须退出其岗位股份，公司应当按照章程的约定履行股权收购义务"的约定，且章程对收购的方式明确约定为"实际入股金额＋未分配利润"，该约定具备可履行性，因此被告金农科技公司应当按照章程约定的收购方式履行收购离职股东股权的义务。关于收购股权和收购价款问题，因原告黎勇在金农科技公司实际仅享有出资额为40万元、比例为1.3333%的股权，且金农科技公司实际存在向股东分配利润的情形，故未分配利润应为正数，股权的收购价格应当为40万元，对原告主张超出该金额的部分，法院不予支持。

关于第三个争议焦点，被告金农科技公司虽未召开股东大会对股东利润分配进行决议，但金农科技公司在2015年、2016年、2017年以股东实际出资额为基数，每年按照10%的标准进行了利润分配，故法院参照该标准计算黎勇从2015年10月30日起至2017年12月31日期间共26个月的利润，金额为86666.67元（40万元×10%÷12个月×26个月）。关于2018年之后的利润问题，因金农科技公司并未形成分配决议，故对原告要求被告支付2018年之后利润的请求，法院不予支持。因本案处理的是黎勇从陈文强处受让取得的股权收购问题，与黎勇之前在金农科技公司原始持股并已出卖的股份无关，故对被告辩称黎勇无权分配股东利益的意见，法院不予采纳。关于原告要求对被告公司进行财务审计的请求，因原告在诉讼过程中已自愿撤回该请求，故法院从其自愿。综上所述，依照《中华人民共和国合同法》第五十二条第五项,《中华人民共和国公司法》第十一条、第七十一条第四款,《中华人民共和国民事诉讼法》第六十四条之规定,判决:一、被告贵州金农科技有限责任公司于本判决生效之日起二十日内向原告黎勇支付股权回购款40万元,用于收购黎勇在贵州金农科技有限责任公司1.3333%的股权(原始股价为40万元);二、被告贵州金农科技有限责任公司于本判决生效之日起二十日内向原告黎勇支付从2015年10月30日至2017年12月31日期间的股东分红款86666.67元;三、驳回原告黎勇的其余诉讼请求。如果未按本判决指定的期间履行给付金钱义务,应当依照《中华人民共和国民事诉讼法》第二百五十三条之规定,加倍支付迟延履行期间的债务利息。案件受理费7045元(已减半收取),由被告负担3000元,由原告黎勇负担4045元。

二审法院认为,本案的争议焦点为黎勇和陈文强之间是否为代持股关系以及金农科技公司是否应回购黎勇股权的问题。关于黎勇与陈文强之间是否为代持股关系的问题,双方于2015年4月签订《股权转让协议》约定陈文强将所持有金农科技公司3.33%股权作价100万元转让给黎勇,该股权转让行为经过了金农科技公司股东会的同意,进行了工商变更登记,公司为此对公司章程中的股东名单进行了修正,公司章程载明黎勇为公司新的股东,且黎勇与陈文强对股权转让行为均不持异议,双方之间的股权转让行为应合法有效,现上诉人金农科技公司主张黎勇与陈文强之间系代持股关系与事实不符,本院不予采信。关于金农科技公司是否应回购黎勇股权的问题,因金农科技公司章程第十一条明确约定"公司股东不在公司任职后,必须退出其岗位股份。退出方式按实际入股金额+未分配利润(未分配利润为正数时),或按实际入股金额+未分配利润(未分配利润为负数时)的方式计算。退出股份暂由公司收购后再进行分配转让",故金农科技公司章程已经对收购离职股东股权进行了明确的约定,该约定合法有效,公司应按照约定收购离职股东黎勇的股权。关于上诉人金农科技公司主张涉案40万元股份系投资股份而非岗位股份的问题,并没有提交相应的证据予以证明,本院不予采信。综上,上诉人金农科技公司的上诉理由均不能成立,本院予以驳回。原审判决认定事实清楚,适用法律正确,依法应予维持。

第八章 股权转让纠纷

【典型案例】

张炜与韬蕴（上海）企业发展有限公司、温晓东股权转让纠纷①

2015年12月6日，张炜作为甲方与作为乙方的温晓东订立2015协议，该协议约定内容如下：张炜在案外人辽阳亚龙房地产开发有限公司（以下简称亚龙公司）及案外人灯塔佟二堡上海国际皮革城有限公司（以下简称灯塔公司）（上述两案外人为涉案股权转让的两目标公司）分别拥有25%股权，且可确认代为收购包岩丰、朱成持有的上述两目标公司各26%的股权，同时张炜有意转让其在上述两目标公司的51%全部股权，该要求已获得上述两目标公司股东会的批准，两目标公司股东自愿放弃优先购买权。温晓东同意受让张炜分别在两目标公司拥有的51%股权，两目标公司股东会也同意由温晓东受让张炜在两目标公司分别拥有的51%股权。第一条为股权转让内容及方式：1. 由温晓东或温晓东指定的公司与案外人上海汉唐企业（集团）有限公司（以下简称汉唐公司）、朱成共同发起设立韬蕴企业发展有限公司，温晓东持有该公司51%股权。2. 温晓东以韬蕴企业发展有限公司收购张炜持有及代为收购的两目标公司股权共计51%。3. 汉唐公司、朱成将其持有的两目标公司股权共计49%注入韬蕴企业发展有限公司，并持有该公司49%股权。4. 完成上述股权收购和注入后，韬蕴企业发展有限公司持有两家目标公司100%股权。第二条为股权转让价格及价款的支付方式：1. 张炜同意以331500000元价格将其在两家目标公司51%的股权转让给温晓东，温晓东同意以此价格受让该股权。2. 温晓东同意按下列方式将合同价款支付给张炜：在本协议签订后，完成韬蕴企业发展有限公司的工商注册登记后，通过该公司向张炜支付1亿元（最好在12月10日前支付5000万元，12月31日前支付剩余5000万元），作为张炜代为收购两目标公司26%股权的部分价款；张炜在收到上述价款后将全部出让股权变更至韬蕴企业发展有限公司名下，温晓东在向张炜支付第一笔股权价款的12个月内，分期向张炜支付剩余的价款231500000元。具体支付时间如下：第3个月支付5000万元，第12个月支付全部余款181500000元，若支付时间调整双方协商确定。3. 温晓东同意对分期支付的款项按照10%的年利率向张炜支付资金占用费。第三条为张炜保证与声明：……6. 保证因涉及股权交割日前的事实而产生的诉讼或仲裁由张炜即张炜所代表的原股东承担……第六条为有关股东权利义务包括公司盈亏（含债权债务）的承受：……2. 本协议生效之日起，待双方理顺、核查财务账目后，正式办理交接手续，完成交接……第八条违约责任：如协议一方

---

① 参见上海市高级人民法院民事判决书（2019）沪民终514号。来源：中国裁判文书网 http://wenshu.court.gov.cn。

不履行或严重违反本协议的任何条款，违约方须赔偿守约方的一切经济损失。除协议另有规定外，守约方亦有权要求解除本协议及向违约方索取赔偿守约方因此蒙受的一切经济损失……。协议经双方当事人签字盖章之日起生效。

2015年12月9日，韬蕴上海公司成立，其股东为案外人汉唐公司、韬蕴北京公司及朱成。

2015年12月22日，案外人深圳韬蕴股权投资基金管理中心向灯塔公司转账3000万元，2016年1月13日，该中心向张炜转账1900万元，2016年3月14日，韬蕴上海公司向张炜转账5100万元。2016年3月16日，灯塔公司、亚龙公司投资人信息由张炜、包岩丰、朱成、汉唐公司变更为韬蕴上海公司。之后，因后续股权转让款未能支付，遂涉讼。本案一审庭审中，张炜确认其已收取股权转让款1亿元。

2016年3月14日，张炜、包岩丰作为转让方（甲方）又与作为受让方（乙方）韬蕴上海公司订立《股权转让协议》一份，该协议约定内容如下：转让标的为灯塔公司、亚龙公司各51%股权，股权转让基准日为2015年12月26日。该协议第二条为陈述及保证：2.1 为本协议之目的，转让方于此向受让方陈述及保证如下：……（3）截至本协议签署之日，转让方未在其持有的标的股权上设立任何抵押、质押等担保权益和其他第三者权益。转让方向受让方保证未隐瞒、遗漏任何与本股权转让事宜相关的任何对外负债，包括任何或有负债（如对外提供担保等）……（4）转让方向受让方保证，其向受让方提供的所有与本次股权转让协议相关的信息、档案和资料均真实、准确、全面和完整，不存在任何虚假、夸大、隐瞒的成分……（7）转让方保证，目标公司未涉及任何争议、处罚或司法程序，不存在任何欠税、偷税、漏税等任何导致或可能导致税收争议、税收处罚或相关司法程序的其他情形。（8）转让方保证，目标公司及其自身没有涉及任何诉讼、仲裁、行政程序、强制措施或执行程序等；不存在任何已生效的、以目标公司为对象的、对目标公司不利的、未履行完毕的法院判决或裁定、仲裁裁决或行政命令或决定；亦不存在导致或可能导致前述任何程序的潜在威胁；在本协议签署后，如发生以目标公司为乙方当事人的诉讼、仲裁、行政程序、强制措施、执行措施等，由目标公司负责解决，但因此引发的责任应由转让方承担（包括赔偿受让方和/或目标公司因此遭受的全部经济损失）……第三条股权转让：3.2 标的股权的转让总价款为331500000元，包括5100万元的股权平行转让价款，以及新股东代标的公司偿还原股东的借款。其中：收购包岩丰持有的两标的公司各30%股权价款3000万元，收购张炜持有的两标的公司各21%股权价款2100万元，共计5100万元。其余款项作为受让方向两标的公司的借款，指定用于偿还包岩丰和张炜给两标的公司的股东借款。3.3 双方确认，股权转让价款支付方式如下：1. 张炜、包岩丰确认，韬蕴上海公司已于2015年12月21日和2016年1月13日分别通过其关联公司向张炜、包岩丰指定的账户支付3000万元和1900万元。2. 受让方在本协议的各方授权代表正式签署后的当日，即2016年3月14日向转让方指定账号支付5100万元，转让方在收款当日将其转让的两目标公司的全部标的股权变更至受让方名下。3. 受让方在向转让方支付第一笔股权价款后的12个月内，分期向转让方支付剩余的转让价款231500000元。受让方同意对该部分分期支付的款项按照10%的年利率向转让方支付资金占用费……第五条为违约责任：5.1 本协议任何一方存在虚假不实陈述的情形及/或违反其声明、承诺、保证，不履行其在本协议项下的任何责任与义务，即构成违约。违约方应当根据守约方的要求继续履行义务、采取补救措施或向守约方支付全面和足额的赔偿金额。5.2 若因本协议任何一方不履行本协议项下有关义务或不履行中国法律规定的其他强制性义务，其结果实质性地导致本协议不能生效或交割不能完成，则该违约方需向守约方支付因本次交易终止导致守约方所蒙受的经济损失金额作为违约赔偿金。5.3 一项违约行为如不影响本协议的继续履行，则守约方有权在要求违约方赔偿损失的同时，要求继续履行本协议。但如因一方违约，致使本协议无法继续履行，则违约方应根据对方要求，立即返还对方已做之给付，并赔偿对方因违约行为所造成的全部损失……第九条为生效及其他：……9.2 本协议包含各方就与本协议有关事宜所达成的完整协议，并取代此前各方（包括受让方的关联方温晓东）与转让方之间、及/或与目标公司之间就本次交易的任何有关事宜所作出的其他合约、磋商、谈判、安排、陈述或交易……。协议另对各方当事人其他权利义务作了约定。张炜提供的该份协议签署页末载明："本协议仅为财务入账及审计之用，不能作为股权转让的真实文本，股权转让的正式文本仍以2015年12月温晓东与张炜签订的股权转让协议为准。"并加盖了韬蕴上海公司印鉴，各方当事人在一审庭审中对该份协议真实性无异议。

张炜向一审法院起诉请求：1. 温晓东、韬蕴上海公司向张炜支付股权转让款231500000元；2. 温晓东、韬蕴上海公司向张炜支付资金占用费及逾期付款利息损失费（以231500000元为基数，自2016年1月1日起至实际清偿日止，按年利率10%的标准计算）；3. 温晓东、韬蕴上海公司支付张炜律师费损失396万元。

温晓东、韬蕴上海公司向一审法院提起反诉请求，请求判令：1. 撤销张炜与温晓东于2015年12月6日签订的《股权转让协议》及张炜、包岩丰与韬蕴上海公司于2016年3月14日签订的《股权转让协议》；2. 判令张炜向韬蕴上海公司返还股权转让款1亿元，并赔偿相应利息损失（以1亿元为基数，按中国人民银行同期贷款利率为基准，从上述款项实际支付之日起计算至实际归还之日止）。

【裁判要旨】

一审法院认为，上海市高级人民法院作出的（2017）沪民终234号民事裁定书认定（2016）沪01民初149号民事判决认定事实不清，遗漏当事人违反法定程序，据此一审法院重新审理查明，双方当事人所签订的2015协议及2016协议并不违反法律及行政法规的禁止性规定，应属有效。基于各方当事人的诉辩主张，本案的争议焦点在于：一、双方当事人在系争股权转让行为中的权利义务确定应如何适用2015协议和2016协议？二、系争股权转让协议是否应予撤销？三、如系争股权转让协议未被予以撤销，则温晓东及韬蕴上海公司是否均应承担向张炜支付系争股权转让款的责任？四、对于温晓东、韬蕴上海公司所提出的两目标公司的债务部分是否应在系争股权转让款中予以扣除？五、对于张炜提出的资金占用费及律师费部分主张是否应予支持？

针对争议焦点一，一、对2016协议是否应适用予以分析，虽然张炜提供的2016协议尾部明确说明该协议仅为财务入账及审计之用，不能作为股权转让的真实文本，且股权转让的正式文本仍以 2015 协议为准,在该段说明上还加盖有韬蕴上海公司印章,但一审法院认定 2016 协议仍应予以适用,具体理由如下: 1. 对 2016 协议的约定内容进行文义分析,2016 协议首部即约定韬蕴上海公司作为系争股权受让方将承继 2015 协议项下的全部权利义务,还约定了 2016 协议将取代此前系争股权受让方的关联方温晓东与转让方之间就本次交易的任何有关事宜所作出的其他合约,根据该些约定可以推断出 2016 协议为系争股权转让协议的最终版本。2. 对各方当事人实际履约行为进行分析,在案事实表明,本案中案外人深圳韬蕴股权投资基金管理中心分别于 2015 年 12 月 22 日、2016 年 1 月 13 日向灯塔公司转账 3000 万元、1900 万元,2016 年 3 月 14 日韬蕴上海公司则向张炜转账 5100 万元,显然本案中两目标公司新股东的付款方式及对象与 2016 协议 3.3 条所约定的股权转让价款支付方式完全吻合,因此,可以确定的是各方当事人系基于 2016 协议约定履行了相应付款义务。同时,2015 协议中约定温晓东以韬蕴上海公司名义受让系争股权;2016 协议则进一步约定了系争股权受让方为韬蕴上海公司,涉案股权最终转让方式及变更登记情况亦更符合 2016 协议的约定。3. 对两份协议的内容进行比较,2015 协议中涉及股权转让价款的构成形式、股权转让款支付方式、两目标公司债务承担方式、违约责任等条款的措辞明显较 2016 协议涉及前述部分条款内容更为笼统及原则,且 2016 协议在 2015 协议原有条款基础上增加了诸如陈述与保证等补充约定,2016 协议条款较 2015 协议更为具体完备。综上,鉴于两份协议签约时间、协议内容、双方当事人的实际履约情况以及两份协议内容的差异,一审法院认定前述 2016 协议尾部"仅为财务入账及审计之用"的内容并非否定 2016 协议的效力,2016 协议系作为 2015 协议的补充和完善,应予适用。二、对 2015 协议的可适用性进行分析,如前所述,系争股权转让行为理应适用 2016 协议,虽然 2016 协议多处包含有取代该协议之前合约的条款,但 2016 协议并未对 2015 协议的其他条款均存在涉及或更改;与此同时,2016 协议尾部"仅为财务入账及审计之用"的内容也可以判断出当事人各方并不存在以 2016 协议完全取代 2015 协议的意思表示,2015 协议亦应与 2016 协议结合适用。三、因此,系争股权转让行为对于两份股权转让协议均应予以适用,需要说明的是,如前所述,由于 2016 协议条款订立时间晚于 2015 协议,且 2016 协议对于诸如股权转让款支付方式、两目标公司债务承担方式、违约责任等方面条款更为具体完备,故在确定当事人各方在系争股权转让过程中的权利义务应结合事实予以综合判断。

针对争议焦点二,温晓东、韬蕴上海公司主张因为张炜在转让系争股权时隐瞒了两目标公司巨额债务,致使两被上诉人在订立本案系争股权转让协议同时显失公平,且张炜作为系争股权转让方以隐瞒债务、虚报资产等欺诈手段使得两被上诉人在违背真实意思表示情况下订立系争股权转让协议,故两被上诉人作为受损害方有权请求法院撤销系争股权转让协议。对此,一审法院认为,首先,所谓显失公平系指一方当事人缔约时利用优势或者利用对方没有经验,致使双方的权利与义务明显违反公平、等价有偿原则的情形。对两份股权转让协议对于系争股权转让行为所作交易安排的约定进行分析: 1. 2015 协议约定从该协议生效之日起,温晓东便实际行使作为公司股东的权利,并履行相应的股东义务,待双方理顺、核查财务账目后,正式办理交接手续。基于该条款可以判断出系争股权受让方在实际受让系争股权前即通过协议安排方式先行享有包括知情权在内的股东权利,并取得了充足的核查财务账目及办理相关交接手续的时间,故受让方在完成系争股权转让行为前理应具备知晓两目标公司相关财务状况的能力;2.2015协议及2016协议中对于股权交割前的两目标公司所存债务承担事项均予以了约定,受让方还通过"转让方向受让方作出陈述及保证"形式确定,即两目标公司因股权转让前所存诉讼所引发的责任最终应由转让方张炜承担;在2016协议违约责任条款部分,对于任何一方可能存在虚假不实陈述的情形,该协议也明确约定了违约方应承担全面足额的赔偿责任。因此,两被上诉人对于此次股权转让交易行为可能隐藏的商业风险有充分的预估。鉴于此,两被上诉人的主张显然不符合显失公平的情形。其次,所谓欺诈系指一方当事人故意告知对方虚假情况,或者故意隐瞒真实情况,诱使对方当事人作出错误的意思表示。两被上诉人对此提交了诸如两目标公司向税务机关提交的2015年11月、12月财务报表及两目标公司自行所作内部审计报告、系争股权转让方及受让方在签订系争股权转让协议前进行磋商的电子邮件用以证明张炜在转让两目标公司股权时存在欺诈情形,然如前所述,两被上诉人在进行系争股权转让行为完成前具备充分条件了解上述两公司状况,则即使张炜对相关资产及诉讼状况有所隐瞒,两被上诉人亦可通过两份协议中的约定行使其相关权利对实际情况予以知晓;两被上诉人事实上在受让系争股权之前已经预估到目标公司可能存在隐含债务的情形,在协议中亦安排了如发生隐含债务则转让方承担赔偿责任的条款,在此情形下两被上诉人客观上在接受商业风险存在前提下作出受让系争股权的决定,而并非作出了错误的意思表示。同时,在两被上诉人未能就此进一步举证的情况下,根据现有证据尚不足以证明其作出错误意思表示的情形,两被上诉人的上述主张,缺乏事实依据,一审法院不予采信,本案系争股权转让协议合法有效,各方当事人均应依约履行,故一审法院对两被上诉人的全部反诉请求不予支持。

针对争议焦点三,一审法院认为,一、关于系争股权受让方是否应向作为转让方的张炜支付系争股权转让款,对于两份系争股权转让协议条款进行分析:1.关于系争股权转让款的构成,2015协议对系争股权转让款的构成未作约定,而2016协议虽然将系争股权转让款中的280500000元部分视作受让方向目标公司借款,两份系争协议并未免除两被上诉人作为受让人的付款义务,反而明确该部分款项被指定用于偿还包岩丰和张炜给予目标公司的股东借款。2.关于系争股权转让款的支付方式,2015协议约定了温晓东应在支付第一笔1亿元之后的12个月内分期支付其余价款,具体为在第3个月支付5000万元,在第12个月支付全部余款181500000元;而2016协议在系争股权转让款支付方式部分也作出了相同的付款期限及付款方式安排。鉴于此,基于该两份协议的约定及实际付款情况,一审法院认定系争股权受让方理应向作为转让方的张炜支付剩余的系争股权转让款231500000元。二、关于系争股权转让款的付款主体部分,如前所述,2016协议并未取代2015协议,2015协议仍具有效力,仍应予适用。一审法院注意到2016协议对于张炜与温晓东之间的其他权利义务未作明确约定,2016协议也并不包含终止2015协议签约方的主体资格,2016协议在尾部进一步强调了"股权转让的真实文本仍以温晓东与张炜签订的2015协议为准",由此一审法院认定不能因为温晓东并非2016协议签约主体便否认温晓东作为系争股权转让行为相对方的资格,温晓东在系争股权转让行为中的权利义务并未被终止,其与韬蕴上海公司均为系争股权转让款的共同债务人,因此温晓东与韬蕴上海公司均应向张炜承担付款责任。

针对争议焦点四，温晓东及韬蕴上海公司主张两目标公司股权交割前的巨额债务均应在温晓东、韬蕴上海公司所应支付的股权转让款中予以抵扣。对此，一审法院认为，一、对两份系争协议内容进行分析，根据2015协议约定，因涉及系争股权交割日前的事实而产生的诉讼由张炜所代表的原股东承担，但2016协议对此事项进一步明确如发生以目标公司为一方当事人的诉讼，先由目标公司负责解决，但由此引发的责任（包括赔偿受让方因此遭受的全部经济损失）应由转让方承担。如前所述，在2016协议对于两目标公司债务承担事项较2015协议作出更为明确且不相悖的约定时应适用该协议。二、根据2016协议的约定转让方对前述损失承担责任的前置条件在于先由两目标公司先行解决，并就受让方最终遭受的损失承担责任。纵观全案，虽然温晓东及韬蕴上海公司在一审法院审理过程中提交了多份法律文书用以证明两目标公司在股权交割日前存在大量诉讼案件，并产生了巨额债务，但该些法律文书仅表明两目标公司所存在的债务，但并不等同于受让方因此已实际遭受了损失；且基于前述承担责任的前置条件并未满足，故温晓东、韬蕴上海公司无权在本案中径行主张在系争股权转让款中抵扣相关法律文书所对应的债务；一审法院注意到温晓东及韬蕴上海公司在本案中亦未就相关债务另行提出反诉请求，故一审法院对温晓东、韬蕴上海公司主张的债务在本案中抵销不予处理。

针对争议焦点五，张炜主张温晓东及韬蕴上海公司依据两份系争股权转让协议的约定应支付资金占用费，对此，一审法院认为，两份系争股权转让协议均约定了对于分期支付的款项按年利率10%标准支付资金占用费，该部分约定并不违反法律行政法规的强制性规定，应属合法有效，故对于张炜该部分主张应予支持。对于系争资金占用费的计算方式，两份系争协议均约定受让方对分期支付的款项支付资金占用费，其中2015协议约定了分期付款的支付期限，系争股权转让款应在支付第一笔股权转让款日期（2015年12月22日）后的第三个月开始支付，故资金占用费起算时间应为2016年3月22日起计算至实际清偿之日止。张炜还主张其律师费损失，对此一审法院认为，张炜提出的该部分主张，显然缺乏事实依据，亦考虑到双方当事人就两目标公司结欠债务事宜尚未予以最终解决，故一审法院对张炜的该部分主张不予支持。

据此，依照《中华人民共和国合同法》第八条、第四十四条、第六十条、第一百零八条之规定，一审法院遂判决：一、温晓东、韬蕴上海公司于判决生效之日起十日内支付张炜股权转让价款231500000元及以231500000元为基数，自2016年3月22日起至实际清偿日止的资金占用费（按年利率10%计算）；二、驳回张炜其余本诉诉讼请求；三、驳回温晓东、韬蕴上海公司全部反诉诉讼请求。一审本诉案件受理费1305912.50元，由张炜负担38480元，由温晓东、韬蕴上海公司负担1267432.50元。反诉案件受理费270900元，财产保全费5000元，由温晓东、韬蕴上海公司共同负担。

二审法院本案争议焦点在于：一、系争股权转让应适用2015协议还是2016协议？二、温晓东、韬蕴上海公司提出的两目标公司的债务能否在系争股权转让款中予以抵扣？三、张炜诉请的律师费应否予以支持？

争议焦点一，系争股权转让应适用2015协议还是2016协议？本院认为，2016协议尾部明确记载"本协议仅为财务入账及审计之用，不能作为股权转让的真实文本，股权转让的正式文本仍以2015年12月温晓东与张炜签订的股权转让协议为准"，现2016协议的当事人对该内容的真实性均予以确认，该内容应系当事人的真实意思表示，明确了2016协议仅用于财务入账及审计，而股权转让应以2015协议为准，故本案系争的股权转让法律关系主要应适用2015协议的约定。温晓东、韬蕴上海公司一审所称2015协议已被2016协议替代的意见，不能成立。与2016协议相比较，2015协议的条款的表述较为概括和原则，但两份协议的内容基本一致。2016协议中的当事人、付款方式及对象亦与2015协议的安排相符。在一定程度上，2016协议是2015协议的具体落实或实际操作。因此，一审法院在认定2015协议有效的同时，并未否定2016协议的效力，而是认为两份协议应结合适用，具有一定的合理性。本院认为，对同一内容两份协议约定不一致的，应以2015协议为准。而仅2016协议作出约定，2015协议中没有约定的内容，2016协议可予适用。据此，张炜所称系争股权转让不应适用2016协议的上诉主张，本院不予采纳。

争议焦点二，温晓东、韬蕴上海公司提出的两目标公司的债务能否在系争股权转让款中予以抵扣？张炜上诉称，有关两目标公司债务的承担不应适用2016协议，而应适用2015协议。在确认受让人于股权交割日前已查明核实标的公司财务账目的情况下，应当认定本次交易前记载于标的公司账册的总负债在股权作价时已予以全部扣除。经查，2015协议第四条第6款约定，股权转让后目标公司新发生的债务由温晓东及目标公司的其他股东共同承担，与张炜无关。2016协议第2.1.8则约定，在本协议签署后，如发生以目标公司为一方当事人的诉讼、仲裁、行政程序、强制措施、执行措施等，由目标公司负责解决，但由此引发的责任由转让方承担。本院认为，2015协议约定，因系争股权交割日后的事实引发的诉讼等发生的目标公司债务由股权受让方承担。2016协议约定，因系争股权交割日前的事实而产生的诉讼等发生的目标公司债务由股权出让方承担。两份协议系分别从正反两个角度陈述同一个事实，并无本质区别。姑且不论目标公司因诉讼等而发生的债务是否已记载于股权交割日前目标公司的总负债之中。鉴于目标公司系独立的法人，有独立的法人财产，享有法人财产权。股东依法享有公司资产的收益，但对公司财产并不直接享有所有权。因此，即便目标公司因系争股权交割日前的事实引发了诉讼等，发生了损害后果，且应由股权出让方承担。因受到损害的直接主体是目标公司，而非目标公司的股东，温晓东、韬蕴上海公司将目标公司的损失直接等同于自身的损失，并要求将股权出让方向目标公司支付的赔偿与其应向股权出让方支付股权转让款进行抵销，与法不符。据此，一审法院对温晓东、韬蕴上海公司主张的债务抵扣未予支持，并无不当。

争议焦点三，张炜诉请的律师费应否予以支持？张炜上诉称，律师费是因违约方违约引起的守约方损失，违约方应予赔偿。本院认为，律师费是违约情形发生后，受损害方为实现债权额外发生的费用，不属于股权转让合同法律关系本身产生的损失。在涉案股权转让合同就律师费的负担没有明确约定，法律也没有明文规定的情况下，一审法院认为张炜的该项诉请缺乏依据，未予支持，本院予以认同。综上，张炜的上诉请求没有事实和法律依据，本院不予支持。依照《中华人民共和国民事诉讼法》第一百七十条第一款第一项之规定，判决驳回上诉，维持原判。

【实务指引】

一、股权转让纠纷的定义

股权转让纠纷是指股权在转让的过程中所发生的纠纷的总称，包括股东之间转让股权的纠纷，以及股东与非股东之间转让股权的纠纷。

二、股权转让纠纷的诉讼主体

（一）股权转让双方之间的纠纷案件

涉及转让双方之间的股权转让合同纠纷，如请求履行转让合同，请求支付股权转让款并赔偿损失或支付违约金，或者请求解除转让合同，请求认定转让合同无效等，主要适用合同法的有关规定，应列合同的相对人为被告，涉及公司利益的，应列公司为第三人。

（二）涉及其他股东优先购买权的纠纷案件

如《公司法》第七十一条第二款规定，股东向股东以外的人转让股权时，不同意的股东应当购买该转让的股权，但关于购买价格如何确定，是以对外转让合同的价格，还是以公司净资产重新进行评估确定价格，实务中存在不同认识（对于未约定转让对价的，下文详细阐述），笔者认为，关于购买价格的确定应综合考量对外转让合同的价格是否存在恶意抬高价格的情况，结合公司净资产评估确定的价格，择一合理价格。再如，股权转让合同履行完毕，因出让股东未履行向公司其他股东的告知义务，公司其他股东主张合同无效并请求行使优先购买权的纠纷，需要结合公司法与合同法相关规定进行处理，应列出让股权的股东为被告，公司为第三人，涉及其他的股东利益，一并追加为第三人。

（三）瑕疵出资股权转让引起的纠纷案件

若是股权受让方明知出让方出资存在瑕疵仍受让的，对未按期足额的欠缴出资部分，债权人或者公司有权将股权受让方列为被告，要求承担连带补充责任。若受让方不知情，不应承担责任，还可以将股权转让方列为被告，要求撤销转让合同。

（四）隐名股东或实际出资人转让股权引起的纠纷案件

（1）显名股东将其名下股权转让、质押，或者显名股东的债权人要求执行显名股东的股权等行为，属合法有效。因显名股东自身的债务导致其名下股权被执行，从而损害隐名出资人利益的，隐名出资人可以根据其与显名股东之间的合法协议主张权利。

（2）隐名出资人与第三人约定，将其出资及与显名股东之间约定的收取投资回报的权利转让给第三人的协议，笔者认为，该协议因不符合股权转让协议的主体和客体的要求，不属于股权转让协议，属于债权转让协议，该协议的效力不受《公司法》第七十二条的约束。

但是，隐名出资人与第三人之间的股权转让、质押行为无效，其债权人也不能要求执行相关股权。

隐名股东与显名股东之间是合同关系，具有相对性。涉及隐名股东与显名股东纠纷时，应适用合同法相关规定，一般应将显名股东列为被告；涉及隐名股东要求显名时，应适用公司法相关规定，将公司列为被告；涉及与第三人时，如果是第三人与显名股东的纠纷，一般适用公司法及合同法的相关规定，将显名股东与公司列为共同被告，如果是第三人与隐名股东，应适用合同法相关规定，将隐名股东列为被告。

（五）股权善意取得引发的纠纷案件

公司股权被无权转让后，受让方主张善意取得公司股权。该类案件中，既要考虑公司法律关系具有外观公示的特点，又要注意善意取得制度的基本原理，依法保护公司股东和善意第三人的合法权益。此类案件多产生于其他股东对于股权转让存在异议，一般是其他股东作为原告，而善意取得第三人与公司为被告。

（六）股权转让纠纷中涉及公司决议的纠纷案件

股权转让纠纷中涉及公司决议无效或撤销，当事人起诉请求确认股东会或者股东大会、董事会决议无效或者请求撤销上述决议的，应当列公司为被告，对决议涉及的相对利害关系人，可以列为共同被告或者第三人。

三、股权转让纠纷的管辖

因股权转让纠纷提起的诉讼，原则上以民事诉讼法中管辖的相关规定为基础，但要综合考虑公司所在地等因素来确定管辖法院。按照我国民事诉讼法及最高人民法院司法解释的规定，合同纠纷，由被告住所地或合同履行地人民法院管辖。如果合同没有实际履行，当事人双方住所地又都不在合同约定的履行地的，应由被告住所地人民法院管辖。同时，法律赋予当事人协议约定管辖法院的权利，即合同的双方当事人可以在书面合同中协议选择被告住所地、合同履行地、合同签订地、原告住所地、标的物所在地人民法院管辖，但不得违反民事诉讼法对级别管辖和专属管辖的规定。对于将公司列为被告的，应由公司住所地人民法院管辖。

四、股权转让纠纷的裁判规则

（一）对股权转让纠纷案件共性问题的处理意见

（1）股权转让协议缺乏对价约定的效力。未约定股权转让价格的股权转让合同因欠缺必备条款而不具有可履行性，应认定该类合同没有成立。股权转让价格的确定是股权转让的重要内容之一。而股权价格的价值与有形财产不同，其价值由多种因素构成。在当事人提供的证据无法证明双方就股权转让价格达成一致时，人民法院不应依据股东出资额、审计报告、公司净资产额以及《合同法》第六十一、六十二条的规定确定股权价格。

（2）工商变更登记对股权转让的对抗效力。《公司登记管理条例》第二十七条规定的公司申请变更登记应提交的材料，以及国家工商总局于2005年12月22日作出的《内资企业登记表格和内资企业登记申请提交材料规范》，人民法院依法裁定划转股权的，无须提交股东会决议、股权转让协议，但除了法院的裁定书，仍需提交法定代表人签署的申请书（公司加盖公章）、公司签署的《公司股东出资情况表》、法定代表人签署的公司章程修正案等材料。然而，在法院判决之后，申请股东变更登记仍需公司的配合。当法院作出民事判决确认当事人的股东资格后，若出现当事人因无法取得公司章程修正案等材料而无法办理股权变更登记的情况，我们也只能亟待相关法律法规的完善。

（3）在工商登记实务中，大股东操纵办理登记，以虚假签名的决议、章程修正案、股权转让协议申请变更登记，侵犯其他股东权益的案件频发，为减少乃至杜绝此类现象，建议在向工商部门提交材料时，应预留股东签名的印鉴卡、个人印鉴等个人资料，以便在公司办理变更登记时由工商部门予以核对。

（4）对于股权转让合同中存在的当事人为避税或者剥夺其他股东的优先购买权而向工商部门和税务部门提交一份阳合同，在当事人手中则持有价格不同的阴合同，应以哪份为准的问题，我们认为：首先，要看阴合同在规避什么；其次，要看阴合同损害谁的利益，在公平性与确定性的利益衡量上倾向于公平性。如果规避的是民法典规定的情形，即在股权转让合同中以价格虚高而剥夺其他股东优先购买权的，则相对于其他股东无效；如果是为了避税，在工商登记的价低，而实际履行价高，对合同的效力不产生影响，则对避税行为应通过司法建议的形式由税务部门予以制裁，以司法制止两面合同，引导当事人去除合同的两面性，规范经济秩序。

（二）股权转让合同效力的认定

股权转让合同的效力与股权转让行为的效力是两个不同的法律概念，两者成立的顺序是股权转让合同生效在先，股权转让行为在后。我国公司法对股权转让合同的效力采取成立生效为原则，登记生效为例外的立法。如同其他合同一样，股权转让合同的效力分为有效、无效、可撤销、效力待定四种情形。生效的股权转让合同仅产生转让方将其股权交付给受让方的合同义务，而非导致股权的当然变动。即使股权转让合同生效，但转让方怠于履行或者拒绝履行义务的话，股权也不发生变动，转让行为也未发生。受让方仅享有请求权，有权根据合同法追究转让方的违约责任，包括解除合同、继续履行合同、赔偿损失等。因此，在认定股权转让合同效力上，不以股权变动作为必备条件，不以未发生股权变动为由而否认合同的效力。该规则适用于有限责任公司和股份有限公司。

1. 侵害其他股东优先购买权的股权转让的合同效力

确认该类股权转让合同的效力，目前存在诸多学说，如无效说、有效说、效力待定说及撤销权说。效力待定说如江苏省高级人民法院《关于审理适用公司案件若干问题的意见》第六十二条规定："有限责任公司股东向公司以外的人转让股权，未履行公司法第七十一条规定的股东同意手续的，应认定合同未生效。诉讼中，人民法院可以要求当事人在一定期限内征求其他股东的意见，期限届满后其他股东不作相反意思表示的，视为同意转让，可认定合同有效。该期限内有其他股东表示以同等条件购买股权的，应认定合同无效，受让人只能要求出让人赔偿损失。"亦有部分判决认为应撤销合同。笔者认为此种情况下该合同应认定为可撤销。因为未经其他股东过半数同意或侵害其他股东优先购买权的股权转让，其所侵害的仅仅是其他股东利益，而并非社会公共利益，因此，只要当事人之间意思表示是真实的，就不应轻易否定股权转让合同的效力。撤销权说相对于效力待定说的优势在于督促权利方在法律规定期限内积极行使权利，以促使公司稳定经营，有利于公司内部法律关系的稳定。

2. 瑕疵出资的股权转让合同效力

瑕疵出资股东转让股权的，人民法院不得以出资存在瑕疵为由认定股权转让合同无效。股东转让股权时隐瞒瑕疵出资事实的，受让人可以受欺诈为由请求撤销股权转让合同。瑕疵出资股东转让股权后，瑕疵出资的民事责任由转让人与受让人连带承担。转让人或受让人不得以内部关于责任承担的约定对抗公司和公司债权人。（山东省高级人民法院《通过审理公司纠纷案件若干问题的意见（试行）》）

3. 法律、行政法规规定股权转让应当办理批准、登记等手续的，依照其规定

（1）国有法人股股权变更的，未经批准时未生效，但可要求义务方履行相关报批义务。

邯郸丛台酒业股份有限公司与中国广顺房地产开发唐山有限公司等股权转让合同纠纷案[最高人民法院（2008）民二终字第53号]中，法院认为：国有法人股属于国家财产，未经国家授权的具有管理职权的财政部以及之后行使该职能的国资委批准不得转让，股权转让条款未生效但并不影响合同其他条款的效力。对方当事人请求继续履行报批义务并存在继续履行的可能性时，法院应判令继续履行报批义务以促成合同生效。

（2）保险公司变更出资人的或证券公司变更股东的，未经批准，合同成立但未生效。

根据《保险公司股权管理办法》第十六条的相关规定，保险公司变更出资额占有限责任公司注册资本5%以上的股东，或者变更持有股份有限公司股份5%以上的股东，应当经中国保监会批准。

根据《中华人民共和国证券法》第一百二十九条第一款相关规定，证券公司设立、收购或者撤销分支机构，变更业务范围或者注册资本，变更持有百分之五以上股权的股东、实际控制人，变更公司章程中的重要条款，合并、分立、变更公司形式、停业、解散、破产，必须经国务院证券监督管理机构批准。

《证券公司监督管理条例》第十四条："任何单位或者个人有下列情形之一的，应当事先告知证券公司，由证券公司报国务院证券监督管理机构批准：（一）认购或者受让证券公司的股权后，其持股比例达到证券公司注册资本的5%；（二）以持有证券公司股东的股权或者其他方式，实际控制证券公司5%以上的股权。未经国务院证券监督管理机构批准，任何单位或者个人不得委托他人或者接受他人委托持有或者管理证券公司的股权。证券公司的股东不得违反国家规定，约定不按照出资比例行使表决权。"

（3）中外合作或中外合资经营企业一方转让其权利的，所签订的协议成立，但未生

效。该转让行为须经他方同意,并报审查批准机关批准,否则转让无效(《中华人民共和国中外合资经营企业法实施条例》第二十条、《中华人民共和国中外合作经营企业法》第十条)。

4. 矿山及房地产公司股权转让合同的性质及效力认定

青海汇吉实业集团有限责任公司、周卫军与杜红亚、李占云等股权转让纠纷案[最高人民法院(2012)民二终字第86号]中,法院认为:在涉及矿山和房地产公司股权转让纠纷案件中,股权转让双方往往会对合同的效力产生争议。对于涉及矿山及房地产公司股权转让合同的效力认定,目前审判意见尚未达成共识。因为此类股权转让中,一般名为股权转让,实为矿业权和土地使用权的转让,属于以合法形式掩盖非法目的,应以违反了关于矿产资源和土地管理的强制性法律规定等为由主张无效。

但审判实务中也有部分认为这类合同应认定为有效,原因一是公司法并未禁止该类行为,也完全符合公司关于股权转让的规定;原因二是若认定合同无效,涉及法律的适用以及认定无效后给交易秩序造成很大的不确定性。

对于此类合效力的认定,应根据具体案情考虑。若是企业具有充足的资产,矿业权或土地使用权只是其一部分财产,股权转让合同确实是对于其自身股权的处分的,那么股权转让合同应当认定为有效;但若是企业在仅有矿业权或土地使用权,无其他大额财产的情况下仍高价转让其股权的,或者在签订股权转让合同时,明确约定股权转让仅针对矿山权项目或者土地使用权,不涉及其他资产的,则应认定为以合法形式掩盖非法目的,股权转让合同无效。

5. 夫妻关系存续期间,一方擅自将股权转让给第三人,第三人应当知道该股权系夫妻共同财产的,不应认定善意取得

北京市朝阳区人民法院(2013)朝民初字第03916号"张某某诉武某甲、武某乙股权转让纠纷案"中,法院认为:①武某与张某原系夫妻关系,租赁公司20%股权系武某与张某婚姻关系存续期间取得的财产,属夫妻共同共有,夫妻作为共同共有人,对共有财产享有平等占有、使用、收益和处分权利,任何一方不得擅自处分。最高人民法院《关于适用〈婚姻法〉若干问题的解释(一)》第十七条第二项规定:"夫或妻非因日常生活需要对夫妻共同财产做重要处理决定,夫妻双方应当平等协商,取得一致意见。他人有理由相信其为夫妻双方共同意思表示的,另一方不得以不同意或不知道为由对抗善意第三人。"武某将租赁公司20%股权转让给武某父时,其与张某婚姻关系仍在存续,故武某转让股权行为属于对夫妻共同财产做重要处理,应取得共同共有人同意。②武某父系武某父亲,常年与武某、张某共同生活,又系租赁公司股东和法定代表人,故武某父对于武某所持有租赁公司20%股权系夫妻共同财产应当明知。现武某父、武某均未提供证据证明其已提前将股权转让一事征得共同共有人张某同意,且事后亦未获得张某追认,故武某擅自转让股权属《合同法》第五十一条规定的无权处分行为,侵害了共同共有人张某的合法权益,武某父受让武某名下租赁公司20%股权行为亦不构成善意取得。判决确认诉争股权转让协议无效。

6. 股东会决议关于股权转让意向性内容能否构成预约,应从该内容是否具有预约合同的确定性、约束力特征来考察,股权转让意向不具有确定性、约束性,不构成预约

江苏无锡中院(2013)锡商终字第0166号"郑某与徐某等合同纠纷案"中,法院认

为：①案涉股东会决议中有关股权转让内容确实含有股东之间转让股权的意思表示，系各方在磋商过程中达成的意向性协议。但并非所有磋商过程中达成的意向性协议均构成预约，能否构成预约应从意向性协议内容是否具有预约合同特征来考察。②股东会会议对股权转让有关事项进行了商议，但徐某、赵某在股权转让协议已制作完毕情况下，拒绝当场签署股权转让协议，说明该次股东会会议对股权转让有关事项商议内容，仅能作为股权转让初步方案，股权转让合同关系仍需在四位股东进一步考虑、协商之后，通过签订股权转让协议方式予以确立。嗣后郑某表示对股权转让价格可再协商，亦表明股东会决议内容不具有确定性、约束性，故不构成预约。判决驳回郑某诉请。

7. 股东提起股权转让优先购买权之诉，应明确是否行使优先购买权，且优先购买价格只能以被诉股权转让协议为准

四川成都高新技术产业开发区法院（2013）高新民初字第2213号"邢某与肖某等股权转让纠纷案"中，法院认为：①《公司法》第七十二条第二款规定："股东向股东以外的人转让股权，应当经其他股东过半数同意。股东应就其股权转让事项书面通知其他股东征求同意，其他股东自接到书面通知之日起满三十日未答复的，视为同意转让……"本案中，龚某作为投资公司股东，向公司股东以外的肖某转让股权时，应就其股权转让事宜书面通知其他股东征求意见，本案证据能证明龚某在转让股权前已向邢某履行了通知义务，邢某在收到该告知书后三十日内未答复应视为同意转让。②贸易公司实际未收到股权转让告知书，但投资公司股东会记录足以证明贸易公司至迟于2012年5月已知道该股权转让事实及具体交易条件，在此情况下，贸易公司在股东会上明确表示反对龚某将其股份转让给肖某，但贸易公司并未举示证据证明此后曾向龚某提出购买该股权的意思表示，且在本案诉讼过程中，贸易公司明确放弃优先购买龚某对外转让的股权，亦应视为贸易公司同意龚某向肖某转让股权。③"同等条件"是原有股东行使优先购买权前提，同等条件包括许多要素，其中股权转让价格是同等条件中最为重要的一项内容，而邢某在主张优先购买权同时，却并不认同龚某与肖某已协商一致的股权转让价格，邢某在本案中行使优先购买权前提条件并不成就，判决驳回邢某诉请。

8. 在股权转让合同各方当事人未明确约定办理股权变更手续时间的情况下，受让方依法有权随时要求转让方履行该义务

浙江温州中院（2013）浙温商终字第881号"某化工公司与陈某等股权转让纠纷案"中，法院认为：①化工公司与陈某所签股权转让合同有效。合同明确约定将陈某在石化公司所持18%股权作价195万元转让给化工公司，且化工公司已依约将转让价款全部支付给陈某，陈某亦应依约履行自己合同义务。在各方当事人未明确约定办理股权变更手续时间的情况下，依《合同法》第六十二条第四项规定，化工公司有权随时要求陈某履行协助办理股权变更手续的合同义务。②根据各方当事人陈述，可认定化工公司于2013年1月曾要求陈某协助办理股权变更手续，依最高人民法院《关于审理民事案件适用诉讼时效制度若干问题的规定》第六条规定，本案化工公司主张陈某协助办理股权变更手续的诉讼请求并未超过诉讼时效期间。判决陈某协助化工公司办理石化公司18%股权变更手续。

9. 名为股权转让、实为企业间借贷的"虚拟回购",借款人已偿还借款本息,贷款人主张股权转让的,应不予支持

北京二中院（2013）二中民终字第05810号"某投资公司与某建筑公司股权转让纠纷案"中,法院认为:①针对建筑公司持有科技公司8%股权转让给投资公司一节,科技公司已召开董事会决议通过。且投资公司与建筑公司再次所签转股协议对建筑公司转让给投资公司股权的相关内容,尤其是股权对价及办理工商变更登记手续等事项进一步作出了明确约定。故该8%股权转让部分约定系投资公司与建筑公司真实意思表示,未违反法律法规规定,合法有效。②针对建筑公司持有科技公司12%股权约定,系在股权未变更登记到投资公司名下时即约定的建筑公司"股权回购"条件,实属"虚拟回购"。纵观协议全部内容,约定"回购延展期"实际系对还款期限约定。且协议中对股权转让价款及回购款项支付方式约定实际系对借款利息的变相约定。结合证人证言,协议中针对建筑公司持有科技公司12%股权的回购期以及回购价款约定性质系名为股权转让、实为借款合同。现建筑公司已将从投资公司处所借得款项连同利息支付给投资公司,故投资公司依法不能享有建筑公司名下科技公司12%股权。判决建筑公司和科技公司对建筑公司所持科技公司8%股权转让给投资公司7日内共同履行报批义务,逾期不履行,由投资公司自行报批。

10. 有限责任公司为内部人员之间进行的股权转让行为支付价款行为侵犯了公司财产权,应认定为股东抽逃出资行为

福建福州中院（2013）榕民终字第3163号"林某与江某等股权转让纠纷案"中,法院认为:①《公司法》第三条规定:"公司是企业法人,有独立的法人财产,享有法人财产权。公司以其全部财产对公司的债务承担责任。"第三十六条规定:"公司成立后,股东不得抽逃出资。"据此,股东出资形成有限责任公司全部法人财产,系公司对外承担债务责任的保证,非经法定程序,股东不得撤回在公司出资进而减少公司财产。为防止因公司减资导致债权人利益受损,《公司法》第一百七十八条还规定了减资必须公告以及债权人可以要求公司清偿债务或提供相应担保的制度。②本案中,受让股东江某系时任公司法定代表人配偶,故股权转让双方均为与公司存在密切关系的关联方,在无相反证据的情况下,应推定双方对于公司财产状况均充分知晓。江某将自身应承担的向原股东支付股权转让款义务转移予机械公司,却未给予公司对等利益,该转嫁债务行为必然导致公司财产减损,从而降低公司对外承担债务责任的保证能力。且因股权转让双方均非公司外部人员,故本案亦不存在基于保护公司外部善意债权人利益而需公司先行对外承担责任再对内追责情形。故机械公司为内部人员之间进行的股权转让行为支付价款行为侵犯了公司财产权,亦侵犯了公司债权人基于公示登记而对公司资本状况的信赖利益,属于最高人民法院《关于适用〈公司法〉若干问题的规定（三）》第十二条规定的"利用关联交易将出资转出"或"其他未经法定程序将出资抽回的行为",应认定为股东抽逃出资行为,不具有法律效力。故对林某要求机械公司承担连带支付股权转让款的诉请,不应支持。至于林某已从机械公司获得的股权转让款,可能涉及不当得利之债,不属本案审理范围,双方可另行依法处理。判决江某支付林某余下股权转让款。

(三) 法院关于股权转让纠纷案件的裁判规则

(1) 最高人民法院（2012）民二终字第64号民事判决书认为：合同约定转让公司全部股权及资产，在实际履行中仅对股权办理过户手续，未办理资产产权变动手续的，应认定当事人之间仅实际发生了股权转让法律关系。

(2) 最高人民法院（2013）民二终字第54号民事判决书认为：股权转让合同约定的转让方不需向受让方开具发票的条款是以损害国家税收利益为目的的，根据《合同法》第五十二条第（二）项的规定，应为无效条款。

(3) 最高人民法院（2010）民提字第153号民事判决书认为：股权转让合同中，即使双方约定转让的股权系合同外的第三人所有，但只要双方的约定只是使一方负有向对方转让股权的义务，而没有实际导致股权所有人的权利发生变化，就不能以出让人对股权无处分权利为由认定股权转让合同系无权处分合同进而无效。

(4) 最高人民法院（2012）民二终字第7号民事判决书认为：公司经营范围发生变化或者被宣告破产，不影响以公司股权为标的物的转让合同的履行。

当事人订立股权转让合同后，公司经营范围发生变化或者被宣告破产，不影响合同的继续履行。股权因公司经营范围发生变化或被宣告破产的贬值损失属于正常商业风险，当事人应根据合同约定承担。

(5) 当事人以自己的意思处分冒名登记在他人名下的股权，其处分行为有效。

最高人民法院（2011）民提字第78号民事判决书认为：因许光全、许光友将身份证复印件借给涂开元时，二人并没有与涂开元共同设立公司的意思表示，因此，涂开元向许光全、许光友隐瞒借用身份证复印件的真实目的，并暗中将开明房产公司的部分股权登记在许光全、许光友名下，系冒名出资行为。因被冒名的股东名下股权的实际权益人系涂开元，涂开元以自己的意思处分其事前暗中登记在他人名下的股权，系实际出资人处分自己投资权益的行为，该行为虽可能损害他人姓名权，但没有损害被冒名者的股东权益，故其处分行为应认定有效，受让人舒鑫的股东资格应予确认。

(6) 受让人在知道或者应当知道所受让的资产属于国有资产，且未依法进行报批和评估的情况下，仍以明显不当的低价受让该国有资产的，不属于善意受让人。

最高人民法院（2008）民申字第461号民事裁定书认为：根据最高人民法院《公司法解释（一）》第二条的规定，因《公司法》实施前有关民事行为或者事件发生纠纷起诉到人民法院的，如当时的法律法规没有明确规定时，可参照适用《公司法》的规定；根据《国有资产评估管理办法》第三条的规定，国有资产占有单位进行资产转让的，应当进行资产评估。该规定属于强行性规定，而非任意性规定。国有资产占有单位进行资产转让时未依照上述规定进行资产评估的，转让合同无效；受让人在知道或者应当知道所受让的资产属于国有资产，且未依法进行报批和评估的情况下，仍以明显不当的低价受让该国有资产的，不属于善意受让人。

(7) 当事人明知所涉股权未经过评估而签订国有股权转协议的，若评估价格属于明显不合理的低价，可认定为恶意串通。

最高人民法院（2009）民二终字第15号民事判决书认为：国有资产转让不仅应当由国有资产监督管理部门审批，而且应当由国有资产评估资格的评估机构进行评估。当事人明知所涉股权未经评估而签订国有股权转让协议的，可以认定当事人明知或应当知道其行为将造成国家的损失，而故意为之，说明当事人并非善意。如果签订转让协议后评估价格属于明显不合理的低价，且受让方明知价格明显低于市场价格仍与之交易，谋取不当利益的，即可认定为恶意串通。在上述情形下，应认定为该股权转让协议无效。

（8）企业未在依法设立的产权交易机构中公开进行企业国有产权的转让，其场外交易行为无效。

《最高人民法院公报》2010第4期（总第162期），根据《企业国有资产监督管理暂行条例》第十三条的规定，国务院国有资产监督管理机构可以制定企业国有资产监督管理的规章、制度。根据国务院国资委、财政部制定实施的《企业国有产权转让管理暂行办法》第四、五条的规定，企业国有产权转让应当在依法设立的产权交易机构中公开进行，企业国有产权转让可以采取拍卖、招投标、协议转让等方式赴。企业未按照上述规定在依法设立的产权交易机构中公开进行企业国有产权转让，而是进行场外交易的，其交易行为违反公开、公平、公正的交易原则，损害社会公共利益，应依法认定其交易行为无效。

（9）上市公司股权置换协议未办理审批手续，股权置换的条款因不具备行政法规规定的必须经主管部门审批才生效的生效要件而未生效。

最高人民法院（2007）民二终字第190号民事判决书认为：在仅系股权转让条款未经批准才生效的情形下，未经批准，股权转让条款未生效。法院应当依据当事人请求继续办理报批手续的诉请，在可以继续办理报批手续的情形下，判令当事人办理报批手续以促使合同生效。

（10）股份有限公司发起人在股份禁止转让期内签订的约定在禁止转让期满后再办理转让手续的股份转让协议的效力认定。

江苏省高级人民法院认为：《公司法》原第一百四十七条第一款关于"发起人持有的本公司股份，自公司成立之日起三年内不得转让"的规定，旨在防止发起人利用公司设立谋取不当利益，并通过转让股份逃避发起人可能承担的法律责任。

股份有限公司的发起人在公司成立后三年内，与他人签订股权转让协议，约定待公司成立三年后为受让方办理股权过户手续，并在协议中约定将股权委托受让方行使的，该股权转让合同不违反《公司法》原第一百四十七条第一款的规定。协议双方在《公司法》所规定的发起人股份禁售期内，将股权委托给未来的股权受让方行使，也并不违反法律的强制性规定，且在双方正式办理股权登记过户前，上述行为并不能免除转让股份的发起人的法律责任，也不能免除其股东责任。因此，上述股权转让合同应认定为合法有效。

修订后的《公司法》第一百四十一条规定，发起人持有的本公司股份，自公司成立之日起一年内不得转让。该条仅缩短了禁售期，并未作出实质性修改，因此本案仍有一定的参考意义。

（11）股权转让合同当事人有意违规采取股权托管的方式以规避股权转让审批程序，因未获行政审批导致合同不能继续履行而解除的，双方应依同等过错承担损失。

最高人民法院（2008）民二终字第 53 号民事判决书认为：由于股权转让双方均系在已经预见到股权转让可能因中国证监会不予审批而存在无法实际交付的风险的情况下，有意违规采取股权托管的方式以规避股权转让审批程序，故在股权转让合同因未获得监管机构的审批无法实际履行而解除时，对托管期间股权价值贬损双方负有同等过错，各承担 50% 的责任。

（12）夫妻一方转让共同共有的公司股权的行为属对夫妻共同财产做重要处理，其效力应综合案件事实予以认定。

最高人民法院（2007）民二终字第 219 号民事判决书认为：夫妻双方共同出资设立公司的，应当以各自所有的财产作为注册资本，并各自承担相应的责任。因此，夫妻双方登记注册公司时应当提交财产分割证明。未进行财产分割的，应当认定为夫妻双方以共同共有财产出资设立公司，在夫妻关系存续期间，夫或妻名下的公司股份属于夫妻双方共同共有的财产，作为共同共有人，夫妻双方对该项财产享有平等的占有、使用、收益和处分的权利。

根据最高人民法院《婚姻法解释（一）》第十七条第二款的规定，夫或妻非因日常生活需要对夫妻共同财产做重要处理决定，夫妻双方应当平等协商，取得一致意见。他人有理由相信夫或妻一方作出的处理为夫妻双方共同意思表示的，另一方不得以不同意或不知道为由对抗善意第三人。因此，夫或妻一方转让共同共有的公司股权的行为，属于对夫妻共同财产作出重要处理，应当由夫妻双方协商一致并共同在股权转让协议、股东会决议和公司章程修正案上签名。夫妻双方共同共有公司股权的，夫或妻一方与他人订立股权转让协议的效力问题，应当根据案件事实，结合另一方对股权转让是否明知、受让人是否为善意等因素进行综合分析。如果能够认定另一方明知股权转让，且受让人是基于善意，则股权转让协议对于另一方具有约束力。

（13）在矿业权主体未发生变动情形下，当事人以股权转让合同内容违法因而主张该合同无效的诉讼请求不能成立。

最高人民法院（2011）民二终字第 106 号民事判决书认为：股权及资产转让协议的履行并不当然发生矿业权的转让。在矿业权主体未发生变动情形下，当事人以股权转让合同内容违法因而主张该合同无效的诉讼请求不能成立。

（14）矿山企业股权转让涉及变动的是股权而非采矿权等资产故不适用《矿山资源法》。

最高人民法院（2012）民二终字第 86 号民事判决书认为：当事人之间签订《公司收购协议书》《补充协议》，约定矿山企业的全体股东将股权全部转让并过户给受让方安排接受股权的人，并约定了收购对价、办理股权过户及公司资产移交等相关内容，该两份合同不违反国家法律法规规定，不损害他人合法权益，应认定合法有效。当事人主张按照《矿产资源法》《探矿权采矿权转让管理办法》等规定，《公司收购协议书》及《补充协议》应未生效，因本案法律关系涉及变动的是股权，并非采矿权等资产，上述法律对矿山企业股权变动并没有限制性规定，其主张适用上述法律的观点应不予支持。

（15）转让房地产公司全部股权不能认定为变相转让土地使用权而认定股权转让合同无效。

最高人民法院（2012）民二终字第 23 号判决书认为：本案争议双方两次股权转让后，

虽然出让方将房地产公司的全部股权转让给了受让方，但原属该目标公司的建设用地使用权权属始终登记于目标公司名下，属于目标公司的资产，并未因股权转让而发生流转。因此，不能仅以转让了房地产公司的全部股权，而认定该股权转让行为实为建设用地使用权转让行为，并因此认定股权转让合同无效。

（16）当事人之间以股权转让的方式取得土地使用权有别于直接的土地使用权转让，标的公司所控制的土地使用权是否达到开发投资总额的25%，并非判断股权转让合同效力的依据。

最高人民法院（2011）民二终字第2号民事调解书认为：《城市房地产管理法》第三十八条关于土地转让时投资应达到开发投资总额25%的规定，是对土地使用权转让合同标的物设定的于物权变动时的限制性条件，转让的土地未达到25%以上的投资，属合同标的物的瑕疵，并不直接影响土地使用权转让合同的效力。该条规定的性质，系管理性规范；当事人之间以股权转让的方式取得土地使用权有别于直接的土地使用权转让，标的公司所控制的土地使用权是否达到开发投资总额的25%，并非判断股权转让合同效力的依据。

（17）双方签订法人股转让协议中确定了转让对价以及所有权的转移问题的，不属于股权的代持或挂靠。

上海市高级人民法院认为：股权的挂靠或代持行为，也就是通常意义上的法人股隐名持有。法人股隐名持有存在实际出资人和挂名持有人，双方应签订相应的协议以确定双方的关系，从而否定挂名股东的股东权利。对于一方原本就是法人股的所有人，对方则是通过有偿转让的方式取得法人股的所有权，双方所签订的是法人股转让协议，协议中确定了转让对价以及所有权的转移问题的，不属于股权的代持或挂靠，可以认定双方是通过出售方式转移法人股的所有权，即使受让方没有支付过任何对价，出让方也已丧失了对系争法人股的所有权，而只能根据转让协议主张相应的债权。

（18）转让股东撤销对外转让股权时不得损害享有优先购买权的其他股东的合法权益。

最高人民法院（2011）民提字第113号民事判决书认为：股东对外转让股权，其他股东在同等条件下享有优先购买权，转让股东撤销对外转让股权时，不得损害享有优先购买权的其他股东的合法权益。

《公司法》第七十二条规定，股东对外转让股权时应当书面通知股权转让事项，在同等条件下，其他股东有优先购买权。本案当事人未如实向公司其他股东通报股权转让真实条件，公司其他股东知情后起诉主张以同等条件行使优先购买权时，转让股东在表明放弃转让的同时又与受让股东达成转让协议，对其股权是否转让及转让条件作了多次反复的处理。受让股东为继续经营公司，两次按照转让股东的合同行为准备价款，主张行使优先购买权，但均被转让股东以各种理由予以拒绝。转让股东虽然合法持有股权，但其不能滥用权利，损害相对人的合法民事权益。在此情形下应支持其他股东行使优先购买权。

（19）最高人民法院（2013）民申字第157号民事判决书认为：股东在相同转让价格时有机会可以受让的情形下没有受让，没有支付其他股东股权转让款，不应再享有优先受让权。

（20）股权转让合同纠纷中，一笔款项的用途特定化后，当事人不得单方另行主张其他用途。

最高人民法院（2010）民二终字第3号民事判决书认为：债权人按照约定对特定款项

的用途作出选择,并请求人民法院予以保护,该款项的用途即被特定化,该债权人在以后的诉讼中主张该款项的其他用途的,人民法院不予支持。

(21) 股权转让合同中共同债权人受偿比例的认定。

最高人民法院(2012)民二终字第38号民事判决书认为:两个以上的债权人作为共同一方接受债务人的履行,原则上应当按照各自的债权比例受领款项,但如果债权人内部存在关于各自受偿比例的约定,且并未损害债务人利益的,人民法院应当认定该约定有效。

(22) 产权交易所发布的产权交易信息在无举牌申请人举牌的情况下,可以进行信息变更;举牌申请人在信息变更之后签收载明新信息的相关法律文件并举牌参加交易,应视为清楚并认可产权交易信息的变更。

上海市中级人民法院认为:产权交易所发布的产权交易信息是向不特定主体发出的要约邀请。根据产权交易市场的交易管理办法和交易习惯,信息一经发布,公告期内一般不得变更,但在无举牌申请人举牌的情况下,可以按照产权出让人的意愿,根据产权交易所的有关规则进行信息变更。举牌申请人在信息变更之后签收载明新信息的相关法律文件并举牌参加交易,应视为清楚并认可产权交易信息的变更。举牌申请人知晓变更情况并参加交易,在交易结束之后,又请求确认该信息变更无效的,人民法院不予支持。

(23) 在公开挂牌交易时,出让方需对目标公司自评估基准日以来的重大资产变化情况进行补充披露,竞买者亦应负有及时审查相关情况的义务,并应对其所作出的竞买决定承担经营及市场风险。

最高人民法院(2013)民二终字第67号民事判决书认为:出让方委托产权交易中心通过公开挂牌方式转让其股权,并由产权交易中心发布转让公告,对转让标的、转让标的企业的基本情况、转让底价及转让价款支付方式等内容进行说明,明确告知资产评估报告和审计报告的文号,且进行风险、不确定因素的提示,属初步履行了信息披露义务。在公开挂牌交易时,出让方需对目标公司自评估基准日以来的重大资产变化情况进行补充披露。同时,基于出让方的提示及相关资料反映的事实,竞买者亦应负有及时审查相关情况的义务,并应对其所作的竞买决定自行承担经营及市场风险,承担相应的民事法律后果。

(24) 最高人民法院(2013)民二终字第32号民事判决书认为:在《转让协议书》对股权价款未做约定、且公司资产严重资不抵债的情况下,不能认定受让人拒绝履行支付股权对价款构成严重违约。

(25) 股权转让合同不能履行时,转让人退还受让人价款时应一并返还利息,利息应当以中国人民银行同期活期存款利率计算。

最高人民法院(2010)民二终字第34号民事判决书认为:股权转让合同订立后,因相关监管部门不予批准股权转让导致该合同无法履行时,出卖人应当退还买受人已支付的价款。从买受人付款日到监管部门不予批准转让决定日的期间内,出卖人占有该款项产生的相应利息属于出卖人不当获得的利益,出卖人应当将其一并返还给买受人。利率标准方面,在买受人不能提供证据证明出卖人将上述款项用于发放贷款并获利时,应当认为作为普通企业的出卖人会将该款项作为流动资金存入银行,故出卖人返还的利息应当以中国人民银行同期活期存款利率计算。

（26）最高人民法院（2013）民申字第431号民事裁定书认为：股权转让方因其自身债务而被查封其拥有的股权，导致其在解封前无法完成股权过户义务，应承担违约责任，股权受让方有拒绝继续付款的先履行抗辩权。

（27）股权转让合同解除后，转让方迟延退款的仅应赔偿受让方所付转让款的利息损失。

最高人民法院（2010）民二终字第122号民事判决书认为：股权转让协议解除后，转让方未及时退还转让款的，依法应承担因此给受让方造成的经济损失。就迟延付款一方而言，其能预见到的因迟延付款给对方造成的损失通常仅限于该款项的利息损失；就受让方而言，如果其及时另行贷款亦可避免对方迟延付款给自己造成更大的损失，如果收款方系因没有采取适当措施而致使损失扩大，就扩大的损失其不得要求迟延付款方赔偿。

（28）股权转让合同主要内容大部分得到履行，一方主张解除合同的，不予支持。

最高人民法院（2011）民二终字第122号民事判决书认为：当事人在合同中约定转让公司全部股权并资产，受让方在支付部分转让款后主张解除合同，其主要理由是公司拖延办理股权过户手续及土地使用权证、房产证未办理在公司名下。因在签订合同时当事人对该资产的状况是明知的，土地使用权证和房产证仅是转让企业资产涉及的一小部分，且受让方已经支付了一半以上的转让价款，接收了《采矿证》，符合《合同书》约定的办理股权过户的条件，转让方和公司明确表示随时可以办理过户手续，对当事人提出的解除合同的请求应不予支持。

（29）具有相对独立性的补充合同被解除，并不影响主合同的效力及履行的相关内容。

最高人民法院（2011）民二终字第19号民事判决书认为：虽然投资补充协议合同名称中带有"补充"字样，但从合同内容看，投资补充协议与投资协议均具有相对独立性，解除投资补充协议并不影响投资协议的效力及履行的相关内容。

（30）当事人一方对前期合同违约，对方有权解除前期合同和以其为前提的主合同。

最高人民法院（2011）民二终字第109号民事判决书认为：根据《合同法》规定，当事人一方有违约行为致使不能实现合同目的的，当事人可以解除合同。当事人之间签订的股权交易合同以前期签订的租赁合同为前提，一方没有履行前期租赁合同主要条款，致该合同与股权交易合同的目的无法实现，则相对方可以行使解除权解除前期租赁合同和股权交易合同。

（31）未生效合同因其为当事人设定了促成合同生效及准备合同履行等义务，故亦可适用合同解除的规则。

最高人民法院（2012）民二终字第45号民事判决书认为：合同依法成立后即为当事人设定了促成合同生效及准备合同履行等义务，为免除当事人的上述义务，可适用《合同法》有关合同解除的规定。本案中，双方当事人对《股份转让协议》是否生效产生较大争议，但对该协议已成立并无争议。享有合同解除权一方已发出解除，且另一方当事人收到通知后至提起本案诉讼，已经超过最高人民法院《合同法解释（二）》第二十四条所规定的提出异议的期限，故本案《股份转让协议》应认定为已经解除。

（32）因双方过错导致股权转让协议终止履行，一方当事人因准备协议履行及实际履行中产生的损失，应由双方共同承担民事责任。

最高人民法院（2003）民二终字第143号民事判决书认为：因双方当事人的过错，导致股权转让协议终止履行，一方当事人因准备协议履行及实际履行中产生的损失，应由双方共同承担民事责任。

（33）最高人民法院（2012）民申字第1588号民事裁定书认为：能否依约回购、何时回购及回购比例均没有确定的情况下，在股权回购协议履行的基础已经发生颠覆性变化时，应当认定不能按照协议约定期限和比例履行回购义务的不构成违约。

（34）最高人民法院（2007）民二终字第100号民事判决书认为：股权转让后的公司法定代表人以转让前公司法定代表人作出的意思表示受到前股东以操控为由主张不承担股权转让前的债务的，不予支持。

（35）公司股权转让未办理变更登记手续的，不得对抗第三人，但不影响股权转让合同的效力。

上海市高级人民法院二审民事判决书认为：根据《公司法》和《证券法》的相关规定，公司股权转让应办理变更登记手续，以取得对外的公示效力，否则不得对抗第三人。同时，根据证券法公开、公平、公正的交易原则以及上市公司信息公开的有关规定，对上市公司信息披露的要求，关系到社会公众对上市公司的信赖以及证券市场的交易安全和秩序。因此，作为上市公司，其股东持有股权和变动的情况必须以具有公示效力的登记为据。

（36）股权转让合同中的附随义务的确定。

最高人民法院（2012）民二终字第44号民事判决书认为：我国《合同法》第六十条对合同当事人附随义务作了原则性规定，但对具体什么样的情况下才能认定当事人构成必须履行的附随义务即适用条件、如何适用并不清晰。合同中未约定或约定不明、不确定事项，并非必然构成合同相对方当事人的附随义务，而是必须具备一定的条件，即根据合同的性质、目的和交易习惯从诚实信用原则出发自然推导出的一个有关履行通知、协助、保密等义务应由哪一方当事人承担。也并非得出一方当事人的权利即为另一方当事人的义务的结论，需根据案件的具体情况而决定。其次，即使构成合同一方附随义务且未履行的情况下，如有证据证明相对方对有关事实已经知晓或者应当知道，而无须对方承担所谓附随义务的通知等义务也能实现合同有关权利时，一方当事人仅以对方未履行附随通知义务要求相应的救济，不应支持，否则有违诚实信用原则。

【拓展案例】

詹汉丁与王荣杰、王晓林等股权转让纠纷①

2016年1月18日，詹汉丁与王荣杰签订一份《股权转让合同》，约定王荣杰将其持有的苏溧公司25%的股份以10445300元的价格转让给詹汉丁。股权转让款分二期支付，詹汉丁应于本协议签订之日起五个工作日内将第一期股权转让款500万元依据王荣杰的书面授权委托书汇入王荣杰指定账户，工商局完成股权变更登记后，詹汉丁支付第二期转让款

---

① 参见海南省海口市中级人民法院民事判决书（2020）琼01民终13号。来源：中国裁判文书网http://wenshu.court.gov.cn。

5445300元。双方于2016年1月30日签订《补充协议》，将原来的股权转让款价格变更为1000万元，支付方式变更为分三期支付，詹汉丁于补充协议签署后五个工作日内支付第一期转让款300万元至王荣杰指定的账户，2016年3月18日前支付第二批转让款200万元，工商局完成股权变更登记后，詹汉丁支付剩余转让款500万元。2016年2月1日，詹汉丁委托案外人海南恒达置业有限公司将第一期股权转让款300万元通过中国光大银行转账至王荣杰指定的收款账户即王晓林在中国建设银行海口凤翔路支行开设的个人账户中，王晓林于当日向詹汉丁出具收条，确认收到詹汉丁股权转让款300万元。2016年9月12日，詹汉丁向王荣杰送达《解除合同通知函》，该通知函主要内容为：因苏溧公司名下地块产权纠纷引起其他第三方诉讼，致使至2016年9月12日尚无法将股权变更登记至詹汉丁名下，造成詹汉丁投资失利，现通知王荣杰自收到该通知后2个工作日内将股权转让款300万元返还詹汉丁。如超期不返还詹汉丁将要求王荣杰支付违约金，自该通知函签收之日起双方签订的《股份转让合同》《补充协议》解除。王晓林在收到该通知函后在上面签收"王彦策"的名字，并于当日以拍照的形式发给王荣杰。

2018年1月22日，詹汉丁作为甲方，王荣杰作为乙方，王晓林作为丙方（担保人）、苏溧公司作为丁方（担保人）签订《返还股权转让款协议》，约定主要内容为：一、甲乙双方于2016年9月12日已解除《股权转让合同》以及《补充协议》，《股权转让合同》解除后，乙方曾向甲方归还50万元，现乙方确认该50万元作为乙方向甲方解除股权转让合同的违约赔偿，计入本协议约定的乙方应支付甲方的利息中。二、乙方应于2018年6月30日前返还股权转让款300万元及该300万元自2016年6月1日至2018年6月30日期间以每月2%（年息24%）的利率所产生的利息，乙方偿付顺序为先付息后付本。三、如乙方未能在约定期限归还完毕上述全部款项，逾期利息按月利率2%计，至2018年6月30日乙方未付利息计入本金。违约金以本协议第二条约定全部款项的30%计。四、如因乙方违约导致甲方通过诉讼或其他方式实现权利的，乙方须承担甲方因此所产生的全部费用（包括但不限于诉讼费、保全费、律师费等）。五、丙、丁方就本协议约定的乙方义务向甲方承担连带担保责任，丁方对本条约定的担保责任已经过公司三分之二以上的无利害关系股东同意，乙方同时以持有丁方全部股份作为担保。六、本协议一式四份，各方均持一份，自签字（盖章）之日起生效。詹汉丁、王荣杰、王晓林在该协议上签字，而该协议尾部丁方（担保人）处只有打印的海南苏溧实业有限公司字样，未有该公司的盖章。经查，协议中约定的王荣杰以持有苏溧公司的全部股份作为担保，实际上该担保未办理质押登记，苏溧公司也未经过三分之二无利害关系的股东同意为王荣杰履行协议中的义务承担连带担保责任。该协议签订后，王荣杰、王晓林、苏溧公司均未履行，詹汉丁遂向一审法院提起本案诉讼。

另查，詹汉丁于2018年8月31日向一审法院提出财产保全申请，一审法院于2018年9月12日依法作出（2018）琼0107民初6050号民事裁定书，冻结王荣杰名下苏溧公司中35%的股权（限值500000元）、冻结王荣杰持有海南鸿新房地产开发有限公司40%的股权（限值500000元）、冻结王荣杰持有福建金色矿业有限公司49%的股权（限值500000元）以及冻结王晓林在中国建设银行股份有限公司海口凤翔路支行6236683520001776967*账户内的存款4000000元。

詹汉丁向一审法院起诉请求：1. 判令王荣杰立即返还詹汉丁股权转让款300万元及双方约定返还日期前产生的利息100万元；2. 判令王荣杰承担第1条中400万元自2018年7月1日起已发生的利息16万元（月利率为双方约定的2%，暂计至起诉之日，以实际归还完毕之日发生的利息为准）；3. 判令王荣杰承担未按约定期限归还股权转让款及利息所产生的违约金120万元；4. 判令王荣杰承担詹汉丁起诉所发生的全部诉讼费用，包括诉讼费、保全费、律师费；5. 判令王晓林、苏溧公司对王荣杰应支付的前述1、2、3、4条的款项承担连带保证责任。庭审中，詹汉丁撤回第4项中的律师费的主张。

一审法院认为，詹汉丁与王荣杰签订的《股权转让合同》及《补充协议》是双方真实意思表示，未违反法律、法规的强制性规定，属于有效合同。现詹汉丁依据《返还股权转让款协议》主张被告王荣杰返还股权转让款，并承担利息及违约金，王荣杰、王晓林及苏溧公司抗辩《返还股权转让款协议》未成立、生效。因此《返还股权转让款协议》是否成立、生效问题，是本案的关键，是决定王荣杰、王晓林及苏溧公司是否承担返还转让款及支付利息、违约金的重要依据。

根据《中华人民共和国合同法》第三十二条规定，当事人采用合同书形式订立合同的，自双方当事人签字或者盖章时合同成立。第四十五条规定，当事人对合同的效力可以约定附条件。附生效条件的合同，自条件成就时生效。附解除条件的合同，自条件成就时失效。本案中，《返还股权转让款协议》的甲方、乙方、丙方、丁方分别为詹汉丁、王荣杰、王晓林、苏溧公司，该协议约定"本协议一式四份，各方均持一份，自签字（盖章）之日起生效。"由此可见，合同各方当事人对《返还股权转让款协议》的生效条件作出特别的约定，即协议在各方当事人签字（盖章）时生效，而该协议的丁方即苏溧公司未在协议中盖章，不具备双方约定的生效条件，因此《返还股权转让款协议》未生效，詹汉丁依据该协议主张权利，事实依据不足，一审法院不予支持。基于詹汉丁认为《股权转让合同》及《补充协议》已解除，并要求王荣杰返还300万元股权转让款，王荣杰同意解除《股权转让合同》和《补充协议》，并同意退还詹汉丁300万元股权转让款，故詹汉丁主张王荣杰返还300万元股权转让款，一审法院予以支持。

综上，依据《中华人民共和国合同法》第九十七条、《中华人民共和国民事诉讼法》第六十四条第一款、第一百四十四条之规定，遂判决：一、限王荣杰于本判决生效之日起十日内向詹汉丁返还股权转让款300万元；二、驳回詹汉丁的其他诉讼请求。如果未按本判决指定的期间履行给付金钱义务，应当依照《中华人民共和国民事诉讼法》第二百五十三条之规定，加倍支付迟延履行期间的债务利息。案件受理费49320元，财产保全申请费5000元，合计54320元，由詹汉丁负担23901元，王荣杰负担30419元。

二审法院认为本案的争议焦点是：一、王荣杰是否应当向詹汉丁支付利息116万元及违约金120万元；二、王晓林、苏溧公司是否应对王荣杰支付的上述款项承担连带保证责任。

一、关于王荣杰是否应当向詹汉丁支付利息116万元及违约金120万元的问题。王荣杰、王晓林、苏溧公司辩称苏溧公司没有在《返还股权转让协议书》上盖章，不符合该协议最后一条"本协议一式四份，各方均持一份，自签字（盖章）之日起生效"的约定，该协议未成立未生效。但是该条款并没有明确约定该协议必须四方全部签字盖章才发生法律效力,该协议既可以经当事人签字生效,也可以经当事人盖章生效。且该协议的主要内容是詹汉丁与王荣杰对股权款的返还及利息、违约金的支付问题所作的约定,苏溧公司对王荣杰的债务是否承担连带保证责任,并不影响王荣杰履行合同义务。因此王荣杰、王晓林、苏溧公司的抗辩不能成立,本院不予采纳,一审判决对此认定有误,本院予以纠正。合同法第三十二条规定:"当事人采用合同书形式订立合同的,自双方当事人签字或者盖章时合同成立。"第四十四条第一款规定:"依法成立的合同,自成立时生效。"《返还股权转让协议书》系詹汉丁、王荣杰和王晓林的真实意思表示,内容不违反法律行政法规的强制性规定,应为有效合同,受法律保护。合同约定詹汉丁与王荣杰解除《股权转让合同》以及《补充协议》,王荣杰应于2018年6月30日前返还股权转让款300万元及该300万元自2016年6月1日至2018年6月30日期间以每月2%(年息24%)的利率所产生的利息,因此詹汉丁主张王荣杰返还股权转让款300万元并支付2016年6月1日至2018年6月30日期间的利息100万元(已扣除王荣杰支付的50万元),有事实和法律依据,本院予以支持。由于王荣杰至今未支付利息100万元,詹汉丁主张依据合同第三条约定,由王荣杰向詹汉丁支付逾期利息,即将未付利息100万元计入本金,本金合计400万元,并以本金400万元为基数,以月利率2%为标准计算逾期利息直至欠款实际清偿之日;詹汉丁还主张王荣杰支付以本金400万元为基数所计算的30%的违约金120万元。詹汉丁的这两项主张没有事实和法律依据,本院不予支持,王荣杰仅需向詹汉丁支付以300万元为基数,以月利率2%为标准,从2018年7月1日起计算至欠款实际清偿之日止的利息。

二、关于王晓林、苏溧公司是否应对王荣杰支付的上述款项承担连带保证责任的问题。詹汉丁主张苏溧公司对王荣杰的还款义务承担连带保证责任。由于苏溧公司未在《返还股权转让款协议》上盖章,该协议对苏溧公司未发生法律效力,因此苏溧公司无须对王荣杰的还款义务承担连带保证责任,詹汉丁的该项请求不能成立,本院不予支持。由于王晓林已在《返还股权转让款协议》上签名同意就该协议约定的王荣杰的义务向詹汉丁承担连带保证责任,因此詹汉丁请求王晓林对王荣杰的还款义务承担连带保证责任,本院予以支持。王晓林承担连带保证责任后,有权向王荣杰追偿。

综上所述,詹汉丁的上诉请求部分成立,本院予以支持。一审判决认定事实清楚,但适用法律错误,本院予以纠正。依照《中华人民共和国合同法》第三十二条、第四十四条第一款,《中华人民共和国担保法》第十八条、第二十一条第一款、第三十一条,《最高人民法院关于适用〈中华人民共和国担保法〉若干问题的解释》第二十条第一款、第四十二条第一款,《中华人民共和国民事诉讼法》第六十四条第一款、第一百七十条第一款第一项、第二项,《最高人民法院关于适用〈中华人民共和国民事诉讼法〉的解释》第九十条之规定,判决如下:

1. 维持海口市琼山区人民法院(2018)琼0107民初6050号民事判决第一项"限王荣杰于本判决生效之日起十日内向詹汉丁返还股权转让款300万元";

2. 撤销海口市琼山区人民法院(2018)琼0107民初6050号民事判决第二项"驳回詹汉丁的其他诉讼请求";

3. 限王荣杰于本判决生效之日起十日内向詹汉丁支付300万股权转让款的利息(截至

2018年6月30日的利息计为100万元;自2018年7月1日起至欠款实际清偿之日止的利息,以本金300万元为基数,按照年利率24%计收);

4. 王晓林对王荣杰的上述债务承担连带保证责任;王晓林承担保证责任后,有权向王荣杰追偿;

5. 驳回詹汉丁的其他上诉请求。

第九章 公司决议纠纷

【典型案例】

平顶山雪豹面粉有限责任公司、韩西庆公司决议纠纷①

雪豹公司成立于2002年元月28日，注册资金为675000元，每股金额100元，股本总金额675000元。该公司章程载明有公司股东和股东代表，向公司投资入股者即成为股东，股东代表代表所有出资人的意愿，在股东代表大会上行使权利，股东代表33人。公司法对有限责任公司股东人数的限制为50人以下，公司章程载明的股东代表为该公司备案股东，未成为股东代表的股东为工商备案的隐名股东，股东代表大会实际为股东会。韩西庆、李德刚、徐有良系雪豹公司的股东代表即工商备案股东。2002年元月28日雪豹公司分别向韩西庆、李德刚、徐有良出具了股权证，股权证载明：韩西庆、李德刚、徐有良出资额分别为48000元（投资股数480股）、12000元（投资股数120股）、3000元（投资股数30股）。

2014年1月3日，平顶山市粮食局出具《雪豹面粉有限公司换届选举纪事》载明：2013年7月18日与7月24日在市粮食局三楼会议室，雪豹公司部分职工代表向大部分董事就公司开发收益的开支情况和公司下一步工作开展等问题进行了质询，做了一些讨论，公司大部分股东对现在主持工作的董事会已不再信任，他们要求现任公司董事会辞职，另行推举召集人，主持今后的董事会选举和公司资产处置。在7月18日的会议中，韩西庆宣布不再担任召集人，公司全体董事、监事成员也均口头或电话表态不担任召集人，部分董事表示辞职。在7月24日的会议中，公司大部分董事（韩西庆、史某、姜艳*、李某1和监事冯某、王**）书面辞职。根据《公司法》四十一条之规定，在这种董事长、董事会、监事会均无法召集股东会的情况下，"代表十分之一以上表决权的股东可自行召集"，会议决议以61名股东代表103股（有书面签字和指印）通过，推举梁德兴为新的召集人，组成雪豹公司选举筹备组。8月27日，筹备组形成雪豹面粉有限公司换届选举办法上报我局。随后，我局当时主持工作的赵*增局长和赵剑冰局长将选举办法和公司的现状以及股东同志们的意愿向市政府进行汇报，市政府相关领导同志同意由股东合法推举的召集人牵头在法律法规的框架约束下依法推进公司下一步工作。10月24日，雪豹公司梁德兴等筹备组人员和部分股东、职工代表就推进公司董事会选举等问题进行了见面交流，赵剑冰局长主持会议，韩西庆、梁德兴、孙*杰、杜*明、刘*贤、史某等相继发言，经过多方讨论和征求不同方面意见，会议多数人员认为没有合法组织领导，企业不可能解决面临的各种问题，政府也有必要

---

① 参见河南省平顶山市中级人民法院民事判决书（2019）豫04民终3858号。来源：中国裁判文书网http://wenshu.court.gov.cn。

来约束企业资产的处置和分配，有不同的意见可以提，但选举应是大势所趋。11月1日，筹备组梁德兴、史某、姜＊召、温某等同志向市政府法制办刘主任咨询了有关企业筹备选举的问题，对选举办法进行了审议，最终得出结论，筹备组的选举办法不存在法律障碍，具备进行选举的条件。随后，筹备组继续推进选举工作。11月29日，在局三楼会议室，由筹备组梁德兴主持，李某2、康某、冯某等共13位股东代表参加进行了座谈，对筹备组前期工作做了通报，筹备组也做了表态，希望持反对意见的股东主动找筹备组说明，愿意更有才能的人带着主导选举，如果没有反对意见筹备组的工作将继续推进。12月28日上午9时，市粮食质检所七楼会议室，由筹备组梁德兴主持，李＊胜、汪＊娟等22位股东代表参加了雪豹公司换届选举开箱唱票。会议经由李某3、席＊、田＊晋三位同志检查票箱，当众说明与封箱时无误。后经总监票人席宇、唱票人李某2、计票人李某3、监票人李＊远四人开箱唱票，选举共发出选票215张，收回177张，其中董事会收回有效票168张，无效票9张，监事会选票收回167张有效票，无效票10张。最终计票结果为董事会成员梁德兴、姜＊召、韦某、张某、康某、王＊梅、王＊媚；监事会成员陈＊强、温某、冯某。

2013年7月24日，韩西庆本人书写"即日起本人同意辞去雪豹公司董事职务"。

2016年12月12日，雪豹公司做出《平顶山雪豹面粉有限责任公司股东会决议》，该决议载明：雪豹公司于2016年12月12日在粮食局会议室召开公司股东会议，本次会议召开的时间和地点，已于15日前以电话方式通知了全体股东，70%以上的股东出席了会议。经公司股东会70%以上的股东表决同意，会议通过了以下事项：1. 免去韩西庆、史某、姜＊召、邵＊海、韦某、李某1、徐＊良董事职务，免去温某、丁＊西、冯某监事职务。2. 选举梁德兴、姜＊召、韦某、张某、康某、王＊梅、王＊媚为董事。选举温某、陈＊强、冯某为监事。3. 变更经营期限为长期。4. 通过修改后的公司章程。该决议显示有签字股东共24人，名单如下：王某、李某3、孙某、温某、陈＊玲、毛＊红、陈＊、徐＊国、史某、许洁、李某2、康某、侯＊国、李＊运、常＊君、王＊详、于＊民、吴＊丽、吕＊东、韦某袁某、李某1、姜＊召、冯某。

2016年12月12日雪豹公司做出《平顶山雪豹面粉有限责任公司董事会决议》（以下简称董事会决议一），该决议载明：雪豹公司于2016年12月12日在粮食局会议室召开公司董事会议，本次会议召开的时间和地点，已于10日前以电话方式通知了全体董事，100%的董事出席了会议。经公司董事会100%的董事表决同意，免去韩西庆董事长兼总经理（法定代表人）职务。签字董事名单如下：姜＊召、韦某、徐有良、韩西庆、李某1、邵＊海、史某。庭审中徐有良、韩西庆否认签名系本人所签。该决议免去了韩西庆董事长兼总经理（法定代表人）职务。

2016年12月12日雪豹公司做出《平顶山雪豹面粉有限责任公司董事会决议》（以下简称董事会决议二），该决议载明：雪豹公司于2016年12月12日在粮食局会议室召开公司董事会，本次会议召开的时间和地点，已于10日前以电话方式通知了全体董事，100%的董事出席了会议。经公司董事会100%的董事表决同意，选举梁德兴为董事长兼总经理（法定代表人）职务。董事签字名单如下：梁德兴、姜＊召、韦某、康某、王＊媚、王＊梅、张某。该决议选举梁德兴为公司董事长兼总经理（法定代表人）。上述会议的召集人为梁德兴，后雪豹公司依据上述三个决议进行了工商变更登记。

雪豹公司方证人张某出庭作证称：其参加了2016年12月12日的股东会和董事会，当时共有十几个人到粮食局大院，因人数没有过半，会议未开成，当天回到公司办公室开的会。因营业执照长期没有年审，被工商部门吊销，开会最主要是营业执照的事情，其他小事记不清了。证人李某1出庭作证称："2016年12月中上旬，公司通知我开会，会议内容主要是恢复营业执照，不知道召集人是谁，说是去粮食局，但是人少没开成，就回公司办公室开会了，没有选举事项。"证人李某2出庭作证称："陈国强2016年12月通知我的，召集人是谁我不知道，说是去粮食局，但是人少没开成，就回公司办公室开会了，是否有选举事项不知道，会议决议事项主要是恢复营业执照。"证人史某出庭作证称："陈国强在12月12日前的一天下午通知我的，召集人是谁我不知道，说是去粮食局，但是人少没开成，我签完字就走了，会议决议事项主要是恢复营业执照，当天就说办营业执照的事，没有说其他事。"证人温某出庭作证称："梁德兴12月初通知我的，召集人是梁总。说是去粮食局，但是人少没开成，就回公司开会了，会议决议事项主要是恢复营业执照，具体记不清了。"证人康某出庭作证称："办公室陈国强通知我的，2016年12月初通知的，召集人是梁德兴，先去粮食局，因人少没开成又回办公室开的，会议决议事项主要是恢复营业执照，是否有选举事项不知道。"证人温某出庭作证称："这个会谁通知的记不清了，开会前几天通知的，具体时间记不清了，召集人是梁德兴，先去粮食局，去的人不多，我在外地打工，我只在决议上签完字就走了，其他事项我不清楚。"证人袁某出庭作证称："公司董事王建梅通知我的，具体时间记不清了，梁总召集的，会议决议事项办理营业执照。"证人冯某出庭作证称："温某12月初通知我的，不知道召集人是谁，说是去粮食局，但是人少没开成，就回公司办公室开会了。会议决议事项有两项内容，说办理营业执照，具体记不清了，当天有选举董事事项。"证人王某出庭作证称："王建梅提前四五天通知我，召集人是梁总，说是去粮食局，但是人少没开成，就回公司办公室开会了。会议决议事项有三四项内容，主要是恢复营业执照，是否有选举事项记不清了。"证人孙某出庭作证称："王建梅通知我的，谁召集不清楚。先去粮食局，人不多，又回办公室开会了，会议结束后我签了字，会议主要是变更公司章程，其他记不清了。"证人李某3出庭作证称："王建梅提前三四天通知我的，具体时间记不清了。先去粮食局，当时去了十几个人，后来没开成又回办公室开会，主要是为恢复补办营业执照开的会。"证人韦某出庭作证称："因公司长期未年审，召开公司股东会恢复营业执照办理有关手续。当时通知到粮食局开会，但是人数没到齐。我就在一个股东会决议和两个董事会决议上签字，是我真实意思，签完字就中途离场了。签字的地点是在粮食局院内。"

2018年5月14日平顶山市粮食局出具的《关于雪豹公司有关情况的说明》载明："关于雪豹公司的工商登记材料问题，根据我局查询掌握的信息，2014年至2017年该企业未在市粮食局召开过公司会议。特此说明。"2018年11月6日平顶山市粮食局出具的《关于雪豹公司有关情况的说明》载明："根据我局掌握的信息，2016年12月12日雪豹公司未在市粮食局会议室召开过会议。特此说明。"2018年11月21日平顶山市粮食局出具的《情况说明》载明："关于雪豹公司2016年召开股东会的问题，经过对十余名企业股东代表了解，真实情况为：2016年12月12日原定于在市粮食局会议室召开股东会，由于人员外出谋生打工，当日仅三分之一的股东代表到场，当时在院内表决，最终会议通过的决议有三分之二股东代表签名，会议决议以签名真实性为准。"张某等证人证言与市粮食局出具的三份情况说明，相互印证2016年12月12日雪豹公司未在市粮食局（包括在市粮食局院内）召开股东会及董事会，且召开会议的议程事项均不明确。

再查明，雪豹公司于2005年3月15日召开股东代表大会通过了修改的公司章程，该章程第二十四条规定："股东代表大会由上届公司董事会负责召集和主持。"第二十六条规定："股东代表大会会议分为定期会议和临时会议，定期会议每年两次，会议召开15日前通知全体股东代表（临时会议除外）。临时会议由代表四分之一以上的股东代表、三分之一以上的董事或者监事会提议方可召开。"第二十七条规定："股东代表大会会议由董事会负责召集，董事长主持。董事长因特殊原因不能履行职务时，由董事长指定副董事长或其他董事主持。"第三十条规定："董事会会议的召集和主持。一、董事会会议由董事长召集和主持，董事长因特殊原因不能履行职务时，由董事长指定副董事长或者其他董事召集和主持；二、董事会会议分为定期会议和临时会议，定期会议每年两次，会议召开10日前通知全体董事（临时会议除外），经三分之一以上董事提议可召开临时会议；三、董事会应对所议事项的决定做出会议记录，出席会议的董事应当在会议记录上签名。"

2018年12月18日，平顶山粮食局出具情况说明一份，载明：关于雪豹面粉有限责任公司2013的换届选举工作的具体过程，当时我局出具的《选举纪事》有明确记载。现就未尽事宜说明如下：一、市粮食局作为行政管理部门，对民营企业雪豹面粉有限责任公司的换届选举、人事安排、法人治理结构无管理权，因历史沿革和基于企业信访责任，主持和见证了换届工作的一部分协调工作，其换届选举工作主体仍然是企业股东推举的召集人、筹备组。二、市粮食局主持或见证了原董事会、监事会辞职、推举召集人、成立筹备组、产生换届选举办法等工作。但选举方法的具体执行因职权和条件限制，我局无法监督其具体措施过程，选票的真实性由投票人本人负责。三、2013年12月28日的选举唱票，市粮食局仅提供了场地，出席人员只为旁听结果和维持秩序，未发言未签字。因不是当场投票，投票过程不在我局的监督之下，参加会议并不代表我局任何官方立场。四、选举过程中，韩西庆等股东（合计股份约30%）三次书面反映关于选举的程序方法、表决方式、时间跨度等方面的疑问。选举后，引起了宁新新等三四十名上访股东和职工群众强烈不满，要求市粮食局对企业选举结果进行表态。信访局和市主管领导与上访群众座谈后，有关领导要求鉴于反映的严重问题依照公司法和公司章程，严格审查选举的合法有效性。我局当时表示，因没有参与选举全程无法表态，既没有承认其选举结果，也无须否定。

韩西庆3人向一审法院起诉请求：1. 判令雪豹公司于2016年12月12日作出的《平顶山雪豹面粉有限责任公司股东会决议》（一个决议）及《平顶山雪豹面粉有限责任公司董事会决议》（两个决议）均不成立；2. 本案诉讼费由雪豹公司负担。

【裁判要旨】

一审法院认为，公司决议纠纷是指公司股东或股东大会、董事会决议内容或者会议召集程序、表决方式违反法律、行政法规或者公司章程，股东向人民法院提起诉讼，要求确认股东会或股东大会、董事会决议的效力或者撤销股东会或股东大会、董事会决议而产生的纠纷。公司决议的产生要通过一定程序方可形成，只有按照规定的程序形成的决议才能保证决议参与者平等、充分地表达意思，也才能发生公司决议的效力。倘若公司决议在程序上存在瑕疵，就不能体现为所有应当享有表决权的决议参与者的真实意思表示，除非该决议做出后取得所有应当享有表决权的决议参与者的一致追认或默认。程序瑕疵发生于决议形成的过程之中，主要体现在会议召集程序和表决方式两个方面。程序瑕疵表现为会议召集程序、表决方式违反法律、行政法规或者公司章程。内容瑕疵主要表现为：决议内容违反民法、合同法的基本原则和具体规定；违反其他法律的规定；违反公司章程。《最高人民法院关于适用〈中华人民共和国公司法〉若干问题的规定（四）》第一条规定：公司股东、董事、监事等请求确认股东会或者股东大会、董事会决议无效或者不成立的，人民法院应当依法予以受理。第五条规定：股东以未被通知召开会议为由起诉请求确认股东会、股东大会决议无效或者请求撤销股东会、股东大会决议的，人民法院应当根据下列情况分别作出处理：（一）公司已经向原告股东履行了通知义务，且通知方法符合公司法、公司章程或者原告股东与公司之间约定的，应当驳回起诉；（二）公司未向原告股东履行通知义务即召集股东会、股东大会并形成决议，且原告股东未参加会议的，应当认定决议无效；（三）原告股东参加了股东会、股东大会会议并且对决议投赞成的，应当驳回诉讼请求。起诉请求确认股东会或者股东大会、董事会决议不成立、无效则没有时效规定。故韩西庆等人起诉公司股东会或者股东大会、董事会的决议不成立不受时效限制。雪豹公司辩称韩西庆等人起诉超过公司法规定的期限理由不能成立，一审法院不予采信。公司决议是公司股东通过股东会或股东大会、董事通过董事会形成的公司内部意思。从决议的源头看，来源于股东、董事的会议表决。但一旦形成的决议，其结果即归属于公司本身，脱离于股东、董事个体成为公司的意思，因此，公司股东会、董事会的召开，及决议的形成都应按照公司法和公司章程的规定进行。《中华人民共和国公司法》第四十一条规定：召开股东会会议，应当于会议召开十五日前通知全体股东；但是，公司章程另有规定或者全体股东另有约定的除外。股东会应当对所议事项的决定作成会议记录，出席会议的股东应当在会议记录上签名。第四十七条规定：董事会对股东会负责，行使下列职权：（一）召集股东会会议，并向股东会报告工作；（二）执行股东会的决议；（三）决定公司的经营计划和投资方案；（四）制订公司的年度财务预算方案、决算方案；（五）制订公司的利润分配方案和弥补亏损方案；（六）制订公司增加或者减少注册资本以及发行公司债券的方案；（七）制订公司合并、分立、解散或者变更公司形式的方案；（八）决定公司内部管理机构的设置；（九）决定聘任或者解聘公司经理及其报酬事项，并根据经理的提名决定聘任或者解聘公司副经理、财务负责人及其报酬事项；（十）制定公司的基本管理制度；（十一）公司章程规定的其他职权。第四十八条规定：董事会会议由董事长召集和主持；董事长不能履行职务或者不履行职务的，由副董事长召集和主持；副董事长不能履行职务或者不履行职务的，由半数以上董事共同推举一名董事召集和主持。该公司章程第二十四条规定：股东代表大会由上届公司董事会负责召集和主持。第二十六条规定：股东代表大会会议分为定期会议和临时会议。定期会议每年两次。会议召开15日前通知全体股东代表（临时会议除外）。临时会议由代表四分之一以上的股东代表、三分之一以上的董事或者监事提议方可开。第二十七条规定：股东代表大会会议由董事会负责召集，董事长主持。董事长因特殊原因不能履行职务时，由董事长指定副董事长或其他董事主持。第三十条规定：董事会会议的召集和主持。一、董事会会议由董事长召集和主持。董事长因特殊原因不能履行职务时，由董事长指定副董事长或者其他董事召集和主持。二、董事会会议分为定期会议和临时会议。定期会议每年两次，会议召开10日前通知全体董事（临时会议除外）。经三分之一以上董事提议可召开临时会议。三、董事会应对所议事项的决定做出会议记录，出席会议的董事应当在会议记录上签名。本案中，2016年12月12日《平顶山雪豹面粉有限责任公司股东会决议》载明：雪豹公司于2016年12月12日在粮食局会议室召开公司股东会议。而事实上当日由于去市粮食局的人数少，股东会并未在粮食局召开，也未在雪豹公司办公室召开。当天召集开会的梁德兴让当天到场的股东代表在决议上签字，次日又安排人一一找到当天未到场的股东代表在决议上签字。故雪豹公司当日未召开股东会及董事会。该公司章程显示有股东代表共33人，股东决议显示股东代表签字有24人。《最高人民法院关于适用〈中华人民共和国公司法〉若干问题的规定（四）》第五条规定："股东会或者股东大会、董事会决议存在下列情形之一，当事人主张决议不成立的，人民法院应当予以支持：（一）公司未召开会议的，但依据公司法第三十七条第二款或者公司章程规定可以不召开股东会或者股东大会而直接作出决定，并由全体股东在决定文件上签名、盖章的除外。"因公司股东会未召开，事后该决议也没有经全体股东代表签字，且雪豹公司未提交2016年12月12日股东会的会议记录、未在会议召开的15日之前通知全体股东代表，均不符合公司法和公司章程的规定。鉴于当天召集开会时，大多数到场签字的股东代表和次日签字的股东代表均知情是为了恢复营业执照，决议将营业执照变更经营期限为长期，也是在雪豹公司的上级主管部门和相关部门为维护全体职工的利益，多方协调努力的结果，决议的此项内容并未损害全体职工的利益，故该决议中形成的此项内容成立，其他三项内容不成立。2016年12月12日做出的两个董事会决议，因董事会决议中载明：雪豹公司于2016年12月12日在粮食局会议室召开公司董事会，本次会议召开的时间和地点已于10日前以电话方式通知了全体董事。显然与2016年12月12日作出股东会决议，产生新的公司董事从时间顺序上是矛盾的。根据2016年12月12日股东会决议选举产生新一届董事与2016年12月12日董事会决议中"本次会议召开的时间和地点已于10日前以电话方式通知了全体董事"相互矛盾，在新一届董事产生的10天之前就已经通知董事开会有悖常理。加之韩西庆并未参加当天的董事会，决议上韩西庆的签名非本人所签，这两个董事会决议产生的前提是股东会决议成立，而雪豹公司未提交2016年12月12日董事会的会议记录、未在会议召开的10日之前通知全体股东代表，均不符合公司法和公司章程的规定。故雪豹公司于2016年12月12日作出的两个董事会决议不成立。而雪豹公司主张其2016年12月12日所形成的股东会决议和董事会决议符合公司法和公司章程规定的法定程序，内容合法的理由证据不充分，不能成立，一审法院不予采信。综上所述，依照《中华人民共和国公司法》第三十七条、第四十一条、第四十七条，《最高人民法院关于适用〈中华人民共和国公司法〉若干问题的规定（四）》第一条、第五条，《中华人民共和国民事诉讼法》第六十四条第一款之规定，判决：

一、平顶山雪豹面粉有限责任公司于2016年12月12日作出的《平顶山雪豹面粉有限责任公司股东会决议》中的"1. 免去韩西庆、史某、姜*召、邵*海、韦某、李某1、徐友良董事职务，免去温某、丁*西、冯某监事职务。2. 选举梁德兴、姜*召、韦某、张某、康某、王*梅、王*媚为董事。选举温某、陈国*、冯某为监事。4. 通过修改后的公司章程"的决议不成立；二、平顶山雪豹面粉有限责任公司于2016年12月12日作出的《平顶山雪豹面粉有限责任公司董事会决议》"免去韩西庆董事长兼总经理（法定代表人）职务""选举梁德兴为董事长兼总经理（法定代表人）职务"的决议不成立；三、驳回韩西庆、李德纲、徐有良的其他诉讼请求。案件受理费100元，由平顶山雪豹面粉有限责任公司负担。

二审法院认为，依照《最高人民法院关于适用〈中华人民共和国民事诉讼法〉的解释》第九十条规定，除法律另有规定外，当事人对自己提出的诉讼请求所依据的事实或者反驳对方诉讼请求所依据的事实，应当提供证据加以证明。在判决作出前，当事人未能提供证据或者证据不足以证明其事实主张的，由负有举证证明责任的当事人承担不利的后果。

韩西庆3人提供的证据足以证明，2016年12月12日雪豹公司没有依法召开股东会及董事会、案涉"三个决议"的决定文件上没有全体股东签名、盖章的事实，雪豹公司的章程也未规定可以不召开股东会或者股东大会而直接作出案涉"三个决议"的决定，依照《最高人民法院关于适用〈中华人民共和国公司法〉若干问题的规定（四）》第五条规定，韩西庆3人主张案涉"三个决议"不成立，于法有据，并无不当，雪豹公司应当承担其举证不能的不利后果。

【实务指引】

一、公司决议纠纷的定义

公司决议纠纷是指公司股东会或者股东大会、董事会决议的内容违反法律、行政法规的，股东会或者股东大会、董事会的会议召集程序、表决方式违反法律、行政法规或者公司章程，或者决议内容违反公司章程的，股东向人民法院提起诉讼，要求确认股东会或者股东大会、董事会决议的效力或者撤销股东会或者股东大会、董事会决议引发的纠纷。

股东会或者股东大会决议和董事会决议作为相应的公司机关的意思表示，只有决议程序（包括会议的召集程序和表决方式）和内容均合法、公正才能发生法律效力；如果决议程序或内容上有瑕疵，就不能认为是正当的团体意思，应对其效力作否定性的评价，赋予股东对瑕疵意思表示的诉权是保护中小股东利益的重要手段。多数国家的公司法均确立了瑕疵股东会或者股东大会、董事会决议的效力确认和撤销制度，我国公司法也规定了公司机关的决议无效和撤销制度。

依据《公司法》第二十二条的规定，股东会或者股东大会和董事会决议的瑕疵分为内容瑕疵和程序瑕疵。公司决议纠纷又分为公司决议效力确认纠纷与公司决议撤销纠纷。

程序瑕疵主要指召集程序、表决方式违反法律、行政法规及公司章程的瑕疵。对于召集程序、表决方式违反法律、行政法规及公司章程的，或者内容上违反公司章程的，股东可以向人民法院提起撤销决议的诉讼。提起股东会或者股东大会和董事会决议撤销之诉的原告，应限于公司股东。

二、公司决议纠纷的诉讼主体

提起公司决议效力确认纠纷，对于被告的主体资格实务中是明确的，应直接列公司为被告，而对于原告的主体资格，谁有权提起确认之诉在公司法上并不明确，我们为此作出了以下的分析。

1. 股东、董事、监事

目前公司法及相关司法解释并没有对提起公司决议确认纠纷的原告主体作出明文规定，根据"公司股东会或者股东大会、董事会的决议内容违反法律、行政法规的无效"的法律条款，有权作出股东会或者股东大会、董事会决议的主体为股东或者董事，因此，股东、董事有权提起决议效力确认之诉。

监事作为公司的监督机构，从维护公司利益的角度出发，应有权提起决议效力确认之诉，而《公司法》第五十三条第（二）项对监事（会）的职权规定"对董事、高级管理人员执行公司职务的行为进行监督，对违反法律、行政法规、公司章程或者股东会决议的董事、高级管理人员提出罢免的建议"，也为监事可以提起决议确认之诉增加了法律依据。

2. 高级管理人员

股东会、股东大会、董事会是公司的组织机构，其作出的决议系公司内部决议，对公司内部人员产生效力并不直接涉及公司外部人员，而因决议的违法违规只会直接造成公司和内部人员的利益受损，从维护公司和内部人员的利益角度考虑，因股东会、股东大会、董事会决议的内容而受损的公司内部人员应有权利提起确认之诉；同时，我们认为对于可以提起确认之诉的公司内部人员的范围不应过广，普通的员工在利益受损时可以通过劳动仲裁或者劳动诉讼维护自己的权益，而高级管理人员与公司之间不是简单的劳动关系，因此可以赋予公司的高级管理人员在一定条件下提起决议确认之诉。《公司法司法解释（四）》（专家意见稿）第一条规定了与"股东会或者股东大会、董事会决议内容有直接利害关系的高级管理人员等"可以提起决议确认之诉。

三、公司决议纠纷的裁判规则

（一）股东会决议效力以对股东合理通知为前提。按公司章程载明股东地址发送会议通知，应视为履行了合理通知义务

广东广州中院（2012）穗中法民四终字第39号判决书认为：①《公司法》第二十二条规定，股东会决议作出之后如其内容未违反法律、行政法规的规定即发生法律效力，即使存在召集程序、表决方式违反法律、行政法规或者公司章程等情形导致股东会决议可能被撤销，在被依法撤销之前，该股东会决议依然具有法律效力。就本案而言，塑料公司已通过合理方式通知了另一股东苏某，现无证据显示其当时明知苏某有其他联系地址而不予送达，且涉案临时股东会会议召开地址就在实业公司。决议内容未违反法律、行政法规，故其作出即发生法律效力。苏某一审庭审时已知晓涉案临时股东会决议内容，然而，迄今为止未有证据证明苏某已在法定期限内提出撤销涉案临时股东会决议的诉讼，由此，该决议应属有效。临时股东会会议系股东会会议一种，临时股东会决议亦属股东会决议，而股东会系公司权力机构，故对于临时股东会决议公司亦应执行。②本案系塑料公司作为股东请求实业公司履行股东会决议变更公司登记事项引起的纠纷，苏某作为公司另一股东，其是否参加诉讼并不必然影响本案审理。法院在苏某已了解本案案情却未申请参加诉讼、实业公司亦未申请追加苏某为当事人参加诉讼情况下，未依职权主动追加苏某参加诉讼，并不影响法院对本案的正确审理和判决。判决实业公司按临时股东会决议向工商部门申请办理相应变更登记。

（二）董事会决议被法院认定无效，不影响对外担保效力

公司股东会和董事会决议为债务人提供担保的意思形成属于公司内部事情，即使董事会和股东会决议被法院确认无效，亦只是在公司内部发生效力，不影响其对外形成的法律关系效力。

最高人民法院（2012）民二终字第35号判决书认为：①科技公司召开董事会形成决议，符合公司章程"董事会作出决议，须经全体董事的过半数通过"规定。根据科技公司对外担保公告中披露，该担保系充分考虑了本企业利益和担保事项可能存在的风险后作出的决定。无证据表明签署董事会决议股东受杨某胁迫，故杨某刑事犯罪并不影响案涉保证合同效力。②科技公司为热电公司提供担保出于真实意思表示，该真实意思形成属公司内部事情，即使董事会和股东会决议被法院确认无效，亦只是在科技公司内部发生效力，不影响其对外形成的法律关系效力。故判决科技公司应承担本案担保责任。

（三）股东会决议存在瑕疵，只要对外的表示行为不存在无效的情形，公司就应受其表示行为的制约

民商事法律关系中，公司作为行为主体实施法律行为的过程可以划分为两个层次：一是公司内部的意思形成阶段，通常表现为股东会或董事会决议；二是公司对外作出意思表示的阶段，通常表现为公司对外签订的合同。出于保护善意第三人和维护交易安全的考虑，在公司内部意思形成过程存在瑕疵的情况下，只要对外的表示行为不存在无效的情形，公司就应受其表示行为的制约。

最高人民法院民事判决书（2010）民提字第48号判决书认为：2003年12月18日科创公司与陈木高签订的《入股协议书》系科创公司与该公司以外的第三人签订的合同，应适用合同法的一般原则及相关法律规定认定其效力。虽然科创公司2003年12月16日作出的股东会决议部分无效，导致科创公司达成上述协议的意思存在瑕疵，但作为合同相对方的陈木高并无审查科创公司意思形成过程的义务，科创公司对外达成协议应受其表示行为的制约。

（四）法院只审查股东会决议的程序及内容是否违法，不审查决议所依据的事实是否属实、理由是否成立

最高人民法院发布的指导案例《李建军诉上海佳动力环保科技有限公司公司决议撤销纠纷案》认为：人民法院在审理公司决议撤销纠纷案件中应当审查以下事项：会议召集程

序、表决方式是否违反法律、行政法规或者公司章程，以及决议内容是否违反公司章程。在未违反上述规定的前提下，解聘总经理职务的决议所依据的事实是否属实、理由是否成立，不属于司法审查的范围。

（五）实际控制公司的股东虚构的公司股东会及其决议无效

有限责任公司召开股东会议并作出会议决议，应当依照法律及公司章程的相关规定进行。未经依法召开股东会议并作出会议决议，而是由实际控制公司的股东虚构公司股东会议及其会议决议的，即使该股东实际享有公司绝大多数的股份及相应的表决权，其个人决策亦不能代替股东会决议的效力。在此情况下，其他股东申请确认虚构的股东会议及其决议无效的，人民法院应当支持。

南京市玄武区人民法院一审（生效裁判文书法院）认为：有限责任公司的股东会议，应当由符合法律规定的召集人依照法律或公司章程规定的程序，召集全体股东出席，并由符合法律规定的主持人主持会议。股东会议需要对相关事项作出决议时，应由股东依照法律、公司章程规定的议事方式、表决程序进行议决，达到法律、公司章程规定的表决权比例时方可形成股东会决议。有限责任公司通过股东会对变更公司章程内容、决定股权转让等事项作出决议，其实质是公司股东通过参加股东会议行使股东权利、决定变更其自身与公司的民事法律关系的过程，因此公司股东实际参与股东会议并作出真实意思表示，是股东会议及其决议有效的必要条件。本案中，虽然被告万华享有被告万华工贸公司的绝对多数的表决权，但并不意味着万华个人利用控制公司的便利作出的个人决策过程就等同于召开了公司股东会议，也不意味着万华个人的意志即可代替股东会决议的效力。根据本案事实，不能认定2004年4月6日万华工贸公司实际召开了股东会，更不能认定就该次会议形成了真实有效的股东会决议。万华工贸公司据以决定办理公司变更登记、股权转让等事项的所谓"股东会决议"，是当时该公司的控制人万华所虚构，实际上并不存在，因而当然不能产生法律效力。

（六）股东就股东会决议已经议决事项向法院起诉的，如不属于依法应当支持的情形，则应判令当事人各自遵守和执行股东会决议

最高人民法院（2005）民一终字第25号判决书认为：有限责任公司全体股东召开股东会会议，就股权转让、公司债权债务及资产的处置等问题形成的《股东会决议》，对各股东均有约束力。故该有限责任公司的股东就《股东会决议》涉及的问题提起新的诉讼时，如不属于依法应予支持的情形，则应当判令当事人各自遵守和执行股东会决议。

（七）股东会在没有明确标准、幅度的情况下处罚股东决议无效

公司章程关于股东会对股东处以罚款的规定，系公司全体股东所预设的对违反公司章程股东的一种制裁措施，符合公司的整体利益，体现了有限责任公司的人合性特征，不违反公司法的禁止性规定，应合法有效。但公司章程在赋予股东会对股东处以罚款职权时，应明确规定罚款的标准、幅度，股东会在没有明确标准、幅度的情况下处罚股东，属法定依据不

足,相应决议无效。

(八) 公司瑕疵决议被判决撤销、无效或不存在后对股权转让的影响

陕西省高级人民法院民二庭《股权转让纠纷疑难问题分析及应对》:"由于公司决议具有团体法上行为的性质,判决的对世效力必须符合公司法律关系的整体性、稳定性的基本要求。就是说,公司决议无效、撤销或不存在的判决之溯及力,不能简单适用民法上法律行为被判决撤销、无效而具有溯及既往的效力。因为以公司决议为基础的公司行为如被溯及无效,将产生公司法律关系的混乱,不利于对善意第三人的保护。因此,公司法在对待以瑕疵决议为基础的行为时,不必当然将瑕疵决议的效力溯及既往,而应视具体情形尊重既成事实,承认其对善意第三人的法律效力,维护交易的安全。

在股权转让交易中,我们认为应区分股东内部转让与外部转让,内外有别予以处理。

(1) 如果转让行为发生在公司内部,公司关于股权转让的决议被判决无效、撤销或不存在后,股权转让合同丧失效力,股权回归到转让前的状态。对决议瑕疵负有责任的股东应向无过错的股东承担损害赔偿责任。

(2) 如果股权转让给公司以外的第三人,应尽量适用代表权、表见代理等法则保护因信赖公司决议有效而交易的善意第三人的利益,股权转让不必然回归到转让前的状态;当第三人为善意时,必须保护第三人合理信赖利益,股权转让的结果不受影响;当第三人明知公司关于股权转让的决议存在瑕疵而受让股权的,则股权转让的结果不应被确认。

(九) 股东会决议涉及增资、变更公司章程事宜,未经代表公司三分之二以上表决权股东通过,应认定不具备法律效力

福建厦门中院 (2013) 厦民终字第 668 号判决书认为:①对于有限责任公司,依《公司法》第四十四条规定,股东会的议事方式和表决程序,除本法有规定的外,由公司章程规定。股东会会议作出修改公司章程、增加或者减少注册资本的决议,以及公司合并、分立、解散或者变更公司形式的决议,必须经代表三分之二以上表决权的股东通过。工程公司章程亦规定对于增资及变更公司章程的情况须经三分之二以上表决权股东通过。而诉争股东会决议,涉及增加公司注册资本、变更公司章程事宜,依上述规定应经代表工程公司三分之二以上表决权股东通过。②吴某作为工程公司股东,在其股权未被变更之前享有 42.4% 股权,其表决权已超过工程公司股权三分之一。而诉争股东会决议上吴某签字均非其本人所签,即言股东会决议并未经三分之二以上表决权股东通过。公司股东会决议行为非股东单方法律行为,而是依多数决原则形成的多数个体股东独立意思的偶然结合。会议议案只有达到或超过规定的表决权比例,才能形成会议决议。诉争股东会决议因未能达到《公司法》第四十四条及工程公司章程规定的表决权比例,均不能成立,不产生股东会决议应有的法律效力。吴某据以确认决议无效的主要事实是股东会决议非其真实意思表示,其未行使表决权,该主张实际已包含了要求确认决议不具备法律效力的意思,故其诉请可予支持。判决确认诉争股东会决议不具备法律效力。

（十）股东之间达成除公司章程之外其他规章管理制度限制股东查阅公司会计账簿的，因内容违反法律规定而无约束力

四川成都中院（2012）成民终字第21号判决书认为：①邹某作为广告公司股东，有权通过查阅、复制股东会会议记录、董事会决议、监事会决议和财务会计报告了解公司经营情况和财务状况，以维护自己合法权益，邹某此项权利在《公司法》及广告公司公司章程里均有明确规定，广告公司虽辩称其已将相关股东会会议记录和财务会计报告通过邮寄方式送达邹某，即使广告公司陈述属实，但我国法律没有排除股东再次请求查阅、复制股东会会议记录的权利，广告公司亦无任何证据证明其将相关财务会计报告送交邹某审查，故对广告公司该项抗辩不予采纳。②《公司法》第三十四条规定，股东可以要求查阅公司会计账簿，股东要求查阅公司会计账簿的，应当向公司提出书面请求，说明目的。公司有合理依据认为股东查阅会计账簿有不正当目的，可能损害公司合法利益的，可以拒绝提供查阅，并应当自股东提出书面请求之日起十五日内书面答复股东并说明理由。根据该条规定，股东要求查阅公司会计账簿，应当先向公司提出书面请求，该程序是股东向法院起诉的前置程序。本案中，邹某两次向广告公司发出《要求查阅复制公司财务账簿的函》，说明了要求了解公司相关财务账簿和公司账款收入与支出情况的查账目的，广告公司逾期答复，且答复内容实质上拒绝了邹某的查阅要求，应视为邹某已履行了《公司法》规定的前置程序，邹某可就查阅、复制会计账簿主张向法院起诉。广告公司要求邹某按《关于公司财务查账管理细则决议》规定查阅会计账簿，但该决议关于股东查阅会计账簿设置了种种限制条件，内容与法律规定明显相悖，且邹某本人亦未在细则决议上签字署名，该决议对邹某无约束力。因我国相关法律并无股东可以复制会计账簿的规定，邹某要求复制会计账簿没有法律依据。判决广告公司提供公司股东会会议记录、财务会计报告供邹某查阅、复制，提供公司会计账簿供邹某查阅，向邹某提供每月财务收支报表。

（十一）公司为股东担保未经股东会决议，不影响担保效力

《公司法》第十六条第二款"公司为公司股东或者实际控制人提供担保的，必须经股东会或者股东大会决议"宜理解为公司内部控制管理的规定，不应以此作为评价合同效力的依据。

最高人民法院（2012）民提字第156号判决书认为：①作为公司组织及公司行为当受《公司法》调整，同时其以合同形式对外担保行为亦应受《合同法》及《担保法》制约。案涉公司担保合同效力的认定，因其并未超出平等商事主体间合同行为范畴，故应首先从《合同法》相关规定出发进行评判。②《最高人民法院关于适用〈合同法〉若干问题的解释（二）》第十四条规定"合同法第五十二条第（五）项规定的'强制性规定'，是指效力性强制性规定"。《公司法》第十六条第二款规定："公司为公司股东或者实际控制人提供担保的，必须经股东会或者股东大会决议。"上述《公司法》规定已然明确了其立法本意在于限制公司主体行为，防止公司实际控制人或高级管理人员损害公司、小股东或其他债权人利益，故其实质是内部控制程序，不能以此约束交易相对人，故此规定应理解为管理性强制性规范。对违反该规范的，原则上不宜认定合同无效。另外，如作为效力性强制性规范认定将

会降低交易效率和损害交易安全。譬如股东会何时召开,以何种形式召开,何人能代表股东表达真实意志,均超出交易相对人判断和控制能力范围,如以违反股东决议程序而判令合同无效,必将降低交易效率,同时亦给公司动辄以违反股东决议主张合同无效的不诚信行为留下制度缺口,最终危害交易安全,不仅有违商事行为的诚信规则,更有违公平正义。故案涉《股东会担保决议》的决议事项未经实业公司股东会同意,亦不影响担保合同效力。

【拓展案例】

李根富、金华市华亿新型建材有限公司公司决议纠纷①

华亿建材公司成立于2010年8月30日,公司设立后,投资人经过数次变更。2018年7月30日,华亿建材公司股东会作出股东会决议一份,决议内容为"免去胡琼娟执行董事、法定代表人职务,选举黄胜华为执行董事任法定代表人"。李根富及胡琼娟对上述股东会决议进行了签字确认。华亿建材公司根据上述决议内容于2018年9月5日向工商部门办理了变更登记。2019年1月14日,黄胜华、胡琼娟、黄丽利用两份虚假的股东会决议,将胡琼娟名下的40%的股权转让给黄胜华;免去李根富公司监事的职务,选举黄丽为公司监事;并修改了公司章程。

李根富向一审法院起诉请求:1.确认华亿建材公司2018年7月30日的股东会决定、2019年1月14日股东会决议、2019年1月14日关于股权转让的股东会决议无效;2.判令华亿建材公司向金华市金东区市场监督管理局撤销2018年9月5日、2019年1月29日的变更登记;3.判令华亿建材公司将执行董事、法定代表人变更为李根富;4.判令黄胜华、黄丽、胡琼娟协助办理第二、第三项诉请的工商变更登记手续;5.由华亿建材公司承担该案诉讼费用。

一审法院认为,该案系股东会决议纠纷,李根富主张华亿建材公司的三份股东会决议无效。关于2018年7月30日的股东会决议,一审法院认为,该股东会决议由李根富及胡琼娟、周庆华、陈国伟共同作出,一审庭审中查明,李根富及胡琼娟的签名系其本人所签,两人股权合计占公司股权的75%。李根富认为其在受骗的情况下签署该份决议,且周庆华、陈国伟的签名系伪造的,周庆华、陈国伟经一审法院传票传唤未到庭参加诉讼,李根富的上述陈述,无相关证据予以证明,因此,对李根富主张该份决议无效的诉讼请求,不予支持。关于2019年1月14日的两份股东会决议,一审庭审中查明,该决议中各股东的签名均非本人所签,李根富陈述决议内容并非其本人的真实意思表示。两份决议中,第一份决议内容系胡琼娟将其所有的股权转让给黄胜华,李根富主张该决议无效,但未同时主张对决议中涉及的转让的股权享有优先购买权,根据《最高人民法院关于适用〈中华人民共和国公司法〉若干问题的规定(四)》第二十一条"有限责任公司的股东向股东以外的人转让股权,未就其股权转让事项事先征求其他股东意见,或者以欺诈、恶意串通等手段,损害其他股东优先购买权,其他股东主张按照同等条件购买该转让股权的,人民法院应当予以支持……前款规

---

① 参见浙江省金华市中级人民法院民事判决书(2019)浙07民终6039号。来源:中国裁判文书网 http://wenshu.court.gov.cn。

定的其他股东仅提出确认股权转让合同及股权变动效力等请求，未同时主张按照同等条件购买转让股权的，人民法院不予支持"之规定，对李根富主张该决议无效、撤销工商变更登记的诉讼请求，不予支持；第二份决议内容系免去李根富公司监事职务，选举黄丽为公司监事，并修改公司章程，对于该份股东会决议，依法确认其为无效决议，华亿建材公司应当向公司登记机关申请撤销变更登记。李根富认为2018年9月28日的临时股东会决议系合法有效的决议，华亿建材公司应当依法执行，对此一审法院认为，周庆华、陈国伟未到庭应诉，该决议内容是否合法有效有待进一步核实，若华亿建材公司未依法执行合法有效的股东会决议，则异议股东可以根据公司法的相关规定，另案起诉请求变更公司登记。综上，依照《中华人民共和国公司法》第二十二条、《最高人民法院关于适用〈中华人民共和国公司法〉若干问题的规定（四）》第二十一条、《中华人民共和国民事诉讼法》第六十四条、第一百四十四条之规定，判决：一、确认金华市华亿新型建材有限公司于2019年1月14日作出的变更公司监事及修改公司章程的股东会决议无效。二、金华市华亿新型建材有限公司于判决生效之日起十日内向公司登记机关申请撤销根据上述股东会决议内容作出的变更登记。三、驳回李根富的诉讼请求。案件受理费100元，减半收取计50元，由华亿建材公司负担。

二审法院认为：一、关于2018年7月30日股东会决议的效力。虽然根据一、二审查明的事实，周庆华、陈国伟的签名并非本人所签，但李根富和胡琼娟的签名系本人所签，且两人股权合计占公司股权的75%。李根富主张其系在受骗情况下签字，也无证据证明，故一审未确认该股东会决议无效，并无不当。二、关于2019年1月14日的两份股东会决议的效力。根据一、二审查明的事实，可以确认两次股东会并未实际召开，两份股东会决议上的四名股东签名均非本人所签。本院认为，股东会决议属于意思表示，股东会决议应基于股东的真实意思表示作出。2019年1月14日两次股东会决议经确认，其上各股东的签名均非本人所签，该股东会也未实际召开，故该股东会决议并非四名股东签字或盖章作出的真实意思表示，应属无效。三、关于将华亿建材公司执行董事、法定代表人变更为李根富的诉讼请求是否应予支持的问题。2018年9月28日，周庆华、陈国伟、李根富召开临时股东会，作出股东会决议，决议第三条规定"执行董事一致同意变更为李根富，法定代表人一致同意变更为李根富。一致同意公司章程随之作出修改"。本院认为，根据公司章程的规定，修改公司章程的决议必须经代表三分之二以上表决权的股东通过。而该次股东会出席股东的股权占公司股权的60%，即"执行董事一致同意变更为李根富，法定代表人一致同意变更为李根富。一致同意公司章程随之作出修改"的决议内容并未达到公司章程规定的三分之二表决权的标准，且周庆华、陈国伟未出庭应诉，对该决议内容及签名的真实性均需进一步核实，故对执行董事、法定代表人变更为李根富的诉讼请求，本院难以支持。综上，李根富上诉请求的合理部分，本院予以支持。依照《中华人民共和国公司法》第二十二条、《中华人民共和国民事诉讼法》第一百七十条第一款第（二）项之规定，判决如下：一、撤销浙江省金华市金东区人民法院（2019）浙0703民初3771号民事判决；二、确认金华市华亿新型建材有限公司于2019年1月14日作出的两次股东会决议无效；三、金华市华亿新型建材有限公司于本判决生效之日起十日内向公司登记机关申请撤销根据2019年1月14日股东会决议内容作出的有关公司监事的变更登记；四、驳回李根富的其他诉讼请求。

第十章 公司设立纠纷

【典型案例】

余荣贤、陈清渊公司设立纠纷①

2008年年初，陈清渊、余荣贤及张永红拟在安哥拉罗安达设立安哥拉圣达集团公司（暂定名称，以安哥拉工商管理部门注册为准）。为此，三方于2008年1月19日签订一份公司章程，约定公司注册资金为50万美元（以实际注册资金为准），公司设股份10股，余荣贤出资人民币198万，5.5股，占55%，陈清渊出资144万元，4股，占40%，张永红出资18万元，0.5股，占5%；出资后，由公司董事长向各股东签发出资证明，全部缴纳出资后，向股东各方签发股份凭证；公司设董事会，成员为余荣贤和陈清渊，余荣贤担任董事长，陈清渊担任董事。2008年3月25日，余荣贤向陈清渊出具金额为144万元的出资凭证。同日，陈清渊向余荣贤转账21万元、7万元、3万元、3万元；次日，陈清渊向余荣贤转账10万元；2008年6月3日，陈清渊向余荣贤转账9万元；次日，陈清渊向余荣贤转账11万元。陈清渊和余荣贤认可，2007年9月，陈清渊承包了浙江秋水伊人服饰有限公司二期生产基地建筑工程，余荣贤投资了60万元，于2008年1月24日汇款给陈清渊。2010年7月27日，上述工程经结算审核造价为41842609元。另，2009年7月31日，陈清渊转账给余荣贤100万元；2009年10月17日，陈清渊转账给余荣贤50万元。

陈清渊向一审法院起诉请求：1.判令余荣贤返还陈清渊出资款144万元及该款自2008年3月25日起至付清之日止按银行同期贷款利率计算的利息（暂计至2018年8月15日为917321.2元）；2.该案诉讼费由余荣贤承担。

【裁判要旨】

一审法院认为：该案的争议焦点是陈清渊的出资款144万元是否出资到位。该院认为，根据章程规定，股东出资后，由董事长余荣贤向股东签发出资证明，而该院查明的事实是余荣贤先向陈清渊出具144万元的出资凭证，后由陈清渊向余荣贤转账64万元，故对剩余的80万元的交付情况，陈清渊应进一步举证证明，否则承担举证不利的法律后果，但陈清渊未能举证。余荣贤辩称上述64万元系其浙江秋水伊人服饰有限公司二期生产基地建筑工程的投资回报，但未能举证证明，故该院对这一抗辩意见不予采纳。综上，该院对陈清渊交付余荣贤出资款64万元的事实予以确认。陈清渊、余荣贤和张永红于2008年年初拟设立公

---

① 参见浙江省杭州市中级人民法院民事判决书（2019）浙01民终3085号。来源：中国裁判文书网 http://wenshu.court.gov.cn。

司，陈清渊向余荣贤交付出资款64万元，余荣贤对出资款仅仅是一种保管义务，但公司至今未能设立，陈清渊有权退回出资款。陈清渊要求余荣贤返还出资款的诉讼请求，合理部分予以支持。至于利息损失，该院将利息起算点调整至起诉之日，合理部分予以支持。据此，依照《中华人民共和国合同法》第一百零七条，《中华人民共和国民事诉讼法》第六十四条第一款之规定，判决：一、余荣贤于判决生效之日起十日内返还陈清渊出资款64万元及该款自2018年8月21日起至付清之日止按年利率4.35%计算的利息损失。二、驳回陈清渊其他的诉讼请求。如果未按判决指定的期间履行给付金钱义务，应当依照《中华人民共和国民事诉讼法》第二百五十三条之规定，加倍支付迟延履行期间的债务利息。案件受理费25658元，减半收取12829元，由陈清渊负担7729元，由余荣贤负担5100元。

本案二审争议焦点为：一是案涉64万元款项是否是余荣贤应获得的投资回报；二是陈清渊要求余荣贤返还案涉64万元款项的利息损失应从何时起算；三是余荣贤主张本案已过诉讼时效是否成立。关于争议焦点一，余荣贤上诉主张案涉64万元款项系其投资浙江秋水伊人服饰有限公司二期生产基地建筑工程所获得的利润，而非陈清渊支付的出资款，但余荣贤并未提供有效证据予以证明，根据谁主张谁举证的证据规则，其应承担举证不利的法律后果。故余荣贤的该上诉主张，缺乏证据，本院不予采纳。关于争议焦点二，陈清渊上诉主张，余荣贤未按章程约定设立公司，无权占有案涉64万元出资款，应从款项交付之日起支付利息损失。本院认为，案涉款项系陈清渊按照章程约定支付的出资款，但双方并未约定余荣贤需支付给陈清渊资金占用利息，陈清渊主张从其支付款项之日起计算利息损失缺乏依据，一审法院将利息损失起算日确定为陈清渊提起诉讼之日，并无不当。故陈清渊的该上诉主张，本院不予采纳。关于争议焦点三，余荣贤一审时并未提出诉讼时效的抗辩意见，二审中亦未提供新的证据证明对方当事人的请求权已过诉讼时效，依照《最高人民法院关于审理民事案件适用诉讼时效制度若干问题的规定》第四条之规定，本院对余荣贤提出的诉讼时效抗辩的上诉主张，不予支持。综上所述，余荣贤、陈清渊的上诉请求均不能成立，应予驳回；一审判决认定事实清楚，适用法律正确，应予维持。依照《中华人民共和国民事诉讼法》第一百七十条第一款第（一）项规定，判决如下：驳回上诉，维持原判。

【实务指引】

一、公司设立纠纷的定义

公司设立纠纷是指因公司设立时发生的纠纷。公司设立是指发起人依照法律规定的条件和程序，为组建公司并使其取得法人资格而依法完成的一系列法律行为的总称。

二、公司设立纠纷的管辖

因公司设立纠纷而提起的诉讼，根据《民事诉讼法》第二十六条规定："因公司设立、确认股东资格、分配利润、解散等纠纷提起的诉讼，由公司住所地人民法院管辖。"故，因公司决议纠纷而提起的诉讼应该以公司住所地法院为管辖法院。

实务中，通常会发生公司住所地与实际经营地不一致的情况，根据《民事诉讼法司法解释》第三条"法人或者其他组织的住所地是指法人或者其他组织的主要办事机构所在地。法人或者其他组织的主要办事机构所在地不能确定的，法人或者其他组织的注册地或者登记地为住所地"，在有证据可以证明公司主要办事机构所在地（即实际经营地）的情况下，办事机构所在地（即实际经营地）法院为管辖法院。

三、公司设立纠纷的诉讼主体

1. 在发起人或公司内部之间产生相关纠纷的

如其他发起人要求有过错的发起人承担违约责任的，则有过错的发起人为被告，其他发起人为原告；如公司向有过错的发起人或者出资瑕疵的发起人主张赔偿或继续履行出资的，则公司为原告一方，有过错的发起人或者出资瑕疵发起人为被告一方。

2. 公司设立过程中产生的相关纠纷

因设立中的公司不具有诉讼主体资格，但并不因此而否定其在设立过程中以发起人名义或者以设立中公司名义签订的相关合同的效力。公司设立过程中，发起人为设立公司而以自己的名义与他人签订的合同，公司成立后对上述合同进行确认，或者已经实际享有合同权益的，合同相对人主张权利的，可以选择或以发起人为被告或以公司为被告，但一经选定即不能更改。与此相对应的是，公司设立过程中，发起人以"公司"或"公司筹备组"名义从事民事行为所产生的债务纠纷，公司成立后合同相对人以公司为被告主张相关权利，这时不能再向发起人主张权利。当然，公司成立后有证据证明发起人名义上是为设立中公司利益实际上是为自己的利益与相对人签订合同的，可以对合同相对人的诉请提出抗辩不承担合同责任。另外，公司成立后，发现在公司设立过程中，由于发起人的过失致使公司利益受损请求其承担赔偿责任的，公司为原告一方，有过错的发起人为被告一方。

四、公司设立纠纷的类型

设立中的公司，如同胎儿一样，是一种独特的法律形态，在法律上具有独特的地位。在此阶段必然要进行一系列的经济活动，如需要为公司筹建租房、购进办公用品、雇用工人等等，而此时拟设立的公司尚未成立，如果发起人以拟设立的公司名义进行了上述活动必然构成没有被代理人的无权代理，导致行为无效，从而引发纠纷等等。与设立中公司相关的或者在公司成型之前的阶段发生的相关纠纷都可归为设立中公司纠纷。

（一）因设立公司的交易活动所形成的纠纷

公司在设立过程中，主要将发生以下法律行为：①设立人为设立公司而取得必要的财产，包括：租赁或购买所需的土地；订立建设施工合同，建造或维修必要的建筑物；订立买卖合同，购买机器、设备和附属物。当公司成立后，此类合同将转让给公司。②为便于公司成立后开展经营活动而由设立人代其先行开展的业务。

（二）公司不能成立时因设立行为发生纠纷

在"公司不能成立"的情况下，因为公司尚未具有法人人格，故"公司"不可能成为诉讼主体。此时，"公司设立纠纷"只有两类诉讼主体，即设立人（发起人）和交易相对人。所形成的案件也有两种：一种发生在"设立人与交易相对人"之间；另一种在"设立人（发起人）与设立人（发起人）"之间。

我国现行公司法规定了当股份有限公司不能成立时，发起人对债务和费用承担连带责任的情形。至于设立有限责任公司，亦属同理，公司法虽未表述，但笔者认为有限责任公司的规则可参照股份有限公司的规则。

（三）关于出资不足、抽逃出资引发的纠纷

在公司成立前，设立人如果不按照出资协议约定或公司章程规定认缴出资（包括出资不足或未出资），则已经足额缴纳出资的设立人可向人民法院提起诉讼，请求判决其履行认缴出资之义务，并承担违约责任。

公司成立后，设立人之股东地位得以确认，出资不足的股东既受原公司章程及出资协议的约束，同时更应接受公司法有关"补足出资"规定的约束。公司已经具有了独立人格，能够以原告之身份起诉出资不足的股东。

五、公司设立纠纷的裁判规则

公司法对公司的设立规定了严格的法定条件和程序，发起人为了具备公司成立的法定条件，免不了对外签订合同用以筹集资金、征用场地、购买设备或办公用品等。公司设立过程中，往往存在下列问题：发起人以自己的名义还是以公司的名义签订合同？公司不能成立，合同责任由谁承担？发起人合同对公司是否有效？合同的权利义务由发起人承担还是由公司承担？因此，公司设立过程中，经常因为设立中公司的相关交易合同而出现股东、设立中公司和债权人等利害关系人之间的权利义务归属纠纷。

发起人为设立公司，可能以自己的名义对外签订合同。此种合同的责任认可发生争议，合同相对人可能请求发起人承担合同责任；公司成立后对合同予以确认，或者已经实际享有合同权利或者履行合同义务的，合同相对人也可能请求公司承担合同责任。

发起人为设立公司，也可能以设立中公司的名义签订合同。公司成立后应当承继合同的权利义务。此外，公司成立后有证据证明发起人利用设立中公司的名义，为自己的利益与相对人签订合同，向公司转嫁债务的，除非相对人为善意，公司不承担民事责任。如果相对人向公司主张了责任，公司向相对人承担责任后向发起人追偿的，也发生公司设立纠纷。

（一）设立中的公司的法律地位

设立中的公司是指自发起人签订发起人协议或者达成发起合意时起，至设立登记完成前，尚未取得法人资格的主体。设立中的公司的起始时间，通常以发起人或设立人签订公司

章程或设立协议为准,若有其他证据证明发起人或设立人达成设立公司的协议,应以该证据证明的设立时间为准。设立中的公司虽然不具有独立的法人人格,但是已经具有民事主体的一些特征,如已经具有事务机关、行为准则和一定的财产等。这些特点使得设立中的公司具备了一定的权利能力和行为能力,可以以自己的名义对外进行民事活动。设立中的公司与正式成立后的公司系同一人格,二者是同一主体在不同阶段的不同表现形式。

(二) 公司设立行为的认定

公司设立是指依照公司法的规定,在公司成立之前为组建公司而进行的一系列法律行为的总称,目的在于取得法律主体资格的活动。这种行为包括:(一)发起行为。即发起人按照法律规定的条件和程序而采取的完成组建公司的行为,包括订立发起人协议和公司章程、募集股份、出资、认股、缴纳认股款、召开公司创立会议、申请设立登记等。其特征是限于发起人与设立登记机关之间、发起人与认股人之间以设立公司为目的法律关系,一般不包括与第三人之间的交易行为。(二)必要的交易行为。依照《公司法司法解释(三)》第二条、第三条的规定,发起人的以下交易行为可以认定为设立公司的行为:一是发起人为设立公司以自己名义对外签订合同,公司成立后对该合同予以确认,或者享有合同权利或者履行合同义务的,该发起人对外签订合同的行为可以认定为公司设立行为;二是发起人以设立中公司名义对外签订合同,同时公司并没有证据发起人是利用设立中公司的名义与相对人签订合同的,该对外签订合同行为可以认定为设立公司行为。发起人的职责范围是为公司设立法律上、经济上必需的行为,这些行为由设立中公司机关做出,其后果归属于设立中的公司。(三)部分非必要交易行为。如提前购买原料、联系客户等,这些行为并不是直接为了设立公司,属于公司设立的非必要交易行为,但这种交易行为是为了公司发展赢得机会代其提前实施的经营行为,同样属于设立公司进行的"必要行为"。

(三) 发起人之间的关系

发起人签订的设立公司协议,在司法实务中被归属于合伙合同,按民法的合伙关系处理。

(四) 公司设立中对外债务纠纷的处理

公司设立中对外债务的承担,是公司设立相关纠纷中的最主要问题,分为公司设立成功与公司设立失败两种情形下对外债务的承担问题。

1. 发起人以自己名义为设立中公司对外签订合同的责任承担

根据《公司法司法解释(三)》第二条的规定:"发起人为设立公司以自己名义对外签订合同,合同相对人请求该发起人承担合同责任的,人民法院应予支持。公司成立后对前款规定的合同予以确认,或者已经实际享有合同权利或履行义务的,合同相对人请求公司承担合同责任的,人民法院应予支持。"

2. 发起人以设立中公司对外签订合同的责任承担

根据《公司法司法解释(三)》第三条的规定:"发起人以设立中公司名义对外签订合

同，公司成立后合同相对人请求公司承担责任的，人民法院应予支持。公司成立后有证据证明发起人利用设立中公司的名义为自己的利益与相对人签订合同，公司以此为由主张不承担合同责任的，人民法院应予支持，但相对人为善意的除外。"

3. 公司设立失败时的合同责任承担

《公司法司法解释（三）》第四条规定："公司因故未成立，债权人请求全体或者部分发起人对设立公司行为所产生的费用和债务承担连带清偿责任的，人民法院应予支持。部分发起人依照前款规定承担责任后，请求其他发起人分担的，人民法院应当判令其他发起人按照约定的责任承担比例分担责任；没有约定责任承担比例的，按照约定的出资比例分担责任；没有约定出资比例的，按照均等份额分担责任。因部分发起人的过错导致公司未能成立，其他发起人主张其承担设立行为所产生的费用和债务的，人民法院应当根据过错情况，确定过错一方的责任范围。"

（五）设立中公司职务侵权行为的责任承担

《公司法司法解释（三）》第五条规定："发起人因履行公司设立职责造成他人损害，公司成立后受害人请求公司承担侵权责任的，人民法院应予支持；公司未成立，受害人请求全体发起人承担连带赔偿责任的，人民法院应予支持。公司或者无过错的发起人承担责任后，可以向有过错的发起人追偿。"认定设立中公司职务侵权行为，应满足以下构成要件：

(1) 侵权行为必须由设立中公司的发起人或者其他有代表权人实施；
(2) 侵权行为必须是发起人职责范围内的行为；
(3) 存在损害事实；
(4) 职务行为与损害事实之间有因果关系；
(5) 发起人是设立中公司的意思机关，发起人行为之过错视为设立中公司之过错，根据过错归责原则，侵权行为的后果应属于设立中公司。

【拓展案例】

葛志立等与任学军公司设立纠纷[①]

2016年8月22日，甲方葛志立、乙方任学军和丙方张小冬签订《合作协议》，约定如下：1. 三方共同组建新公司；2. 在公司注册成立前，可以用"北京亚欧大陆信息咨询有限公司"项目部的名义，对外开展工作；3. 甲方负责投资、商贸等业务的整体规划、布局；4. 甲方负责并设计俄罗斯及苏联国家和地区的业务关系拓展、市场开发、商贸货源渠道建立等，重点开展和俄国的珠宝玉石业务；5. 乙方负责出资人民币100万元；6. 乙方负责具体业务的落实；7. 乙方负责配合甲方在第一线的工作；8. 丙方负责协助、协调、监督甲乙方的业务开展、实施情况；9. 丙方负责公司或项目的日常事务工作；10. 丙方负责财务管理工作；11. 甲乙丙三方的股份分配如下：甲方55%，乙方35%，丙方10%；12. 利益结算：

[①] 参见北京市第三中级人民法院民事判决书（2019）京03民终13035号。来源：中国裁判文书网 http://wenshu.court.gov.cn。

甲乙丙三方共同经营的业务取得收益后，在扣除各项成本、税、费后，按上述比例获取各自的收益，具体计算周期，按不同的业务情况，届时三方另行商议；13. 在业务开展、实施过程中，如有意见分歧，三方友好协商解决；14. 未尽事宜，三方另行商议。

2016年4月13日，任学军通过其妻子李晓莉向葛志立转账人民币20万元；2016年6月9日，李晓莉再次向葛志立转账人民币5万元；2016年8月11日，李晓莉向葛志立转账人民币15万元；2016年8月20日，李晓莉向葛志立转账人民币5万元。葛志立在诉讼中收到人民币45万元，但其中人民币25万元是出资款，人民币20万元是房租。

诉讼中，任学军向法院提交"新公司往来账目明细（2016年4月15日—2017年2月10日）"，称该明细由葛志立的妻子杜牧制作，于2017年2月10日发送给张小冬，张小冬审核后于2017年2月21日发送给任学军，任学军认可该明细记载的费用开支，并表示其诉讼请求亦根据该明细主张。明细载明，新公司收入房租人民币20万元、收入俄罗斯业务费人民币25万元，支出房租人民币20万元、支出差旅费人民币35747元，差旅费包括2016年4月30日葛志立的机票费（北京至深圳）人民币1630元、2016年9月29日任学军赴莫斯科的费用人民币2万元、2016年10月8日任学军的签证费人民币2000元、2016年11月14日任学军的机票费（北京至莫斯科）人民币3830元、2016年11月20日任学军的机票费（莫斯科至北京）人民币3037元、2016年11月14日任学军的机票费（莫斯科至索契）人民币600元、2016年11月11日任学军的机票费（索契至莫斯科）人民币450元、2016年11月14日任学军的差旅费人民币4200元。葛志立和张小冬均认可该明细的真实性及记载的内容。但是，葛志立表示，该明细只是费用开支的一部分，另外还包括葛志立于2016年6月10日至6月27日赴俄罗斯的费用人民币4060元，葛志立于2016年7月7日至7月15日赴俄罗斯的费用200342卢布，葛志立于2016年11月13日至12月10日赴俄罗斯的费用人民币6777元，葛志立于2017年3月2日至3月28日赴俄罗斯的费用人民币35000元，任学军于2016年9月29日至10月9日赴俄罗斯的补交费用人民币11000元，任学军于2017年3月15日至3月26日赴俄罗斯的费用人民币35000元，唐立军于2017年3月15日至3月26日赴俄罗斯的费用人民币15000元，支付给利特文丘克的劳务费13000美元。任学军对增加的费用均不予认可，并表示其在2017年3月15日至3月26日期间赴俄罗斯的费用应当是人民币2万元，而且该笔费用已经另行支付给葛志立，唐立军的费用也是人民币2万元，唐立军本人也已经将该费用支付给葛志立。为此，任学军向法院提交微信聊天记录和银行转账记录予以证明。张小冬对任学军的意见予以认可，但葛志立表示，确实另外收到任学军支付的人民币2万元；虽然在出行前通知任学军2017年3月15日至3月26日赴俄罗斯的费用为人民币2万元，但该费用属于预估费用，最终金额应以实际发生为准；但是，葛志立未向法院提交证据证明在任学军回国后，曾向任学军主张过超额部分的费用。

诉讼中，葛志立表示其本人在俄罗斯开展业务，每年往返俄罗斯十数次。

另查，2017年3月31日，任学军向葛志立发送微信，内容为："葛志立，今天正式通知您，咱们的合作从今天终止，剩余的二十一万多给我准备好，到时退还我。"葛志立认可收到该条微信，且同意《合作协议》于2017年3月31日解除。张小冬在庭审中亦认可《合作协议》于2017年3月31日解除。

任学军向一审法院起诉请求：1. 确认任学军、葛志立、张小冬于2016年8月22日签订的《合作协议》已于2017年3月31日解除；2. 判令葛志立向任学军返还出资款人民币214253元；3. 本案诉讼费用由葛志立和张小冬共同承担。

一审法院认为：任学军与葛志立、张小冬签订的《合作协议》系双方真实意思表示，内容不违反法律、行政法规的强制性规定，应属合法有效。2017年3月31日，任学军通过微信向葛志立发送解除《合作协议》的通知，葛志立和张小冬均同意于当日解除，故根据《中华人民共和国合同法》第九十三条第一款的规定，应当认定《合作协议》已于2017年3月31日解除。合同解除后，任学军有权要求葛志立将未支出部分款项予以返还。根据"新公司往来账目明细（2016年4月15日—2017年2月10日）"显示，截至2017年2月10日，除房租以外，差旅费共计支出人民币35747元，剩余款项为人民币214253元。鉴于账目明细系由葛志立的妻子杜牧制作，且杜牧作为葛志立的诉讼委托代理人在庭审中亦认可该明细，张小冬作为负责财务管理人员，对该明细也不持异议，故应当以该明细记载的内容确定拟成立的公司在2017年2月10日之前发生的费用金额。葛志立在诉讼中主张在此期间还有葛志立支出的差旅费和任学军应当补交的其他费用，法院认为，葛志立自认其本身在俄罗斯开展业务，且常年多次往返俄罗斯，故葛志立主张的差旅费是否与拟成立公司有关，其并未提交充分证据予以证明。而且，葛志立也没有将其在诉讼中主张的费用纳入"新公司往来账目明细（2016年4月15日—2017年2月10日）"中，故法院对葛志立的主张不予采信。另外，葛志立还主张任学军和唐立军在2017年3月15日至3月26日赴俄罗斯时分别超额支出人民币15000元，但其在诉讼中并未举证证明超出部分的构成明细，而且根据任学军提交的微信来看，葛志立曾在任学军此次出行前向其报价人民币2万元，故法院对葛志立的该项主张亦不予采信。最后，葛志立还主张支付给利特文丘克的劳务费，法院认为：首先，劳务费的收据系在域外形成的证据，应当进行公证认证；其次，即便存在该笔劳务费，仅凭收据也无法证明与本案具有关联性。因此，法院对葛志立主张的劳务费用不予采信。

综上，一审法院判决：一、确认任学军和葛志立、张小冬于2016年8月22日签订的《合作协议》已于2017年3月31日解除；二、葛志立于本判决生效之日起十日内向任学军返还出资款人民币214253元。如未按本判决指定的期间履行给付金钱义务，应当依照《中华人民共和国民事诉讼法》第二百五十三条之规定，加倍支付迟延履行期间的债务利息。

二审法院认为：葛志立、任学军和张小冬签订《合作协议》，拟共同组建新公司，在各方筹备公司设立期间，任学军通过微信向葛志立发送解除《合作协议》的通知，诉讼中葛志立和张小冬均同意《合作协议》于2017年3月31日解除，故一审法院确认《合作协议》于2017年3月31日解除，本院不持异议。本案二审争议焦点为：《合作协议》解除后，任学军对公司设立期间产生的各项费用的负担和结算问题。

第一，各方在《合作协议》《费用使用方案》等相关协议中并未约定新公司未能设立的情况下，任学军对设立公司期间产生的费用应如何分担。葛志立主张《费用使用方案》中约定任学军的25万元出资由葛志立根据工作需要全权使用，故任学军无权再要求葛志立返还；对此本院认为，《费用使用方案》中的表述意为葛志立有权使用该25万元出资，但不能理解为任学军将该25万元出资赠与葛志立，故在各方合作终止时，遵循利益共享、风险共担的原则，理应在扣除任学军应负担的费用后，将任学军剩余的投资款返还给任学军，葛志立以其有权使用资金为由主张无须返还的意见，本院不予支持。

第二，任学军对新公司设立期间产生的各项费用的应负担金额。各方均认可葛志立的妻子杜牧制作了"新公司往来账目明细（2016年4月15日—2017年2月10日）"，其中记载了2016年4月至2017年2月期间的收支情况，新公司往来账目明细经过张小冬的审核，任学军亦予以认可。本院认为，葛志立方发送的新公司往来账目明细是葛志立对于公司设立期间任学军应负担的截至2017年2月10日费用的结算，是合作过程中各方达成一致意见，对任学军应负担的费用的结算；2017年2月10日至《合作协议》解除期间，各方赴俄虽产生了费用和支出，但相应的费用和支出任学军已另行支付。综上，一审法院判令葛志立返还任学军扣除合作期间任学军应负担的费用之外的投资款214253元，并无不当，本院予以确认。

第三，对于葛志立主张的实际用于合作事项支出的费用已经远超出任学军投资款，故葛志立无须再向任学军返还出资的意见。本院认为，葛志立主张新公司往来账目明细仅记载了部分费用，但葛志立提供的费用支出的证据不足以证明其支出和本案拟设立新公司相关，葛志立自称自己有业务，每年往返俄罗斯数十次，更导致无法将葛志立为履行《合作协议》产生的支出与其自己业务的支出相区分，故本院难以认定葛志立主张的实际用于合作事项支出的费用为306318元的意见；各方均认可合作期间未产生任何收益，在各方未对费用负担作出明确约定的情况下，为设立新公司支付的费用应由各方合理分担。新公司往来账目明细系由葛志立方制作，其中对于任学军应负担的费用的结算已经较为合理，葛志立在诉讼中无正当理由推翻其制作的书面材料，反言主张设立新公司期间的全部费用和支出均应由任学军负担，既没有合同或法律依据，也显失公平和合理；此外，账目明细等是各方结算的重要文件，葛志立自称多年在国际上开展业务，作为经验丰富的商事法律关系主体，理应知晓此等重要文件的法律后果，其在诉讼中否认己方出具的书面文件，违反诚实信用，本院不予支持。综上所述，葛志立的上诉理由不能成立，对其上诉请求，本院不予支持。依照《中华人民共和国民事诉讼法》第一百七十条第一款第（一）项之规定，判决如下：驳回上诉，维持原判。

第十一章 公司证照返还纠纷

【典型案例】

陈少棠、厦门嘉裕德汽车电子科技有限公司公司证照返还纠纷①

嘉裕德公司成立于2009年6月8日,陈少棠与谢耀煌作为嘉裕德公司的股东,分别占股60%和40%。在本案纠纷起诉至一审法院时,厦门市市场监督管理局登记备案的嘉裕德公司法定代表人为谢耀煌。2016年3月15日,陈少棠以需要使用公司公章为名,从嘉裕德公司取走公章。经嘉裕德公司多次催要,陈少棠至今仍未返还。嘉裕德公司一审诉请:一、判令陈少棠返还嘉裕德公司的公章。二、判令陈少棠承担案件受理费。一审法院依判决:陈少棠应于判决生效之日起十日内向厦门嘉裕德汽车电子科技有限公司返还公司公章。本案一审案件受理费100元,由陈少棠负担。一审宣判后,陈少棠不服向提起上诉,二审维持原判。

【裁判要旨】

本案一审阶段的争议焦点为:陈少棠是否有权持续持有嘉裕德公司的公章。公司公章是代表企业法人意志、具有法律效力的印鉴,是法人身份和权利的证明。在司法实践中,法人公章的使用常常作为判断民事活动成立和生效的重要标准。陈少棠虽是嘉裕德公司持股60%的大股东,亦在公司任职,其可以根据公司章程的规定或公司的授权,在合理权限范围内使用公司公章,但不能未经授权长期连续持有公司公章,否则可能会影响嘉裕德公司的正常经营。嘉裕德公司具有独立的民事主体资格,对公司公章享有占有、使用及支配的权利,其他民事主体非因法律规定或公司授权占有公司公章,公司有权要求返还。陈少棠辩称公司公章的持有是公司内部管理问题,不属于人民法院民事受案审理范畴,应由公司自治解决。一审法院认为,本案系公司公章返还引发的纠纷,其实质是涉及公司内部治理中对公司控制权的争夺,确系公司内部纠纷,且协商解决亦为化解该纠纷的最佳方式。但结合本案事实,陈少棠取得公司公章已一年六个月有余,双方未能自行协商并妥善解决,在此情况下,为及时规范公司内部经营管理秩序,法律赋予公司通过司法途径解决的权利。因此,嘉裕德公司要求陈少棠返还公司公章系行使法律赋予其的权利,符合法律规定。本案中,陈少棠不具有嘉裕德公司法定代表人身份,亦无证据表明嘉裕德公司授权其持有公司公章,其长期连续持有嘉裕德公司公章缺乏法律依据。因此,在嘉裕德公司提出返还主张时,陈少棠应将公司公

---

① 参见福建省高级人民法院民事判决书(2017)闽民终1213号。来源:中国裁判文书网 http://wenshu.court.gov.cn。

章返还给嘉裕德公司。综上，嘉裕德公司的诉求具有事实及法律依据，应予支持。

本案二审阶段的主要争议焦点为：一、谢耀煌是否有权代表嘉裕德公司提起本案诉讼。二、陈少棠是否应当返还嘉裕德公司的公章。分别分析认定如下：

一、谢耀煌是否有权代表嘉裕德公司提起本案诉讼。公司的法定代表人依法代表法人行使职权，谢耀煌系经工商行政管理机关登记备案的嘉裕德公司法定代表人，嘉裕德公司在应诉时向本院提交的授权委托书系当面签署，其上有谢耀煌签名但并未加盖公章。嘉裕德公司在提交委托手续的同时提交了一份《说明》，主要内容为因公司公章于2016年3月15日被陈少棠强抢占有，因此相关授权书及其他法律文件无法盖章，仅由公司法定代表人谢耀煌签署。本案正是谢耀煌诉请陈少棠返还公司公章之诉，相关授权委托手续和法律文件上无法加盖公章非因谢耀煌过错所致。陈少棠称已通过《股东特别会议之决议》免去谢耀煌的法定代表人职务，但其并未根据公司章程规定的程序召集董事会，也未穷尽催告及救济手段后作出相关决议，此举程序上不符合公司章程及公司法的相关规定，该决议的效力不予认定。谢耀煌作为嘉裕德公司的法定代表人，有权以公司名义提起诉讼，授权委托手续符合我国民事诉讼法的规定。

二、陈少棠是否应当返还嘉裕德公司的公章。公司是企业法人，有独立的法人财产，享有法人财产权。公司公章、证照等是公司的合法财产，公司对其公章、证照的所有权受法律保护，任何单位和个人不得侵犯。公司的公章、证照被他人无权控制、占有时，公司有权要求返还。本案中，陈少棠主张其持有公章的依据是其系公司股东，但其未能提交相关证据证明其对公司公章的占有、控制和管理有公司章程、董事会决议、法定代表人的授权。嘉裕德公司作为公章的所有权人主张陈少棠予以返还，于法有据，应予支持。

【实务指引】

一、公司证照返还纠纷的定义

公司证照包括公司营业执照、组织机构代码证、税务登记证等证件，也包括公司的公章、财务章、发票专用章等印章。公司证件证明公司的主体资格身份，是公司对外的身份证明，而印章则代表公司的意思表示，对外为一定的法律行为。我国《公司法》对于公司证照的管理事项并无明文规定。根据《公司法》第三条的规定："公司是企业法人，有独立的法人财产，享有法人财产权。"公司证照作为公司财产，所有权应当归属于公司，无权占有公司证照的，公司可以要求返还。实践中，公司证照返还纠纷的争议焦点主要围绕着诉讼主体、管辖、证照占有人是否有权占有以及举证责任的承担等问题展开。

二、公司证照返还纠纷的诉讼主体

公司证照作为公司财产的组成部分，其权属当然归公司所有。除公司作为诉讼主体外，股东等其他主体是否具有诉讼资格往往成为争议的焦点之一。

1. 如公司在起诉时持有公章，可直接以公司名义起诉

公司证照属公司财产，由公司依法享有所有权。对于公司证照的不当持有，应当由证照所有权人即公司依法提起诉讼。公司在起诉时持有公章的，可直接起诉。

2. 公司在起诉时公章由被告持有，可由法定代表人在起诉状上签名，代表公司提起诉讼

以公司为原告提起证照返还之诉，可能面临无法加盖公章的情形，当法定代表人签字能够代表公司意志时，法定代表人以公司名义提起诉讼应视为公司的行为。在"宋兰芳诉上海莎腾国际贸易有限公司公司证照返还纠纷"一案中，上海市一中院认为，A作为莎腾公司的法定代表人、股东，在公司印章失去控制时，可以代表公司起诉印章的实际控制人予以返还，该行为属于法定代表人的职务行为。

3. 公司更换法定代表人时公章被原法定代表人占有，可由新法定代表人签字代表公司提起诉讼

当公司通过有效的股东会决议等程序更换法定代表人时，如原法定代表人拒不交还公司证照，公司的新法定代表人可代表公司起诉原法定代表人返还公司证照。在"赵杰与上海菲尔德成衣有限公司公司证照返还纠纷"一案中，上海市高级人民法院判定，菲尔德公司2008年12月23日的特别董事会会议相关决议内容已生效，该决议第3条为"任命维特为菲尔德公司董事长"，鉴于菲尔德公司章程规定董事长为法定代表人，故现杰伦维特以其系菲尔德公司董事长、法定代表人的身份，代表菲尔德公司提起本案诉讼，符合法律规定。

4. 股东在一定条件下，可以成为公司证照纠纷的诉讼主体

在公司证照返还纠纷中，股东在一定条件下也可成为诉讼主体。股东提起公司证照纠纷之诉的法律依据是《公司法》第一百五十一条规定的股东代表诉讼制度：公司董事、监事、高级管理人员以及他人侵害公司合法权益的，公司股东有权向人民法院提起诉讼，但要遵循前置程序的要求，即股东应书面请求监事会或者不设监事会的有限责任公司的监事、董事会或执行董事提起诉讼；监事会、监事或者董事会、执行董事收到书面请求后拒绝提起诉讼，或者自收到请求之日起三十日内未提起诉讼，或者情况紧急、不立即提起诉讼将会使公司利益受到难以弥补的损害的，股东有权为了公司的利益以自己的名义直接向人民法院提起诉讼。

在"正源中国地产有限公司与富彦斌公司证照返还纠纷"一案中，最高人民法院认为：根据《公司法》第一百五十一条的规定，股东代表诉讼的前置程序是一项法定的强制性义务，除非存在情况紧急不立即诉讼公司将会受到不可弥补的损害的情形，才可免除前置程序，正源公司因未履行前置程序被驳回再审申请。

在"张长天、张辉强公司证照返还纠纷"一案中，福建省高级人民法院认为：禾山公司目前处于营业执照已被吊销状态，禾山公司以自己名义主张权利在客观上存在障碍，张辉强、林丽琼从实质要件来看具备提起股东代位诉讼的原告主体资格。

最高人民法院与福建省高级人民法院的判例均确认了股东代表诉讼在公司证照返还诉讼中的适用。在有充分证据证明存在免除前置程序的例外情形时，股东可直接提起诉讼；其余情形下，股东均应依据《公司法》第一百五十一条的规定履行前置程序后，再提起公司证照纠纷之诉。

但此类案件中，因大股东对公司的实际控制，小股东即便有权提起诉讼，仍难以取得证照的管理权。如前述案件中，张辉强、林丽琼作为公司小股东，长期未参与公司经营管理，请求张长天返还公司证照的诉讼请求并不被法院所支持。

5. 清算期间，清算组负责人可代表公司参加诉讼

公司清算期间，清算组负责人有权代表公司提起证照返还之诉。"江苏新中期股份有限公司与杜海燕公司证照返还纠纷"一案中，新中期公司已经处于清算期间，江苏省高级人民法院认为：清算期间有关公司的民事诉讼应当以公司名义进行，成立清算组的，由清算组负责人代表公司参加诉讼。本案中，以吴茂康为组长的清算组系经临时股东大会选举成立并经省工商管理部门登记备案的，江苏省南京市中级人民法院（2012）宁商终字第670号民事判决也确认其合法性。因此，吴茂康作为新中期公司清算组负责人有权利代表新中期公司参加诉讼。

三、公司证照返还纠纷的管辖

目前实践中存在以下观点：

第一种观点：根据《最高人民法院关于民事案件案由规定理解与适用》中的管辖分析，由于公司证照纠纷属于特殊的损害公司利益性质纠纷，故应适用于特殊管辖，应以公司连接点相关管辖法院，推理理解为"公司住所地"管辖法院。

第二种观点：本类案件的请求权基础实为侵权法律关系，故依据《民事诉讼法》第二十八条的规定："因侵权行为提起的诉讼，由侵权行为地或者被告住所地法院管辖。"关于侵权行为地，根据《民事诉讼法司法解释》第二十四条的规定，侵权行为地包括侵权行为实施地和侵权结果发生地。

关于管辖的分歧问题，通过对大量公开的裁判文书的检索来看，无论是审判监督的法律文书抑或是二审管辖权异议的裁定书，均持第二种观点。并且将案件的管辖限定于公司住所地人民法院，对于审理案件和执行案件并没有特殊的区分意义，适用于一般侵权案件的管辖规则，更有利于公司根据实际情况就近选择起诉及便于执行。

因此，公司证照返还纠纷案由的管辖地包括：被告住所地、侵权行为实施地、侵权结果发生地。

四、返还公司证照纠纷的类型

1. 要求原董事、监事、高级管理人员返还公司证照

为公司管理的便利，一般公司的公章都由公司董事、监事、高级管理人员控制，而其掌管和占有是基于组织体的授权，为有权掌管和占有。但组织体内董事、监事、高级管理人员一旦被解除授权，其就无权继续掌管和占有证照。（2014）穗中法民二终字第1254号判决书中，法院认为谢庆华作为宝旺钢材公司原董事长，在其履职期间可以掌管和占有公司印

章、证照。而宝旺钢材公司于 2014 年 3 月 11 日根据公司章程的规定召开 2014 年度第一次临时股东会和董事会后，谢庆华被免除董事长职务后，在没有公司授权的情况下仍然掌管和占有公司印章、证照没有法律依据，宝旺钢材公司要求谢庆华移交宝旺钢材公司公章一枚和企业法人营业执照正、副本各一份的诉讼请求，应予以支持。

2. 要求原承包人返还证照

鉴于可以基于合同关系成为证照管理人，所以在相关合同关系履行完毕之后，公司有权要求原管理人返还证照。杭州市中级人民法院（2015）浙杭商外终字第 24 号民事判决书中，法院认为：本案的争议焦点在于吴宏伟是否有权持有罗邦公司相关证照。罗邦公司公司章程并未对公司证照的保管作出约定，且吴宏伟并非罗邦公司股东；根据裘文俊与吴宏伟签订的《承包协议书》，承包期内罗邦公司的公章、合同专用章、营业执照正副本应由裘文俊保管，吴宏伟持有罗邦公司相关证照的行为并无依据。现承包期已满，罗邦公司处于歇业状态，罗邦公司需要相关证照进行解散及清算事宜，罗邦公司要求吴宏伟返还上述证照的诉请合理。

对于吴宏伟关于裘文俊无权代表公司提起诉讼的抗辩，公司系拟制的人格，因罗邦公司公章现由吴宏伟持有，本案系公司内部治理中对公司控制权的争夺。裘文俊作为罗邦公司股东及法定代表人，有权代表公司提起本案诉讼。吴宏伟的上述辩称无事实和法律依据，一审法院不予采纳。综上，根据《中华人民共和国民法通则》第一百一十七条①、《中华人民共和国物权法》第三十四条、《中华人民共和国公司法》第一百四十八条、第一百五十一条之规定，一审法院于 2015 年 5 月 12 日判决吴宏伟在本判决生效之日起十日内将罗邦时装（杭州）有限公司的企业法人营业执照（正、副本）、税务登记证（正、副本）、组织机构代码证（正、副本）、公章、合同专用章、法定代表人印章、财务专用章返还给罗邦时装（杭州）有限公司。

3. 对侵占公司公章的非证照管理人员进行诉讼

依据《民法典》第一千一百六十七条规定："侵权行为危及他人人身、财产安全的，被侵权人有权请求侵权人承担停止侵害、排除妨碍、消除危险等侵权责任。"故非公司指定的证照管理人无故侵占公司证照的，可以提起诉讼。连云港市中级人民法院（2016）苏 07 民终 1472 号民事判决书中，法院认为：王平为万锦公司的股东，虽办理手续领用万锦公司相关印章，但其并非万锦公司公章管理人员，不享有保管、占有万锦公司公章、财务专用章、合同专有章的权利。万锦公司要求返还上述印章，王平应返还以便于万锦公司正常经营使用。万锦公司要求王平返还公司公章、财务专用章、合同专用章的诉讼请求，依法予以支持。公司公章、财务专用章、合同专用章系公司以自己名义对外经营或内部管理使用的印章，非法占有人未经法定代表人许可或其他公司内部规定不得使用，万锦公司要求判令王平停止使用万锦公司印章的诉讼请求，依法亦予以支持。

五、占有人是否有义务返还公司证照

当前我国法律并未对公司证照的保管事项作出明文规定，证照的管理属于公司的自治事

---

① 此法条转化为《民法典》第一千一百六十七条，下文中的（2016）苏 07 民终 1472 号民事判决书也根据此法条裁定。

项，公司可通过其内部机制决定公司证照的管理人。证照的管理人可能是公司的法定代表人、董事长、总经理，或是指定的股东、公司员工。当公司证照的占有人为无权占有时，应当承担返还公司证照的义务。司法实践中，法院对公司证照占有人是否为有权占有的判定主要有以下依据：

1. 公司章程

在公司章程有明确约定证照管理事项时，法院直接以其为依据判断证照的管理人员。"王雷蒙（WANG RAY MOND）诉香港雷成时装有限公司公司证照返还纠纷"一案中，涉案公司章程第十九条约定："公司印章应由董事会保管，并且未经董事会授权不得使用。"2014年11月24日，经香港注册处登记王雷蒙不再担任涉案公司候补董事职务。梁斯傶为该公司唯一董事。故上海市一中院据此判定雷成公司有权要求王雷蒙返还涉案公章及登记证。

在公司章程无明确约定证照管理事项时，部分法院也会引用公司章程的规定来推定公司证照管理人。如"烟台东金矿业投资有限公司与纪建青、刘宝桐公司证照返还纠纷"一案中，东金矿业公司章程第十五条规定执行董事决定公司内部管理机构的设置；制定公司的基本管理制度。第十九条规定公司执行董事、经理、副经理、财务负责人不得兼任公司监事。法院据此认定，纪建青作为执行董事负责公司内部管理机构的设置及基本管理制度，刘宝桐作为公司监事不得从事财务负责人等职务，因此公司证照应该由纪建青负责保管或安排他人保管。

2. 协议约定

部分案件中，《合作协议》《承包协议》等协议也是法院确定证照保管人的依据。在"徐志明与张斌公司证照返还纠纷"一案中，徐志明与张斌签订的《合作协议》约定由张斌负责保管港丽公司的房产证、土地证、营业证照、公章。上海市高级人民法院认为，该协议系双方当事人的真实意思表示，合法有效，双方均应恪守。根据《合作协议》的约定判决徐志明向张斌返还上述证照、公章，符合当事人的约定。

3. 股东会决议

股东会是公司治理的最高权力机构，有权决定公司证照的管理事项。在"沈文诉上海源鹏贸易有限公司公司证照返还纠纷"一案中，上海一中院认为，公司证照、文件等物品是公司财物，其所有权属于公司，如无股东会决议确定由公司股东保管，则应当由公司相应负有职责的人员保管。股东会是公司治理的最高权力机构，有权决定公司的任何事项。源鹏公司已形成有效股东会决议，明确原相关人员应当向公司新的执行董事移交相关公司财物，源鹏公司及其股东均应按此决议执行。三名上诉人主张其无须返还系争物品，违反股东会决议，不予支持。

4. 董事会决议

董事会是公司的经营决策机构，对于公司证照的保管事项有权作出决定。在"曹兆勇诉上海依盟国际贸易有限公司公司证照返还纠纷"一案中，系争董事会决议对曹兆勇的总经理职务予以了解聘，并重新聘用新的总经理。法院认为：在系争董事会决议不存在违反法律、行政法规与公司章程的情形下应予以实施。基于该系争董事会决议的内容，依盟公司的总经理人选已经发生了变更，曹兆勇已经不再承担依盟公司的企业内部经营管理工作之责。

虽然曹兆勇目前仍为依盟公司的工商登记法定代表人，基于曹兆勇与依盟公司其他董事及总经理之间的纠纷，如果其不及时移交相关证照、印章等文件材料势必会给依盟公司的日常经营造成实质性的影响。鉴于此，本院认定曹兆勇应依据系争董事会决议的内容向公司移交相关证照、印章等文件材料。

5. 清算组

虽然对于公章的管理并无明确规定，但是在特殊情形下，比如公司进入破产清算程序的，原公章的管理人员应当向清算组移交包括公章在内的公司证照，以便于开展清算工作。根据法律规定，清算组在清算期间需要履行清理公司财产、分别编制资产负债表和财产清单、处理与清算有关的公司未了结业务、代表公司参与民事诉讼活动等职责，而公章作为公司对外行使权利、负担义务的重要凭证，对公司各项决策和经营活动有重大影响。

在公司清算期间，清算组一方面需要利用公章进行对外活动，另一方面也需要利用公章对公司的以往业务账册、文书等资料进行甄别、清理，以顺利完成清算任务。因此，公章作为公司财产的一部分，清算组在清理公司资产的时候，有权利也有义务予以收回。

六、返还公司证照纠纷的举证要点

返还公司证照纠纷的举证主要有两点：一是证明被告无权占有公司证照，主要是针对被告系原合法占有人的情形，举证往往都是通过股东会决议、董事会决议等形式，证明被告作为公章管理人的资格已经被废止，举证难度并不太大。二是证明被告确系诉讼当时占有公司证照。这个是返还公司证照纠纷的举证难点，很多案件因为原告无法举证证明被告持有证照，而导致诉请被法院驳回。

（一）公司无证据证明被告持有诉请证照的，法院将驳回诉请

证明被告持有原告诉请之证照，是原告诉请的基础，依据《民事诉讼法》第六十四条"当事人对自己提出的主张，有责任提供证据"和最高人民法院《关于民事诉讼证据的若干规定》第二条"没有证据或者证据不足以证明当事人的事实主张的，由负有举证责任的当事人承担不利后果"之规定，原告对上述事实承担举证责任，举证不能的承担不利的后果。(2014)陕民二终字第00011号民事判决书确认了上述原则，法院认为：原告称华星公司、上汽联的公章证照等，是由华星公司的大股东四方公司强行收走，而依据原告提供的四方公司与启雅公司之间的《合作协议》《备忘录》《补充协议》复印件，启雅公司是依据其与四方公司之间的约定取得的华星公司及上汽联的相关财物，原告主张被告启雅公司非法占有华星公司及上汽联的相关印章、证照及财产等构成侵权，但未能提供相应的证据。原告称上汽联形式上是独立法人，但实际由启雅公司控制，其认为依据四方公司与启雅公司之间的合同，能够确定被告启雅公司构成侵权，但其提交的四方公司与启雅公司签订的《合作协议》《备忘录》《补充协议》等，均为复印件，不能提交该证据的原件，且该合同的效力也未确定，故原告称被告启雅公司非法占有、构成侵权，也未能提供该侵权事实存在的证据。原告称华星公司及上汽联的证照及营业场所实际由被告启雅公司非法占有，也没有充分的证据予

以证明，且庭审中双方均认可该场所现为上汽联占有、使用。判决驳回原告的诉讼请求。

（二）被告对于证照的占有不仅指直接占有也包括间接占有，应当着重审查控制权

被告占有证照并不一定要求直接占有，如放在车里，放在办公室或者放在家里，也包括被告指定其他人员保管的间接占有。所以在案件审理过程中，可以通过审查控制权的方式来辅助推定被告对于证照的占有事实。当然我们这里说的是辅助的推定，而不能简单地以控制权来确定，因为公司情形纷繁复杂，即使是公司的主要负责人也不一定能够占有公章，最终还是要尊重客观事实。

山东省高级人民法院（2012）鲁商终字第199号民事判决书中认定：青岛信华毛纺有限公司是由东伟实业有限公司出资设立的外资企业，2005年12月周松刚被任命公司总经理，2010年1月公司董事会决议不再聘任周松刚为公司总经理，至今双方未办理交接。根据青岛信华毛纺有限公司章程规定，总经理负有"组织领导公司的日常生产、技术和经营管理工作"的职责，周松刚在庭审中也确认其实际履行公司的经营管理职责。周松刚作为公司高级管理人员在任职期间，全面负责公司的经营管理，控制着财务及办公等部门。公司公章、证照、财务账册等物品总经理并不一定直接占有，也可以由总经理委派工作人员持有公司公章、证照、财务账册等物品，结合青岛信华毛纺有限公司提供的周松刚代表公司对外签订的合同以及定期向工商机关提交年检报告书等证据，并充分考虑到外方董事会未委派监管人员，亦没有任何董事在公司负责经营管理的情况下，本院认为，周松刚在任公司总经理期间，实际控制着公司的公章、证照、财务账册等物品，现在周松刚虽不再担任总经理，但其至今未办理交接，结合公司现状及法院多次的调查情况，可以认定周松刚仍实际控制（或利用自己的影响力控制）青岛信华毛纺有限公司的财物，包括公章、证照、财务账册等物品。

（三）原告通过证照遗失手续已经办理新的证照，是否可以继续向被告追讨作废证照？

证照返还纠纷案件中，往往会出现一种极端的案例，就是公司明知证照在被告处，但是先不采取诉讼的策略，而是向工商局以证照遗失为理由，重新申领证照。既然公司自认证照是遗失的，且原证照已经失效的情况下，是否可以向被告主张要求返还呢？青岛市中级人民法院（2016）鲁02民终3806号民事判决书作出了肯定的答复。顺鑫公司虽然通过刊登遗失公告的方式办理了新的证章，但这并不妨碍邢融融向顺鑫公司返还原来的证章，否则将使山东分公司的民事行为能力受到限制，财产安全处于风险之中。顺鑫公司虽附有协助邢融融履行其与案外人签订的合同的义务，但该协助义务并不意味着邢融融可继续占有山东分公司证章，因此邢融融继续占有、使用证章为履行其与案外人签订的合同所必需的工具的主张不能成立，本院不予支持。

七、与返还公司证照相关的其他诉请

在公司证照返还纠纷中，除了要求无权占有人返还所侵占的标的物，仍有一些诉请是可

以一并提起的，这一点值得原告注意，在最大限度内进行维权，且避免诉累。

（一）公司董事、监事、高级管理人员作为侵权主体时的法定赔偿责任义务

《公司法》第一百四十七条规定："董事、监事、高级管理人员应当遵守法律、行政法规和公司章程，对公司负有忠实义务和勤勉义务。董事、监事、高级管理人员不得利用职权收受贿赂或者其他非法收入，不得侵占公司的财产。"

《公司法》第一百四十九条规定："董事、监事、高级管理人员执行公司职务时违反法律、行政法规或者公司章程的规定，给公司造成损失的，应当承担赔偿责任。"

《公司法》第一百四十七条主要规定了违反公司忠实义务的表现形式，此类行为均为损害公司利益行为，并且明确不得侵占公司的财产。虽然其中并没有明确规定侵占公司证照及财务账册的行为，但前述行为亦属于明显侵害了公司利益的行为。并且，虽然公司证照及财务账册等经济价值不大，但是亦属于公司财产的范畴，故侵占公司证照及财务账册的行为属于"违反对公司忠实义务的其他行为"的兜底规定。

董事、监事、高级管理人员在执行职务时，是经手公司证照及财务账册等机会最多的人士，上述第一百四十九条规定当执行公司职务时违反法律、行政法规或者公司章程的规定，应承担的责任为"赔偿责任"，而非"返还义务"，故公司返还证照纠纷的请求权基础并不直接适用于此。但此条又与公司返还证照纠纷密切相关，在前述公司特定职务人士发生侵占公司证照及财务账册等情况下，除了要求提起返还之诉，仍可根据本条规定要求公司董事、监事、高级管理人员承担相应赔偿责任，前提是证明公司因此遭受了损失。

（二）非公司董事、监事、高级管理人员作为侵权主体时的其他法定承担责任方式

对于公司董事、监事、高级管理人员之外的第三人发生侵占公司证照及财务账册等特殊公司财产的行为，其本质上也是一种侵权行为，违反了《民法典》第一千一百六十七条规定中所包含的财产权益。《民法典》第一百七十九条规定："承担民事责任的方式主要有：（一）停止侵害；（二）排除妨碍；（三）消除危险；（四）返还财产；（五）恢复原状；（六）修理、重作、更换；（七）继续履行；（八）赔偿损失；（九）支付违约金；（十）消除影响、恢复名誉；（十一）赔礼道歉。法律规定惩罚性赔偿的，依照其规定。本条规定的承担民事责任的方式，可以单独适用，也可以合并适用。"

所以在请求返还公司证照的同时，当侵占行为本身给公司带来损失的时候，除了提起返还之诉，可同时提起赔偿之诉，甚至是当公司证照在侵权人占用时发生了有损公司声誉的行为，还可一并要求侵权人作出"登报赔礼道歉"等其他诉讼请求，全面进行维权。

【拓展案例】

李春明与杨青会、桑照丽、郑州通得商贸有限公司公司证照返还纠纷[①]

郑州通得商贸有限公司（以下简称通得公司）成立于1990年，后于2008年改制为有限

[①] 参见河南省郑州市中级人民法院民事判决书（2019）豫01民终22737号。来源：中国裁判文书网 http://wenshu.court.gov.cn。

责任公司，设董事会，成员为五人，尹宏桥为董事长。2011年公司召开股东会并修改公司章程和工商登记，由李春明任董事长和法定代表人。在公司经营期间，公司股东多次进行变更，2017年12月26日工商登记信息变更后，现有股东二十四人，杨青会、桑照丽和李春明均为该公司股东，桑照丽、杨青会、李春明以及王红春、王松森系公司董事，李春明系该公司董事长、法定代表人，刘超系公司监事。

2017年11月17日，通得公司股东会作出决议，公司董事会解散，成立王鹏辉、李春明、王庭慧、刘玉环、岳管梅、赵聚才、杨青会共七人的临时小组，筹备新一届股东大会选举事宜。新一届董事会成立之前，公司财务及公章使用，必须经临时小组全体成员同意。

2018年1月22日，通得公司未召开股东会会议，形成股东会决议一份：一、同意本届董事及监事换届选举以书面签名形式进行；二、选举李春明、桑照丽、刘珉、刘超、王景州为董事，刘玉环、岳管梅为监事。在该决议上由公司十四名股东签字。同日，该公司董事会形成决议一份：一、同意本次董事长换届选举采取书面签名方式进行；二、选举李春明为董事长。李春明、王景州、刘超在该决议上签字。

2018年3月17日，公司十五名股东（公司表决权55.17%）召开预备会，提议近期召开临时股东会，委托提名的新一届董事、监事候选人负责临时股东会的召集、通知及召开事宜，议定提交股东会董事会换届选举议案、监事换届议案、聘任公司新法定代表人议案。后桑照丽、王鹏辉等于2018年3月24日前通知了公司股东，于2018年4月9日召开了临时股东会，到会股东十五人（含委托代理人，占公司出资比例55.17%），会议形成决议：审议并通过《董事会换届选举议案》，同意罢免第二届董事会成员，选举王鹏辉、桑照丽、杨青会、刘珉、王庭慧为董事会成员；审议《监事换届选举的议案》，同意罢免公司第二届监事，选举赵聚才为监事；审议并通过《聘任公司新法定代表人的议案》，解聘公司原法定代表人李春明，依照公司章程聘用新的法定代表人。当日，董事会成员召开董事会会议，选举桑照丽为公司董事长、杨青会为公司总经理，并决定桑照丽为公司法定代表人。

2018年4月25日，杨青会、桑照丽向通得公司工商登记监事刘超送达通得公司六名股东"关于请求监事代表公司进行诉讼的函"，请求监事刘超代表公司提起诉讼，向李春明主张本案诉请内容，后刘超未提起诉讼，杨青会、桑照丽于2018年7月26日向该院提起诉讼。

本案审理中，李春明自认通得公司行政公章由其保管，营业执照及其他公章由各部门各自保管。

一审法院认为，本案争议焦点为：1. 通得公司2018年1月22日股东会决议和2018年4月9日临时股东会决议的效力；2. 杨青会、桑照丽能否以个人名义提起本案诉讼；3. 李春明应否交还通得公司印章、证照；4. 李春明应否协助办理工商变更登记。

关于第1项，一审法院认为，通得公司2018年1月22日股东会决议无效，2018年4月9日临时股东会决议合法有效。理由为：根据有关法律规定及通得公司章程，不召开股东会可以直接作出股东会决定的前提是股东以书面形式一致对公司股东会行使职权事项表示同意，且需要全体股东在决定上签名、盖章。李春明虽辩称通得公司2018年1月22日股东会决议是全体股东一致同意的，但未提供有效证据予以证明，同时在本案审理中公司股东王庭慧到庭作证对该决议予以否认，且该决议上仅有部分股东签名，并非全体股东签名、盖章，故该决议不符合法律规定和通得公司章程，应属无效决议。2018年4月9日的股东会决议是在通得公司超过表决权十分之一的股东提议下召开的，会前有关人员依法通知了全体股东，会议由预备会议上超过十分之一的股东推选的桑照丽主持（由于通得公司股东会已经于2017年决议解散股东会，原董事长李春明、监事刘超在接到通知后未参加该次股东会），决议由代表50%以上表决权的股东通过，故该股东会决议合法有效。李春明辩称该股东会决议违反公司章程，不能发生效力的意见，无事实和法律依据，该院不予采信。

关于第2项，桑照丽、杨青会可以以个人名义提起本案诉讼。如上所述，通得公司2018年4月9日股东会决议合法有效，该决议中已经选举成立了新的董事，后公司董事会召开会议选举桑照丽为公司董事长、杨青会为公司总经理，并决定桑照丽为公司法定代表人，按照公司法规定，公司应进行变更登记，李春明也无权再持有公司公章，在此情况下，包含杨青会、桑照丽等股东书面请求公司原监事刘超代表公司提起诉讼，而刘超怠于行使该权利，进而杨青会、桑照丽提起本案诉讼，杨青会、桑照丽该行为符合法律规定，故本案杨青会、桑照丽主体资格合法，李春明辩称意见不能成立。

关于第3项，公司印章、证照属于公司专有的独立财产，由公司法人依法享有所有权。公司对其印章、证照的所有权受法律保护。李春明担任通得公司法定代表人期间，代表公司行使职权，掌控公司印章、证照，被免去公司法定代表人后，继续掌控公司印章、证照已无合法依据，故李春明应当将相关公司印章、证照交还给通得公司，但李春明辩称其仅持有公司行政章，其他公章及营业执照等物品由各部门保管，杨青会、桑照丽也未提供证据证明诉请的其他物品由李春明持有、保管，故该院仅支持杨青会、桑照丽该部分诉请中对通得公司行政公章的主张，其余部分待有有效证据时可另行主张。

关于第4项，李春明应当协助办理通得公司工商变更登记。如上所述，通得公司股东会决议已经解聘李春明作为公司法定代表人，公司董事会已经选举了新的公司法定代表人，通得公司的法定代表人已经发生变更，根据公司法规定，公司法定代表人变更，应当办理工商变更登记。李春明被解聘后，负有协助公司办理相关变更登记手续的义务。故对杨青会、桑照丽该诉请予以支持。

二审法院认为，根据《中华人民共和国公司法》第三十七条规定，股东会行使下列职权：（一）决定公司的经营方针和投资计划；（二）选举和更换非由职工代表担任的董事、监事，决定有关董事、监事的报酬事项；……；（十一）公司章程规定的其他职权。对前款所列事项股东以书面形式一致表示同意的，可以不召开股东会会议，直接作出决定，并由全体股东在决定文件上签名、盖章。根据《最高人民法院关于适用〈中华人民共和国公司法〉若干问题的规定（四）》的规定，通得公司2018年1月22日未召开股东会直接作出的股东会决议仅有十四名股东签名，该决议不符合上述法律及司法解释规定，应为无效。通得公司2018年4月9日召开的临时股东会所形成的股东会决议，是在通得公司超过表决权十分之一的股东提议下召开，会前依法通知了全体股东，会议由预备会议上超过十分之一的股东推选的桑照丽主持，决议由代表50%以上表决权的股东通过，故该股东会决议合法有效。

通得公司2018年4月9日的股东会决议已选举产生新的董事，并召开董事会选举桑照丽为公司董事长、杨青会为总经理,并决定桑照丽为公司法定代表人,李春明已不是通得公司法定代表人,按照《中华人民共和国公司法》第十三条规定,公司法定代表人变更应当办理变更登记。桑照丽、杨青会依照《中华人民共和国公司法》的相关规定提起本案诉讼,该行为符合法律规定。李春明已无权继续掌控通得公司印章,一审判决李春明将相关公司印章、证照交还给通得公司正确。

第十二章　发起人责任纠纷

【典型案例】

马丽、谢昭贤发起人责任纠纷[①]

2017年3月17日，谢昭贤及陈旭与马丽达成口头协议，在务川县设立务川自治县惜缘亲新文化有限公司，约定股份设置：总股份为四股，马丽二股，陈旭一股，谢昭乾（实际出资人为谢昭贤）一股。出资方式：总预计投资200万元，马丽100万元（以其经营的惜缘亲新书屋财产作价，系个人工商户），陈旭50万元，谢昭乾50万元，后续投资股份按比例投入。2017年6月12日，马丽以务川惜缘亲新书屋名义与贵州凯迪亚建筑装饰工程有限公司签订施工合同，约定由贵州凯迪亚建筑装饰工程有限公司对务川惜缘亲新书店进行设计装修，现未足额支付装修工程款。2017年4月6日，谢昭贤通过张红云向马丽转账10万元，2017年7月4日，谢昭贤向马丽转账20万元，2017年8月4日，谢昭贤向马丽转账5万元，2017年8月17日，谢昭贤向马丽转账9.8万元，谢昭贤支付贵州诚合科技有限公司书店班班通设备费用34200元。2017年3月27日，务川自治县惜缘亲新文化有限公司成立，登记类型为有限责任公司（自然人独资），法定代表人为马丽。2017年10月28日，务川自治县惜缘亲新文化有限公司正式开业。现因马丽未将谢昭贤及陈旭登记为公司股东，也未能实际参与管理，公司账目不公开，遂要求马丽退还投资款。另查明，案外人陈旭已另案起诉请求解除《关于合伙成立务川惜缘亲新文化有限公司的协议》，及要求马丽与务川自治县惜缘亲新文化有限公司返还出资款并承担利息。

谢昭贤向一审法院起诉请求：1. 解除谢昭贤与马丽及陈旭签订的《关于合伙成立务川惜缘亲新文化有限公司的协议》；2. 判令马丽返还谢昭贤投资款共计48万元及按中国人民银行同期贷款利率四倍支付利息至本息付清之日止；3. 诉讼费由马丽承担。

【裁判要旨】

一审法院认为，本案争议焦点是谢昭贤与马丽之间是何法律关系。根据审理查明的事实，2017年3月17日，谢昭贤与马丽及陈旭达成的协议约定设立务川自治县惜缘亲新文化有限公司，陈旭出资50万元，马丽出资100万元，谢昭贤出资50万元，由马丽担任公司法定代表人，并对公司地点、公司用房、利润分配等事宜进行了约定，至今谢昭贤向马丽支付了出资款44.8万元，实际上马丽设立的务川自治县惜缘亲新文化有限公司系一人公司，与

[①] 参见贵州省遵义市中级人民法院民事判决书（2019）黔03民终6689号。来源：中国裁判文书网http://wenshu.court.gov.cn。

双方约定不符，可见本案系发起人因设立公司引起的纠纷，而非合伙协议纠纷，一审法院立案时将案由定为合伙协议纠纷不当，应予以纠正。对于谢昭贤要求解除成立务川自治县惜缘亲新文化有限公司的协议及返还出资款本息是否应予支持，2017年3月27日，务川自治县惜缘亲新文化有限公司正式成立，登记类型为有限责任公司（自然人独资），法定代表人为马丽，可见马丽的行为违反了协议的约定，致使谢昭贤及陈旭至今未能取得公司股东资格，其合同目的不能实现，可见马丽已构成根本违约，案外人陈旭已另案起诉请求解除《关于合伙成立务川惜缘亲新文化有限公司的协议》，及要求马丽与务川自治县惜缘亲新文化有限公司返还出资款并承担利息，根据《中华人民共和国合同法》第九十四条第一款（四）项"有下列情形之一的，当事人可以解除合同：（四）当事人一方迟延履行债务或者有其他违约行为致使不能实现合同目的"的规定，谢昭贤与马丽之间的《关于合伙成立务川自治县惜缘亲新文化有限公司的协议》应予解除。谢昭贤要求解除与马丽及陈旭达成的成立务川县惜缘亲新文化有限公司的协议及返还出资款48万元的请求，因谢昭贤向马丽转账为44.8万元，至于谢昭贤支付贵州诚合科技有限公司书店班班通设备费用34200元，该款并非马丽收取，且马丽否认该款为出资款，故支持马丽返还谢昭贤出资款44.8万元。对谢昭贤要求以出资款本金为基数按中国人民银行同期贷款利率的四倍支付利息至还清之日，因马丽的违约行为导致谢昭贤受损，谢昭贤有权要求马丽赔偿相应损失，其请求也未超过最高人民法院关于民间借贷利率上限规定，所以对其请求予以支持。其具体计算方式应自交付出资款的次日起开始计算，即其中10万元自2017年4月7日开始计算，20万元自2017年7月5日开始计算，5万元自2017年8月5日开始计算，9.8万元自2017年8月18日开始计算至付清之日。对马丽认为与贵州凯迪亚建筑装饰工程有限公司装修合同尚未结算，书屋装修至今未完工，对债务未进行清算的意见，因该合同主体系务川惜缘亲新书屋与贵州凯迪亚建筑装饰工程有限公司，而涉案款项的用途为各当事人作为股东成立公司的出资款，至于实际合伙经营过程中的合伙账目应由各方另行主张。综上所述，根据《中华人民共和国合同法》第九十四条第一款第四项、第九十七条，《最高人民法院关于审理民间借贷案件适用法律若干问题的规定》第二十六条，《最高人民法院关于适用<中华人民共和国公司法>若干问题的规定（三）》第四条之规定，判决：一、解除谢昭贤与马丽及案外人陈旭2017年3月17日达成的《关于合伙成立务川惜缘亲新文化有限公司的协议》；二、马丽于判决生效之日起十五日内返还谢昭贤出资款44.8万元及利息（按中国人民银行同期同类贷款利率的四倍计付利息，其中10万元自2017年4月7日开始计算，20万元自2017年7月5日开始计算，5万元自2017年8月5日开始计算，9.8万元自2017年8月18日开始计算至付清之日）；案件受理费减半收取4250元，由马丽承担。

二审法院认为，本案二审期间的争议焦点问题为：一、谢昭贤、陈旭与马丽口头达成的《关于合伙成立务川自治县惜缘亲新文化有限公司的协议》性质如何认定；二、谢昭贤请求解除《关于合伙成立务川自治县惜缘亲新文化有限公司的协议》是否应当支持；三、马丽应否退还谢昭贤投资款及利息；四、原审程序是否违法。

针对焦点一，关于谢昭贤、陈旭与马丽口头达成的《关于合伙成立务川自治县惜缘亲新文化有限公司的协议》，内容是成立务川自治县惜缘亲新文化有限公司，陈旭出资50万元，马丽出资100万元，谢昭贤出资50万元，由马丽担任公司法定代表人，该协议对股权设置、公司地点、公司用房、利润分配等事宜进行了约定，并于2017年6月29日拟定《关于合伙成立务川自治县惜缘亲新文化有限公司的协议》，该书面协议虽各方没有签字，但在庭审中，各方均予认可。因此，该协议的性质属于发起人设立公司的协议，目的是设立目标公司，而不是组建个人合伙。上诉人马丽认为双方是成立合伙而非成立公司的上诉理由与事实不符，本院不予支持。

针对焦点二，谢昭贤、陈旭与马丽口头达成《关于合伙成立务川自治县惜缘亲新文化有限公司的协议》，目的是设立务川自治县惜缘亲新文化有限公司并成为公司股东，但截至发生纠纷并引发诉讼后，马丽没有按照协议的内容去设立公司，也没有通过变更登记使陈旭成为公司股东，导致谢昭贤没能成为务川自治县惜缘亲新文化有限公司股东，也未享有股权，其合同目的一直未能实现，故其提出解除协议的理由既符合《中华人民共和国合同法》第九十四条的规定，也符合情理。

针对焦点三，谢昭贤向马丽转账支付的出资款44.8万元，且提供了转款凭证，马丽予以认可，本院予以确认。务川自治县惜缘亲新文化有限公司已于2017年3月27日正式成立，登记类型为有限责任公司（自然人独资），法定代表人为马丽，可见马丽的行为确实违反了双方协议的约定，致使谢昭贤至今未能取得公司股东资格，双方合同目的不能实现，马丽构成根本违约，一审法院根据《中华人民共和国合同法》第九十四条的规定，支持谢昭贤要求马丽返还出资款的请求判处得当，本院予以维持。虽然马丽认为谢昭贤领取的40余万元应从本案中扣减，因其提供的证据不完全具备证据的三性，不足以证明谢昭贤收取的款项与马丽存在直接关系，马丽要求在本案中直接扣减的主张，本院不予支持。对于上述款项，如马丽认为系其所有，谢昭贤存在非法占用情形，只能根据其他法律关系另行主张。

至于利息，因违约的责任方为马丽，一审法院根据《中华人民共和国合同法》第九十七条，结合案件实际情况，酌情按中国人民银行同期同类贷款利率自谢昭贤交付出资款次日起计算于法有据，亦符合公平原则，本院予以维持。对马丽上诉称自己没有违约，合伙未经清算，无法完成退伙的上诉理由，与事实不符，本院不予支持。

针对焦点四，原审公开开庭对证据已予以质证，当事人的举证和质证权利并未受到侵害。马丽诉称一审程序违法的上诉理由不成立，本院不予支持。

综上所述，马丽的上诉理由不能成立，其上诉请求，本院不予支持；一审判决认定事实清楚，适用法律正确，应予维持。依照《中华人民共和国民事诉讼法》第一百七十条第一款第（一）项之规定，判决如下：驳回上诉，维持原判。

【实务指引】

一、发起人责任纠纷的定义

设立任何公司都有公司的发起人。发起人是指为设立公司而签署公司章程、向公司认购出资或者股份并履行公司设立职责的人，包括有限责任公司设立时的出资人和股份有限公司的发起人。《公司法》对有限责任公司的发起人统称股东、出资人，没有使用发起人的专门概念；只有对股份有限公司，由于其涉及人数众多，设立程序复杂，明确使用了发起人概念。

发起人作为筹划和实施公司设立行为，履行出资义务，对公司设立行为承担相应义务和责任之人，依法应当对公司承担发起人责任。发起人责任是指发起人在公司设立过程中，因公司不能成立对认股人所应承担的责任或者在公司成立时因发起人自身的过失行为致使公司利益受损时应当承担的责任。发起人责任大致可以分为以下两大类：

一是公司设立失败时的发起人责任。导致公司设立失败即公司不能成立的原因较多，如投资环境发生了重大不利变化，发起人在申请公司注册登记之前决定停止公司设立，或者发起人没有认足发行的全部股份或者未在规定期限内募足资金，未按期召开创立大会等，都可能导致公司设立失败。无论何种原因公司设立失败，全体发起人都要承担两方面的责任：①对设立行为所产生的债务和费用负连带责任；②对认股人已缴纳的股款，负返还股款并加算银行同期存款利息的连带责任。

在发起人之间，对公司未成立时产生的费用和债务，按照约定承担责任；没有约定的，按照约定的出资比例承担责任；没有约定出资比例的，按照均等份额承担责任。此外，因发起人的过错导致公司不能成立时，其他发起人主张其承担设立行为所产生的费用和债务的，也可能发生纠纷。

二是公司成立时的发起人责任。公司成立时，发起人对公司设立行为承担责任，包括对公司的责任和对第三人的责任。发起人对公司成立时的责任主要有资本充实责任、损害赔偿责任等。对于公司发行的股份未能认足或者虽已认足但未缴足的，发起人应当承担连带认缴责任。此外，尽管公司成立，但如果在公司设立过程中，因发起人的过失致使公司利益受到损害，公司有权要求其承担相应的赔偿责任。

此外，如果发起人不按照公司法的规定以及发起人协议的约定缴纳出资的，无论公司是否成立，均应当承担违约责任。

二、发起人责任纠纷的管辖

因发起人责任纠纷提起的诉讼，原则上以民事诉讼法中管辖的相关规定为基础，但要综合考虑公司所在地等因素来确定管辖法院。由于发起人责任纠纷发生于公司设立后或公司设立失败后，因此很多人将其与公司设立纠纷混为一谈，认为发起人责任纠纷的地域管辖应当按照《民事诉讼法》第二十六条之规定，由公司住所地人民法院管辖。裁判观点否认了这种看法，其认为发起人责任纠纷的地域管辖不同于公司设立纠纷，因此不能适用公司设立纠纷的管辖原则——由公司住所地法院管辖，而是应当适用一般管辖，由被告住所地管辖。

三、发起人责任纠纷的裁判规则

（一）发起人责任纠纷的前提

设立任何公司都有公司发起人，发起人责任只能由发起人承担，因此，处理发起人责任纠纷的前提是发起人的认定。裁判观点认为，发起人必须同时具备的3个法律特征：①签署公司章程；②向公司认购出资或股份；③履行公司设立责任。实践中，应当将公司发起人与股东进行区分，不具有发起人身份的公司股东不应当承担发起人责任。

导致公司设立失败的原因是多方面的，无论何种原因，全体发起人承担两种责任：第一，对设立行为所产生的债务和费用负连带责任；第二，对认股人已经缴纳的股款，负返还股款并加算银行同期存款利息的连带责任。

首先，根据裁判观点，发起人负有以上两种责任的前提是公司设立失败，因此原告首先应当举证公司未能设立，或者公司虽然设立，但是并非依据公司设立协议设立公司，使得设立公司的原合意落空。

其次，在发起人之间，对公司未设立产生的费用和债务，首先应当按照约定分担责任；如果没有约定，就按照约定的出资比例分担责任；如果没有约定出资比例，则按照均等份额承担责任。此外，如果因为发起人的过错导致公司未能成立，则应当将发起人的过错程度纳入责任分配的考量中，根据发起人的过错程度分配责任，如果发起人均有过错，又难以判断过错的主次，则依照发起人无过错时的责任分配方式进行责任分配。

根据《公司法司法解释（三）》第四条规定，公司因故未成立，债权人请求全体或者部分发起人对设立公司行为所产生的费用和债务承担连带清偿责任的，人民法院应予支持。部分发起人依照前款规定承担责任后，请求其他发起人分担的，人民法院应当判令其他发起人按照约定的责任承担比例分担责任；没有约定责任承担比例的，按照约定的出资比例分担责任；没有约定出资比例的，按照均等份额分担责任。因部分发起人的过错导致公司未成立，其他发起人主张其承担设立行为所产生的费用和债务的，人民法院应当根据过错情况，确定过错一方的责任范围。

（二）公司设立侵权时的发起人责任

根据《公司法司法解释（三）》第五条规定，发起人因履行公司设立职责造成他人损害，公司成立后受害人请求公司承担侵权赔偿责任的，人民法院应予支持；公司未成立，受害人请求全体发起人承担连带赔偿责任的，人民法院应予支持。公司或者无过错的发起人承担赔偿责任后，可以向有过错的发起人追偿。

（三）为设立公司而以自己名义对外订立合同时的发起人责任

例如，公司成立时间以营业执照签发之日为准，而营业执照签发前提是确立住所，住所就涉及签订租赁协议、装修协议、买卖协议等问题，如果公司后来设立出现问题，以上协议就可能无法履行进而引起出租人出卖人等债权人的诉讼，则根据《公司法司法解释（三）》第二条规定，发起人为设立公司以自己名义对外签订合同，合同相对人请求该发起人承担合同责任的，人民法院应予支持。公司成立后对前款规定的合同予以确认，或者已经实际享有合同权利或者履行合同义务，合同相对人请求公司承担合同责任的，人民法院应予支持。

有一点要注意，债权人不能同时要求发起人与设立后的公司共同承担责任，如湖北省高级人民法院（2014）鄂民立二再终字第0008号民事裁定书、上海市闵行区人民法院（2014）闵民五（民）初字第612号民事判决书。

（四）公司设立成功时的发起人责任

根据《公司法司法解释（三）》第十三条第一款规定，股东在公司设立时未履行或未全面履行出资义务，债权人请求未履行或者未全面履行出资义务的股东在未出资本息范围内对公司债务不能清偿的部分承担补充赔偿责任的，可以要求公司的发起人与被告承担连带责任，人民法院应予支持；公司的发起人承担责任后，可以向被告股东追偿。

需要注意的是，我国《公司法司法解释（三）》第十三条第三款将发起人承担连带补充赔偿责任的适用前提限定为股东在"公司设立时"未履行或者未全面履行出资义务、公司设立后的出资违约行为，二期出资违约行为未包括在内。换言之发起人并非对股东的所有出资违约行为均承担连带责任，而仅对其在公司设立时未履行的出资义务承担连带责任。

【拓展案例】

张娅婷、林樱发起人责任纠纷①

2016年12月至2017年3月，张贤杰分四次共向张娅婷转账90000元。2016年12月1日，张贤杰与张娅婷、林樱签订了张小姐国际青年旅舍（大理店）出资协议书，该协议书约定张贤杰以投资股东方式入股甲方张小姐国际青年旅舍（大理店）；张小姐国际青年旅舍（大理店），筹备于2016年6月30日，双方共同指定甲方（张娅婷、林樱）负责具体经营；各股东以各自出资额为限对张小姐国际青年旅舍（大理店）承担经济责任；本次旅舍融资总额为人民币90万元整，9000一股，共融资100股；其中张小姐酒店管理公司无形资产占10%，乙方（张贤杰）出资90000元，占张小姐国际青年旅舍（大理店）10%股份；张小姐国际青年旅舍（大理店）人数及出资证明在正式运营前将以声明形式存在并向股东签发出资证明书（即本出资协议）。截至本案开庭审理日，张小姐国际青年旅舍（大理店）未办理设立登记手续，未取得合法的经营证照。

张贤杰向一审法院起诉请求：1. 判令解除与张娅婷、林樱签订的《张小姐国际青年旅舍（大理店）出资协议书》；2. 判令张娅婷、林樱返还张贤杰出资款90000元；3. 判令张娅婷、林樱承担本案诉讼费用。

一审法院认为：张小姐国际青年旅舍（大理店）出资协议书中明确约定，张贤杰以投资股东方式入股甲方（张娅婷、林樱）张小姐国际青年旅舍（大理店）；各股东以各自出资额为限对张小姐国际青年旅舍（大理店）承担经济责任；张小姐国际青年旅舍（大理店）在正式运营前以出资协议方式向股东签发出资证明书；上述约定有别于对外承担无限责任的个人合伙，符合《中华人民共和国公司法》关于公司设立的规定，本案应为与公司有关的纠纷。根据张小姐国际青年旅舍（大理店）出资协议书的约定，张娅婷、林樱以张小姐国际青年旅舍（大理店）发起人向股东融资并负责具体经营，负有办理张小姐国际青年旅舍（大理店）设立登记手续的义务，但至今未办理设立登记手续，公司未能成立，已违反双方

---

① 参见云南省大理白族自治州中级人民法院民事判决书（2019）云29民终1124号。来源：中国裁判文书网http://wenshu.court.gov.cn。

的合同约定，双方的合同目的不能实现。故张贤杰有权要求解除合同并要求张娅婷、林樱返还出资。依照《中华人民共和国合同法》第九十四条第（四）项、第九十七条、第一百零七条之规定，判决：

一、解除原告张贤杰与被告张娅婷、林樱签订的张小姐国际青年旅舍（大理店）出资协议书。二、由被告张娅婷、林樱在判决生效之日起十日内返还给原告张贤杰出资款90000元。

二审法院认为：张贤杰根据与张娅婷、林樱二人签订的《张小姐国际青年旅舍（大理店）出资协议书》向张小姐国际青年旅舍（大理店）投资90000元，张娅婷、林樱主张其与张贤杰之间是合伙关系，但双方之间签订的《张小姐国际青年旅舍（大理店）出资协议书》明确约定，张贤杰以投资股东方式入股甲方（张娅婷、林樱）张小姐国际青年旅舍（大理店），各股东以各自出资额为限对张小姐国际青年旅舍（大理店）承担经济责任，张小姐国际青年旅舍（大理店）在正式运营前以出资协议方式向股东签发出资证明书等符合《中华人民共和国公司法》关于公司设立的规定，故双方间签订的《张小姐国际青年旅舍（大理店）出资协议书》不是合伙协议，且张贤杰也未参与项目的实际经营及合伙利益分配，故张娅婷、林樱主张与张贤杰之间为合伙法律关系，张贤杰的投资款应认定为合伙出资无事实及法律依据。根据张小姐国际青年旅舍（大理店）出资协议书的约定，张娅婷、林樱以张小姐国际青年旅舍（大理店）发起人向股东融资并负责具体经营，负有办理张小姐国际青年旅舍（大理店）设立登记手续的义务，但张小姐国际青年旅舍（大理店）至今未按协议约定办理设立登记手续，公司未能成立，已违反双方的合同约定条款，张贤杰的投资目的不能实现，其有权选择用收回投资款的方式来保护自己的民事权益。另外，就张贤杰而言，其基于对《张小姐国际青年旅舍（大理店）出资协议书》中载明的投资收益的期望，而向该项目出资，但张娅婷、林樱收到投资款后，并未在承诺的期限内使项目成功运行，张贤杰基于对其资金安全的考虑及投资行为能否实现预期收益的合理怀疑，有权终止投资行为，要求张娅婷、林樱返还投资款。

综上所述，上诉人张娅婷、林樱的上诉请求不能成立，本院不予支持，应予以驳回。一审认定事实清楚，适用法律正确，审判程序合法，二审应予以维持。据此，依照《中华人民共和国民事诉讼法》第一百七十条第一款第（一）项规定，判决如下：驳回上诉，维持原判。

第十三章 公司盈余分配纠纷

【典型案例】

济宁鲁兴房地产开发有限公司、互标有限公司公司盈余分配纠纷[①]

鲁兴公司系有限责任公司（台港澳与境内合资），注册资本3300万元，成立于1993年1月3日。鲁兴公司股东分别为：济宁市房屋建设综合开发公司持股比例23.93%；互标公司持股比例45%；济宁鲁兴建材销售有限公司持股比例31.07%。

鲁兴公司《中外合资经营企业章程》第十六条规定，合营公司设董事会，董事会是合营公司的最高权力机构。第十七条规定，董事会决定合营公司的一切重大事宜，其职权主要如下：决定和批准总经理提出的重要报告（如生产规划、年度营业报告、资金、借款等）；批准年度财务报表、收支预算、年度利润分配方案……。第五十条规定，合营公司依法缴纳所得税和提取各项基金后的利润，按甲、乙、丙方在注册资本中的出资比例进行分配。第五十一条规定，合营公司每年分配利润一次，每个会计年度后三个月内公布分配方案及各方应分的利润额。

2016年5月13日，鲁兴公司召开第五届董事会第十二次会议并形成以下会议决议：1.同意山东长恒信会计师事务所有限公司出具2015年度审计报告，由中国注册会计师签字［审计报告编号：长恒信外审字（2016）0004号］，2015年度实现主营业务收入29559.87万元，实现利润总额35776.26万元，实现净利润31783.56万元。2.2015年度利润分配方案：于2016年7月31日前分配利润3000万元，按照各股东的投资比例进行分配。3.……。

另查明，济宁鲁兴建材销售有限公司，成立于2001年3月26日，其股东为济宁鲁兴房地产开发有限公司工会委员会，该公司代鲁兴公司职工持股。证人马某系鲁兴公司职工股东，目前已退休，其证实鲁兴公司已按照董事会决议向其发放2015年度的分红款。

互标公司向一审法院起诉请求：判令鲁兴公司按照《济宁鲁兴房地产开发有限公司第五届董事会第十二次会议决议》之第二项决议，按照互标公司45%的出资比例，向互标公司分配利润1350万元。二、鲁兴公司支付拖欠应分配利润的利息损失1867530.82元，自2016年8月1日起至付清全部应分配利润之日为止，按照银行同期（一年至三年）贷款利率4.75%计算，暂计至2019年6月30日。（注：截至2019年6月30日，上述金额共计15367530.82元。）三、本案的诉讼费、保全费等由鲁兴公司承担。

[①] 参见山东省高级人民法院民事判决书（2019）鲁民终2917号。来源：中国裁判文书网 http://wenshu.court.gov.cn。

【裁判要旨】

一审法院认为，互标公司为香港公司，本案系涉港纠纷，各方当事人对适用中华人民共和国内地法律均无异议，故本案适用中华人民共和国内地法律。本案的争议焦点为：一、鲁兴公司是否应当按照董事会决议向互标公司分配2015年度的分红款；二、鲁兴公司是否应当支付互标公司迟延分配分红款的利息损失，利息应如何计算。

关于焦点一，鲁兴公司是否应当按照董事会决议向互标公司分配2015年度的分红款，法院认为，公司盈余分配权是股东基于其公司股东身份依法享有的请求公司按照章程规定向其分配股利的权利，《中华人民共和国公司法》第四条规定，公司股东依法享有资产收益、参与重大决策和选择管理者等权利，互标公司系鲁兴公司公司股东，持股比例为45%，依法享有公司盈余分配权。鲁兴公司2016年5月13日召开董事会并形成了2015年度利润分配方案：于2016年7月31日前分配利润3000万元，按照各股东的投资比例进行分配。上述分配方案符合鲁兴公司公司章程规定，合法有效。按照互标公司持股比例45%计算，互标公司应分得1350万元，互标公司要求鲁兴公司分配2015年度1350万元分红款的主张于法有据，法院予以支持。关于鲁兴公司各项抗辩理由其均未提供相关证据予以支持，法院不予采信。

关于焦点二，鲁兴公司是否应当支付互标公司迟延分配分红款的利息损失，利息应如何计算，法院认为，鲁兴公司董事会作出盈余分配决议时，在公司与股东之间即形成债权债务关系，若未按照决议及时给付则应计付利息。因鲁兴公司2016年董事会决议形成的2015年度利润分配方案是于2016年7月31日前分配3000万元利润，故对于迟延分配分红款的利息起算时间应从2016年8月1日按照中国人民银行同期贷款利率计算。

综上，依据《中华人民共和国公司法》第四条、第三十四条，《中华人民共和国民事诉讼法》第一百四十二条之规定，判决：一、鲁兴公司于该判决生效之日起十日内向互标公司分配利润1350万元；二、鲁兴公司于该判决生效之日起十日内支付互标公司迟延分配利润的利息损失（以1350万元为基数，自2016年8月1日起至实际给付之日止，按照中国人民银行同期贷款利率计算）；三、驳回互标公司的其他诉讼请求。如果未按照该判决指定的期间履行给付金钱义务，应当按照《中华人民共和国民事诉讼法》第二百五十三条之规定，加倍支付迟延履行期间的债务利息。案件受理费114005元，由鲁兴公司负担。

二审法院认为，本案系公司盈余分配纠纷。互标公司系在香港特别行政区注册成立的法人，故本案系涉港纠纷，应参照涉外民事诉讼程序进行审理。一审法院依据我国内地法律对本案的实体争议进行了审理，双方当事人对此均无异议，本院予以确认。本案当事双方争议的焦点问题是：鲁兴公司应否向互标公司支付拖欠分配利润的利息损失。

鲁兴公司上诉主张，现行法律没有关于迟延支付分配利润应支付利息的规定，利润分配方案系公司内部事务，公司没有对延期支付的后果进行决议，在利润未分配前，资金的收益归属公司，股东对此没有损失，鲁兴公司现金流不足，无法分红。互标公司抗辩，根据涉案分红决议，鲁兴公司有大量的利润和资金，涉案分红决议一经作出，鲁兴公司与互标公司就形成金钱给付关系，鲁兴公司不按时支付，应承担相应利息，鲁兴公司的拖欠行为，给互标公司造成了利息等损失。经查，2016年5月13日，鲁兴公司召开董事会，形成了董事会决议，决议同意山东长恒信会计师事务所有限公司出具的2015年度审计报告，2015年度实现主营业务收入29559.87万元，实现利润总额35776.26万元，实现净利润31783.56万元；于2016年7月31日前分配利润3000万元，按照各股东的投资比例进行分配。上述利润分配方案符合鲁兴公司的章程规定，合法有效。互标公司作为鲁兴公司的股东，依据上述利润分配方案，对鲁兴公司享有公司盈余分配给付请求权，亦即鲁兴公司作出盈余分配决议时，在公司与股东之间即形成债权债务关系。因鲁兴公司未按照盈余分配决议规定的时间及时向互标公司给付分配款，则应当计付利息。故互标公司有关计付利息的请求不违反法律的规定，一审判决支持并无不当，本院予以确认。

关于鲁兴公司主张其现金流不足，无法分红问题，经查，鲁兴公司的董事会决议载明，鲁兴公司2015年度实现主营业务收入29559.87万元，实现利润总额35776.26万元，实现净利润31783.56万元。据此，鲁兴公司有可供分配的利润。一审中，证人马某出庭证实，其作为鲁兴公司的职工股东，已收到了鲁兴公司2015年度的分红款。故鲁兴公司以现金流不足为由拒绝支付分配款的主张不能成立，本院不予支持。

【实务指引】

一、公司盈余分配纠纷的定义

公司盈余分配纠纷，是指公司在有可供分配的盈余的情况下，却以各种理由不正当地拒绝向股东派发盈余，侵犯股东盈余分配权而引发的纠纷。

公司盈余分配纠纷通常表现为公司过分提取任意公积金或以其他形式拒绝向股东分配盈余。强制分配盈余之诉是指当公司因过分提取任意公积金或以其他方式侵害股东的公司盈余分配权时，股东向法院请求强制公司按照公司章程或法律规定向其分配公司盈余，保障其股东权利的诉讼。此外，依据《公司法》第一百八十一条、第一百八十三条规定，权利受到侵害的股东可提起诉讼要求解散公司并进行强制清算。

二、公司盈余分配纠纷的诉讼主体

盈余分配权纠纷诉讼主体以请求分配的股东为原告，公司为被告。通常情况下，毋需将其他股东、公司负责人列为第三人参加诉讼。

三、公司盈余分配纠纷的管辖

因公司盈余分配纠纷提起的诉讼，原则上以民事诉讼法中管辖的相关规定为基础，但要综合考虑公司所在地等因素来确定管辖法院。

四、公司盈余分配纠纷的裁判规则

（一）具备股东资格是主张盈余分配权利的前提

盈余分配权利是专属于股东的权利，司法实践中，如果提起该项诉讼的主体并不具有公司股东资格，则其诉请无法得到法院的支持。换言之，具备股东资格是提起盈余分配权诉讼的先决条件。

一方面，在盈余分配纠纷案件中，如果被告公司对原告股东的资格提出异议，法院一般会将原告是否具备股东资格确定为庭审焦点之一。如果经过审理查明，原告不具备股东资格的，则会以原告主体不适格为由，裁定驳回原告的起诉。如在陈某与陕西燎原煤业有限责任公司公司盈余分配纠纷案中，根据燎原煤业有限责任公司章程的规定，原告陈某因与公司解除劳动关系，公司作出董事会决议，原价收回其权。燎原煤业有限责任公司对陈某的股东身份并不认可，双方对陈某的股东资格尚存在争议。故陈某在行使股东权利之前，应先提起股东资格的确认之诉。又如在杜某霞与浚县亿圆机动车检验有限公司公司盈余分配纠纷案中，杜某霞以"选择项目、传送信息和前期运作费用，负责办理所有省级证件为入股的资本条件"，不符合公司法规定的出资要件，遂对于其股东资格不予认可，并驳回其诉讼请求。

另一方面，隐名股东尽管是公司的实际投资者，但由于隐名股东甚至是多层次隐名股东的存在，遵循商事外观主义原则，在隐名股东通过法律程序确认为公司正式股东前，其不能直接向公司主张盈余分配权利。根据《公司法司法解释（三）》第二十四条第一款的规定，对于股权代持，如无《民法典》应当认定为无效的情形，法律认可双方之间形成的股权代持法律关系。此时，隐名股东应基于合同相对性向显名股东主张相应的权利。

（二）贯彻无盈不分原则，盈余分配案件必须具有"可分配盈余"

公司具有可分配盈余，是股东行使盈余分配请求权的实质要件。法院对于这一实质要件的审查十分严格。《公司法》第三条第一款前段规定："公司是企业法人，有独立的法人财产，享有法人财产权。"如果公司不存在可分配利润而进行分红，则构成对公司法人财产权的侵害。同时，由于公司法人财产是对公司债权人的一般担保，无盈而分也将造成公司责任财产的减少，损害公司债权人的利益。武汉公路桥梁建设集团有限公司公司盈余分配纠纷案中指出，有限责任公司是否分配利润以及分配多少利润属公司股东会决策权范畴。股东虽基于投资关系取得利润分配的期待权，但能否转化为具体的利润分配请求权，取决于公司是否盈利以及股东会是否依法作出分配利润的决议等多项条件。故在股东会作出决议之前，股东并不享有利润分配请求权，继而不具有相应的诉权，股东直接向人民法院起诉请求判令公司向股东分配利润缺乏法律依据。长益公司诉请华益公司支付2008年至2013年利润，并未提交华益公司董事会相关年度决议支持其主张，其直接向人民法院起诉请求判令华益公司向股东分配利润缺乏法律依据，其诉请不属于民事诉讼受案范围，法院遂裁定驳回长益公司的起诉。

1. 从保护小股东利益角度出发，对于是否存在分配盈余的股东会决议应适当从宽

从举证责任角度分析，原告股东提起盈余分配诉讼，应当就公司存在可分配盈余以及公司股东会作出盈余分配决议两个方面的内容提供相关证据。相对而言，为了防止有限责任公司内部大股东利用持股优势，对小股东形成事实上的压迫，对于公司作出盈余分配的股东会决议，在审查上可以适当从宽。《公司法》第四十一条第二款规定："股东会应当对所议事项的决定作成会议记录，出席会议的股东应当在会议记录上签名。"结合《公司法》第三十三条关于股东知情权的规定，股东可以向公司提出请求查阅股东会会议记录等文件资料。因此，可以合理地得出公司股东会决议及会议记录应当由公司保存。《最高人民法院关于民事诉讼证据的若干规定》第七十五条规定："有证据证明一方当事人持有证据无正当理由拒不提供，如果对方当事人主张该证据的内容不利于证据持有人，可以推定该主张成立。"因此，如果原告股东能够有初步证据证明公司已经作出分配盈余的股东会决议，就可以将行为意义上的举证责任转换由公司承担，责令公司提供相关证据，甚至据此豁免原告的举证责任，进而支持原告的诉请。在徐某与江苏牧羊集团有限公司公司盈余分配纠纷案中，法院从扬州市地方税务局调取了牧羊集团有限公司作为扣缴义务人于2013年8月14日申报个税的记录，显示牧羊集团有限公司的股东徐某收入7870426.2元，税金1574085.24元，税种为"利息、股息、红利"。个人所得税系个人取得的各项应税所得为征税对象所征收的税种，其前提是"取得"，即已经实际产生应纳税收入，现徐某因"利息、股息、红利"缴纳个人所得税1574085.24元，应当已经取得应税"利息、股息、红利"7870426.2元，徐某所称牧羊集团有限公司已经进行公司盈余分配的主张成立。反之，牧羊集团有限公司辩称"扣税系财务部门擅自决定，系工作流程错误"，牧羊集团有限公司作为集团公司，应当有健全的财务制度，即便出现如此明显的工作流程错误，亦应及时采取补救措施，牧羊集团有限公司的这一意见显然有违常理，且无证据予以证实，故不予采纳。这起案件中，法院即是根据依法调取的申报个税记录，推定牧羊集团有限公司已经作出了盈余分配的股东会决议。

2. 公司决议分红的轻微瑕疵不影响对于决议的认定

从保护股东分配盈余的固有权利出发，即便作出分配盈余的股东会决议存在轻微瑕疵，但这种轻微瑕疵尚不足以推翻整个盈余分配决议的，法院仍可以对此决议予以认可。如在东显有限公司诉诸城六和东方食品有限公司公司盈余分配权纠纷案中，法院审理后即认为，即使诸城六和东方食品有限公司董事会决议缺乏部分董事签字，存在董事签字不全的问题，但公司已经按照该决议进行分红，因此东显有限公司作为诸城六和东方食品有限公司股东之一同样有权要求按照该决议进行分红。

3. 对于股东会决议的认定遵循实质重于形式的审查标准

司法实践中，法院对于公司作出分配盈余的股东会决议是否必须表现为"股东会决议"的形式，一般不作强制性要求。《公司法》第四十一条第二款只规定股东会必须作成会议记录，并由出席股东签字。除此之外，法律并未对股东会决议的形式特别作出其他要求。因此，只要能够从文义上反映符合法定表决权要求的股东通过了分配盈余的意思，就可以认定为公司通过了分配盈余的股东会决议。因此，实践中，如果股东之间达成备忘录、股东协议等文件，其中明确载明了分配盈余的意见，都可以被认定为股东会已经作出分配盈余的决

定。特别是在不涉及公司外部债权人的情况下，这种"决议形式"更容易为法院所接受。究其原因，是因为分红权利是股东的固有权利。有限责任公司属于典型的封闭公司，小股东缺乏退出通道，因此在涉及分红争议时，一般应优先考虑向小股东作适当倾斜。

（三）在不存在盈余分配决议的情况下，公司章程或者股东协议也可以成为法院介入公司分红的依据；特定情况下，法院也可以强制公司分红

在公司未依法作出分配盈余的股东会决议的情况下，股东盈余分配权利在性质上属于期待权。一般来说，只有当公司存在可分配盈余且已经依法作出分配盈余的股东会决议，股东盈余分配的权利才从期待权越入现实的债权状态，才可以向公司主张具体的盈余分配请求权，这种权利在性质上已经演变为债权请求权。但是如果有限责任公司或者未上市的股份有限公司内部存在大股东恶意欺压小股东，故意阻止盈余分配，在一定条件下，司法也可以有限度地强制介入公司盈余分配事项。《公司法司法解释（四）》第十五条规定："股东未提交载明具体分配方案的股东会或者股东大会决议，请求公司分配利润的，人民法院应当驳回其诉讼请求，但违反法律规定滥用股东权利导致公司不分配利润，给其他股东造成损失的除外。"由此可见，司法实践的倾向是有限度地介入公司分红政策，在符合其他股东滥用股东权利或者董事、高级管理人员存在欺诈行为导致公司不分配利润的情况下，法院可以强制判令公司分红。

毕竟公司是否分红是公司股东会的权力，是公司自治的事项，原则上应当通过召开公司股东会进行表决，法院通常不应直接介入。公司章程与股东协议作为规范公司内部法律关系的文件，在章程或者股东协议就盈余分配明确作出安排的前提下，法院也可以应小股东的诉请，以章程或者股东协议作为切入点，介入公司分红事项，校正公司内部可能存在的股权压迫，保障小股东的资产收益权利。如在上海锦邑实业有限公司诉上海平程房地产有限公司、湖州南浔平程房地产有限公司公司盈余分配纠纷案中，浙江省湖州市中级人民法院即以南浔平程房地产有限公司未作出盈余分配的股东会决议为由，裁定不予受理。浙江省高级人民法院认为，股东在《合作协议》中对于分红事项已经作出约定，但在南浔平程房地产有限公司运营过程中，股东双方无法就分红达成一致，依照公司内部自律机制已经不可逆转，应以《合作协议》的约定对公司利润进行分配，遂撤销湖州中院的一审裁定，指令原审法院继续审理。浙江省湖州市中级人民法院经审理后，在对南浔平程房地产有限公司开发的项目进行司法会计鉴定的基础上，判决支持上海锦邑实业有限公司盈余分配的诉讼请求。

（四）公司设立不能时，发起人有权按照出资比例分配公司设立阶段的盈余

公司在发起设立阶段，从事生产经营所产生的利润，在公司设立不能时，立法虽未规定如何进行分配，但应当根据权利义务相一致及民法公平的原则，比照债务承担的规定，以各出资人的出资比例予以分配。

陕西省高级人民法院（2012）陕民再字第00010号判决书认为：《最高人民法院关于适用〈中华人民共和国公司法〉若干问题的规定（三）》第四条规定了公司设立不能时，发起人按出资比例承担该设立阶段产生的债务的情形，但并未规定设立中公司在公司设立阶段从

事经营活动产生的盈利如何分配。根据权利义务相一致的法理以及民法的公平原则，对公司设立阶段的债权分配，应比照适用债务承担的规定，发起人有权按照出资比例分配公司设立阶段从事经营行为所产生的盈利。故王军有按照出资比例参与分配其参与经营的73天中产生的利润及资产。

（五）代表公司十分之一表决权的股东有权召集股东会，就公司盈余分配事宜进行决议

依据公司法及公司章程的规定，在符合法定程序的前提下，代表十分之一以上表决权的股东有权自行召集和主持股东会。股东会作出的决议，在其他股东未提出有效异议的情况下，该决议有效，公司应当执行。

厦门市中级人民法院（2007）厦民终字第2330号民事判决书认为：根据公司法相关规定，在有限公司未设董事会的情形下，股东会由执行董事负责召集和主持，但该公司执行董事陈某未举证证明在诉争股东会召开之前已召开过相关股东会，故叶某作为持股十分之一以上的股东，有权自行召集和主持股东会，且叶某已按公司章程的规定，提前将股东会会议时间、地点和内容通知了该公司全体股东，程序合法。在诉争股东会形成决议之后，公司其他股东并未对该决议效力提出异议。因此，该决议应确认有效，厦门某房地产开发公司应予执行。

（六）股东直接起诉要求强制分配股利的，应予驳回

公司股利是否分配以及分配的数额，原则上属于公司自治和股东自治的范围，司法权不能干预股东会的这一权利。股利的分配，不仅取决于公司是否有可供分配的利润，还要依据股东会决议通过分配方案，否则股东不能直接起诉要求司法干预。

泉州市中级人民法院（2011）泉民终字第1987号判决书认为：根据《公司法》第三十七条的规定，公司股利是否分配以及分配的数额，属于公司自治和股东自治的范围。虽然在该公司章程第十条约定，"股东有按照出资比例分取红利的权利"，但这只能证明公司有约定股东按照出资比例分取红利的权利，而没有由公司执行董事制定、再由股东会审议批准的分配方案。只有在福建某建筑工程有限公司的执行董事制定公司的利润分配方案和弥补亏损方案，且由股东会审议批准利润分配方案的情况下，股东才具有实际参与股利分配的权利。故原告现直接请求判决被告支付应分配红利，不符合《公司法》第三十七条的规定，违反上述规定的程序，应予驳回。

【拓展案例】

焦作市峰华房地产有限公司、毋海利公司盈余分配纠纷[①]

原告毋海利、第三人马达、第三人李向峰原均为被告峰华公司的股东。2007年12月28日之后，工商登记的峰华公司股东持股比例为：李向峰占55%股权，毋海利占15%股权，马达占30%的股权。2012年8月23日，峰华公司召开临时股东会，股东会讨论的议题为

---

① 参见河南省焦作市中级人民法院民事判决书（2019）豫08民终3763号。来源：中国裁判文书网 http：//wenshu.court.gov.cn。

"关于峰华房地产公司股东利润分配问题",李向峰、马达、毋海利三名股东均参加会议。经过讨论,形成了《股东会决议》,内容如下:"峰华公司最后一个项目都市花园小区开发已经接近尾声,公司股东认真研究了公司下一步的发展问题,经过慎重考虑,公司股东一致同意不考虑开发新的项目,将公司目前的净资产进行分配,具体形成的分配决议如下:一、目前公司净资产 2.0625 亿元(全体股东一致认可此价值且附公司资产负债明细表 19125 万元+1500 万元=20625 万元)按股东股份比例进行分配;二、公司净资产中的 1 亿元股东毋海利不参与分配,股东李向峰按 55%分配,股东马达按 30%分配,余 15%公司前股东李群峰已经提前分配;三、公司的其余净资产 1.0625 亿元股东李向峰按 55%分配,股东马达按 30%分配,股东毋海利按 15%进行分配;四、由于公司目前账面没有足够的现金进行分配,股东会决议用部分现金加资产进行分配;五、公司资产按照不同类别进行分配,每一种类别资产都按股东股份比例进行分配;六、股东分配的净资产进行公证并且在 2012 年 12 月 31 日前过户到股东个人名下;七、公司净资产的分配在一个月内分配结束。"该股东会决议上有李向峰及马达、毋海利的签字。2012 年 9 月 10 日,李向峰及马达、毋海利共同签署了《焦作市峰华房地产有限公司股东毋海利资产分配明细》和《焦作市峰华房地产有限公司股东马达资产分配明细》,对毋海利和马达应分配的资产进行了确认,李向峰、马达、毋海利以及公司法律顾问郭莲蓬均在《资产分配明细》上签字。《资产分配明细》下方标注有"1. 对以上财产的分配全体股东均无异议;2. 对公司现有的对外担保出现的未还款的风险,股东按股份比例承担还款义务"。按照《资产分配明细》所确定的资产数额及明细,毋海利应分得包括住宅商品房、商铺、地下停车位、银行股份及车辆在内的总价值 15914759 元的资产。《股东会决议》及《资产分配明细》作出后,峰华公司陆续将分配明细中所确定的部分资产交付给马达及毋海利,但后因峰华公司认为《股东会决议》中对公司资产的计算存在错误,导致向马达、毋海利分配的资产数额错误,峰华公司拒绝向二人交付剩余资产,导致本案纠纷。截至目前,按照《股东会决议》及《资产分配明细》,峰华公司尚有焦作市都市花园小区都市御苑五期 12 号楼 3 单元 1 楼 1 号房屋销售余款 369207 元及原焦作市商业银行股份有限公司(现更名为焦作中旅银行股份有限公司)股权 100 万股未交付给毋海利。峰华公司持有的焦作市商业银行股份有限公司股权已被峰华公司于 2013 年转让给他人。根据 2011 年 12 月 26 日焦作市商业银行股份有限公司与中国港中旅集团公司签订的增资扩股协议内容显示,中国港中旅集团公司认购焦作市商业银行股份有限公司新股的价格为每股 1.6 元。李向峰以要求确认峰华公司 2012 年 8 月 23 日《股东会决议》无效为诉讼请求,以峰华公司为被告,以毋海利、马达为第三人,于 2015 年 7 月 29 日向本院提起公司决议效力确认纠纷诉讼。本院经审理后,于 2016 年 12 月 26 日作出(2015)解民一初字第 598 号民事判决,宣判后,毋海利、马达不服,依法提起上诉。焦作市中级人民法院经审理后,于 2017 年 5 月 10 日作出(2017)豫 08 民终 572 号民事裁定,认为原判事实不清,裁定撤销本院(2015)解民一初字第 598 号民事判决,将该案发还本院重审。本院依法另行组成合议庭,对该案进行审理后,于 2018 年 12 月 18 日作出(2017)豫 0802 民初 1984 号民事判决,判决驳回了李向峰的诉讼请求。宣判后,李向峰不服,依法提起上诉,焦作市中级人民法院经审理后,于 2019 年 4 月 8 日作出(2019)豫 08 民终 1065 号民事判决,判决驳回李向峰的上诉，维持原判毋海利向一审法院起诉请求：1. 依法判令被告峰华公司履行分配义务，立即向原告支付应分配给原告而未分配的焦作市商业银行股份有限公司100万股股权所对应的股权价值160万元及2012年至2018年的股权收益32万元，共计192万元，立即向原告支付焦作市都市花园小区都市御苑五期12号楼3单元1楼1号房屋的销售余款380000元，立即向原告交付焦作市都市花园小区都市御苑五期23号楼2单元1楼2号房屋；2. 本案诉讼费用由峰华公司承担。

一审法院认为，本案系公司盈余分配纠纷。被告峰华公司于2012年8月23日所作出的《股东会决议》已经法院生效判决认定为有效，峰华公司应当按照该《股东会决议》所确定的内容对股东进行利润分配，故原告毋海利要求峰华公司按照该《股东会决议》就未履行的部分交付相应资产的诉讼请求，本院予以支持。关于焦作市都市花园小区都市御苑五期23号楼2单元1楼2号房屋，峰华公司已与毋海利签订了《商品房买卖合同》，峰华公司向毋海利出具了购房发票，毋海利已缴纳了购房契税，峰华公司认可该房屋已交付给毋海利，该房屋所有权已归毋海利所有，故该房屋应视为已交付，毋海利提出的要求峰华公司交付该房屋的诉讼请求，本院不予支持。关于焦作市都市花园小区都市御苑五期12号楼3单元1楼1号房屋，峰华公司与毋海利均认可毋海利委托峰华公司将该房屋出售，再将房屋出售价款支付给毋海利，该房屋的交付已由实物转换为价款，故峰华公司应当将出售该房屋的剩余价款369207元支付给毋海利。关于原焦作市商业银行股份有限公司的100万股股权，按照《股东会决议》，峰华公司应当在2012年12月31日前完成交付，但峰华公司未按期交付，且已将相应股权出售给他人，实际已无法交付，导致了毋海利应得利益的损失，故毋海利要求峰华公司按照能够确定的2012年相应股权每股1.6元的价格支付1600000元的诉讼请求，本院予以支持；关于毋海利要求峰华公司支付相应股权2012年至2018年的股权收益320000元的诉讼请求，由于股权分红系实际持有股份的股东才能享受的权益，且在截至2012年12月31日峰华公司未按期交付100万股股权的情况下，该交付义务又转化成为《股东会决议》及《资产分配明细》所对应的1000000元现金，故毋海利的该诉讼请求本院不予支持，毋海利的该部分损失应当以1000000元为基数，由峰华公司按照年利率6%自2013年1月1日起至实际清偿之日止计付利息进行赔偿，但按照此标准计算，相应利息的数额至今已超过320000元，故对该部分的利益损失，本院以毋海利请求的320000元为限予以支持。

一审法院判决：一、被告焦作市峰华房地产有限公司于本判决生效后十日内向原告毋海利支付2289207元；二、驳回原告毋海利的其他诉讼请求。如果未按本判决指定的期间履行金钱给付义务，应当依照《中华人民共和国民事诉讼法》第二百五十三条之规定，加倍支付迟延履行期间的债务利息。案件受理费25200元，由被告焦作市峰华房地产有限公司负担。

二审法院认为，"焦作市峰华房地产有限公司截至2012年8月28日资产负债明细及说明"编制于2012年8月28日，由上诉人自己提供。确定向毋海利分配资产、分配资产的数额以及种类的股东会决议召开于2012年8月28日之前的8月23日，并由全体股东签字确认。以编制时间在后、未经全体股东共同确认的"资产明细及说明"否定或改变之前的股东会决议中的数据，既不符合逻辑，也没有事实根据和法律依据。上诉人没有提供证据证明编制于 2012 年 8 月 28 日的"焦作市峰华房地产有限公司截至 2012 年 8 月 28 日资产负债明细及说明"更真实，或者 2012 年 8 月 23 日的股东会决议中的数据是错误的。上诉人的上诉理由不能成立，判决驳回上诉，维持原判。

第十四章 损害股东利益责任纠纷

【典型案例】

张彦辰、解云平请求公司收购股份纠纷①

ING与益和电气集团签订股权转让协议,将其持有的青岛西瑞电气有限公司的168万元占注册资本的25.15%的股权,作价人民币184.8万元转让给益和电气集团。上诉人称协议上的签名非其本人所签,但追认该转让协议的效力。2015年7月21日,青岛西瑞电气有限公司经青岛市黄岛区商务局批准变更为内资企业;同年8月26日更名为青岛益和公司。2015年8月25日,益和电气集团支付给WANGXIAOLING 287613.03美元,计人民币1848000元。双方对上述事实的真实性无异议,一审法院予以确认。2015年6月27日,上诉人与青岛西瑞电气有限公司、益和电气集团签署《支付11.22赔偿资金协议》,主要内容有:青岛西瑞电气有限公司11.22赔偿资金为1756.01万元,弥补企业亏损206.3万元,可入账资金1549.71万元,企业所得税按照25%缴纳387.43万元,剩余金额1162.28万元;WANGXIAOLING 140万股权应分配金额为194.87万元(扣除个人所得税48.72万元),在股权转让协议中益和电气集团多支付WANGXIAOLING的28万股权转让款30.8万元和140万股权溢价部分的个人所得税2.8万元予以扣除;最终青岛西瑞电气有限公司需支付XIAOLINGWANG补偿资金161.27万元。在股权转让协议签订后3个工作日内青岛西瑞电气有限公司将补偿资金161.27万元汇入WANGXIAOLING指定账户;青岛西瑞电气有限公司履行付款义务后,WANGXIAOLING保证就此事不再以任何形式、任何理由向青岛西瑞电气有限公司提出任何要求。上诉人称,该协议上的签字并非其本人所签,是其丈夫王春岩代签。被上诉人称,赔偿协议不是面签的,其盖章后王春岩拿走,签字后拿回来。并称,上诉人所称的扣款是不存在的,协议中所谓的多支付款项的扣除是对最终确认应补偿给上诉人资金的一个描述,该协议即便去掉了之前的过程,后边上诉人应得补偿资金也是确定的数额。2015年7月1日,青岛西瑞电气有限公司向王春岩账户支付人民币161.27万元。各方无异议。2016年11月29日,上诉人给二被上诉人分别发送通知,要求提供补偿款发放文件、企业亏损、企业所得税、个人所得税纳税证明等资料;2017年5月17日上诉人及其律师给二被上诉人分别发函,催促二被上诉人提供持股比例及上述资料。被上诉人无异议,称已与上诉人律师进行了电话沟通。2017年5月18日,上诉人给二被上诉人分别发送通知,催促被上诉人提交上述资料。二被上诉人称未收到。2017年10月17日,青岛经济技术开发区国家

---

① 参见河南省南阳市中级人民法院民事判决书(2019)豫13民终3314号。来源:中国裁判文书网 http://wenshu.court.gov.cn。

税务局稽查局向上诉人出具了《关于举报青岛益和公司涉税事项调查情况》，称青岛益和公司对11.22黄岛爆炸赔偿款17560100元，先后于2015年12月25日进行了营业外收入账务处理3157650.95元，在2016年5月5日进行2015年度企业所得税申报时，申报营业外收入3157650.95元当期弥补亏损，应纳税所得额为零，2017年7月31日进行营业外收入账务处理14402449.05元，在2017年10月12日申报2017年三季度企业所得税时，并入当期利润总额，申报入库企业所得税2375000元。2017年12月26日，青岛市地方税务局经济技术开发区分局向WANGXIAOLING出具回复，称其反映的问题基本属实，益和电气集团未履行代扣代缴义务，已依法责令其补扣缴个人所得税322540元，同时依法给予161270元的罚款，已经全部入库。2018年5月14日，青岛市黄岛区市场和质量监督管理局向上诉人出具举报处理结果告知书，称青岛益和公司在办理公司股东变更登记时提交虚假材料，构成违法，已于2018年2月6日作出罚款处罚。经上诉人申请，法院调取了11.22事故中对二被上诉人的赔偿资料。2014年4月16日，青岛经济技术开发区科技发展局、中国石油化工股份有限公司管道储运分公司与益和电气集团签署了赔偿协议，确认益和电气集团损失总额为468109800元。各方无异议，一审法院予以确认。上诉人主张被上诉人侵占的数额计算方法为：以11.22赔偿协议中赔偿款总额1756.01万元乘以上诉人的持股比例25.15%，上诉人应分得赔偿资金441.637万元，减去上诉人实际收到的补偿资金194.87万元，故主张二被上诉人支付246.767万元。

一审法院认为：上诉人WANGXIAOLING系美国公民，案件系涉外民事诉讼。被上诉人益和电气集团、被上诉人青岛益和公司的住所地均在山东省青岛市黄岛区，法院对该案有管辖权。根据《中华人民共和国涉外民事关系法律适用法》的规定，涉及股东权利义务等事项的诉讼适用公司登记地法律，案件二被上诉人作为公司，其登记地均在中华人民共和国山东省青岛市黄岛区，应适用中华人民共和国法律。上诉人与益和电气集团签订股权转让协议，将其持有的青岛西瑞电气有限公司的股权转让给益和电气集团，且双方已实际履行完毕。之后签署的《支付11.22赔偿资金协议》是上诉人丈夫王春岩签字，因之前上诉人已授权其夫王春岩办理股权转让相关事宜，故两份签署于同一天的股权转让协议和赔偿协议视为上诉人所签，且在赔偿协议中已承诺被上诉人履行付款义务后，不再以任何形式、任何理由提出任何要求。但在被上诉人青岛西瑞电气有限公司依约履行付款义务后，上诉人再兴诉讼，称二被上诉人恶意串通，在11.22赔偿资金协议中扣除其转让款以及税款，显然违背了其在《支付11.22赔偿资金协议》中的承诺。上诉人主张二被上诉人应支付的赔偿资金的数额是依据赔偿协议中记载的赔偿总额，按其持股比例计算得出，也就是说上诉人对协议所持态度既承认又反对，有利于自己的就承认，不利于自己的反对，此种立场本院不予支持。被上诉人青岛西瑞电气有限公司获得的11.22赔偿并非利润，这一点上诉人也认可，那么上诉人依据分配公司利润的逻辑要求被上诉人按其持股比例分配赔偿资金缺乏事实和法律依据。即使分配公司利润，股东向法院提起利润分配之诉的，也应提交公司股东会或股东大会分配方案。各方签署的《支付11.22赔偿资金协议》上诉人也承认不是分配利润，因此上诉人主张按其持股比例分配赔偿资金不成立。法院认为，被上诉人对赔偿资金的分配不过是公司对股东的一种补偿，分配的具体数额完全是公司自治权力范围内的事项。综上所述，上诉人的诉讼请求不应支持。依照《中华人民共和国涉外民事关系法律适用法》第十四条、《中华人民共和国合同法》第六十条、《最高人民法院关于适用〈中华人民共和国民事诉讼法〉的解释》第九十条之规定，判决：驳回WANGXIAOLING的诉讼请求。案件受理费26541元，由上诉人负担。

二审中，上诉人提交证据载明，上诉人系按照161.27万元的应税所得额缴纳的相应个人所得税款。对于该证据的真实性，二被上诉人无异议。本院对该证据的真实性予以确认。本院经二审查明的其他事实与一审法院查明的事实相一致。

【裁判要旨】

本院认为，本案二审争议的焦点问题是：《支付11.22赔偿资金的协议》（以下简称赔偿金协议）中所约定的扣除上诉人在该协议中所获分配金额的个人所得税超出部分是否应当返还上诉人。本院认为，上诉人与二被上诉人所签订的赔偿资金协议系各方当事人的真实意思表示，合法有效，各方依据该协议的约定已经履行完毕。在该协议中明确约定，上诉人应分配的金额为：1948700元，扣除个人所得税487200万元等其他费用后，最终需由被上诉人青岛益和公司（原名称为青岛西瑞电气有限公司）支付上诉人1612700元。然而，在该协议签订后，被上诉人青岛益和公司并未按约代上诉人支付个人所得税款，后经税务机关扣缴税款322540元，与各方协议当中所约定的税款487200元的差额为164660元。本院认为，根据各方在赔偿金协议当中的约定，应支付上诉人赔偿款的数额各方已经确定为1948700元，上诉人在该协议当中所得款项的个人所得税代扣代缴义务由青岛益和公司承担。青岛益和公司所支付税款款项的所有权，根据赔偿金协议已经确定为由上诉人所有，青岛益和公司支付上诉人的个人所得税的行为，系接受上诉人的委托代其缴纳相应税款的代理行为。当上诉人支付的税款金额，超出实际缴纳的金额时，该剩余款项，在双方没有其他约定的情况下，当然应当返还上诉人。另外，根据赔偿金协议的约定，涉案税款应由被上诉人青岛益和公司支付，因此，上诉人请求二被上诉人承担连带责任的诉讼请求没有合同依据，不能成立，该款应由被上诉人青岛益和公司返还上诉人。另外，本案上诉人在接受本案所涉剩余款项后，其纳税所得额又发生了变化，其应按照相应规定，补缴有关个人所得税。综上所述，上诉人的上诉理由，部分成立，本院予以支持。一审判决认定事实有误，应予纠正。依照中华人民共和国民事诉讼法第一百七十条第（二）项之规定，判决如下：一、撤销山东省青岛市黄岛区人民法院（2019）鲁0211民初5846号民事判决；二、被上诉人青岛益和新能源科技有限公司应于本判决生效后十日内返还上诉人WANGXIAOLING人民币164660元；三、驳回上诉人WANGXIAOLING的其他诉讼请求。

【实务指引】

一、损害股东利益责任纠纷的定义

损害股东利益责任纠纷是指公司董事、高级管理人员违反法律、行政法规或者公司章程的规定，损害股东利益，应当对股东承担损害责任而与股东发生的纠纷。所谓公司高级管理人员包括公司的经理、副经理、财务负责人,上市公司董事会秘书和公司章程规定的其他人员。

现代公司实行两权分离即所有权和经营权的分离制度,股东对公司享有股权,但并不一定直接参与公司的经营管理,而是通过选任公司董事、高级管理人员,由董事、高级管理人员对公司进行经营管理。为了防止发生公司董事、高级管理人员的道德风险,侵害公司股东的利益,公司法规定了董事、高级管理人员的忠实义务和勤勉义务,并赋予了股东直接诉权,规定股东在其利益被公司董事、高级管理人员侵害时,有权直接提起诉讼。

股东直接诉讼是股东自行保护权益的重要手段,也是股东控制董事、高级管理人员行为的有效途径。自公司法赋予股东直接诉权之后,这类纠纷在实践中不断增多,故《民事案件由规定》将其列为第三级案由。

二、损害股东利益责任纠纷的诉讼主体

(一) 原告

根据侵权责任法原理,损害公司利益责任纠纷的原告应当为利益被损害的一方,即公司。公司作为原告的损害公司利益责任纠纷往往是公司董事、监事、高级管理人员因为损害公司利益之行为后遭到公司的追究。

实践中另一种情况亦颇为常见,即由公司的股东为原告、公司作为第三人的诉讼。由于损害公司利益的一方往往是公司的实际掌控者,掌握公司的证照,因此公司本身不可能以在诉状上加盖公章等形式成为原告从而参与诉讼。故根据《公司法》第一百五十一条的规定,公司的股东在监事、董事对于损害公司利益的行为采取不作为的态度时,有权代表公司提起诉讼,追究侵权方的责任。

(二) 被告

1. 董事、高级管理人员

根据《公司法》第一百四十七条至第一百四十九条的规定,公司董事、监事、高级管理人员存在《公司法》第一百四十八条所列情形时,应为适格被告。

2. 大股东及公司实际控制人

依据《公司法》第二十条规定,公司股东应当遵守法律、行政法规和公司章程,依法行使股东权利,不得滥用股东权利损害公司或者其他股东的利益,公司股东滥用股东权利给公司或者其他股东造成损失的,应当依法承担赔偿责任。一般实践操作中,损害公司利益的股东往往为控股股东或大股东,其拥有损害公司利益的便利及条件,也通常作为此类案件的适格被告。

三、损害股东利益责任纠纷的管辖

损害股东利益责任纠纷实质属于侵权纠纷,但该类纠纷往往又与公司利益息息相关。该类案中的被侵害人具有公司股东的身份,侵害的利益也与公司相关权益有关,故从侵权行为发生地及侵权结果发生地的角度来看,均与公司有密切关系,往往公司所在地即为侵权行为发生地或侵权结果发生地,以公司住所地作为管辖法院之一并无不当。

因此,根据《民事诉讼法》第二十六条、第二十八条、《民事诉讼法司法解释》第二十四条的规定,损害股东利益责任纠纷以侵权行为实施地、侵权结果发生地、被告住所地及公司所在地人民法院为管辖法院。

四、损害股东利益责任纠纷的相关实体问题

(一)股东滥用股东权利损害股东利益的主要形式

这里所说的股东,主要是指大股东。实践中大股东滥用股东权利损害中小股东利益的情形,可大致归纳为以下几种情形:

1. 股东虚假出资行为

大股东的虚假出资,主要是指公司的大股东在公司注册或者增资配股的过程中,出资不足、用劣质资产出资甚至干脆不履行出资义务,或者在公司成立后变相抽逃出资,实际上却行使着大股东的权利。这种行为对公司的其他股东和债权人来说是非常不公平的,并会给其他股东的利益造成极大的伤害,因为大股东虚假出资行为,很可能导致公司对外偿债能力受损,也可能造成其他股东对该虚假出资股东的行为承担连带责任。但实践中,大股东抽逃出资或者用不良资产出资往往很隐蔽很难被发现,这给原告提起告诉造成了一定的困难。

2. 股东关联交易行为

《公司法》第二百一十六条第(四)项规定:"关联关系,是指公司控股股东、实际控制人、董事、监事、高级管理人员与其直接或间接间接控制的企业之间的关系,以及可能导致公司利益转移的其他关系。但是,国家控股的企业之间不仅因为同受国家控股而具有关联关系。"大股东因关联关系发生的相关交易,即称为关联交易。如果这种关联交易能够体现市场合理价格,则不存在滥用一说,但实践中往往都是大股东利用其对公司的控制权,以高卖低买或者收取高额管理费用等方式向自己转移公司利润,同时将相应的成本转嫁到公司身上,造成公司生产经营难以为继,对公司及其他股东的利益都造成了损害。

3. 违规借款及担保行为

这类行为在之前的上市公司中曾经大量存在很是普遍。大股东利用其对公司的控制权,或长期侵占公司资金,或向公司借款数额巨大长期不还,或让公司为其高额贷款提供担保将还款责任转嫁给公司。依照公司法规定,公司为他人提供担保的,依照公司章程的规定,由董事会或者股东会、股东大会决议;公司为公司股东或者实际控制人提供担保的,必须经股

东会或者股东大会决议，决议时，该股东或者实际控制人不得参加表决。同时，公司章程还可以规定对外担保总额及单笔担保额的限制。一般而言，大股东为公司违规借款或者担保，进而掏空公司资产，基本上没有按照公司法规定召开股东会或者股东大会决议，因为大股东本身控制了经营层，即便现在在银行要求比较严的情形下，依旧会时不时地炮制出一份股东会决议来。公司资金的无故减少，必然给公司生产经营带来极大困难，进而影响其他股东的收益。

4. 股东操纵财务利润行为

股东操纵财务利润行为，即我们通常所说的做假账，这在一般规模较小的有限责任公司中比较常见。大股东虽然没有其他的关联交易或违规借款担保等行为，但操纵财务应该可以构成滥用股权。在公司的具体运营中，大股东往往会令财务人员做几本账簿，一本自己用，一本用以应付公司其他股东，一本专门用于对付税务机关。除了自己那本账簿，其他账簿基本上是减少收入、虚增各种费用和支出等成本，从而达到没有利润或者很少利润的目的。严格地说，这种行为构成对其他股东的欺诈。同时，大股东还可以利用自己的控股优势，决定利润分配政策，可以提取大量的任意公积金或者计提风险准备金，达到少分或者不分利润的目的，接下来会在以后的经营年度中再以各种名目转移出去。

5. 股东操纵董事会、监事会和经理层

股东操纵董事会、监事会和经理层，是指大股东利用其在股东会中的优势，选举出代表自己利益的董事会和监事会成员以及经理层，这样在经营管理过程中，其他股东的意见或者声音基本上得不到体现，剥夺了其他股东参与经营管理的权利，实践中经常表现为简单多数决、强化董事长或总经理的权利、消极阻止中小股东参与决策、对其他股东封锁相关信息等。尽管从表面上看，大多数都是合法的，但这些形式的背后必然还带着相关利益的转移，因此大股东的这些行为还是应当认定为滥用股东权利。

（二）董事、高级管理人员损害股东利益的行为

出资人出资成为股东后，其利益往往与公司的利益是一致的，董事、高级管理人员很多行为都会触及公司的利益，间接影响到股东的利益。但哪些行为属于董事、高级管理人员单独损害股东的利益呢？实践中争议颇大，一般认为董事、高级管理人员从事了违反法律、行政法规或者公司章程规定的行为和违反法律赋予的勤勉义务，即被认为会损害股东的利益。

1. 违反法律、行政法规或者公司章程规定的行为

董事、高级管理人员违反法律、行政法规的规定，主要是指法律、行政法规的强制性规定。法律、行政法规的强制性规定，人人都须遵守，董事、高级管理人员自然也不例外，这些强制性规定，散见于不同的法律规范之中，一般都有着明确的规定，一旦违反，往往有比较严重的后果。公司章程的规定，则因公司而异，不同的公司章程有着不同的规定，对董事、高级管理人员的权、责、利规定也不尽相同，董事、高级管理人员违反这些规定，可能导致股东财产损失，也可能导致股东非财产损失，实践中情况比较复杂。如：有的董事、高级管理人员冒用股东签名凭空生成股东会决议后到市场监督管理局申请公司增资或减资；有的公司增资扩股时，董事、高级管理人员故意遗漏小股东而只对大股东增发，从而稀释小股

东股权；有的公司董事、高级管理人员恶意侵吞原本属于股东的红利，向股东提供虚假的财务信息和经营信息；有的公司董事、高级管理人员故意长期不履行清算义务，而在此期间以各种形式或名义将现有资产转移或占为己有。这些都直接构成对股东利益的侵害。

2. 违反法律赋予的勤勉义务

董事、高管人员的勤勉义务，是各国公司法普遍规定的董事必须履行的一项积极义务，勤勉义务要求公司董事、高管人员在行使职权时应当尽职尽责管理公司业务，违反该义务的董事、高管人员应当承担相应的法律责任。

《公司法》第一百四十七条规定了公司董事、高级管理人员对公司负有忠实义务和勤勉义务，其中董事、高级管理人员的忠实义务仅为对公司的义务，而董事、高级管理人员的勤勉义务不仅是对公司的义务，也是对公司股东的义务。

勤勉义务又被称为"注意义务"，是指董事、高级管理人员在经营、管理公司过程中，应当将公司利益放在首位，尽善良管理人的谨慎注意义务，不得有疏忽大意或者其他重大过失。判断董事、高级管理人员是否履行了勤勉义务，应当从三个方面加以辨别：须以善意为之；在处理公司事务时像在类似情形、处于类似地位的具有一般性谨慎的人处理自己事务时一样谨慎；有理由相信是为了公司的最大利益而履行其职责。

（1）董事的勤勉义务。就董事而言，《公司法》第一百一十二条第三款规定："董事应当对董事会的决议承担责任。"董事会的决议违反法律、行政法规或者公司章程、股东会或者股东大会决议，致使公司遭受严重损失的，参与决议的董事对公司负有赔偿责任。但经证明在表决时曾表明异议并记载于会议记录的，该董事可以免除责任。而《上市公司治理准则》第三十四条至第三十八条则更为详尽地规定了董事的勤勉义务，包括：①董事应保证有足够的时间和精力履行其应尽的职责；②董事应当以认真负责的态度出席董事会，对所议事项表达明确的意见；③董事严格遵守其公开作出的承诺；④董事应积极参加有关培训，掌握作为董事应具备的相关知识；⑤董事会决议违反法律、法规和公司章程的规定，致使公司遭受损失的，参与决议的董事对公司承担赔偿责任。

（2）经理的勤勉义务。就经理而言，关于勤勉义务的明确法律规定较少，《公司法》第四十九条第一款仅作了原则性的规定，即经理对董事会负责。若公司董事、高级管理人员违反法律、行政法规或者公司章程的勤勉义务，给公司造成损失的，应当承担赔偿责任。但是由于法律、行政法规对于公司高级管理人员的勤勉义务内容规定并不是十分明确，高级管理人员违反勤勉义务被追责的难度较大。司法实践中普遍认为，只有在公司高级管理人员严重失职并造成重大损失时才承担赔偿责任，这也导致了我国大量的公司经营严重亏损，甚至于破产都无法主张公司高级管理人员的赔偿责任。由于现行法律法规关于董事、高级管理人员的勤勉义务的规定不够具体、明确，在公司治理过程中可以通过建立绩效机制来弥补立法上的不足，即通过建立公正、透明的董事和高级管理人员的绩效评价标准和程序来提高他们勤勉工作的积极性。

【拓展案例】

周萌与殷涛、西安天纵有害生物防治有限公司损害股东利益责任纠纷①

西安天纵有害生物防治有限公司系由张莎、周萌共同出资组建的有限公司。经陕西××会计师事务所有限责任公司审验，西安天纵有害生物防治有限公司申请登记的注册资本为101万元，截至2013年7月22日实收资本合计人民币21万元。股东张莎认缴注册资本金额90.9万元，出资比例90%，首次实际出资货币18.9万元；股东周萌认缴注册资本金额10.1万元，出资比例10%，首次实际出资货币2.1万元。2013年8月9日经工商部门核准颁发营业执照，法定代表人张莎，注册资本101万元。2017年1月9日西安天纵有害生物防治有限公司股东会决议：1.同意周萌将拥有本公司0.099%的0.1万元股权转让给张莎，同意周萌将拥有本公司9.901%的10万元股权转让给殷涛。2.股东转让股权后，本公司的最新股本结构如下：张莎认缴出资额为91万元股权，占注册资本的90.099%，殷涛认缴出资额为10万元股权，占注册资本的9.901%。张莎、殷涛、周萌均在股东会决议上签名。同日，出让方周萌与受让方殷涛签订股权转让协议，约定出让方将拥有西安天纵有害生物防治有限公司9.901%的10万元股权转让给受让方；本次股权转让的价款为10万元，转让价款的交割方式为货币，在2017年1月10日前交割；本次股权转让涉及未缴纳的认缴出资额由受让方按章程约定按期足额缴纳。周萌、殷涛均在股权转让协议上签名。同时，周萌与张莎签订股权转让协议，约定周萌将该公司0.099%的0.1万元股权转让给张莎，本次股权转让的价款为0.1万元，转让价款的交割方式为货币，在2017年1月10日前交割；本次股权转让涉及未缴纳的认缴出资额由受让方按章程约定按期足额缴纳。周萌、张莎均在股权转让协议上签名。2017年1月12日办理变更登记，公司注册资本为500万元，张莎认缴出资额490万元，出资比例98%，殷涛认缴出资额10万元，出资比例2%。庭审中，原告称其未参与公司经营，股东会决议及股权转让协议上，"周萌"签名非其本人书写，现其追认股东会决议及股权转让协议的效力，同意转让股权。

原告周萌向法院提出诉讼请求：1.判令被告二向原告支付股权转让对价款10.1万元及资金占用费（以10.1万元为基数自2017年1月10日起按中国人民银行同期贷款利率4.35%计算至实际付清之日止）暂计至2019年6月10日为10617.6元；2.被告一对上述债务承担连带清偿责任；3.本案的诉讼费用由二被告承担。事实与理由：2013年8月9日原告与被告西安天纵有害生物防治有限公司法定代表人张莎两人共同出资设立西安天纵有害生物防治有限公司，注册资金101万元，原告认缴出资资本10.1万元，实缴2.1万元，占比10%，张莎认缴出资资本90.9万元，实缴18.9万元，占比90%，被告向原告出具了验资报告，原告占有10%的股份。公司注册后，原告未参与实际经营。2019年5月原告在国家企业信用信息公示系统查询被告公司信息时，发现公司股东信息里没有原告名字，遂联系张莎询问，但对方并未回应。查询工商档案显示原告股权已通过股权转让协议全部转让给殷涛，

---

① 参见西安市未央区人民法院民事判决书（2019）陕0112民初13479号。来源：中国裁判文书网http://wenshu.court.gov.cn。

但原告至今仍未收到股权转让款。张莎作为公司法定代表人同殷涛通过伪造股权协议的方式剥夺了原告股东资格的行为使原告的股东权益和财产权利造成损失，提起诉讼，望予以支持。

法院认为，经协商一致，股东可以向其他股东或股东之外的其他人转让其股权。股东向股东以外的人转让股权，应当经其他股东过半数同意。本案中，西安天纵有害生物防治有限公司股东会决议、股权转让协议符合法律规定，且已办理股东名册中有关股东及其出资额的工商登记，原告周萌亦予以追认，故应认定为有效。当事人应当按照约定全面履行自己的义务。周萌与殷涛在股权转让协议中约定，周萌将拥有西安天纵有害生物防治有限公司9.901%的10万元股权转让给殷涛，股权转让的价款为10万元，转让价款的交割方式为货币，在2017年1月10日前交割。但殷涛未按约将转让价款10万元支付给周萌，应承担违约责任。原告主张殷涛支付转让价款10万元并承担资金占用费的请求，依法支持。原告其余请求无事实和法律依据，不予支持。综上，依照《中华人民共和国公司法》第七十一条、第七十三条，《中华人民共和国合同法》第五十一条、第六十条，《中华人民共和国民事诉讼法》第一百四十四条之规定，判决如下：一、被告殷涛于本判决生效后十日内支付原告周萌转让款10万元，并支付资金占用费（以10万元为基数，自2017年1月11日起至2019年8月19日按照中国人民银行同期同类贷款利率计算，自2019年8月20日起至实际付清之日止按同期全国银行同业拆借中心公布的贷款市场报价利率计算）；二、驳回原告其余诉讼请求。

第十五章　损害公司利益责任纠纷

【典型案例】

斯曼特微显示科技（深圳）有限公司、胡秋生损害公司利益责任纠纷①

深圳斯曼特公司成立于2005年1月11日，系外国法人独资的有限责任公司，股东为SOUTH MOUNTAIN TECHNOLOGIES, LTD.（中文译名为斯曼特微显示科技有限公司，以下简称开曼斯曼特公司），认缴注册资本额为1600万美元。2005年1月5日，股东开曼斯曼特公司签署深圳斯曼特公司章程。深圳斯曼特公司原名称为"深圳斯曼特微显示科技有限公司"，2005年4月5日变更为"斯曼特微显示（深圳）有限公司"。2005年1月11日至2006年12月29日，胡秋生、薄连明、史万文担任深圳斯曼特公司董事，其中胡秋生为董事长、法定代表人。2006年12月30日起，贺成明、王红波、李海滨担任深圳斯曼特公司董事，其中贺成明为董事长、法定代表人。

深圳斯曼特公司章程规定，公司成立后90天内股东应缴付出资300万美元，第一次出资后一年内应缴付出资1300万美元；公司成立之日即为董事会生效日，董事会由六名成员组成，均为股东公司的董事，以反映股东董事会的意愿；董事会是公司最高权力机关，拥有法律赋予的最终决定权，并承担对公司决定有关经营管理和事务之总体政策的责任；董事会拥有和行使所有属于公司或与公司有关的事项的最后决定权，并且决定所有与公司有关的重大事项；每次董事会的法定出席人数不得少于五人，法定出席人数不足的董事会议通过的决议无效。需要经过董事会批准的事项包括但不限于下列事项：1.对章程的制定和修改；2.公司重组、清算或者解散；3.公司注册资本的变更或转让；4.公司与任何其他经济组织的合并，公司计划的安排、资本结构的调整或出售全部或部分资产；5.以公司资产为任何其他第三方作抵押或提供物权担保；6.向其他第三方贷款、投资或为其他公司债务提供担保；7.公司年度或任何中期生产经营计划、年度和任何中期财务预算和经营预算，包括预期营运成本和费用、年度和任何中期合并财务报表，以及前述事项的任何重大变化；8.在批准的公司经营范围内公司经营活动的重大变化，包括从事新的行业或退出现有的商业领域；9.批准和修改超过一定金额的支出和资产处置等；10.与任何第三方进行仲裁、诉讼或调解的提起或解决；11.负责公司清算和清算组及其成员的任命；12.根据章程负责指定和终止会计师事务所对公司进行年度账目审计；13.委任和辞退公司首席执行官和其他高级管理人员及其工资和福利的决定和改变；14.公司员工工资、奖金和福利范围的决定和改变；

---

① 参见中华人民共和国最高人民法院民事判决书（2018）最高法民再366号。来源：中国裁判文书网 http://wenshu.court.gov.cn。

15. 宣布、支付或分派公司红利；16. 制定和修改任何公司股票期权或其他类似激励计划，决定根据该等计划提供给首席执行官和其他高级管理人员的股票期权的重要条款；17. 对公司经营有重大影响的任何有关知识产权或商业秘密的独家许可（许可方无权使用许可内容）的处置或提供；18. 参加任何以公司为一方当事人，公司投资者或其任何董事或高级管理人员或任何他们的相应附属公司为另一方当事人的事务；19. 批准董事会成员人数之增减；20. 决定以公司净资产值进行首次公开股票发行的计划，包括选择主承销商、承销地和决定发行日期及其主要条款。

股东开曼斯曼特公司于2005年3月16日至2005年11月3日分多次出资后，欠缴出资5000020美元。2011年8月31日，一审法院作出（2010）深中法民四初字第54号民事裁定书，裁定追加开曼斯曼特公司为被执行人，在5000020美元范围内对深圳斯曼特公司债权人捷普电子（苏州）有限公司承担清偿责任。经强制执行，深圳斯曼特公司股东开曼斯曼特公司仍欠缴出资4912376.06美元。因开曼斯曼特公司没有其他可供执行的财产，一审法院于2012年3月21日裁定终结该次执行程序。

深圳斯曼特公司在《关于（2015）深中法初字第8号案件诉讼请求的说明》中明确，深圳斯曼特公司所遭受的损失金额即为深圳斯曼特公司股东所欠缴的出资4912376.06美元，诉讼请求第一项修改为：胡秋生等六名董事对深圳斯曼特公司股东欠缴出资所造成深圳斯曼特公司的损失4912376.06美元（以深圳斯曼特公司破产案件受理日2013年6月3日当日美元兑人民币汇率中间价折算，折合人民币30118760.10元）承担连带责任。

深圳斯曼特公司企业设立登记资料显示：与胡秋生、薄连明、史万文同时担任公司董事的尚有Kyle Ranson、John V. Harker、Mike Yonker等三名外方董事；与贺成明、王红波、李海滨同时担任公司董事的尚有Kyle Ranson、Gregory Stevens、Peter Behrendt等三名外方董事。一审法院于2013年6月3日裁定受理申请人捷普电子（苏州）有限公司对被申请人深圳斯曼特公司的破产清算申请；指定广东融关律师事务所为深圳斯曼特公司管理人。

据此，深圳斯曼特公司向广东省深圳市中级人民法院提起诉讼，请求判令：（一）胡秋生等六名董事对深圳斯曼特公司股东欠缴出资所造成深圳斯曼特公司的损失承担连带赔偿责任，赔偿责任范围为深圳斯曼特公司股东欠缴的注册资本4912376.06美元（以深圳斯曼特公司破产案件受理日2013年6月3日当日美元兑人民币汇率中间价折算，折合人民币30118760.10元）；（二）由胡秋生等六名董事负担本案诉讼费用。

【裁判要旨】

一审法院认为：本案系损害公司利益责任纠纷。本案争议的焦点是胡秋生等六名董事作为深圳斯曼特公司董事，是否应当对深圳斯曼特公司股东开曼斯曼特公司欠缴出资所造成的损失承担连带赔偿责任。对此，需要从三个方面分析：一是追缴股东出资是否属于董事勤勉义务的范围；二是胡秋生等六名董事未追缴股东出资与股东欠缴出资之间是否存在因果关系；三是胡秋生等六名董事未追缴出资是否导致深圳斯曼特公司损失。

一是关于追缴股东出资是否属于董事勤勉义务范围的问题。《中华人民共和国公司法》第一百四十七条第一款规定，董事、监事、高级管理人员应当遵守法律、行政法规和公司章程，对公司负有忠实义务和勤勉义务。董事勤勉义务，一方面要求董事按照法律、行政法规和公司章程规定，积极履行职责，另一方面要求董事尽其所能为公司利益服务，也即充分发挥自己的聪明才智，勤勉尽责，实现公司利益的最大化。董事会的职责范围，就是董事的勤勉义务范围。本案追缴股东欠缴出资事项属于深圳斯曼特公司事务，胡秋生等六名董事作为深圳斯曼特公司的董事，应当积极通过董事会会议，就该事项作出决策。但负有该项勤勉义务，并不等于未履行就必然需要承担法律责任。胡秋生等六名董事消极未履行该项勤勉义务，是否应当承担赔偿责任，应从胡秋生等六名董事未履行该义务与深圳斯曼特公司股东欠缴出资之间的因果关系，以及胡秋生等六名董事未履行该义务是否导致深圳斯曼特公司损失两方面作进一步分析。

二是关于胡秋生等六名董事未追缴股东出资与股东欠缴出资的关系问题。《中华人民共和国公司法》第二十八条第一款规定，股东应当按期足额缴纳公司章程中规定的各自认缴的出资额，第二款规定，股东不按前款规定缴纳出资的，除应当向公司足额缴纳外，还应当向已按期缴纳出资的股东承担违约责任。从该规定可知，股东向公司缴纳认缴的出资额，是股东对公司应当履行的义务。《最高人民法院关于适用〈中华人民共和国公司法〉若干问题的规定（三）》第十三条第一款规定，股东未履行或者未全面履行出资义务，公司或者其他股东请求其向公司依法全面履行出资义务的，人民法院应当予以支持。据此，在股东欠缴出资的情况下，董事会有权作出追缴出资的决定。但董事会未作出追缴股东欠缴出资的决定，与股东欠缴出资并无必然联系，也即股东是否履行全面出资义务，并不取决于董事会的决定。本案无证据显示胡秋生等六名董事通过深圳斯曼特公司董事会作出了追缴股东欠缴出资的决定，也无证据显示胡秋生等六名董事通过董事会作出了有碍于股东缴纳出资的决定。胡秋生等六名董事消极未履行追缴股东应缴出资的勤勉义务，并不是股东欠缴出资的原因。

三是关于胡秋生等六名董事未追缴出资是否导致深圳斯曼特公司损失的问题。深圳斯曼特公司主张，胡秋生等六名董事未履行催缴股东出资的勤勉义务导致深圳斯曼特公司损失，损失额为深圳斯曼特公司股东欠缴的出资。对此，如前所述，胡秋生等六名董事消极未履行追缴股东欠缴出资的勤勉义务，与股东欠缴出资之间并不存在必然联系。深圳斯曼特公司未收到全部出资，系因深圳斯曼特公司股东未全面履行出资义务所致，并非胡秋生等六名董事作为深圳斯曼特公司董事消极不履行勤勉义务或者积极阻止股东履行出资义务所致。《中华人民共和国公司法》第一百四十九条规定，董事执行职务时违反法律、行政法规或者公司章程的规定，给公司造成损失的，应当承担赔偿责任。《最高人民法院关于适用〈中华人民共和国公司法〉若干问题的规定（三）》第十三条第四款规定，股东在公司增资时未履行或者未全面履行出资义务，公司请求未尽公司法第一百四十七条规定的义务而使出资未缴足的董事承担相应责任的，人民法院应当支持；第十四条第一款规定，股东抽逃出资，公司请求其向公司返还出资本息、协助抽逃出资的董事对此承担连带责任的，人民法院应予支持。从上述规定中的"执行职务""公司增资""协助抽逃"等表述可知，董事对公司损失承担责任，系因董事作出了某种积极行为，并导致公司受到损失。在董事消极未履行某种勤勉义务，且该等消极未履行与公司所受损失并无直接因果关系的情况下，董事不应当受到追责。此外，本案胡秋生等六名董事作为深圳斯曼特公司董事，虽未通过董事会作出追缴股东欠缴出资的决定，但并不影响深圳斯曼特公司、其他利益相关方请求欠缴出资的股东承担相应责任。事实上，从一审法院作出的（2010）深中法民四初字第54号民事裁定书可知，因深圳斯曼特公司股东欠缴出资，深圳斯曼特公司的债权人已申请追加深圳斯曼特公司股东为被执行人，在其欠缴的出资范围内对债权人承担清偿责任，并获得了人民法院的支持。

因深圳斯曼特公司股东、TCL集团均系独立法人主体，一审法院对胡秋生等六名董事担任深圳斯曼特公司股东的董事和TCL集团公司董事、高级管理人员的问题，以及是否因担任深圳斯曼特公司股东的董事和TCL集团公司董事、高级管理人员而应对深圳斯曼特公司股东未出资造成深圳斯曼特公司的损失承担连带责任的问题，不予审查。至于深圳斯曼特公司所述其公司资产被贱卖、资产转让收入被恶意转移的问题，深圳斯曼特公司可另循法律途径解决。

二审法院认为：本案系损害公司利益责任纠纷。本案二审应围绕当事人的上诉请求进行审理，当事人没有提出请求的，依法不予审理。本案二审争议的焦点为胡秋生等六名深圳斯曼特公司董事是否应对公司股东所欠出资承担连带赔偿责任问题。

本案中，深圳斯曼特公司股东未按公司章程规定按时足额履行出资义务，深圳斯曼特公司有权请求股东向公司依法全面履行出资义务。出资义务是股东的基本义务，但非公司董事的法定义务。《中华人民共和国公司法》第一百四十七条规定："董事、监事、高级管理人员应当遵守法律、行政法规和公司章程，对公司负有忠实义务和勤勉义务。董事、监事、高级管理人员不得利用职权收受贿赂或者其他非法收入，不得侵占公司的财产。"《最高人民法院关于适用〈中华人民共和国公司法〉若干问题的规定（三）》第十三条第四款规定："股东在公司增资时未履行或者未全面履行出资义务，依照本条第一款或者第二款提起诉讼的原告，请求未尽公司法第一百四十七条第一款规定的义务而使出资未缴足的董事、高级管理人员承担相应责任的，人民法院应予支持；董事、高级管理人员承担责任后，可以向被告股东追偿。"第十四条规定："股东抽逃出资，公司或者其他股东请求其向公司返还出资本息、协助抽逃出资的其他股东、董事、高级管理人员或者实际控制人对此承担连带责任的，人民法院应予支持。"《最高人民法院关于适用〈中华人民共和国企业破产法〉若干问题的规定（二）》第二十条第二款规定："管理人依据公司法的相关规定代表债务人提起诉讼，主张公司的发起人和负有监督股东履行出资义务的董事、高级管理人员、实际控制人等，对股东违反出资义务或者抽逃出资承担相应责任，并将财产归入债务人财产的，人民法院应予支持。"据此，在股东未全面履行出资义务时，董事或因协助股东抽逃出资、或因负有监督职责而未履行、或因对增资未尽忠实勤勉义务等情形而承担相应责任，但不应将股东未全面履行出资义务的责任一概归因于公司董事。如果董事仅仅只是怠于向未全面履行出资义务的股东催缴出资，以消极不作为的方式未尽忠实勤勉义务，而该不作为与公司所受损失之间没有直接因果关系，那么要求董事对股东未履行全面出资义务承担责任，则缺乏事实和法律依据。深圳斯曼特公司股东开曼斯曼特公司未全面履行出资义务，深圳斯曼特公司可依法向其主张权利。六名董事在不同时期分别担任深圳斯曼特公司股东中方董事，在公司章程没有明确规定其负有监督股东履行出资义务、没有证据显示其消极未向股东催缴出资与公司所受损失存在因果关系情况下，深圳斯曼特公司请求上述六名中方董事对股东欠缴的出资承担连带赔偿责任，于法无据，不予支持。

最高人民法院认为，本案系损害公司利益责任纠纷。根据深圳斯曼特公司的再审申请理由以及史万文、贺成明、王红波的答辩意见，本案争议焦点是胡秋生等六名董事是否应对深圳斯曼特公司股东所欠出资承担赔偿责任。

根据《中华人民共和国公司法》第一百四十七条第一款的规定，董事、监事、高级管理人员应当遵守法律、行政法规和公司章程，对公司负有忠实义务和勤勉义务。上述规定并没有列举董事勤勉义务的具体情形，但是董事负有向未履行或未全面履行出资义务的股东催缴出资的义务，这是由董事的职能定位和公司资本的重要作用决定的。根据董事会的职能定位，董事会负责公司业务经营和事务管理，董事会由董事组成，董事是公司的业务执行者和事务管理者。股东全面履行出资是公司正常经营的基础，董事监督股东履行出资是保障公司正常经营的需要。《最高人民法院关于适用〈中华人民共和国公司法〉若干问题的规定（三）》第十三条第四款规定："股东在公司增资时未履行或者未全面履行出资义务，依照本条第一款或者第二款提起诉讼的原告，请求未尽公司法第一百四十七条第一款规定的义务而使出资未缴足的董事、高级管理人员承担相应责任的，人民法院应予支持；董事、高级管理人员承担责任后，可以向被告股东追偿。"上述规定的目的是赋予董事、高级管理人员对股东增资的监管、督促义务，从而保证股东全面履行出资义务、保障公司资本充实。在公司注册资本认缴制下，公司设立时认缴出资的股东负有的出资义务与公司增资是相同的，董事、高级管理人员负有的督促股东出资的义务也不应有所差别。本案深圳斯曼特公司是外商独资企业，实行注册资本认缴制。参照《最高人民法院关于适用〈中华人民共和国公司法〉若干问题的规定（三）》第十三条第四款的规定，在公司注册资本认缴制下，股东未履行或未全面履行出资义务，董事、高级管理人员负有向股东催缴出资的义务。根据《中华人民共和国公司法》第一百四十九条的规定，董事、监事、高级管理人员执行公司职务时违反法律、行政法规或者公司章程的规定，给公司造成损失的，应当承担赔偿责任。

根据一、二审判决查明的事实，深圳斯曼特公司股东开曼斯曼特公司应在2006年3月16日前缴清全部认缴出资额，其于2005年3月16日至2005年11月3日分多次出资后，欠缴出资5000020美元。一审法院（2010）深中法民四初字第54号民事裁定书裁定追加开曼斯曼特公司为被执行人，经强制执行，深圳斯曼特公司股东开曼斯曼特公司仍欠缴出资4912376.06美元。2005年1月11日至2006年12月29日，胡秋生、薄连明、史万文担任深圳斯曼特公司中方董事，2006年12月30日起，贺成明、王红波、李海滨担任深圳斯曼特公司中方董事，本案胡秋生等六名董事在股东开曼斯曼特公司认缴出资额期限届满即2006年3月16日之后均担任过深圳斯曼特公司董事。胡秋生等六名董事作为深圳斯曼特公司的董事，同时又是股东开曼斯曼特公司的董事，对股东开曼斯曼特公司的资产情况、公司运营状况均应了解，具备监督股东开曼斯曼特公司履行出资义务的便利条件。胡秋生等六名董事未能提交证据证明其在股东出资期限届满即2006年3月16日之后向股东履行催缴出资的义务，以消极不作为的方式构成了对董事勤勉义务的违反。

一审法院依据（2012）深中法执恢字第50号执行裁定，强制执行了开曼斯曼特公司财产后，开曼斯曼特公司没有其他可供执行的财产，一审法院于2012年3月21日裁定终结该次执行程序。后深圳斯曼特公司被债权人捷普电子（苏州）有限公司申请破产清算。由此可见，股东开曼斯曼特公司未缴清出资的行为实际损害了深圳斯曼特公司的利益，胡秋生等六名董事消极不作为放任了实际损害的持续。股东开曼斯曼特公司欠缴的出资即为深圳斯曼特公司遭受的损失，开曼斯曼特公司欠缴出资的行为与胡秋生等六名董事消极不作为共同造成损害的发生、持续，胡秋生等六名董事未履行向股东催缴出资义务的行为与深圳斯曼特公司所受损失之间存在法律上的因果关系。一、二审判决认为胡秋生等六名董事消极不作为与深圳斯曼特公司所受损失没有直接因果关系，系认定错误，应予纠正。

综上，胡秋生等六名董事未履行向股东催缴出资的勤勉义务，违反了《中华人民共和国公司法》第一百四十七条第一款规定，对深圳斯曼特公司遭受的股东出资未到位的损失，应承担相应的赔偿责任。胡秋生等六名董事应向深圳斯曼特公司连带赔偿4912376.06美元（以深圳斯曼特公司破产案件受理日2013年6月3日当日美元兑人民币汇率中间价折算，折合人民币30118760.10元）。

综上，一、二审判决认定事实及适用法律错误，处理结果不当，本院予以纠正。依照《中华人民共和国公司法》第一百四十七条、第一百四十九条、《最高人民法院关于适用〈中华人民共和国公司法〉若干问题的规定（三）》第十三条第四款、《中华人民共和国民事诉讼法》第二百零七条第一款、第一百七十条第一款第（二）项、《最高人民法院关于适用〈中华人民共和国民事诉讼法〉的解释》第四百零七条第二款规定，判决如下：一、撤销广东省高级人民法院（2016）粤民破70号民事判决及广东省深圳市中级人民法院（2015）深中法破初字第8号民事判决；二、胡秋生、薄连明、史万文、贺成明、王红波、李海滨在本判决生效之日起十日内连带赔偿斯曼特微显示科技（深圳）有限公司4912376.06美元［以斯曼特微显示科技（深圳）有限公司破产案件受理日2013年6月3日当日美元兑人民币汇率中间价折算，折合人民币30118760.10元）］。

【实务指引】

一、损害公司利益责任纠纷的定义

损害公司利益责任纠纷，是指公司股东滥用股东权利或者董事、监事、高级管理人员违反法定义务，损害公司利益而引发的纠纷。

股东滥用股东权利损害公司利益责任纠纷，是指因股东滥用股东权利给公司造成损害的，应当承担损害责任的民事纠纷。公司股东依照法律和公司章程正当行使权利，是股东的基本义务。实践中，存在大量滥用股东权利的情形，如股东在涉及公司为其担保事项进行表决时，应当回避而不回避。再比如，公司章程规定出售重大资产须股东大会特别决议通过，公司的控股股东无视公司章程的规定，不经法定程序，强令公司出售该资产。《公司法》第二十条第一、二款规定了禁止滥用股东权利的原则和应承担的赔偿责任，公司股东应当在法律、行政法规和规章的框架下行使权利，滥用股东权利损害公司或者其他股东利益的，应当依法承担损害责任。

公司董事、监事、高级管理人员损害公司利益责任纠纷，是指董事、监事、高级管理人员执行公司职务时违反法律、行政法规或者公司章程的规定，给公司造成损失而发生的纠纷。为了防止发生董事、监事、高级管理人员的道德风险，公司法规定了董事、监事、高级管理人员对公司的忠实义务和勤勉义务，并规定董事、监事、高级管理人员执行公司职务时违反法律、行政法规或者公司章程的规定，给公司造成损失的，应当承担赔偿责任。

二、损害公司利益责任的管辖

依照《最高人民法院关于修改〈民事案件案由规定〉的决定》（根据（法〔2020〕346号）第二次修正），损害公司利益责任纠纷已被明文列入该规定第八部分之二十一"与公司有关的纠纷"的第276项案由。因此，有关损害公司利益责任纠纷的地域管辖，不适用民事诉讼法及其司法解释关于侵权责任纠纷的规定。

三、损害公司利益责任的诉讼主体

（一）对董事、高级管理人员侵害公司利益的行为，有权提起诉讼的主体

1. 由公司作为原告进行起诉

根据《公司法》第一百五十一条规定，当公司的股东、董事、监事、高级管理人员损害公司利益时，可以由公司董事会或执行董事、监事会或监事，以公司名义对其提起损害赔偿诉讼，也可以由公司股东提起股东代表诉讼（股东派生诉讼），即当公司董事会或执行董事、监事会或监事未提起损害赔偿诉讼时，由符合一定持股条件的股东以自己的名义，直接向人民法院提起诉讼。

2. 由符合条件的股东提起诉讼、股东起诉必须经过前置程序

公司法规定，公司董事、高级管理人员执行职务时违反法律、行政法规或者公司章程的规定，给公司造成损失的，有限责任公司的股东、股份有限公司连续一百八十日以上单独或者合计持有公司百分之一以上股份的股东，可以书面请求监事会或者不设监事会的有限责任公司的监事向人民法院提起诉讼。监事会、不设监事会的有限责任公司监事收到前述规定的股东书面请求后拒绝提起诉讼，或者自收到请求之日起三十日内未提起诉讼，或者情况紧急，不立即提起诉讼将会使公司利益受到难以弥补的损害的，前款规定的股东有权为了公司的利益以自己的名义直接向人民法院提起诉讼。

（二）对监事侵害公司利益行为，有权提起诉讼的主体

1. 由公司作为原告起诉

根据侵权责任法原理，损害公司利益责任纠纷的原告应当为利益被损害的一方，即公司。公司作为原告的损害公司利益责任纠纷往往是公司董事、监事、高级管理人员因为损害公司利益之行为后遭到公司的追究。

2. 由符合条件的股东提起诉讼，股东起诉必须经过前置程序

公司法规定，公司董事、高级管理人员执行职务时违反法律、行政法规或者公司章程的规定，给公司造成损失的，有限责任公司的股东、股份有限公司连续一百八十日以上单独或者合计持有公司百分之一以上股份的股东，可以书面请求董事会会或者不设董事会的有限责任公司的执行董事向人民法院提起诉讼。监事会、不设监事会的有限责任公司监事收到前述规定的股东书面请求后拒绝提起诉讼，或者自收到请求之日起三十日内未提起诉讼，或者情况紧急，不立即提起诉讼将会使公司利益受到难以弥补的损害的，前款规定的股东有权为了公司的利益以自己的名义直接向人民法院提起诉讼。

实践中另一种情况亦颇为常见，即由公司的股东为原告、公司作为第三人的诉讼。由于损害公司利益的一方往往是公司的实际掌控者，掌握公司的证照，因此公司本身不可能以在诉状上加盖公章等形式成为原告从而参与诉讼。故根据《公司法》第一百五十一条的规定，公司的股东在监事、董事对于损害公司利益的行为采取不作为的态度时，有权代表公司提起诉讼，追究侵权方的责任。

3. 大股东及公司实际控制人为被告

依据《公司法》第二十条规定，公司股东应当遵守法律、行政法规和公司章程，依法行使股东权利，不得滥用股东权利损害公司或者其他股东的利益，公司股东滥用股东权利给公司或者其他股东造成损失的，应当依法承担赔偿责任。一般实践操作中，损害公司利益的股东往往为控股股东或大股东，其拥有损害公司利益的便利及条件，也通常作为此类案件的适格被告。

此外，公司实际控制人是否能够成为损害公司利益责任纠纷的适格被告？公司实际控制人的常见身份为隐名股东，通过委托他人持股，对公司施以控制。这种情况下，作为隐名股东的公司实际控制人，对其损害公司利益的行为，公司或其他小股东是否可以以"股东损害公司利益责任纠纷"起诉公司实际控制人或代其持股的股东，司法实践中存在一定争议，《公司法司法解释（三）》中对隐名股东相关法律适用问题作出部分规定，一定程度上缓解了司法判案中存在的法律适用不统一问题，但其规定过于简单，实践中，对于损害公司利益的相关责任难以认定。一般而言，损害公司利益责任纠纷当事人应当是确认和适格的，隐名股东并非公司的登记股东或并未出现在公司章程或并未记载于公司的股东名册，如果直接认定隐名股东作为此类纠纷适格被告存在不妥之处。一是对隐名股东身份的确定与损害公司利益责任的诉讼并非同一法律关系；二是隐名股东的股东资格确认的发起人往往是隐名股东自身，在公司作为原告起诉隐名股东时，隐名股东身份的确定往往陷入僵局。那么对该部分的隐名股东是按照损害公司利益责任纠纷起诉还是按照一般侵权纠纷起诉，笔者认为，公司实际控制人实际损害公司利益的行为系基于其对公司的权力，不宜定一般侵权案件。如果隐名股东为公司的董事或高级管理人员，可以适用董事损害公司利益责任纠纷相关认定；如果公司实际控制人并未在公司担任任何职务，对于损害公司利益的行为，应根据公司章程、实际出资额、相关代持协议、是否半数以上股东认可其身份等一系列综合判断，将其从"幕后"引到"前台"。

四、损害公司利益责任纠纷的具体表现形式

损害公司利益责任纠纷案件，主要表现为以下五种情形：

（一）法定代表人利用职务便利占用公司资产

有的公司法定代表人同时兼任公司股东的法定代表人。在经营过程中，该法定代表人利用同时控制两家公司的职务便利，将公司对外应收款项汇入股东账户名下。为此，公司以该法定代表人占用公司款项、损害公司利益为由提起诉讼。

（二）公司高级管理人员利用职务便利成立同业竞争公司

部分公司高级管理人员注册成立与其任职公司形成同业竞争的新公司，并利用其掌握公司印章等职务便利，将任职公司作为新公司的股东之一予以登记，以便利用任职公司商誉等开展业务。任职公司遂以高级管理人员侵害公司权益并违反竞业禁止规定为由提起诉讼。

（三）公司固定资产出资不明致其出售所得归属产生争议

部分公司董事擅自将公司出售固定资产所得作为应收款归还公司股东。公司认为固定资产系股东的出资，出售所得款项应属公司所有，公司董事的行为属于挪用公司财产；该公司董事则认为股东并未以固定资产进行出资，只是借给公司使用，因此出售所得属于股东财产。

（四）公司股东之间达成保证固定回报协议被诉侵害公司财产

在公司只有两名股东的情况下，一名股东承诺放弃公司经营权，以此换取另一名全权负责公司经营的股东以公司财产每年向其支付固定的收益回报。之后，该公司股权全部转让，新股东认为上述协议属于保证固定回报型保底条款，依法应属无效，故起诉要求原股东返还公司财产。

（五）公司法定代表人履职不当损害公司利益

有的公司法定代表人与其他股东产生矛盾后，拒绝配合公司年检，并阻碍公司决议产生新任法定代表人，导致公司错失年检而被行政机关处罚。公司认为该法定代表人的行为损害了公司利益，起诉要求其赔偿损失。

五、损害公司利益责任纠纷的成因分析

首先，由于我国当前公司治理结构存在诸多不完善，一般公司章程中只规定了股东大会、董事会的权利义务，并未明确规定董事、经理的权限范围，现实中也存在股东越权干涉公司治理的情形，这导致公司实际运行中权力容易被滥用，并在相关纠纷发生后无"章"

可循。另外，实践中，一些公司财务制度不规范，公章保管不严，当股东与董事、总经理身份发生交叉时，财务制度无法有效约束相关人的行为。

其次，忠实勤勉义务的界定模糊。《公司法》第一百四十七条、第一百四十八条虽然规定了高级管理人员需履行忠实、勤勉义务，但表述过于笼统简单，在行为认定上存在困难。

再次，公司章程中未明确当事人的具体身份，当损害公司利益情况发生后，对当事人的身份及其行为性质的认定存在困难。

六、损害公司利益责任纠纷中的程序问题

（一）当事人的诉讼地位

1. 诉讼代表人冲突问题

在损害公司利益责任纠纷中，一般情形下，公司的法定代表人有权对外代表公司处理公司事务，但在担任法定代表人的股东或董事与公司发生纠纷时，如允许股东、董事继续以公司法定代表人身份代表公司诉讼，将可能导致股东、董事个人利益与公司利益发生冲突。对于诉讼代表人冲突问题，上海市高级人民法院《关于担任公司法定代表人的股东、董事与公司之间引发诉讼应如何确定公司诉讼代表人问题的解答》（以下简称《解答》）可供参考。

首先，该《解答》指出，当担任公司法定代表人的股东、董事与公司之间引发诉讼出现公司诉讼代表人冲突时，为确保案件审理正常进行，法院应当明确告知股东或董事在诉讼中不得同时代表公司参加诉讼，并要求公司另行确定诉讼代表人。

其次，《解答》进一步明确，在出现担任公司法定代表人的股东、董事与公司之间引发诉讼导致公司诉讼代表人冲突时，法院在诉讼过程中可采取以下方式进行确定：①公司章程对公司诉讼代表权的人选确定有约定，按照章程约定。②建议公司召开临时股东会，或以股东协商方式选定公司诉讼代表人。③公司不能通过股东会或协议方式确定诉讼代表人的，对设有董事会的公司，通知副董事长代表公司参加诉讼；对未设董事会的公司，通知其他董事代表公司参加诉讼；其他董事有两人以上的，可协商确定其中之一；协商不成的，法院可予以指定。④公司董事会或董事中无合适人选的，基于公司监事会的法定职责，法院可指定公司监事会主席或执行监事代表公司参加诉讼。⑤通过以上途径仍不能确定，法院可指定与担任法定代表人的股东、董事提起的诉讼没有明显利害关系的其他股东作为公司诉讼代表人。

该《解答》为处理法定代表人诉讼冲突问题提出了指导性的意见，但是《解答》仍存在很多问题。首先，《解答》仅限上海法院对其管辖范围内相关问题的解答，并未适用其他法院；其次，该《解答》在体例上具有司法解释的形式，其本身合法性存在争议。因此，笔者建议对于公司诉讼代表人冲突问题能否以最高人民法院司法解释的形式进行调整，以指导审判实践。

2. 其他股东代表公司提起诉讼时公司的诉讼地位问题

在损害公司利益责任纠纷的司法实践中，法院往往将公司列为无独立请求权的第三人。但笔者认为，公司作为独立的法人，可以选择是否参加诉讼，法院可以将公司作为诉讼参与

人。当公司认为原告股东的诉讼行为妥当并且有利于自己的利益时，可以一般共同诉讼人的身份成为共同原告；当公司发现原告股东的行为不当且对公司不利时，可以辅助参加人身份辅助被告参加诉讼，以防诉讼结果不利于公司利益。

(二) 关于股东代表诉讼的前置程序

根据《公司法》第一百五十一条规定，股东提起股东派生诉讼前须经"用尽内部救济"的前置程序，即在公司遭受不正当行为损害时，股东必须先征询公司是否对该行为提起诉讼，不可直接代表公司提起诉讼；只有在公司董事、监事拒绝或者怠于提起诉讼时，股东才可行使代表诉讼权利。但《公司法》第一百五十一条也有但书的规定，当情况紧急时股东可以不经过前置程序而直接向人民法院提起诉讼。笔者认为，情况紧急一般存在以下情况：侵害行为为持续性行为，如不及时制止会造成不可挽回的损失；侵害公司利益人员试图转移、藏匿、处分自己财产；股东法定资格条件即将丧失或诉讼时效即将届满。

(三) 关于举证责任

通常情况下，在举证责任的分配上采取"谁主张、谁举证"的归责原则，但在损害公司利益责任纠纷中，中小股东与公司实际经营管理者、控股股东相比，对公司的控制能力、以及信息获取能力较弱。因此，此类纠纷不能完全套用普通侵权之诉与违约之诉举证规则，应当适当适用举证责任倒置的规则，合理分配当事人的举证责任。笔者对以下情形的举证责任予以适当确认。

1. 在董事、高级管理人员负有忠实义务下，原告的举证责任

在董事、高级管理人员负有忠实义务下，原告的举证责任包括：①被告负有忠实义务；②被告违反了忠实义务；③违反行为导致公司利益受损；④被告获益。被告如果能提供证据证明，其从事被诉行为事先已向公司披露且经公司股东会或者董事会合理批准时，举证责任将被转移到原告，由原告来证明被诉行为的不适当性。

2. 谋取商业机会案件

原告需证明案件所涉的商业机会属于本公司商业机会且被告利用了这一商业机会，若能证明上述事实，举证责任转换，由被告证明：①该商业机会已向公司股东或董事进行披露，公司放弃该商业机会；②该商业机会未披露，利用该机会符合公平原则。

3. 违法收入或公司损失的举证责任

在司法实践中，举证责任的分配可以为：①原告方证明被告违法所得；②无法证明时由原告证明以本方实际损失证明所遭受的损害；③被告证明其行为并未导致此项损失或损失数额较少。

4. 勤勉义务下的举证责任

勤勉义务下的举证责任可以遵循：①由原告证明被告的行为并非出于善意；②被告在商业决策中存在重大过失；③公司收到损失；④损失与被告行为具有因果关系；⑤被告证明自己行为满足商业判断规则要求。

七、损害公司利益责任纠纷的裁判规则

（一）高级管理人员的认定

《公司法》第二百一十六条第（一）项规定：高级管理人员，是指公司的经理、副经理、财务负责人，上市公司董事会秘书和公司章程规定的其他人员。但在司法实践中，对高级管理人员的认定仍存在诸多疑问，笔者认为，可以从以下条件来认定高级管理人员。

首先应当考察公司章程是否有规定，如果公司章程有明文记载，可以认定其高级管理人员的身份；其次，当事人在公司管理中的权力地位，如股东在公司中享有相应的经营管理权，可以认定其符合高级管理人员的任职要求；再次，当事人的任免手续，高级管理人员通常由董事会或者执行董事决定聘任和解聘，当公司的聘任或者解聘手续完备时，可推定高级管理人员聘任或者解聘的事实成立；最后，可以间接证明其高级管理人员身份的材料，比如与客户签订的合同契约书、基本住房公积金基数调整汇总表等上的签名，可以认定当事人的身份是高级管理人员。

（二）违反勤勉义务的认定。

董事、高级管理人员的勤勉义务，是各国公司法普遍规定的董事必须履行的一项积极义务，勤勉义务要求公司董事、高级管理人员在行使职权时应当尽职尽责管理公司业务，违反该义务的董事、高级管理人员应当承担相应的法律责任。

我国公司法并未对董事、高级管理人员的勤勉义务做具体规定，应当以该董事与高级管理人员是不是诚实地贡献了他实际拥有的全部能力作为衡量标准，这给法院认定当事人是否违反勤勉义务带来了困难。一般来说，公司董事与高级管理人员的勤勉义务判断标准存在主观和客观两种。笔者认为，法院在判断公司高级管理人员是否违反勤勉义务时，应当采用主客观结合的综合判断标准，即应以普通谨慎的董事在同类公司、同类职务、同类相关情形中所应具有的注意、知识和经验程度作为衡量标准。当然，在处理个案时也应结合案情作具体分析。同时，在判断公司董事、高级管理人员是否违反了勤勉义务时，并不以其决策是否有失误为准，只要董事、高级管理人员根据掌握的情况或者信息，诚实信用地决策，即便事后证明此项决定是错误的，董事、高级管理人员也无须负任何责任。

（三）违反忠实义务的认定

董事、高级管理人员的忠实义务，是指董事、高级管理人员管理公司、经营业务、履行职责时，必须代表全体股东为公司最大利益努力工作，当自身利益与公司利益发生冲突时，必须以公司利益为重，不得将自身利益置于公司利益之上。我国《公司法》第一百四十八条第一款第（一）项至第（七）项列举了违反忠实义务的各种行为，第（八）项采用了概括性的规定，将其他违反忠实义务的行为纳入其中。

1. 自我交易的界定

董事作为公司的代理人，不得同作为本人（委托人）的公司缔结合同，转让或受让公司的财产，将自己的财产转让给公司，由公司对董事提供贷款或就第三人对董事的贷款或准贷款提供担保。这就是所谓的自我交易禁止义务。如何界定与公司进行交易的利害关系人？笔者认为，应当包括与其有利害关系的亲朋好友，以及他们的合伙人、董事被雇佣或担任董事职务的另一家公司、董事所监护的被监护人、其他因董事在公司中的职务而与公司进行交易的与董事有法律或利益关系的人，包括自然人和法人。

2. 竞业禁止

《公司法》第一百四十八条第一款第（五）项规定：未经股东会或者股东大会同意，利用职务便利为自己或者他人谋取属于公司的商业机会，自营或者为他人经营与所任职公司同类的业务。我国公司法的规定似有过严之嫌，如：无一例外地规定董事违反竞业禁止义务时签订的合同无效，因为合同极有可能危害交易安全，损害善意第三人利益。因此，法律应明确赋予法官一定限度的自由裁量权，采用"实质性标准"加以判断，在保证不害及公司的利益前提下，对利于公司之交易，即便是"竞业"，也不必断然否定。

3. 利用或者篡夺公司机会

《公司法》第一百四十八条第一款第（五）项规定董事、高管不得篡夺属于公司的商业机会，但在实践操作中，衡量某一机会是否与公司经营活动相关，应当综合考虑各种因素。另外，不得篡夺公司机会并不意味着绝对禁止利用公司机会。比如，对于公司已经明确表示放弃的公司机会，如果董事、高级管理人员有正当理由且不会导致公司利益受损的，可以利用该机会，无须再征得股东会或董事会的同意。

【拓展案例】

廖永光、黄建明损害公司利益责任纠纷①

1994年3月27日，武汉新宇机器厂与马仕国际（香港）有限公司签订协议约定合作双方在武汉市成立武汉马新实业有限公司。1994年7月6日，马新公司注册成立，外方股东委派董事为廖永光、黄建明等，廖永光担任马新公司董事长、黄建明任总经理。后因经营过程中形成董事会僵局，且中方股东向马新公司实际控制人廖永光、黄建明等主张公司经营管理权未果。武汉新宇机器厂诉至一审法院，请求解散马新公司。该院作出（2009）武民商外初字第22号民事判决：解散马新公司。马新公司不服，上诉至湖北省高级人民法院，该院以（2011）鄂民四终字第81号判决驳回上诉，维持原判。2014年2月20日，一审法院作出（2013）鄂武汉中民商清（算）字第00001-1号决定书：指定武汉新宇机器厂张真贺、马新公司刘萍以及众环海华会计师事务所有限公司组成马新公司清算组，张真贺为清算组负责人。8月12日，作出（2013）鄂武汉中民商清（算）字第00001-2号决定书：因武汉新宇机器厂人事调整，解除张真贺的马新公司清算组负责人职务；指定武汉新宇机器厂高

---

① 参见湖北省高级人民法院民事判决书（2019）鄂民终1144号。来源：中国裁判文书网 http://wenshu.court.gov.cn。

登刚为马新公司清算组负责人。

1996年5月28日,天合公司、马新公司与武汉市商业银行南京路支行(即原湖北民鑫城市信用社,以下简称南京路支行)签订一份房地产抵押贷款合同,约定由南京路支行贷给天合公司300万元,马新公司以其所有的位于武汉市武昌彭刘杨路232号房屋的第五层至第九层附楼为天合公司的贷款提供抵押担保,并办理了房屋他项权证。1996年11月4日,三方又签订了一份房地产抵押贷款合同,约定由南京路支行贷给天合公司280万元,马新公司以其所有的位于武汉市武昌彭刘杨路232号附楼的第一层、第二层为天合公司的贷款提供抵押担保,并办理了房屋他项权证。上述两项合同订立后,南京路支行依约向天合公司发放贷款共计580万元。天合公司到期未能偿还贷款本息,南京路支行据此诉至法院。湖北省高级人民法院于1999年11月10日作出(1999)鄂经终字第197号民事判决:天合公司向南京路支行偿付借款2996473元和280万元,偿付2996473元借款的罚息从1996年11月27日起,280万元借款的罚息从1997年2月3日起,均至判决生效之日止,按每日万分之四计付;天合公司向南京路支行偿付由普莱特公司转移的债款2795385.85元;马新公司对天合公司上列2996473元和280万元债务以其提供的抵押房产承担担保责任。2001年9月11日,一审法院作出(2000)武执字第580号民事裁定:将马新公司持有的位于武昌区彭刘杨路232号附楼的第一层、第二层、第五层、第六层房屋用以抵偿天合公司所欠南京路支行的全部债务。并附该房屋面积及评估价值显示:上述房屋建筑面积总计191088平方米,价值11955454.78元。2004年5月10日,武汉市商业银行新路支行出具说明:南京路支行与天合公司、马新公司贷款纠纷一案,因两债务人未能按期履行还款义务,南京路支行向该院申请强制执行,后该债权于2000年由行内划转至新路支行负责处理。依据上述裁定按评估价抵偿了两债务人所欠该行债务本息,该行债权已全部实现。廖永光、黄建明认可案涉贷款抵押须经公司董事会一致同意,且无证据证明上述抵押经过了公司董事会一致同意。且认可截至1999年7月,马新公司与天合公司的管理人员是混同的。天合公司成立于1995年6月19日,住所地武汉市武昌区彭刘杨路232号,成立时法定代表人为廖永光。1996年6月22日,法定代表人变更为黄建明。2002年8月16日再次变更为司育。

马新公司一审诉讼请求:1. 判令廖永光、黄建明共同赔偿马新公司经济损失11955454.78元;2. 诉讼费用由廖永光、黄建明承担。

一审法院认为,首先,马新公司系因董事会僵局造成公司经营困难经该院判决解散。马新公司解散后,依法成立了清算组。清算组实际于2014年8月12日才正式接管马新公司清算事宜,而此前马新公司一直处于廖永光、黄建明的实际控制下,马新公司诉称其在清算过程中才知道案涉损失符合实际情况。廖永光、黄建明提出的本案应以强制执行期间即2001年9月起算诉讼时效的答辩理由缺乏事实依据,该院不予支持。

其次,《中华人民共和国公司法》第一百四十八条规定:董事、高级管理人员不得有下列行为:……(三)违反公司章程的规定,未经股东会、股东大会或者董事会同意,将公司资金借贷给他人或者以公司财产为他人提供担保。第一百四十九条规定:董事、监事、高级管理人员执行公司职务时违反法律、行政法规或者公司章程的规定,给公司造成损失的,应当承担赔偿责任。廖永光、黄建明作为马新公司董事长、总经理,违反公司章程,未经董事会一致通过，以公司房产为天合公司共计580万元贷款提供担保。天合公司到期未归还上述贷款本息，经生效判决认定由马新公司以抵押房产对贷款本息及罚息承担担保责任，后债权人申请强制执行，该院裁定马新公司以案涉房产抵偿天合公司相关债务，并以（2000）武执字第580号执行通知书确定案涉贷款及罚息共计8425924元。廖永光、黄建明未经董事会一致通过擅自以公司房产为天合公司贷款提供抵押担保，致使公司房产被强制抵偿天合公司债务，给公司造成损失，应当承担赔偿责任。廖永光、黄建明以公司房产仅对580万元贷款提供抵押担保，故其行为造成的损失应限于案涉580万元贷款及相关罚息，而不应以强制执行总额计算。故对马新公司主张的损失该院部分支持。

关于廖永光、黄建明提出的案涉580万元贷款系以天合公司名义借出，实际已用于马新公司，故马新公司并无损失的答辩理由。根据生效判决查明的事实，案涉贷款借款人为天合公司，南京路支行将上述款项依约发放给了天合公司。廖永光、黄建明虽提交了马新公司与天合公司相关账目等证据拟证明案涉贷款已通过借款形式销账，但在案涉贷款借贷、抵押及被告提出的销账期间，马新公司与天合公司均处于廖永光、黄建明的实际控制中，且廖永光、黄建明并无证据证明其从南京路支行收到的580万元已实际用于马新公司或已实际转入马新公司。故廖永光、黄建明的上述答辩理由不成立，该院不予支持。

关于廖永光、黄建明提出的因马新公司对天合公司负有债务，而马新公司没有主张以其担保金额抵扣相应债务，是马新公司怠于行使追偿权造成的，与廖永光、黄建明办理借款和抵押的职务行为无关的答辩理由。马新公司与天合公司是否存在债务关系，与马新公司诉称廖永光、黄建明未经董事会一致通过擅自以公司房产为天合公司贷款提供抵押担保，致使公司房产被强制抵偿天合公司债务，给公司造成损失并无必然联系。即使债务成立，马新公司是否行使追偿权抵扣债务属于另一法律关系，与本案无关。故廖永光、黄建明的上述答辩理由亦不成立，该院不予支持。

根据《中华人民共和国公司法》第一百四十八条、第一百四十九条，《中华人民共和国民事诉讼法》第一百四十二条的规定，判决：一、廖永光、黄建明自判决生效之日起十日内向马新公司支付赔偿金8425924元；二、驳回马新公司的其他诉讼请求。案件受理费人民币93533元，由廖永光、黄建明负担。

二审法院认为，本案当事人廖永光系香港特别行政区居民，故本案系涉港纠纷，应参照涉外民事诉讼程序进行审理。马新公司系中外合作经营企业，根据《最高人民法院关于审理涉外民事或商事合同纠纷案件法律适用若干问题的规定》第八条第（二）项规定，本案适用中华人民共和国法律解决有关争议。

本案二审争议的焦点：1. 马新公司提起本案诉讼是否超过诉讼时效期间；2. 马新公司能否向廖永光、黄建明主张案涉损失。

关于马新公司提起本案诉讼是否超过诉讼时效期间。本院认为，根据《中华人民共和国民法通则》第一百三十五条、第一百三十七条的规定，向人民法院请求保护民事权利的诉讼时效期间为两年，从知道或者应当知道权利被侵害时计算。本案中，虽然案涉抵押房产被拍卖的事实已在马新公司解散纠纷案生效判决中提及，但因当时的马新公司一直处于廖永光、黄建明的实际管理控制中，直至马新公司因法院判决解散而成立清算组。马新公司清算组于2014年2月20日成立,此时马新公司仅具有形式上的起诉权,马新公司清算组在收集了相关合同、董事会决议、法院生效判决书、裁定书等材料后才能确定董事是否存在侵害公司利益行为以及公司的实际损失。根据马新公司二审提交的交接清单和移交单,清算组于2014年9月才正式收到马新公司的各类合同及证照,清算组在此后才能知道具体的损失情况。故马新公司于2016年5月23日提起本案诉讼并未超过两年诉讼时效期间。廖永光、黄建明的该上诉理由不能成立,本院不予支持。

关于马新公司能否向廖永光、黄建明主张案涉损失。本院认为,廖永光、黄建明作为马新公司董事长、总经理,未经董事会一致通过,以公司房产为天合公司580万元贷款提供担保,导致公司房产被强制抵偿天合公司债务,给公司造成损失。湖北省武汉市中级人民法院(2000)武执字第580号执行通知书已确认贷款及罚息共计8425924元,该损失应当由廖永光、黄建明承担赔偿责任。

关于案涉损失是否以马新公司向天合公司追偿作为前提条件的问题。本院认为,根据已查明的事实,马新公司主张的损失客观存在。《中华人民共和国担保法》第五十七条规定了物上担保人的追偿权,《中华人民共和国公司法》第一百四十九条规定了"董事、监事、高级管理人员执行公司职务时违反法律、行政法规或者公司章程的规定,给公司造成损失的,应当承担赔偿责任"。马新公司可以选择依据我国担保法的相关规定向天合公司主张追偿,也可以选择依据我国公司法的规定向公司董事主张损失赔偿责任。故马新公司提起本案诉讼符合法律规定。廖永光、黄建明认为马新公司提起本案诉讼应以行使追偿权为前提没有法律根据,本院不予支持。

关于廖永光、黄建明提出的案涉贷款580万元实际用于马新公司的问题。本院认为,我院(1999)鄂经终字第197号生效判决已认定案涉贷款的借款人为天合公司、武汉市商业银行南京路支行将580万元贷款依约发放给天合公司的事实。廖永光、黄建明虽提交马新公司和天合公司的财务凭证、报表等证据拟证明该借款实际用于马新公司建设,但因当时马新公司的董事长廖永光、总经理黄建明同时也先后担任天合公司董事长、法定代表人,在没有其他证据佐证的情况下,仅凭廖永光、黄建明实际控制的马新公司与天合公司的内部财务凭证不足以证明其该项主张。

关于马新公司与天合公司是否互负债务,并已通过债务抵销实现追偿权的问题。廖永光、黄建明提交了年度审计报告及众环海华会计师事务所2014年出具的马新公司专项审计阶段情况报告,拟证明马新公司对天合公司存在应付欠款,马新公司可以通过抵销实现追偿权。本院认为,廖永光、黄建明提交的上述证据并非最终的审计报告,其所称天合公司对马新公司的债权并无其他证据证明,也未向清算组申报并获得清算组的确认,不能证明天合公司与马新公司之间的债权债务情况,亦不能证明马新公司已通过债务抵销实现追偿权。廖永光、黄建明关于马新公司并无损失的上诉理由亦不能成立,本院不予支持。

综上,廖永光、黄建明的上诉理由均不能成立。一审判决认定事实清楚,适用法律准确,实体处理恰当。本院依照《中华人民共和国民事诉讼法》第一百七十条第一款第(一)项的规定,判决如下:驳回上诉,维持原判。

第十六章　股东损害公司债权人利益责任纠纷

【典型案例】

张全民、陈洪德股东损害公司债权人利益责任纠纷[①]

2007年3月19日，第三人山东省惠民县鲁华民族纺织有限公司新增注册资本374万元，其中，股东张立功投资75万元，股东陈洪德投资75万元，股东张百盛投资75万元，股东孟令华投资75万元，股东张全民投资74万元。2007年3月20日，该账户以现金支票形式支出3837648元，被告及第三人辩称支出款项是购买了机器设备及原材料，未提供证据证明。2015年3月31日，惠民县人民法院（2015）惠商初字第109号民事调解书认定：山东省惠民县鲁华民族纺织有限公司偿还原告惠民县农村信用合作联社借款本金100万元及利息，山东惠民正信织业有限责任公司、山东惠民德恒纺织有限责任公司负连带清偿责任，山东惠民正信织业有限责任公司、山东惠民德恒纺织有限责任公司承担担保责任后，有权向山东省惠民县鲁华民族纺织有限公司追偿。2016年5月27日，原告山东惠民正信织业有限责任公司向惠民县人民法院交纳欠原告惠民县农村信用合作联社案款50万元。2016年7月29日，惠民县人民法院出具（2016）鲁1621执540号民事裁定书，申请执行人山东惠民正信织业有限责任公司申请执行标的50万元，已执行0元，因被执行人山东省惠民县鲁华民族纺织有限公司暂无银行存款，无其他可供执行财产，申请执行人未能提供出被执行人的其他财产线索，终结惠民县人民法院（2015）惠商初字第109号民事调解书的本次执行程序。

山东惠民正信织业有限责任公司向一审法院起诉请求：确认被告在抽逃出资本息范围内对公司债务不能清偿部分承担补充赔偿责任。

【裁判要旨】

一审法院认为，根据《最高人民法院关于适用〈中华人民共和国公司法〉若干问题的规定（三）》第十二条的规定，将出资款项转入公司账户验资后又转出的，公司债权人以相关股东的行为符合该情形且损害公司权益为由，请求认定该股东抽逃出资的，人民法院应予支持。第十四条规定，公司债权人请求抽逃出资的股东在抽逃出资本息范围内对公司债务不能清偿的部分承担补充赔偿责任。本案中，第三人山东省惠民县鲁华民族纺织有限公司在公司账户验资后又将出资款项转出，其辩称购买机器设备及原材料，未能提供证据证明，股东应在抽逃出资本息范围内对公司债务不能清偿的部分承担补充赔偿责任。依照《最高人民

[①] 参见山东省滨州市中级人民法院民事判决书（2019）鲁16民终2794号。来源：中国裁判文书网http://wenshu.court.gov.cn。

法院关于适用〈中华人民共和国公司法〉若干问题的规定（三）》第十二条、第十四条之规定判决：一、第三人山东省惠民县鲁华民族纺织有限公司于本判决生效之日起十日内偿还原告山东惠民正信织业有限责任公司代偿款500000元；二、被告张全民、陈洪德、张百盛、孟令华对上述债务承担补充赔偿责任。如果未按本判决指定的期间履行给付金钱义务，应当依照《中华人民共和国民事诉讼法》第二百五十三条之规定，加倍支付迟延履行期间的债务利息。案件受理费8800元，财产保全费3520元，由被告张全民、陈洪德、张百盛、孟令华、第三人山东省惠民县鲁华民族纺织有限公司负担。

二审法院认为，《最高人民法院关于适用〈中华人民共和国民事诉讼法〉的解释》第九十条规定，当事人对自己提出的诉讼请求所依据的事实或者反驳对方诉讼请求所依据的事实，应当提供证据加以证明，但法律另有规定的除外。在作出判决前，当事人未能提供证据或者证据不足以证明其事实主张的，由负有举证责任的当事人承担不利的后果。本案中，四上诉人对2007年3月19日原审第三人新增注册资本374万元，并于次日以现金支票形式支出的事实并无异议，但四上诉人及原审第三人主张该支出款项是购买机器设备及原材料用于正常生产经营流转，未提供证据证明，亦未提供证据证明其经法定程序将出资抽回，依法应承担已不利的法律后果。四上诉人及原审第三人的上述行为符合《最高人民法院关于适用〈中华人民共和国公司法〉若干问题的规定（三）》（法释〔2014〕2号）第十二条第（四）项规定的其他未经法定程序将出资抽回的行为，一审判决认定四上诉人构成股东抽逃出资行为，并无不当。但《最高人民法院关于适用〈中华人民共和国公司法〉若干问题的规定（三）》（法释〔2011〕3号）第十二条的规定，已被上述（法释〔2014〕2号）第十二条所修正，一审判决适用不当，应予纠正。

关于诉讼主体问题。生效的（2015）惠商初字第109号民事调解书及（2016）鲁1621执540号民事裁定书确认的事实能够认定被上诉人在本案主体适格，四上诉人的该项上诉事由没有事实和法律依据，不予支持。《最高人民法院关于适用〈中华人民共和国公司法〉若干问题的规定（三）》（法释〔2014〕2号）第十四条规定，公司债权人请求抽逃出资的股东在抽逃出资本息范围内对公司债务不能清偿的部分承担补充赔偿责任。且上述生效的（2015）惠商初字第109号民事调解书及（2016）鲁1621执540号民事裁定书已认定本案被上诉人承担担保责任后，有权向原审第三人追偿，以及执行原审第三人标的50万元，已执行0元，并终结本次执行程序。因此，被上诉人向一审法院诉求确认四上诉人在抽逃出资本息范围内对公司债务不能清偿部分承担补充赔偿责任，已涵盖了原审第三人向被上诉人偿还50万元的请求。一审判决原审第三人偿还被上诉人代偿款50万元，并判决四上诉人承担补充赔偿责任，并无不当。四上诉人主张一审判决超诉讼请求判决，以及被上诉人与原审第三人的追偿权纠纷案件尚未执行完毕，原审第三人仍具有偿还清偿能力，本案不符合《最高人民法院关于适用〈中华人民共和国公司法〉若干问题的规定（三）》第十四条规定的适用条件等上诉理由，均不成立，不予支持。

关于诉讼时效问题。《中华人民共和国民法总则》第一百八十八条规定，向人民法院请求保护民事权利的诉讼时效期间为三年。法律另有规定的，依照其规定。诉讼时效期间自权利人知道或者应当知道权利受到损害以及义务人之日起计算。由于公司股东抽逃出资行为具有隐蔽性的特点，因此在本案中，被上诉人主张在 2016 年 7 月 29 日惠民县人民法院出具 (2016) 鲁 1621 执 540 号裁定书后，经过工商部门的调查，才知道四上诉人的抽逃行为，符合常理。被上诉人于 2018 年 1 月 10 日向一审法院主张权利，未超过法律规定的诉讼时效期间。

综上，一审判决认定事实清楚，适用法律正确，应予维持。上诉人的上诉理由均不成立，应予驳回。据此，依照《中华人民共和国民事诉讼法》第一百七十条第一款第一项规定，判决驳回上诉，维持原判。

【实务指引】

一、股东损害公司债权人利益责任纠纷的定义

股东损害公司债权人利益纠纷是指公司股东因滥用公司法人独立地位和股东有限责任，逃避债务，严重损害公司债权人利益，对公司债务承担责任的民事纠纷。

公司法对公司股东滥用公司法人地位和股东有限责任作出了规定，确立了公司人格否认制度。公司人格否认制度，又称揭开公司面纱、刺破公司面纱制度，该制度是在承认公司具有法人人格的前提下，在特定的法律关系中对公司的法人人格及股东有限责任加以否定，以制止股东滥用公司法人人格及有限责任，保护公司债权人的利益。

公司法确立公司人格否认制度，符合中国公司实践的客观需要，有利于解决股东滥用公司法人地位和股东有限责任逃避债务、侵害债权人利益的问题。《民事案件案由规定》增设股东损害公司债权人利益责任纠纷为第三级案由。

二、股东损害公司债权人利益责任纠纷的管辖

因股东损害公司债权人利益责任纠纷提起的诉讼，原则上以民事诉讼法中管辖的相关规定为基础，但要综合考虑公司所在地等因素来确定管辖法院。在此类诉讼中公司股东滥用公司法人独立地位和股东有限责任，逃避债务，严重损害公司债权人利益的，应当对公司债务承担连带责任。

根据案件性质和最高人民法院颁布的《民事案件案由规定》及修订通知，股东损害债权人利益责任纠纷应当属于侵权案件类型，属于第二十一大类与公司有关的纠纷之第 257 小类。

根据我国《公司法》第二十条第一、三款规定，股东对公司债务承担的连带责任是指侵权赔偿责任，不是对公司债务承担的违约连带责任。因为股东损害债权人利益责任纠纷案件中股东所承担的责任是公司法确定的法定连带责任，不是合同约定的连带责任。结合 2011 年 2 月 18 日《最高人民法院关于修改〈民事案件案由规定〉的决定》（法〔2011〕41 号）中有关股东损害债权人利益责任纠纷案由的确定内容，这类案件性质应当是侵权纠纷。

侵权纠纷应当适用民事诉讼法有关侵权诉讼的规定而确定具体管辖地法院。根据《民事诉讼法》第二十八条规定，因侵权行为提起的诉讼，由侵权行为地或者被告住所地人民

法院管辖。而《民事诉讼法司法解释》第二十四条规定，《民事诉讼法》第二十八条规定的侵权行为地，包括侵权行为实施地、侵权结果发生地。

三、股东损害公司债权人利益责任纠纷的类型

（一）股东未出资或未全面履行出资义务损害公司债权人利益

公司债权人可以未出资或未全面出资的股东为被告，要求其在未出资的本息范围内，对公司债务不能清偿部分承担补充赔偿责任。但如果因股东的出资不足导致公司的注册资本低于法定的最低标准而使公司未能成立时，则该股东应对公司债务承担无限连带责任。

（二）股东抽逃出资损害公司债权人利益

公司债权人可以该股东为被告，要求其在抽逃出资的本息范围内对公司债务不能清偿部分承担补充责任。同时，对于为股东抽逃出资提供协助的其他股东、董事、高级管理人员或者实际控制人，债权人可一并起诉上述人员，要求其与抽逃出资的股东承担连带责任。

（三）公司法人人格否认

公司人格不再独立，股东资产与公司资产混同、股东业务与公司业务混同，包括关联交易等行为，公司独立的人格被股东所吸收而不再独立，债权人可以该股东为被告提起诉讼，要求其对公司债务承担无限连带清偿责任。

债权人以股东滥用公司独立人格逃废债务主张刺破公司面纱，让股东承担责任，不是一件容易的事情。最高人民法院《关于严格规定公司人格否定制度适用条件的建议及答复》中明确："法人人格独立是公司法的基本原则，人格否认是公司制度的例外，因此，要从严掌握法人人格否认制度的适用条件。在程序上，适用法人人格否认制度应当以当事人主张为前提，人民法院不得依职权主动适用。在实体上，须同时具备公司法第二十条所规定主体要件、行为要件和结果要件，避免因滥用该制度而动摇法人人格独立原则的基石。"

因此要法院否认公司人格案件数量不多。债权人能证明存在公司资本显著不足、股东与公司人格混同，股东对公司进行了不正当支配和控制、公司人格形骸化等情形之一的，可以认定为股东滥用公司法人独立地位和股东有限责任的行为。若证明股东与公司人格混同，则需要进一步证明股东与公司存在财产混同、业务混同、人事混同、住所混同的情形。

我国《公司法》第二十二条第三款规定了正向的刺破公司面纱，即公司债权人要求公司股东承担公司债务，实践中，法院扩展解释了本款，刺破了关联公司的面纱。在最高人民法院2013年第15号指导案例"徐工集团工程机械股份有限公司诉成都川交工贸有限责任公司等买卖合同纠纷案"中，最高人民法院刺破关联公司面纱，即"关联公司人格混同，严重损害债权人利益的，关联公司相互之间对外部债务承担连带责任"。在该案中，人格混同的关联公司对外部债务承担连带责任的前提是上述公司均由共同的实际控制人所控制，其责任承担的实质是传统刺破公司面纱和反向刺破公司面纱的结合，即先通过传统刺破公司面纱

由实际控制人为一家公司的债务承担责任，再通过反向刺破公司面纱由另一家公司为实际控制人的该笔债务承担责任。

在实践中，公司债权人要求公司股东承担公司债务已经很难，而股东债权人要公司承担股东债务因为没有法律规定，更是难上加难。

（四）清算人未尽清算义务或不当履行清算义务

《公司法》第一百八十一条规定了公司解散的五种情形，即：公司章程规定的营业期限届满或者章程规定的其他解散事由出现；股东会或者股东大会决议解散；因公司合并或者分立需要解散；依法被吊销营业执照、责令关闭或者被撤销；人民法院依股东的申请而解散公司。前述情形除了公司因合并、分立而解散不需要进行清算，其余四种情形的解散都需要经过清算。

清算人未尽清算义务或不当履行清算义务主要有以下几种表现：

（1）企业被吊销营业执照后，清算义务人拒不履行清算义务或消极履行清算义务，导致资产流失，债权因超过诉讼时效或债务人财产状况恶化等原因而无法实现；

（2）清算义务人未按法定程序进行清算，如未通知所有债权人或未刊登清算公告，在未清偿企业债务的前提下对股东进行分配等；

（3）清算义务人在清算过程中转移执业资产或以明显不合理的低价变卖企业财产，销毁隐匿企业财务账册，致使企业资产状况不明；

（4）清算义务人未经依法清算，即向工商部门出具虚假的清算报告，骗取工商部门办理了企业注销登记。

上述清算义务人的行为属于《公司法》第一百九十条规定的"清算组成员因故意或者重大过失给公司或者债权人造成损失的，应当承担赔偿责任"的情形。

四、股东损害公司债权人利益责任纠纷案件中的诉讼时效起算

根据《公司法司法解释（二）》第十一条、第十八条、第十九条及第二十条的规定，公司债权人可以请求公司清算组成员或股东因未依规定或怠于履行清算义务承担赔偿或清偿责任。上述请求权是否适用诉讼时效期间？如适用，诉讼时效期间的起算点如何确定？

因不当清算引起的纠纷属于侵权之诉，应适用诉讼时效期间。诉讼时效期间的起算点为知道或应当知道公司清算组成员或股东未依规定或怠于履行清算义务而导致其权利被侵害起计算。在确定诉讼时效起算点时，具体应注意以下问题：①债权人对公司的债权应当在诉讼时效期间内。②时效抗辩的举证责任在于清算义务人，即由清算义务人举证证明债权人存在知道或应当知道其怠于主张权利的事实存在。③应考虑债权人作为理性的商事主体，对债务人公司的存续状况的合理注意义务。实践中，可参照一般诉讼时效三年的做法，酌定债权人至少三年应查询一次债务人公司的工商登记。④之前公司法及其司法解释对不当清算责任未作规定对债权人行使权利的影响。

在司法实践中，如对于债权人已申请强制清算，而法院以无法清算或者无法全面清算为由裁定终结强制清算程序的，应当以作出终结清算的裁定为起算点；对于已发生解散事由而怠于清算的公司，以债权人知道或应当知道债务人公司发生解散事由、债务人公司未在法定期间（十五日）内自行组成清算组之后作为起算点；对于债务人公司经不当清算已注销的，根据债权人对债务人公司的存续状况的合理注意义务，诉讼时效期间的起算点最迟不应晚于债务人公司注销后四年，具体结合相关事实确定（该观点援引宁波中级人民法院《商事审判若干疑难或需统一问题的解答（四）》）。债务人公司经过强制执行程序后仍未受偿的，则以作出执行程序终结的裁定次日为起算点。

五、股东损害公司债权人利益责任纠纷的侵权构成

（一）股东损害公司债权人利益责任纠纷中的侵害主体是股东

侵害主体必须具备股东资格。那么股东资格如何认定？根据公司法等法律规定及审判实务，股东资格可以从以下几点来认定：①是否实际履行出资义务或合法继受公司股份；②是否在公司章程中被记载为股东并在公司章程上签名或盖章；③是否在公司登记机关被登记为公司股东的；④是否在公司成立后取得公司签发的出资证明书、记载于股东名册；⑤是否按照投入公司的资本比例而享有资产收益和重大决策权利和选择管理者权利等。

（二）股东实施了滥用公司法人独立地位、滥用股东有限责任的行为

股东的合法权益受到法律保护，公司法也确认股东诸多法定权利，股东正当行使权利的行为受到法律保护，但是，股东滥用权利则会受到法律制裁。《公司法》第二十条规定："公司股东应当遵守法律、行政法规和公司章程，依法行使股东权利，不得滥用股东权利损害公司或其他股东的利益；不得滥用公司独立法人地位和股东有限责任损害公司或其他股东的利益。公司股东滥用股东权利给公司或其他股东造成损失的，应当依法承担赔偿责任。公司股东滥用公司法人独立地位和股东有限责任，逃避债务，严重损害公司债权人利益的，应当对公司债务承担连带责任。"该条也是公司法对法人人格否认制度的确立，该制度的确立，有利于规范股东行为，促使股东依法、正当行使权利。

公司法人人格形骸化是法人人格滥用的主要表现。公司法人人格形骸化是适用企业法人人格否认制度的典型原因，即只要存在相关事实，一般公司均会被否认法人人格，进而由股东直接承担民事责任。例如，公司经营混同、业务混同、财产混同、人格混同等。

（三）行为目的是逃避债务

由于受利益驱动和法律规范不够完善等方面因素的影响，公司股东滥用公司法人独立地位和股东有限责任的直接目的就是逃避公司债务，且该种情形日益增多，也更为常见。

（四）行为后果是损害了公司债权人的利益

行为有损害后果，是指股东滥用股东权利造成了债权人利益的损害。

（五）损害后果与股东行为之间具有因果关系

股东权利滥用行为与损害后果之间具有直接因果关系。在判断因果关系时，司法实践中要求只要股东存在权利滥用行为且客观上造成了权利人利益的损害，即应认定其滥用行为与损害后果之间具有因果关系，而不过分要求有证据证明股东主观上存在过错。

六、引发股东损害公司债权人利益责任类纠纷的主要原因

（一）股东未履行出资义务或抽逃出资损害公司债权人利益

有的公司发起人委托从事企业设立服务的公司代办工商登记手续，并由代办公司垫付注册资金，后再以虚构债权债务关系等方式予以返还，因公司缺乏实际偿债能力，债权人要求代垫资金的第三人连带承担因发起人抽逃出资产生的相应责任。有的公司股东在明知原股东未履行或未全面履行出资义务的情况下仍受让该股权，债权人要求受让人对原股东出资不实承担连带清偿责任。

（二）股东滥用公司法人独立地位和股东有限责任逃避债务

有的公司发起人为规避监管风险，往往避免注册成为"一人公司"，而是由家庭成员或亲戚朋友挂名作股东成立有限责任公司，在公司对外负债时，股东利用其控制地位将公司财产转让给自己或关联公司以逃避债务，导致公司无财产可供执行，债权人要求公司股东对公司债务承担连带责任。

（三）股东怠于履行清算义务或虚假清算导致公司财产减损

有的公司出现经营困难需依法解散，但公司股东不及时进行清算或提供虚假清算报告，导致公司财产贬值、流失、损毁或灭失等，债权人主张相关股东在造成损失范围内对公司债务承担赔偿责任或连带清偿责任。

七、股东损害公司债权人利益责任纠纷的裁判规则

（一）判断公司法人人格混同通常适用三个标准，即人员混同、业务混同、财产混同，三个条件中缺一不可认定人格混同

例如，《最高人民法院关于发布第四批指导性案例的通知》（法〔2013〕24号）中指导性案例15号"徐工集团工程机械股份有限公司诉成都川交工贸有限责任公司等买卖合同纠纷案"。

（二）对于不存在持股关系的关联公司，除符合混同的标准外，还要求混同状态给债权人带来债务主体辨认上的困难，进而逃避债务

最高人民法院认为：对于不存在持股关系的关联公司而言，认定人格混同、要求关联公

司承担连带责任，更需有证据证实公司之间表征人格的因素（人员、业务、财务等）高度混同，导致各自财产无法区分，已丧失独立人格，构成人格混同，而且这种混同状态给债权人带来债务主体辨认上的困难，使关联公司逃避巨额债务，最终危害到债权人的利益。[见（2016）最高法民申3168号朱孔文与临沂市昆和物资有限公司买卖合同纠纷]

（三）若公司应收款项支付到股东个人账户，股东收到后未将全部款项支付到公司账户，却主张用于公司支出，则属于财产混同

最高人民法院认为：本案中，金远公司与亚之羽公司签订合同后，应亚之羽公司的要求将前期费用500万元打入了公司股东刘浩宇个人账户，刘浩宇收到款项后并未将全部款项转入公司账户，在刘浩宇个人账户的款项，刘浩宇主张亦用于公司支出，可见刘浩宇作为股东的资产与公司资产难分你我，互为所用，公司财产与股东财产难以分辨，属于财产混同，公司已经丧失了独立性，原判决从保护债权人利益的角度出发，认定刘浩宇滥用公司法人独立地位，并判决其承担连带责任，适用法律并无不当。[见（2016）最高法民申2096号亚之羽航空服务（北京）有限公司、刘浩宇与宽甸金远房地产开发有限公司居间合同纠纷]

（四）股东未支付股权转让款，不足以认定为股东滥用公司法人独立地位或股东有限责任逃避债务

最高人民法院认为：宏泉公司对张小弟受让天丰置业公司股权是否支付股权转让款亦提出异议，认为张小弟并未实际支付相应款项。本院认为，张小弟是否支付股权转让款，不足以认定张小弟的行为性质为股东滥用公司法人独立地位或股东有限责任逃避债务。宏泉公司认为该行为侵害其权益，可根据《中华人民共和国合同法》的相关规定行使撤销权，其以此为由要求张小弟对天丰置业集团的债务承担连带责任的主张，缺乏依据。[见（2015）民一终字第198号上海宏泉集团有限公司与张小弟、上海绿茵置业有限公司等合资、合作开发房地产合同纠纷]

（五）股东应当通过董事会、股东会等符合公司法规定的方式履行表决权，若公司对外履行合同须经股东批准，则属于股东过度控制、滥用权利

最高人民法院认为：霍州煤电与山西建设公司签订建设工程施工合同系双方当事人的真实意思表示，双方当事人应当按照合同约定全面履行自己的义务。但是根据一、二审判决及本院审查查明事实表明，晋北煤业在履行建设工程施工合同时，无论在案涉工程设计变更、增加施工项目、调整材料价格、增加工程费用投资等方面均须按照霍州煤电要求，向霍州煤电请示，经其批准，方可履行。本院认为，霍州煤电作为晋北煤业的股东，应当通过董事会、股东会等符合公司法规定的方式履行表决权，行使其权利。而霍州煤电以未经批准晋北煤业不能对外履行合同义务这一行为，损害了晋北煤业的法人独立地位。[见（2016）最高法民申字918号山西建筑工程（集团）总公司与霍州煤电集团有限责任公司、霍州煤电集团晋北煤业有限公司建设工程施工合同纠纷]

（六）在债权人用以证明股东滥用公司法人独立地位和股东有限责任的证据令人产生合理怀疑的情形下，可将没有滥用的举证责任分配给被诉股东

最高人民法院认为：根据《最高人民法院关于民事诉讼证据的若干规定》第七条关于"在法律没有具体规定，依本规定及其他司法解释无法确定举证责任承担时，人民法院可以根据公平原则和诚实信用原则，综合当事人举证能力等确定举证责任承担"的规定，在审理法人人格否认案件时，考虑到债权人处于信息劣势而举证困难等因素，人民法院通常会根据上述规定合理分配举证责任，在债权人用以证明股东滥用公司法人独立地位和股东有限责任的证据令人产生合理怀疑的情形下，将没有滥用的举证责任分配给被诉股东。但上述举证责任调整的前提，应是作为原告方的债权人已举出盖然性的证据证明股东存在滥用公司法人独立地位和股东有限责任的行为以及由此产生了损害的结果，而不是当然的举证责任倒置。[见（2015）民二终字第85号三亚嘉宸房地产开发有限公司与海马汽车集团股份有限公司股东损害公司债权人利益责任纠纷]

（七）法人人格否认制度不仅适用于股东与公司之间，亦适用于关联公司之间

最高人民法院认为：嘉维公司、嘉汉公司表面上是彼此独立的公司法人，但在组织机构、公司间财产及业务上均有着不同程度的重合，两公司之间已实际成为人格混同的关联企业，符合适用法人人格否认制度的条件。嘉汉公司申请再审亦未提交否定其与嘉维公司人格混同、二者系独立的公司法人的充分证据，故一审法院参照适用《中华人民共和国公司法》第二十条第三款之规定，判决嘉汉公司对嘉维公司所欠盈森公司的剩余购林款承担连带清偿责任，并无不妥。嘉汉公司关于其非本案适格被告、法人人格否认制度只能适用于股东与公司之间，一审法院适用法律错误的申请再审主张与法人人格否认制度的立法目的相悖，本院不予支持。[见（2014）民申字第419号江西盈森实业有限公司与江西嘉维板业有限公司、嘉汉板业（江西）营林有限公司买卖合同纠纷]

（八）公司法人人格否认制度的后果是股东对公司的债务承担连带责任，而非公司要对股东的债务承担连带责任

最高人民法院认为：王翔群再审申请时提供了新证据，以证明卢旺、王桂兰作为广宇公司的股东，其个人财产与广宇公司的财产混同，并以此逃避债务，根据《中华人民共和国公司法》第二十条第三款的规定："公司股东滥用公司法人独立地位和股东有限责任，逃避债务，严重损害公司债权人利益的，应当对公司债务承担连带责任。"据此，卢旺、王桂兰应对广宇公司的债务承担连带责任。本院认为，上述新证据即使证明了广宇公司的股东其个人财产与广宇公司的财产混同，其法律后果也只能是股东对公司的债务承担连带责任，而非公司要对股东的债务承担连带责任。因此，王翔群的新证据亦不能支持其诉讼主张。[见（2014）民申字第641号王翔群与卢旺、王桂兰、安阳市广宇房地产开发有限公司、安阳市鸿泰投资有限公司民间借贷纠纷]

(九) 审计报告不能证明公司资产是否独立

山东省高级人民法院认为：三份审计报告的审计意见均为"贵公司财务报表已经按照企业会计准则和《企业会计制度》的规定编制，在所有重大方面公允反映了贵公司2012、2013、2014年度的财务状况及经营成果"，因该审计报告反映的是企业某一特定日期的财务状况和某一会计期间的经营成果等会计信息，该审计报告与公司资产是否独立的问题之间缺乏必要联系，故对上诉人的该主张，本院不予支持。[见（2016）鲁民终67号李腾与山东协同教育信息技术有限公司、田海风等民间借贷纠纷]

(十) 在债权人证明两公司人员混同、业务混同，从而对两公司人格混同产生合理怀疑的情况下，应由公司提供财务账册以证明两公司人格独立

江苏省高级人民法院认为：在两公司人员混同、业务混同等导致对两公司人格混同产生合理怀疑的情况下，银鹭棉业公司拒不提供财务账册以证明两公司法人人格相互独立，一、二审法院判决银鹭棉业公司承担举证不能的法律后果，认定其与银鹭纺织公司构成人格混同并无不当。[见（2016）苏民申6105号江阴科宏纺织有限公司与江阴市银鹭棉业有限公司、江阴市银鹭纺织有限公司等追偿权纠纷]

(十一) 若公司股东滥用公司法人独立地位，未导致公司债权人的合法权益受到严重损害，则不应适用公司法人人格否认制度

江苏省高级人民法院认为：公司的股东、实际控制人应否对公司债务承担责任的前提不仅是其存在滥用公司法人独立地位、抽逃出资、怠于清算等法律规定的行为，而且该行为应直接导致公司债权人的合法权益受到严重损害，无法实现。本案中，瑞丰担保公司对外享有大量债权，鑫宝布业公司并无证据证明瑞丰担保公司现有资产不能清偿其40万元债务，其合法权益已遭受严重损害，故无论娄可强是否为瑞丰担保公司的实际控制人，鑫宝布业公司主张其为瑞丰担保公司债务承担清偿责任的主张尚不符合法律规定的条件，故一、二审判决驳回其对娄可强的诉讼请求并无不当。[见（2016）苏民申2802号宿迁市鑫宝布业有限公司与娄可强、宿迁瑞丰投资担保有限公司保证合同纠纷]

(十二) 两公司营业执照中记载的业务范围相同，但能证明一方无营业收入，则不认定为业务混同

江苏省高级人民法院认为：尽管根据无锡焦化公司和靖江众达公司的营业执照记载，两公司的经营范围存在重合，但从无锡焦化公司向无锡市新区江溪工商所出具的说明可见，无锡焦化公司在2010年年底即将生产和经营业务全部转移至靖江，投资设立了靖江众达公司，2011年即无营业收入。此说明内容与无锡焦化公司报送给工商部门备案的财务报表记载的公司没有主营收入的情况也相吻合。而华建公司也未能提供证据证明无锡焦化公司在整体搬迁后仍在实际经营，且经营业务与靖江众达公司相同。况且，华建公司也认可自靖江众达公司设立后，其即与靖江众达公司发生业务往来，不再与无锡焦化公司发生业务往来。据此，本案现有证据也不足以认定两公司存在业务混同。[见（2017）苏民终1556号江苏华建能源集团有限公司与无锡焦化有限公司、靖江众达炭材有限公司买卖合同纠纷]

(十三)对目标公司的判决尚未生效、也未进入执行程序的情形下，法院可能不会认定债权人权益受到严重损害

浙江省高级人民法院认为：经查，本案在邦泰公司法人主体尚存，对邦泰公司的判决尚未生效、也未进入执行程序的情形下，工商银行认为邦泰公司丧失清偿能力、其权益受损依据尚不充分。本案案由系金融借款合同纠纷，而工商银行在本案中既主张邦泰公司承担金融借款合同约定的还款责任，又要求恒尊集团承担损害邦泰公司债权人利益的侵权责任，二者显然不属同一案由。故原审法院认为现有证据尚不能证明工商银行的权益受损，股东损害公司债权人利益与本案审理的金融借款合同纠纷属不同法律关系，工商银行对恒尊集团的诉请缺乏依据，对其要求恒尊集团承担责任的诉讼请求不予支持并无不当。[见（2015）浙商终字第143号中国工商银行股份有限公司舟山普陀支行与浙江邦泰置业有限公司、陈烽等金融借款合同纠纷]

(十四)股东与公司之间进行多次巨额资金流动，股东提供证据说明资金流动的原因，则可以认定股东存在对公司进行不正当支配和控制的情形

吉林省高级人民法院认为：本院经审查认为，葛丽霞提供的证据可以证明森东公司与其股东邱丽新、宋岳辉之间发生了多次、巨额的资金流动，且森东公司的偿债能力不足。邱丽新、宋岳辉未能提供证据证明发生资金流动的原因。因此，可以认定森东公司存在其股东邱丽新、宋岳辉对公司进行不正当支配和控制情形，致使森东公司资本显著不足，影响公司对外承担清偿债务的物质基础。二审法院根据《中华人民共和国公司法》第二十条第三款"公司股东滥用公司法人独立地位和股东有限责任，逃避债务，严重损害公司债权人利益的，应当对公司债务承担连带责任"的规定，维持一审判决，适用法律并无不当。[见（2017）吉民申886号邱丽新、宋岳辉与葛丽霞、吉林森东电力设备股份有限公司买卖合同纠纷]

(十五)对公司承担连带责任的股东仅限于在事实上滥用公司法人人格，实际参加公司经营管理的股东，而不是涉及公司所有股东

菏泽市中级人民法院认为：公司人格否认的效力仅限于提起否认公司人格的债权人所依存的特定法律关系中，而不是对公司独立人格全面、永久否认，仅是对特定具体法律关系中已经丧失独立人格特定的公司状态的一种确认。公司人格在个案中否认，并不影响公司在其他法律关系中的独立人格。同时，其所追究责任主体，也限于在事实上滥用公司法人人格，实际参加公司经营管理的股东，而不是涉及公司所有股东。所以，原告侯卫国应当就被告刘艳玲参与抽逃出资，滥用公司法人人格的事实进行举证。[见（2013）菏商初字第29号侯卫国与郝夫印、刘艳玲股东损害公司债权人利益责任纠纷]

【拓展案例】

侯秀芹、齐商银行股份有限公司中心路支行股东损害公司债权人利益责任纠纷[①]

2009年12月13日，经中国银监会批复，淄博市商业银行更名为齐商银行股份有限公司。2005年8月11日，淄博市张店区人民法院作出（2005）张民初字第952民事判决书，判令淄博堆金商贸有限公司偿还原告借款本金50万元及截止到2005年3月7日的利息3255元，并承担案件受理费10043元。淄博富通物资有限公司、淄博众福食品有限公司对上述债务承担连带责任。原告申请强制执行后，因淄博堆金商贸有限公司、淄博富通物资有限公司、淄博众福食品有限公司无财产可供执行，淄博市张店区人民法院于2007年8月29日作出（2006）张法执字第256号民事裁定书，裁定本次执行程序终结执行。

淄博堆金商贸有限公司系于2003年8月14日成立，于2006年12月12日被吊销营业执照。根据淄博市工商行政管理局张店分局出具的淄博堆金商贸有限公司股东（发起人）名录记载，淄博堆金商贸有限公司的股东为陈公鹏、高丽红。淄博富通物资有限公司系于2004年5月11日成立，于2006年12月18日被吊销营业执照。根据淄博市工商行政管理局高新技术产业开发区出具的淄博富通物资有限公司股东（发起人）名录记载，淄博富通物资有限公司的股东为侯秀芹、韩军。淄博众福食品有限公司系于1999年8月30日成立，于2008年2月3日被吊销营业执照。根据淄博市工商行政管理局张店分局出具的名录记载，淄博众福食品有限公司的股东为高凤艳、傅其廷、高祥传。

齐商银行股份有限公司中心路支行向一审法院起诉请求：1. 判令七被告对淄博堆金商贸有限公司、淄博富通物资有限公司、淄博众福食品有限公司应偿还原告的1219648.88元债务承担连带清偿责任；2. 判令被告承担本案的诉讼费、保全费。

一审法院认为，依照《公司法司法解释（二）》第十八条第二款的规定，债权人仅需证明有限责任公司的股东存在怠于清算、可能无法清算即可，有限责任公司的股东应当对能够清算承担举证责任。本案中，各被告作为被吊销企业的股东，怠于清算事实清楚，且未能证明能够进行清算，故应当承担举证不能的法律后果。

对于担保而言，债权人设立担保的本意就在于使保证人在主债务人无力清偿债务时承担责任，此系担保法之宗旨，此宗旨也决定了主债务人进入破产程序这一法律事实并不会使从属于基础债权的保证债务转而成为破产债权的从债务。保证债务的主债权仍然是债权人的基础债权，保证人应对债权人负有完全的清偿义务。

依照我国法律规定，诉讼时效自债权人知道或者应当知道其权利受到侵害之日起算。《公司法司法解释（二）》第十八条第二款规定，公司股东对公司债务承担连带责任的条件是怠于清算且无法清算。怠于清算属于形式要件，无法清算才发生侵害债权人权利的后果，属于实质要件。故该条款的诉讼时效应当自债权人知道或者应当知道公司股东未履行清算组义务导致公司无法清算之日起算。被告主张应以淄博众福食品有限公司、淄博力王机械制造

[①] 参见山东省淄博市中级人民法院民事判决书（2019）鲁03民终3927号。来源：中国裁判文书网 http://wenshu.court.gov.cn。

有限公司在被吊销营业执照之日起十五日未成立清算组或者以《公司法司法解释（二）》颁布实施之日起算诉讼时效期间，均是仅以怠于清算作为起算点不当。本案中，作为债权人齐商银行股份有限公司中心路支行对淄博堆金商贸有限公司、淄博富通物资有限公司、淄博众福食品有限公司能否清算无从知晓，其知道或者应当知道不能清算应在本案开庭证据开示之后，故未存在超过诉讼时效期间，被告的辩称不能成立。原告诉求的金额及计算方式符合法律和合同的约定，一审法院予以认可。综上所述，原告的诉讼请求符合法律依据，一审法院予以支持。

二审法院认为：第一，关于本案诉讼时效问题，根据法律规定，公司债权人请求公司股东对公司债务承担连带清偿责任的，诉讼时效期间自公司债权人知道或者应当知道公司无法进行清算之日起计算。一审判决认定的诉讼时效起算时间符合法律规定，上诉人主张本案的诉讼时效从法定的应当清算之日起算，于法无据，本院不予采信。

第二，关于本案是否应当延期审理以及上诉人侯秀芹是否应当承担责任问题。淄博高新技术产业开发区人民法院（2020）鲁0391民初176号受理案件通知书仅能证明该院受理了侯秀芹诉淄博富通物资有限公司股东资格确认纠纷一案，并不能证明侯秀芹系被冒名股东。而本案的法律关系是股东损害公司债权人利益责任纠纷，审理的是公司债权人与公司股东之间的外部关系，并非公司股东之间或者公司与股东之间的内部关系。在对外承担责任时，从保护交易安全及维护第三人合法权益出发，工商登记对外具有较高的公示效力。本案中，侯秀芹的股东身份已经被工商登记记载并予以公示，债权人有理由对该记载内容予以信赖并据此维护权利。退一步讲，即便工商登记中相关签名非侯秀芹本人所签，除非侯秀芹有充分证据证明其系被冒名登记为股东，也不得以此对抗公司的外部债权人，对外仍不能免除股东应当承担的责任。上诉人侯秀芹仅抗辩其未签署过任何公司登记资料，并不足以证明其系被冒名股东，其关于不应承担责任的上诉理由不成立，本院不予采信。上诉人侯秀芹申请本案延期审理理由不正当，本院不予准许。判决驳回上诉，维持原判。

第十七章 公司关联交易损害责任纠纷

【典型案例】

耿志友、刘月联公司关联交易损害责任纠纷[①]

2010年4月16日,刘月联、耿志友与振东医药公司共同出资成立山西振东医药物流有限公司(以下简称振东医药物流公司),公司注册资本5000万元,耿志友以货币出资1800万元,占振东医药物流公司注册资本的36%,刘月联以货币出资650万元,占振东医药物流公司注册资本的13%,振东医药公司以货币出资2550万元,占振东医药物流公司注册资本的51%;2011年8月29日,耿志友、刘月联与振东医药公司方代表李庆芳共同召开振东医药物流公司股东大会,决议增加振东医药物流公司注册资本至6125万元,增加的注册资本1125万元由振东医药公司以货币形式投入,增资后振东医药公司出资额为3675万元,出资比例60%,耿志友、刘月联出资额为2450万元,出资比例40%。

2010年7月1日,耿志友、刘月联与振东医药公司补签《合作备忘录》,约定:鉴于耿志友、刘月联控制的晨东公司及相关资产经营的特殊性及其他原因,振东医药公司暂无法直接增资于耿志友和刘月联实际控制的晨东公司等所有资产,双方拟合资成立新公司"振东医药物流公司",双方皆以该公司作为平合,全力推动医药销售、医药物流等经营目标的实现,将晨东公司及相关公司逐步停止经营,并将其经营场所、所有无形资产、经营许可及销售网络等资产及主要经营人员均转移至新公司,由新公司运营。《合作备忘录》第四条约定:"根据以上不竞争的原则,耿志友应促成其控制的晨东公司及其关联企业的业务无偿转移至新公司名下,与晨东公司有关的一切负债均由晨东公司及耿志友、刘月联承担,该债务与新公司无关。"

2010年5月27日,晨东公司与山西东驰速达物流有限公司医药分公司(以下简称东驰公司医药分公司)签订《业务转接协议》,约定晨东公司将所有药品经营业务转让给东驰公司医药分公司。

2010年10月25日,东驰公司医药分公司(甲方)与晨东公司(乙方)签订《资产转让协议》,协议内容为:东驰公司成立于2009年11月,股东为耿志友、刘月联。东驰公司医药分公司成立于2010年2月,为东驰公司的分支机构,是独立核算的非法人单位,负责人为刘月联。晨东公司成立于2005年7月,股东为耿志友、刘月联。因发展战略的需要,乙方于2010年6月停止药品经营业务,经双方股东同意,甲、乙双方协商达成如下协议:

[①] 参见中华人民共和国最高人民法院民事判决书(2019)最高法民终496号。来源:中国裁判文书网http://wenshu.court.gov.cn。

1. 同意将乙方所有资产、债权、债务全部转让给甲方。2. 甲、乙双方的转让为无偿转让。3. 转让后财产所有权归甲方,由甲方负责管理及使用,债权由甲方回收,债务由甲方承担,乙方不再享有任何权益、承担任何经济责任及风险。4. 转让后甲方按资产、债权、债务转让明细记账(详见乙方转出资产负债汇总及明细表)。5. 转出、接收日为2010年10月31日。6. 未尽事宜由双方另行协调决定。7. 本协议自甲、乙双方盖章之日起生效。8. 本协议一式两份,双方各持一份。该协议落款处,除上述两方当事人盖章外,还有东驰公司也予以盖章。《资产转让协议》附件之《山西晨东药业转出资产负债汇总表》显示,晨东公司转给东驰公司资产总计84742363.47元,负债79778596.55元,互抵后净资产4963766.92元。

在本案审理期间,耿志友、刘月联、晨东公司、东驰公司双方就东驰公司偿还的晨东公司转入东驰公司的应付账款和其他应付款,以及截至2013年12月31日晨东公司转入东驰公司的债权余额,进行了逐笔账册核对。截至2013年12月31日,东驰公司代晨东公司偿还债务73841961.83元(其中,应付账款为7530844.83元,其他应付为66311117元);截至2013年12月31日,晨东公司转入东驰公司的债权余额汇总表显示,东驰公司收回债权金额为4821258元。应付账款7530844.83元,构成为:(1)晨东民生银行账户付款1166171.64元;(2)晨东付款单(电汇)52051.09元;(3)东驰付款单(电汇)42458.46元;(4)晨东通知单互抵1661206.65元;(5)东驰通知单互抵59135.75元;(6)无法分类互抵87757.8元;(7)晨东付款通知单现金支付1777255.01元;(8)振东、东驰支付现金1372358.94元;(9)无法分类现金支付725125.15元;(10)晨东入库单、退货单等现金支付126348.6元;(11)晨东委托振东支付460975.74元。其他应付66311117元,构成为:(1)付款通知单支付现金4490203元;(2)现金支付(财务人员转账)523302元;(3)现金支付(关联借款)15149922元;(4)互抵46147690元。耿志友、刘月联、晨东公司对于上述统计数字没有异议,但认为应付账款之(1)(2)(4)(6)(7)(9)(10)(11)共计八项付款不应视作东驰公司的付款。

另查明,东驰公司2009年11月19日成立,股东为耿志友、刘月联,各持股比例为50%,法定代表人为刘月联。2010年8月30日,刘月联与晨东公司签订《股权转让协议》,约定刘月联将其持有的东驰公司25%的股份计人民币25.5万元以货币形式转让给晨东公司。同日,耿志友与晨东公司签订《股权转让协议》,约定耿志友将其持有的东驰公司26%的股份计人民币26.52万元以货币形式转让给晨东公司。刘月联持有东驰公司25%股份,耿志友持有东驰公司24%股份,晨东公司持有东驰公司51%股份。2011年3月1日,晨东公司退出东驰公司,耿志友、刘月联恢复各持东驰公司股份比例50%。2011年4月13日,耿志友分别与李旭兵、牛高明签订《股权转让协议》,约定耿志友将其持有的东驰公司50%的股权,计人民币51万元,其中的10.2万元以货币形式转让给李旭兵,另外40.8万元以货币形式转让给牛高明;同日,刘月联与牛高明签订《股权转让协议》,约定刘月联将其持有的东驰公司50%的股权,计人民币51万元,以货币形式全部转让给李旭兵。李旭兵(代振东集团)持有东驰公司60%的股份,牛高明持有东驰公司40%的股份。

又查明,晨东公司2005年7月27日成立,股东为耿志友、刘月联,分别持股比例为75%、25%,法定代表人为耿志友。2011年8月31日,晨东公司名称变更为山西华日达吉运商贸有限公司,法定代表人变更为刘亚楠,股东变更为刘亚楠、刘满进,各持股比例为50%。

东驰公司向一审法院起诉请求:1.判令耿志友、刘月联、晨东公司共同赔偿利用关联关系损害东驰公司利益的经济损失12471.47万元;2.耿志友、刘月联、晨东公司将归还原晨东公司债务的7977.86万元自2012年4月1日起按中国人民银行同期贷款利率承担利息;3.耿志友、刘月联、晨东公司承担本案的诉讼费用。

【裁判要旨】

一审法院认为,本案为公司关联交易损害责任纠纷。本案争议焦点为:1.东驰公司与晨东公司之间的资产转让是否构成关联交易;2.案涉关联交易是否损害东驰公司的利益;3.东驰公司的利益若有损失,损失为多少。

关于东驰公司与晨东公司之间的资产转让是否构成关联交易的问题。耿志友、刘月联为夫妻关系。2010年8月30日,晨东公司受让耿志友、刘月联持有的东驰公司的股份,与耿志友、刘月联共同成为东驰公司的股东;2011年3月1日,晨东公司退出东驰公司,东驰公司的股东恢复为耿志友、刘月联。晨东公司从成立到2011年8月31日,其股东一直为耿志友、刘月联。2010年10月25日,东驰公司、东驰公司医药分公司与晨东公司签订《资产转让协议》,将晨东公司的所有资产、债权、债务转让给东驰公司医药分公司。上述事实表明,在案涉《资产转让协议》签署与履行期间,东驰公司与晨东公司存在共同被耿志友、刘月联控制的关系,其相互之间的交易可能导致公司利益转移。根据《中华人民共和国公司法》(以下简称《公司法》)第二百一十六条第四项关于"关联关系,是指公司控股股东、实际控制人、董事、监事、高级管理人员与其直接或者间接控制的企业之间的关系,以及可能导致公司利益转移的其他关系"的规定,耿志友、刘月联、晨东公司、东驰公司之间构成关联关系,案涉资产转让为关联交易。

关于案涉关联交易是否损害东驰公司利益的问题。《公司法》第三条第一款规定:"公司是企业法人,有独立的法人财产,享有法人财产权。公司以其全部财产对公司的债务承担责任。"第二十一条规定:"公司的控股股东、实际控制人、董事、监事、高级管理人员不得利用其关联关系损害公司利益。违反前款规定,给公司造成损失的,应当承担赔偿责任。"公司法并不禁止关联交易,公司法保护合法有效的关联交易,合法有效的关联交易的基础性实质要件是交易对价公允。耿志友、刘月联、晨东公司主张在签订《资产转让协议》前,耿志友、刘月联通过东驰公司股东会决议形式履行了股东会表决程序,并形成了股东会决议,程序合法,不存在损害东驰公司的利益的问题。一审法院认为,耿志友、刘月联利用关联关系及实际控制东驰公司和晨东公司经营管理之便,主导东驰公司与晨东公司签订《资产转让协议》,将晨东公司的所有资产、债权、债务转让给东驰公司。在本次关联交易中,对于晨东公司转让给东驰公司的债权,晨东公司所提交的证据不足以证明其将相关债权凭证移交给东驰公司,并通知债务人,结果导致大部分债权无法实现。而对于晨东公司转让给东驰公司的债务,在耿志友、刘月联经营期间由东驰公司代晨东公司将大部分债务偿还完毕。而且,依照《合作备忘录》的约定,晨东公司的一切负债均由晨东公司及耿志友、刘月联承担，而东驰公司于 2010 年 5 月开始就已经实际纳入了双方共同设立的振东医药物流公司的管理体系。故耿志友、刘月联将晨东公司债务转入东驰公司，由东驰公司偿还，损害了东驰公司作为独立法人对其财产享有的权益以及其他东驰公司债权人的利益，案涉关联交易损害了东驰公司的利益。

关于东驰公司主张的损失额的问题。耿志友、刘月联通过《资产转让协议》向东驰公司转移晨东公司的资产（含债权）84742363.47 元，债务 79778596.55 元。庭审查明，截至 2013 年 12 月 31 日，东驰公司代晨东公司偿还债务 73841961.83 元（其中应付账款为 7530844.83 元，其他应付为 66311117 元）。耿志友、刘月联、晨东公司主张东驰公司偿还的晨东公司应付账款之（1）（2）（4）（6）（7）（9）（10）（11）共计八项付款，是以晨东公司名义或非东驰公司直接支付，故属于晨东公司支付。一审法院认为耿志友、刘月联为东驰公司实际控制人，其应对东驰公司履行《资产转让协议》及至耿志友 2012 年 1 月 18 日辞去振东商业集团董事长和振东医药物流公司董事长、总经理职务之前东驰公司财务资料的真实性负责。东驰公司与晨东公司在履行《资产转让协议》过程中，协议约定债权债务均由东驰公司回收或偿还，两公司账务合并混同，故即使是以晨东公司名义支付的款项，也应认定为东驰公司所付。但 2012 年 1 月 18 日之后，东驰公司代晨东公司偿还的三笔债务（①2013 年 8 月 7 日支付的 48425 元；②2012 年 2 月 12 日支付的 20000 元；③2013 年 4 月 16 日抵账的 11500 元）合计 79925 元，应予扣除。综上，东驰公司的损失为 73762036.83 元（73841961.83 元 - 79925 元 = 73762036.83 元）。

根据《资产转让协议》，晨东公司除将上述债务转给东驰公司外，还转入晨东公司各项资产合计 84742363.47 元。其中：应收账款、其他应收款及应收返利部分合计 55703513.32 元，截至 2013 年 12 月 31 日，东驰公司实际收回金额 4821258 元，对该部分收回的债权金额，应从东驰公司损失中予以扣减。根据《会计基础工作规范》的要求，会计人员办理移交手续，要按移交注册逐项移交，接替人员要逐项核对点收，会计资料必须完整，必须查清原因，在移交注册中注明，并履行监交手续。耿志友、刘月联、晨东公司提交的证据不足以证明晨东公司向东驰公司医药分公司移交了完整的会计资料，故东驰公司医药分公司通过询证函、对账函等方式未收回债权的责任，应由晨东公司承担。

另外，东驰公司从晨东公司接收的实际存在的资产包括：库存商品 365925.2 元、物料用品及低值易耗品 1300762.1 元、固定资产 4776045 元、证照无形资产 5600000 元、软件无形资产 2586000 元、固定资产改造形成的长期待摊费用 5499190.6 元、现金 139680.92 元、银行存款 895412.03 元，合计 21163015.85 元，除证照无形资产 560000 元、软件无形资产 2586000 元外，其余资产（12977015.85 元）为东驰公司实际接受，应从东驰公司损失中予以扣减。东驰公司代晨东公司偿还债务损失 73762036.83 元扣减东驰公司从晨东公司接受的上述有效资产后，实际损失为 55963762.98 元，对于该部分损失，耿志友、刘月联、晨东公司应予以赔偿。上述实际损失为东驰公司代偿晨东公司债务所产生，结合本案实际情形，该部分代偿资金之利息按照中国人民银行同期同类贷款利率从东驰公司 2014 年 2 月 19 日提起诉讼之日起计算，由耿志友、刘月联、晨东公司予以赔偿。

一审法院判决：耿志友、刘月联及晨东公司于判决生效之日起十五日内偿还东驰公司

55963762.98 元及利息（利息按照中国人民银行同期同类贷款利率从 2014 年 2 月 19 日起计算）。一审案件受理费 665373.5 元，保全费 5000 元，共计 670373.5 元，由东驰公司负担 369553.5 元，由耿志友、刘月联、晨东公司负担 300820 元。

二审法院认为争议焦点问题是：（一）本案关联交易是否损害东驰公司利益以及东驰公司损失数额；（二）一审法院是否存在程序违法。

（一）关于本案关联交易是否损害东驰公司利益问题。东驰公司与晨东公司进行资产转让期间，均由耿志友、刘月联实际控制，各方当事人对相互之间的交易属于《公司法》第二百一十六条规定的关联交易均无异议，本院对一审法院关于案涉交易性质的认定予以确认。耿志友、刘月联、晨东公司上诉主张，本次交易在两家公司均形成了股东会决议，程序合法，不存在损害东驰公司利益的情形。但根据《最高人民法院关于适用〈中华人民共和国公司法〉若干问题的规定（五）》第一条"关联交易损害公司利益，原告公司依据公司法第二十一条规定请求控股股东、实际控制人、董事、监事、高级管理人员赔偿所造成的损失，被告仅以该交易已经履行了信息披露、经股东会或者股东大会同意等法律、行政法规或者公司章程规定的程序为由抗辩的，人民法院不予支持"的规定，不能仅凭案涉关联交易形式合法来认定双方之间的关联交易公平公允。本案中，在晨东公司与东驰公司之间的关联交易符合形式合法的外观要件的情况下，应当对交易的实质内容即合同约定、合同履行是否符合正常的商业交易原则以及交易价格是否合理等进行审查。首先，从案涉交易的背景来看。晨东公司与东驰公司签订《资产转让协议》，在耿志友、刘月联与振东医药公司开展合作之后。按照《合作备忘录》的约定，耿志友、刘月联与振东医药公司共同出资设立振东医药物流公司后，应由耿志友促成其控制的晨东公司及其关联企业（含东驰公司）的业务（资产盘点明细表中的所有资产）无偿转移至新公司（即振东医药物流公司）名下。可见，耿志友、刘月联与振东医药公司合作建立在新公司收购包括东驰公司在内的耿志友所控制的所有关联企业的基础之上，并最终达到实际控制所有关联企业的目的。《合作备忘录》第四项关于"与晨东药业公司有关的一切负债均由晨东药业及耿志友、刘月联承担，该债务与新公司无关"的约定，确定了耿志友将资产转让后对晨东公司相关负债的处理原则，即晨东公司的负债应当由晨东公司、耿志友、刘月联实际承担。但耿志友、刘月联在其将持有的东驰公司股份转让、东驰公司已纳入振东医药物流公司经营体系的情况下，以关联交易的方式，将本应由其自行承担的晨东公司债务转由东驰公司承担，与《合作备忘录》约定的晨东公司债务承担方式不符，有明显的摆脱债务嫌疑。其次，从案涉交易的履行情况来看。本案关联交易发生时，晨东公司与东驰公司均由耿志友、刘月联实际控制。晨东公司与东驰公司先后签订《业务转接协议》和《资产转让协议》，但两份协议仅约定了晨东公司进行资产转让的时间及"转让后东驰公司按资产、债权、债务转让明细记账"，对于具体的交接事宜未予明确，也未再另行协商确定。东驰公司依据晨东公司移交的上述汇总表及相应明细，已代晨东公司清偿绝大部分债务，但向所涉多家单位发出应收账款询证函，收到回复却多为"无此账款"或"货款已结清"，对此，晨东公司未能作出合理解释，也未能进一步提交证明债权存在的凭证或者采取措施进行补救。由此可见，在东驰公司已代晨东公司清偿绝大部分债务的情况下，晨东公司未能提供有效证据证明其向东驰公司转让的债权真实有效，从而导致东驰公司未能收回两份协议中约定的债权,损害了东驰公司的利益。综上,一审法院判定耿志友、刘月联将晨东公司债务转入东驰公司,由东驰公司偿还,损害了东驰公司作为独立法人对其财产享有的权益以及其他东驰公司债权人的利益,有事实和法律依据。耿志友、刘月联、晨东公司关于其未损害东驰公司利益的上诉主张不能成立,本院不予支持。

关于一审判决东驰公司损失数额是否正确问题。一审查明,按照《资产转让协议》约定,晨东公司应向东驰公司转移资产(含债权)84742363.47元,债务79778596.55元。截至2013年12月31日,东驰公司已代晨东公司偿还债务73841961.83元,其中2012年1月18日耿志友辞去职务前代偿债务为73762036.83元;实际收回债权4821258元;接收晨东公司资产库存商品、物料用品及低值易耗品、固定资产、固定资产改造形成的长期待摊费用、现金以及银行存款共计12977015.85元。晨东公司上诉并未对一审判决认定的东驰公司损失数额及计算方式提出明确具体的异议,只是认为一审法院认定上述事实的大部分会计记账原始凭证为复印件,不能作为定案依据。本院认为,晨东公司该上诉理由不能成立。首先,在一审法院组织双方对东驰公司代晨东公司付款情况进行逐笔核对时,晨东公司对会计记账凭证复印件载明内容的真实性均表示认可,二审期间其虽否认会计凭证复印件的真实性,但未作出合理解释,不应予以支持。其次,晨东公司向东驰公司交接资产过程中未聘请专业会计审计单位进行资产审计,也未就移交全部资产和会计账簿的过程给出清晰明确的说明,仅提供由耿志友、刘月联任命的两名工作人员有关制作《山西晨东药业转出资产负债汇总表》过程的证人证言,未提供其他证据佐证会计资料交接符合《会计基础工作规范》要求,结合二公司当时均由耿志友、刘月联实际控制的情况,一审法院认定晨东公司提供的证据不足以证明其向东驰公司移交了完整的会计资料,晨东公司应当对东驰公司未收回债权承担责任,并无不当。再次,根据《业务转接协议》"晨东公司原所有银行账户继续沿用,用于债权回收、债务偿还以及其他资金往来的处理,银行账户同时纳入东驰公司的监管"的约定,晨东公司的应收应付款由东驰公司承接后,虽然存在对外以晨东公司名义偿还债务的情况,但《资产转让协议》约定债权债务均由东驰公司回收或偿还,且当时二公司均在耿志友、刘月联实际控制下,故一审判决2012年1月18日耿志友辞去振东商业集团董事长和振东医药物流公司董事长、总经理职务之前应当对东驰公司财务资料的真实性负责,其间即使以晨东公司名义支付款项也应视为东驰公司所付,符合《资产转让协议》约定,也符合二公司因实际控制人相同存在账目混同的事实。综上,一审法院认定东驰公司代晨东公司偿还债务损失为73762036.83元,扣减已收回的债权4821258元及接收晨东公司有效资产12977015.85元后,实际损失为55963762.98元,该损失应由耿志友、刘月联和晨东公司赔偿,有事实和法律依据,本院予以确认。

(二)关于一审是否存在程序违法问题。延长审限并不属于《最高人民法院关于适用〈中华人民共和国民事诉讼法〉的解释》第三百二十五条规定的严重违反法定程序的情形,不构成发回重审的法定事由。且本案二审庭审中,耿志友、刘月联、晨东公司承认其曾以本案应以另案裁判为审理依据为由而要求一审法院中止审理,现又以一审延长审限违反法定程序为由主张案件应发回重审,既无法律依据,也与其陈述相互矛盾,对其该主张本院不予支持。

综上所述，耿志友、刘月联、晨东公司的上诉请求不能成立，应予驳回；一审判决认定事实清楚，适用法律正确，应予维持。依照《中华人民共和国民事诉讼法》第一百七十条第一款第一项规定，判决驳回上诉，维持原判。

【实务指引】

一、公司关联交易损害责任纠纷的定义

关联交易及其法律控制是现代各国公司法正在形成和发展的制度，也是公司法学正在发展和不断创新的理论。在我国，关联交易广泛地存在于公司企业尤其是上市公司的日常经营活动之中。近年来，在司法实践中，有关不公平关联交易的法律诉讼也已成为审判工作无法回避的问题。

公司法规范了关联交易。关联交易是指关联方之间的交易。而关联关系，按照《公司法》第二百一十七条第（四）项的定义，是指公司控股股东、实际控制人、董事、监事、高级管理人员与其直接或者间接控制的企业之间的关系，以及可能导致公司利益转移的其他关系，但是，国家控股的企业之间不仅因为同受国家控股而具有关联关系。

作为新的合同类型，关联交易合同给传统民法奉行的平等原则、自愿原则及公平原则带来了严重挑战，不公平的关联交易严重损害了公司的利益。为保护公司的合法利益，遏制不公平关联交易行为，《公司法》第二十一条规定："公司的控股股东、实际控制人、董事、监事、高级管理人员不得利用其关联关系损害公司利益。违反前款规定，给公司造成损失的，应当承担赔偿责任。"其间产生的纠纷，即公司关联交易损害责任纠纷。

二、公司关联交易损害责任纠纷的管辖

因公司关联交易导致的纠纷多种多样，不同的情况，就需要到不同的法院进行诉讼。因此，因公司关联交易损害责任纠纷提起的诉讼，应以民事诉讼法规定的关于地域管辖的一般原则为基础，并结合《民事诉讼法》第二十六条的规定综合考虑确定管辖法院。

根据《民事诉讼法》第二十二条规定，因股东名册记载、请求变更公司登记、股东知情权、公司决议、公司合并、公司分立、公司减资、公司增资等纠纷提起的诉讼，依照《民事诉讼法》第二十六条规定确定管辖。第二十六条规定，因产品、服务质量不合格造成他人财产、人身损害提起的诉讼，产品制造地、产品销售地、服务提供地、侵权行为地和被告住所地人民法院都有管辖权。

因此，要是因为关联交易发生纠纷，需要起诉公司的，往往应该优先到公司注册地进行诉讼。此外，要是因关联交易纠纷需要起诉其他股东或第三人的，根据民事诉讼法的规定，通常是到被告人的住所地（通常指户籍所在地）或经常居住地的法院进行起诉。

三、公司关联交易损害责任纠纷的裁判规则

（一）关联交易的内部赔偿责任

《公司法司法解释（五）》第一条规定："关联交易损害公司利益，原告公司依据公司法第二十一条规定请求控股股东、实际控制人、董事、监事、高级管理人员赔偿所造成的损失，被告仅以该交易已经履行了信息披露、经股东会或者股东大会同意等法律、行政法规或者公司章程规定的程序为由抗辩的，人民法院不予支持。

公司没有提起诉讼的，符合公司法第一百五十一条第一款规定条件的股东，可以依据公司法第一百五十一条第二款、第三款规定向人民法院提起诉讼。"

本次司法解释第一条规定了关联交易的内部赔偿责任，将促使上市公司不仅关注关联交易的程序合规性，还会更加关注关联交易定价的公允性，也将提高中小股东参与股东大会审议关联交易的积极性。

关于关联交易的内部赔偿责任问题，司法解释中明确规定了关联交易损害公司利益的，履行法定程序不能豁免关联交易赔偿责任。实践中，人民法院审理公司关联交易损害责任纠纷案件时，相关行为人往往会以其行为已经履行了合法程序而进行抗辩，最主要的是经过了公司股东会或董事会决议批准，且行为人按照规定回避表决等。但是，关联交易的核心是公平，司法解释强调的是尽管交易已经履行了相应的程序，但如果违反公平原则，损害公司利益，公司依然可以主张行为人承担损害赔偿责任。

鉴于关联交易情形下，行为人往往控制公司或者对公司决策能够产生重大影响，公司本身很难主动主张赔偿责任，故明确股东在相应情况下可以提起代表诉讼，给中小股东提供了追究关联人责任，保护公司和自身利益的利器。

（二）关联交易中相关合同确认无效与撤销的问题

《公司法司法解释（五）》第二条规定："关联交易合同存在无效或者可撤销情形，公司没有起诉合同相对方的，符合公司法第一百五十一条第一款规定条件的股东，可以依据公司法第一百五十一条第二款、第三款规定向人民法院提起诉讼。"

本次司法解释扩展了股东代表诉讼的适用范围，将其扩大到关联交易合同的确认无效和撤销纠纷中。目前我国法律体系下，公司作为合同一方，如果合同存在无效或者显失公平等可撤销情形，可以根据相关规定直接请求确认合同无效或撤销该合同。但是关联交易合同不同于一般的合同，是关联人通过关联关系促成的交易，而关联人往往控制公司或者对公司决策产生重大影响，即使合同存在无效或者可撤销的情形，公司本身也很难主动提出请求。故在关联交易中，有必要给股东相应救济的权利。在公司不撤销该交易的情形下，符合条件的股东可根据法律规定提起股东代表诉讼，来维护公司利益，进而维护股东自身利益。

（三）涉及董事解聘的规定看点

《公司法司法解释（五）》第三条规定："董事任期届满前被股东会或者股东大会有效决

议解除职务,其主张解除不发生法律效力的,人民法院不予支持。"

董事职务被解除后,因补偿与公司发生纠纷提起诉讼的,人民法院应当依据法律、行政法规、公司章程的规定或者合同的约定,综合考虑解除的原因、剩余任期、董事薪酬等因素,确定是否补偿以及补偿的合理数额。

本次司法解释第三条第一款与《上市公司章程指引》相呼应,厘清了公司与董事的法律关系属于委托合同关系,依股东会的选任决议和董事同意任职而成立合同法上的委托合同。既然为委托合同,则合同双方均有任意解除权,即公司可以随时解除董事职务,无论任期是否届满,董事也可以随时辞职。

本次司法解释明确了董事职务的无因解除与相对应的离职补偿问题。为平衡双方利益,公司解除董事职务应合理补偿,以保护董事的合法权益,并防止公司无故任意解除董事职务。从本质上说,离职补偿是董事与公司的一种自我交易,其有效的核心要件应当是公平,所以本条强调给付的是合理补偿。我国合同法中明确规定了委托人因解除合同给受托人造成损失的,除不可归责于该当事人的事由以外,应当赔偿损失。本条对法院审理此类案件时的自由裁量权行使进行了相应指引。有的上市公司还存在职工董事,因职工董事乃由职工代表大会选出,而不是股东大会决议任免,因此不存在股东大会决议解除其职务的情况。

(四)《公司法》第二十一条禁止关联行为的认定

关联交易指具有投资关系或合同关系的不同主体之间所进行的交易,又称关联方交易。关联交易本身是一个相对中性的概念,它既可能产生损害公司利益的结果,也可能给交易各方都带来利益,甚至降低交易成本和风险。因此,《公司法》第二十一条规定的目的不在于禁止关联交易,而在于防范因关联交易导致公司利益受损,侧重的是保障交易的安全。

一方当事人(系与公司有关联关系的五种人)利用相关关联公司,进行关联交易行为,给目标公司造成损失的,该当事人应当承担赔偿责任。关联公司在明知该当事人进行该违法行为损害目标公司利益,仍然实施对目标公司的侵害行为,对造成目标公司的损失也存在过错,其与该当事人构成了共同侵权,应对目标公司承担按份赔偿责任或连带赔偿责任。

这类案件的关键点在于,该当事人的行为或共同被告的行为的性质,是否违反《公司法》第二十一条规定,构成关联交易从而损害公司利益。依据该条规定,可以从关联人员的认定、关联关系的认定、关联人员利用关联关系损害公司利益的认定三方面进行判断。

1. 关联人员的认定

根据《公司法》第二十一条规定,关联人员包括公司控股股东、实际控制人、董事、监事、高级管理人员。高级管理人员是指公司的经理、副经理、财务负责人,上市公司董事会秘书和公司章程规定的其他人员。

2. 关联关系的认定

关联关系是指公司控股股东、实际控制人、董事、监事、高级管理人员与其直接或者间接控制的企业之间的关系,以及可能导致公司利益转移的其他关系。国家控股的企业之间不仅因为同受国家控股而具有关联关系。

国家税务总局关于印发《特别纳税调整实施办法(试行)》(国税发〔2009〕2号)第

九条规定:"所得税法实施条例第一百零九条及征管法实施细则第五十一条所称关联关系,主要是指企业与其他企业、组织或个人具有下列之一关系:(一)一方直接或间接持有另一方的股份总和达到25%以上,或者双方直接或间接同为第三方所持有的股份达到25%以上。若一方通过中间方对另一方间接持有股份,只要一方对中间方持股比例达到25%以上,则一方对另一方的持股比例按照中间方对另一方的持股比例计算。(二)一方与另一方(独立金融机构除外)之间借贷资金占一方实收资本50%以上,或者一方借贷资金总额的10%以上是由另一方(独立金融机构除外)担保。(三)一方半数以上的高级管理人员(包括董事会成员和经理)或至少一名可以控制董事会的董事会高级成员是由另一方委派,或者双方半数以上的高级管理人员(包括董事会成员和经理)或至少一名可以控制董事会的董事会高级成员同为第三方委派。(四)一方半数以上的高级管理人员(包括董事会成员和经理)同时担任另一方的高级管理人员(包括董事会成员和经理),或者一方至少一名可以控制董事会的董事会高级成员同时担任另一方的董事会高级成员。(五)一方的生产经营活动必须由另一方提供的工业产权、专有技术等特许权才能正常进行。(六)一方的购买或销售活动主要由另一方控制。(七)一方接受或提供劳务主要由另一方控制。(八)一方对另一方的生产经营、交易具有实质控制,或者双方在利益上具有相关联的其他关系,包括虽未达到本条第(一)项持股比例,但一方与另一方的主要持股方享受基本相同的经济利益,以及家族、亲属关系等。"

3. 关联人员利用关联关系损害公司利益的认定

《公司法》第二十一条规定:"公司的控股股东、实际控制人、董事、监事、高级管理人员不得利用其关联关系损害公司利益。违反前款规定,给公司造成损失的,应当承担赔偿责任。"

依据《公司法》第二十一条规定提起的关联交易损害赔偿诉讼,系涉及损害公司利益的责任纠纷,应具备侵权责任的一般构成要件。

《公司法》第二百一十六条规定:"本法下列用语的含义:(一)高级管理人员,是指公司的经理、副经理、财务负责人,上市公司董事会秘书和公司章程规定的其他人员。(二)控股股东,是指其出资额占有限责任公司资本总额百分之五十以上或者其持有的股份占股份有限公司股本总额百分之五十以上的股东;出资额或者持有股份的比例虽然不足百分之五十,但依其出资额或者持有的股份所享有的表决权已足以对股东会、股东大会的决议产生重大影响的股东。(三)实际控制人,是指虽不是公司的股东,但通过投资关系、协议或者其他安排,能够实际支配公司行为的人。(四)关联关系,是指公司控股股东、实际控制人、董事、监事、高级管理人员与其直接或者间接控制的企业之间的关系,以及可能导致公司利益转移的其他关系。但是,国家控股的企业之间不仅因为同受国家控股而具有关联关系。"

【拓展案例】

昆明云南红酒业发展有限公司、吴宏良公司关联交易损害责任纠纷[①]

德太公司成立于 2007 年 5 月 24 日，注册资本 1000 万元，现股东为蒋建渠、云南红公司、吴宏良和吴宏平，其中云南红公司出资 510 万元，持股比例为 51%，吴宏良出资 392 万元，持股比例为 39.20%。吴宏良自 2008 年 6 月 26 日起担任该公司法定代表人、执行董事兼总经理，吴宏平任公司监事。飞燕公司成立于 2002 年 10 月 25 日，注册资本 50 万元。吴宏良自飞燕公司成立至 2011 年 6 月 20 日期间，为该公司股东，出资额 5 万元，持股比例 10%，并担任公司监事。2008 年 6 月 1 日，云南红公司与德太公司签订《产品经销合同》，约定：德太公司为"云南红"系列产品在福建省行政区域范围内的独家总经销商，有权在该区域内根据市场情况建立多级分销机构。在合同约定的销售区域内进行销售活动时，德太公司应确保市场终端供货价不得低于云南红公司有关价格体系的规定。德太公司应完成各营销年度相应的销售额，在两年内实现云南红产品销售额累计达到人民币一亿元时，云南红公司另拨给德太公司市场投入费用人民币 490 万元现金。双方还就销售品种、规格及价格体系、供货、运输、验收及产品责任的承担、货款支付、违约责任等事项做了约定。同日，云南红公司与德太公司签订一份《产品经销补充协议》，约定：为支持德太公司开发市场，当德太公司进货额中二星产品（含二星产品）所占云南红系列产品销售总额的比例不高于 40% 时，云南红公司将针对二星产品给予德太公司额外 20% 的"市场支持"。针对三星系列产品，从合同签订之日起半年内，当德太公司按计划完成每季度进货额度后，云南红公司给予额外 20% 市场支持，此后合同期内，当德太公司按计划完成每季度进货额度后，云南红公司给予额外 14% 市场支持。2008 年 9 月 8 日，德太公司与飞燕公司签订《经销商合同书》，授权飞燕公司为云南红系列产品在福建省福州市部分渠道、福州八县、宁德地区及全省超市、大卖场的经销商，合同有效期自 2008 年 9 月 8 日至 2011 年 9 月 7 日止。该合同第二条"销售品种、规格及价格体系及超市费用承担"约定：飞燕公司向德太公司提货，按协议附表价格结算，费用投入于第二次提货时视同货款抵扣。另关于商超投入费用，德太公司需承担商超开户费、进场费、快讯费、海报费、专柜陈列费、赞助费、堆头费、广告费，同时自 2009 年 1 月 1 日起德太公司只承担商超 A 类场所导购人员基本底薪 1200 元，B、C 类及以下网点商超导购人员费用均由飞燕公司承担。2009 年 11 月 3 日，吴宏良代表德太公司签署《补充协议》一份，就各等级产品的经销价格及费用投入等予以明确。2011 年 12 月 20 日，云南红公司向德太公司监事吴宏平发出《关于要求向公司执行董事提起诉讼赔偿公司损失的函》，称发现德太公司执行董事吴宏良任职并主持公司工作期间，与飞燕公司串通，利用虚增费用等形式损害公司利益、侵害公司资产，涉及金额高达 3744110.42 元。故敦请吴宏平履行监事职责，向人民法院提起诉讼，要求吴宏良和飞燕公司赔偿德太公司损失。吴宏平于 2011 年 12 月 28 日函复云南红公司，称目前没有证据证明云南红公司函件所

[①] 参见福建省高级人民法院民事判决书（2016）闽民终 1521 号。来源：中国裁判文书网 http://wenshu.court.gov.cn。

反映的情况。另查明，云南红公司曾就本案诉请事项向公安机关举报。福州市公安局经济犯罪侦查支队委托中瑞岳华会计师事务所，对德太公司2009年1月至2011年4月期间销售给飞燕公司"云南红"系列产品的情况、德太公司财务账簿列支飞燕公司费用情况及《产品经销合同》和《经销商合同书》的遵守情况等进行审计。审计结果表明，2009年1月至2011年4月期间，德太公司销售给飞燕公司云南红系列产品共计3952970.24元，列支飞燕公司费用3744110.42元。

云南红公司向一审法院起诉请求：1. 判令吴宏良向德太公司赔偿经济损失人民币3744110.42元；2. 判令飞燕公司对吴宏良上述赔偿责任承担连带赔偿责任；3. 判令德太公司与飞燕公司于2008年9月8日签订的《经销商合同书》[合同编号：云南红（销）字2008第01号]和2009年11月3日签订的《补充协议》无效；4. 本案诉讼费由吴宏良、飞燕公司共同负担。

一审法院认为，吴宏良兼具德太公司法定代表人、执行董事、总经理以及飞燕公司监事的双重身份，其代表德太公司与飞燕公司签订《经销商合同书》的行为符合关联交易的法律特征，本案应定性为公司关联交易损害责任纠纷。依据现有法律及德太公司章程的规定，吴宏良作为德太公司的总经理、法定代表人，有权组织公司的日常生产经营管理活动，其代表德太公司与飞燕公司签订讼争《经销商合同书》及其《补充协议》的行为，未超出职权范围，程序上并无瑕疵。云南红公司关于讼争合同订立未经股东会决议、程序违法的意见不能成立，不予采纳。同时，从订立讼争合同的目的来看，德太公司授权飞燕公司作为云南红系列产品在福州地区、宁德地区及全省超市、大卖场的经销商，而根据德太公司与云南红公司之间的《产品经销合同》，德太公司作为云南红系列产品在福建省行政区域内的独家总经销商，有权在该区域内根据市场情况建立多级分销机构。因此，吴宏良代表德太公司与飞燕公司签订《经销商合同书》及其《补充协议》有合同依据，也是公司经营和市场营销所需，云南红公司关于吴宏良具有主观恶意之主张依据不足，不予支持。从合同内容来看，双方约定由德太公司承担下级经销商飞燕公司进行产品市场开发和推广所需的相关费用（含商超开户费、进场费、赞助费、广告费、导购人员底薪等等），该约定不违反法律、行政法规的强制性规定，亦无证据证明其有悖于商业交易规则；同时，相较于德太公司与云南红公司所签订的《产品经销合同》，德太公司在与下级经销商飞燕公司的产品经销活动中，均留有10%的利润。因此，云南红公司关于吴宏良与飞燕公司串通将经营费用及风险转嫁给德太公司，并将德太公司的经营利润转移给飞燕公司的主张不能成立。故云南红公司请求确认德太公司与飞燕公司于2008年9月8日签订的《经销商合同书》[合同编号：云南红（销）字2008第01号]和2009年11月3日签订的《补充协议》无效的诉讼请求，不予支持。

云南红公司主张吴宏良在履行讼争合同的过程中为飞燕公司虚报费用，侵占德太公司的财产，并曾就相同事由向公安机关报案，但公安机关经对德太公司账目委托审计，未得出吴宏良侵占公司财产之结论，亦未对此立案侦查。在一审法院审理期间，云南红公司又申请对德太公司账目委托审计，经福建华成会计师事务所有限公司审计，亦未得出吴宏良、飞燕公司侵占德太公司财产的结论，故云南红公司主张吴宏良及飞燕公司应承担赔偿责任的诉讼请求，缺乏事实依据，其该项诉请，不予支持。综上，云南红公司的相关诉请均不能成立，判决驳回云南红公司的诉讼请求。

本案二审争议焦点是：1. 本案案由应定为"公司关联交易损害责任纠纷"还是"损害公司利益责任纠纷"；2. 吴宏良代表德太公司与飞燕公司签订及履行讼争合同过程中是否损害德太公司的利益；3. 德太公司与飞燕公司签订的《经销商合同书》和《补充协议》是否有效。对此，本院作如下分析认定：

一、关于本案案由应定为"公司关联交易损害责任纠纷"还是"损害公司利益责任纠纷"的问题

本院认为，《中华人民共和国公司法》第二十一条所禁止的关联行为系公司的控股股东、实际控制人、董事、监事、高级管理人员利用其关联关系进行利益转移输送，从而损害公司利益的行为。《中华人民共和国公司法》第一百四十八条规定，董事、监事、高级管理人员应当遵守法律、行政法规和公司章程，对公司负有忠实义务和勤勉义务。《中华人民共和国公司法》第一百五十条规定，董事、监事、高级管理人员执行公司职务时违反法律、行政法规或者公司章程的规定，给公司造成损失的，应当承担赔偿责任。吴宏良兼具德太公司法定代表人、执行董事、总经理以及飞燕公司监事的双重身份，其代表德太公司与飞燕公司签订《经销商合同书》的行为符合关联交易的法律特征。鉴于本案云南红公司所诉称的公司高级职员违背忠实义务损害公司利益的行为主要是通过关联交易形式来体现，故一审法院将本案定性为公司关联交易损害责任纠纷，并无不当。

二、关于吴宏良代表德太公司与飞燕公司签订及履行讼争合同过程中是否损害德太公司的利益问题

本院认为，德太公司与云南红公司签订的《产品经销合同》约定德太公司保证在福建销售区域内按云南红公司规定的产品价格表执行。还约定，云南红公司按比例给予德太公司市场投入费用支持，该费用支持以货款抵扣。如果德太公司在两年内未实现约定的销售额，则开拓市场产生的经营费用由德太公司自行承担。但2008年9月8日，德太公司与飞燕公司签订《经销商合同书》，授权飞燕公司为云南红系列产品在福建省福州市部分渠道、福州八县、宁德地区及全省超市、大卖场的经销商。《经销商合同书》约定，德太公司既要以货款抵扣方式按照约定比例给予飞燕公司市场投入费用支持，同时，德太公司还要无条件再承担飞燕公司进行市场销售所需要支出的全部经营费用，包括飞燕公司员工工资。该约定已经超出了云南红公司给予作为省级经销商的德太公司的费用支持的待遇。此外，吴宏良代表德太公司与飞燕公司签订的《经销商合同书》之补充协议中，给予了飞燕公司等同于"省级总经销商结算价"的待遇，即按照德太公司从云南红公司进货的省级总经销商价格销售给飞燕公司，违背了云南红公司与德太公司签订的《产品经销合同》关于德太公司应保证在福建销售区域内按云南红公司规定的产品价格表执行的约定。吴宏良系德太公司的法定代表人，其代表德太公司与飞燕公司签订及履行讼争合同过程中损害了德太公司的利益，不仅导致德太公司未能按约完成销售任务，也导致德太公司的损失。

德太公司与云南红公司签订的《产品经销合同（福建）》以及附件二《市场投入及奖励》约定，市场投入只能作为市场开拓和维护的费用，不得作为低价销售的费用。市场投入进入经销商台账，经销商可以在下次进货时作为货款使用。即市场投入费用由上级经销商

以货款抵扣方式支付给下级经销商，作为下级经销商开拓市场所产生的经营费用应由下级经销商自行承担。但吴宏良代表德太公司与飞燕公司签订《经销商合同书》和《补充协议》及履行过程中，德太公司不仅以货款抵扣方式给予飞燕公司市场投入费用支持，还承担飞燕公司进行市场销售所支出的全部经营费用（包括飞燕公司员工工资），造成德太公司的损失。关于损失数额的认定问题，本案一审法院委托福建华成会计师事务所有限公司对德太公司的财务账簿进行专项审计。福建华成会计师事务所有限公司出具的闽华成专审字（2016）第2058号《专项审计报告》表明，德太公司2009年1月至2011年4月期间财务账簿列支的飞燕公司费用共计3496460.18元。且德太公司期间亏损严重，未继续进货进行货款抵扣，故上述经审计的费用应认定为德太公司的损失，本院予以支持。此外，云南红公司还主张德太公司销售额的损失，但未证明该损失的具体数额，本院不予支持。

《中华人民共和国公司法》第一百四十八条规定，董事、监事、高级管理人员应当遵守法律、行政法规和公司章程，对公司负有忠实义务和勤勉义务。《中华人民共和国公司法》第一百五十条规定，董事、监事、高级管理人员执行公司职务时违反法律、行政法规或者公司章程的规定，给公司造成损失的，应当承担赔偿责任。吴宏良作为德太公司法定代表人、执行董事、总经理，代表德太公司与其作为监事的飞燕公司进行关联交易，违反了其应对公司负有的忠实义务，损害了德太公司的利益并给公司造成了损失，应对该损失承担赔偿责任。但云南红公司主张吴宏良与飞燕公司存在恶意串通，缺乏证据证明。故云南红公司诉请飞燕公司对吴宏良上述损失赔偿承担连带责任，依据不足，本院不予支持。

三、关于德太公司与飞燕公司签订的《经销商合同书》和《补充协议》是否有效的问题

本院认为，如前所述，云南红公司主张吴宏良与飞燕公司恶意串通，缺乏证据证明，不符合《中华人民共和国合同法》第五十二条规定的情形。故云南红公司提出吴宏良与飞燕公司所签订的《经销商合同书》及其《补充协议》无效的主张不能成立。

综上所述，云南红公司的上诉请求部分成立。依照《中华人民共和国合同法》第五十二条第（二）项、《中华人民共和国公司法》第二十一条、第一百四十八条、第一百五十条、《中华人民共和国民事诉讼法》第一百七十条第一款第（二）项的规定，判决如下：

一、撤销福建省福州市中级人民法院（2013）榕民初字第1113号民事判决；

二、吴宏良于本判决生效之日起十日内向福州德太恒发贸易有限公司赔偿经济损失3496460.18元；

三、驳回昆明云南红酒业发展有限公司的其他诉讼请求。

第十八章　公司合并纠纷

【典型案例】

北京实圣达停车场管理有限公司等与北京华源亿泊停车管理有限公司公司合并纠纷[①]

2016年7月5日，华源亿泊公司、实圣达公司、泊尔公司共同签订《关于联合资产评估的决议》，其中载明：因联合所需，华源亿泊公司、实圣达公司、泊尔公司三方协商聘请北京博睿凯德资产评估有限责任公司（以下简称博睿评估公司）分别对三家公司及联合整体进行资产评估事宜。同日，华源亿泊公司、实圣达公司、泊尔公司共同与博睿评估公司签订《资产评估业务约定书》，约定博睿评估公司为三家停车管理公司资产合并进行评估。

2016年10月8日，三方法定代表人康泽泉、邓明、杜光群在《资产评估结果》表格上签字确认，该表格表头标注有成本法、收益法、平均值及比例四项。其中"比例"一项为各公司依成本法及收益法所得评估数据的平均值占三家公司合计平均值的比例。具体为华源亿泊公司65.20%、实圣达公司26.62%、泊尔公司8.18%。

2016年10月17日，博睿评估公司出具《北京华源亿泊停车管理有限公司股东权益价值项目资产评估报告》《北京华源亿泊停车管理有限公司股东权益价值项目资产评估说明》，最终确定合并后的华源亿泊公司股东权益价值为3439.73万元。

2016年11月29日，华源亿泊公司（甲方）、实圣达公司（乙方）、泊尔公司（丙方）签订《企业吸收合并合作协议》，约定甲、乙、丙三方以企业吸收合并方式进行重组，保留甲方原有品牌，甲方对乙方、丙方进行吸收合并，实现甲、乙、丙三家公司资产、业务资源的真正合并。协议中"合作方式"部分约定，甲、乙、丙三方均同意实行吸收合并，甲方吸收乙方、丙方而继续存续，甲方为吸收合并后的业务主体公司。甲、乙、丙三方合并后业务主体公司甲方的注册资本叠加为人民币2000万元。甲、乙、丙三方共同选择专业的第三方资产评估机构，评估基准日为2016年5月31日，根据三方共同确认的原则进行资产评估，出具具有公信力的资产评估报告书。资产评估结果确定的三方各占合并后主体公司的股权比例为：甲方65.20%、乙方26.62%、丙方8.18%。吸收合并后的业务主体公司的股东由三方股东（共7人）组成，分别为：康泽泉、董苏华、邓明、王丽华、马亦操、杜光群、李宝寅。7名股东一致同意，在吸收合并完成后，将各自持有的在合并后业务主体公司股权向7人共同新设的停车科技公司进行转让，转让完成后，停车科技公司为合并后业务主体公司的唯一法人股东。甲、乙、丙三方应于2017年6月30日前完成吸收合并及所有与本次吸

[①] 参见北京市第一中级人民法院民事判决书（2019）京01民终6946号。来源：中国裁判文书网http://wenshu.court.gov.cn。

收合并相关的工商变更事宜。如合并手续于该日前不能完成时，甲、乙、丙三方可另行签订补充协议，延长办理时限。乙方、丙方被甲方吸收合并，依法进行工商注销手续，并在注销前完成财产向甲方转移的工作，财产包括全部资产、项目业务合同等所有法律规定须向吸收合并方移转的资产和资源。甲、乙、丙三方最终完成吸收合并时，三方纳入合并后的业务主体公司的资产、业务资源的财务数据，不得低于三方通过资产评估确定股权比例时所依据的2016年5月31日基准日的财务数据。甲、乙、丙三方确定在合并后业务主体公司的股权比例数系依据2016年5月31日评估基准日的财务数据确定。在本协议签订后，根据2016年6月1日至2016年12月31日三方的实际经营数据（除三方共同开发拓展的项目经营数据外），三方在合并后业务主体公司的股权比例数可进行相应调整，具体调整比例由三方共同协商确定。协议签订后，在吸收合并相关事宜办理完成前的期间，乙方、丙方视同于甲方整体的一部分，其吸收合并事宜、市场发展、业务经营等工作，由甲、乙、丙三方派出代表组成的合并后业务主体公司的董事会进行决策和管理。协议中"合并手续的办理"部分约定，甲、乙、丙三方须按照吸收合并计划时间进度表完成相关事宜的办理工作，详见附件2关于企业吸收合并事宜的《计划进度表》。甲、乙、丙三方须召开股东大会讨论并通过吸收合并事宜，形成股东会决议，详见附件3关于企业吸收合并事宜的《股东会决议》。甲、乙、丙三方须以股东大会通过吸收合并后的相关事宜，以及新设停车科技公司相关事宜，详见附件4关于企业吸收合并后的《股东会决议》。协议另有三方权利义务、组织架构搭建和团队组建、其他权利与责任、违约责任、不可抗力、合作期限、合同纠纷解决方式等内容的约定。

案涉协议附件2华源亿泊、实圣达、泊尔公司重组（吸收合并）事宜计划进度表载明了涉及变更事项、工作内容、启动时间、完成时间等内容，具体如下：1. 股权转让，华源亿泊股东康泽泉、董苏华将华源亿泊股份向实圣达、泊尔公司（共5个股东）进行转让，启动时间2016年11月28日，完成时间2016年12月27日；2. 合同转移，实圣达、泊尔公司与项目甲方进行沟通，进行合同转移，将业务移转到华源亿泊公司，实现三家公司的业务资源合并，启动时间2016年12月28日，完成时间2017年2月28日；3. 资产合并，三家公司业务资源合并后，通过吸收合并方式，华源亿泊吸收合并实圣达、泊尔公司，进行资产、负债、所有者权益叠加，实现资产合并，启动时间2017年3月1日，完成时间2017年6月30日；4. 公司注销，实圣达、泊尔公司税务、工商注销，启动时间2017年3月1日，完成时间2017年6月30日；5. 新设公司，新设停车科技公司，三家公司7个股东按照在华源亿泊持股比例进入，注册资本100万元，启动时间2016年11月28日，完成时间2016年12月12日；6. 股权转让，华源亿泊7个股东将其股权转让给新设停车科技公司7个股东，启动时间2017年7月1日，完成时间2017年7月31日。该进度表后有公司7名股东签字确认。

案涉协议及附件签订后，各方按照协议约定推进公司合并事宜，并于2017年1月集中办公，逐步对财务人事等进行统一管理。后实圣达公司对合并前期的评估结果产生怀疑，认为华源亿泊公司在评估过程中提交的财务数据不实，要求进行二次评估。

2017年6月29日，邓明、杜光群、康泽泉参加公司董事会并形成董事会决议，主要内容有，对华源亿泊公司、实圣达公司、泊尔公司进行二次评估，评估前对三家公司2016年度的实际经营情况审计。公司对外与各投资公司进行的合作谈判暂缓,待评估结果确定后再启动。公司现经营管理工作正常进行,不受二次评估工作影响等内容。

2017年7月24日,邓明、杜光群、康泽泉参加公司董事会并形成董事会决议,主要内容有：1. 以2017年7月31日为结点调整公司现行运行模式。暂时停止目前运行的统一管理模式,改为纵向的分治管理模式,即由三个合作公司各自管理原有项目,分别运作,独立核算,各自承担劳动仲裁及其他相关的法律责任,形成纵向的事业部管理格局,原华源亿泊为第一事业部,原实圣达为第二事业部,原泊尔为第三事业部。2. 8月2日完成分治前财务所涉及事宜处理。公司模式改变以前的账目责成财务部分类统计清算。统计报表报董事会审定(8月2日财务部完成7月31日前清算统计表),已经转入联合公司的资金收入由原公司法人代表或委托人负责支配。对于归属界限不清的费用支出,财务部另行列表由董事会审定归属。各事业部再开发新项目时视情况可沿用联合公司名义,各自拥有经营权管理权并承担相应的合同义务和法律责任。3. 联合办公费用(包括房租水电办公用品等)按照人头均摊费用财务部核算执行。4. 办公用房采用分地址办公方式自愿选择。5. 投资公司收购工作。根据2017年6月29日董事会决议,对投资公司的收购工作暂时停止。决议所涉及方法为试行过渡的短期行为,待公司正常运行时可随时调整内容。

2017年7月27日,华源亿泊公司以实圣达公司未按协议约定将其业务及资产等移交给华源亿泊公司,致使合并事项无法完成为由提起本案诉讼,要求解除其与实圣达公司、泊尔公司之间的合作协议。本案审理过程中,实圣达公司以华源亿泊公司财务造假为由,提出反诉。

2017年8月22日,该院受理了原告邓明诉被告康泽泉、华源亿泊公司与第三人杜光群、马亦操、李宝寅、王丽华、董苏华请求变更公司登记纠纷一案[即(2017)京0107民初第17915号案件],后邓明于2018年6月11日撤回该案起诉。

2017年9月7日,该院受理了原告邓明诉被告华源亿泊公司股东知情权纠纷一案[即(2017)京0107民初18573号案件],后邓明于2018年6月11日撤回该案起诉。

2017年10月24日,该院受理了原告实圣达公司诉被告华源亿泊公司与第三人泊尔公司公司合并纠纷案件,[即(2017)京0107民初20264号案件],实圣达公司提出撤销本案涉及的《企业吸收合并合作协议》等相关诉讼请求,后实圣达公司撤回该案起诉。

本案庭审中双方确认,附件2吸收合并事宜计划进度表中约定事项的完成情况如下：1. 股权转让。2016年12月13日,华源亿泊公司工商登记的投资人由康泽泉、董苏华变更为康泽泉、董苏华、邓明、王丽华、杜光群、马亦操、李宝寅。2. 合同移转。实圣达公司已完成9个合同项目的移转工作,剩余7个合同项目移转工作未完成。泊尔公司的合同项目移转工作全部完成。3. 资产合并。三方的资产、负债、所有者权益叠加工作完成情况各方陈述不一致,但三方均认可2017年1月三家公司财务、人事曾集中管理并调整,2017年7月31日后改为由三方各自管理原有项目,分别运作,独立核算。4. 公司注销。实圣达公司、泊尔公司未完成税务、工商注销。5. 新设公司。2016年12月21日,三方协商新设的北京卓远嘉业停车科技有限公司完成工商登记。6. 股权转让。华源亿泊7个股东将其股权转让给新设科技公司,未完成。

华源亿泊公司向一审法院起诉请求：1. 判令解除华源亿泊公司、实圣达公司、泊尔公司于 2016 年 11 月 29 日签订的《企业吸收合并合作协议》；2. 本案诉讼费由实圣达公司承担。

【裁判要旨】

一审法院认为：华源亿泊公司与实圣达公司、泊尔公司于 2016 年 11 月 29 日签订的《企业吸收合并合作协议》系各方真实意思表示，且不违反相关法律法规的规定，应为合法有效，各方均应依约履行。结合查明的事实及双方的诉辩主张，该院对双方各项诉讼主张评判如下：

一、协议是否具备解除条件

（一）协议是否履行完毕。依据公司法第一百七十二条第二款之规定，公司吸收合并指公司接纳其他公司加入本公司，接纳方继续存在，被吸收方解散。另根据三方协议安排，案涉企业吸收合并按完成时间节点顺序共包括以下步骤：1. 新设公司（2016 年 12 月 12 日前完成）；2. 股权转让（2016 年 12 月 27 日前完成）；3. 合同转移（2017 年 2 月 28 日前完成）；4. 资产合并（2017 年 6 月 30 日前完成）；5. 公司注销（2017 年 6 月 30 日前完成）；6. 新设公司股权转让（2017 年 7 月 31 日前完成）。因此无论从公司法规定抑或三方协议约定看，企业吸收合并应以加入方解散、注销为必要要件。经查，实圣达公司、泊尔公司均未完成企业解散且相关股东均未完成对新设企业的股权转让，故案涉协议并未履行完毕。

（二）协议是否具备继续履行条件。

1. 三方是否有履行的主观意愿。经法庭询问，华源亿泊公司、泊尔公司认为各方已经不具有推进案涉协议继续履行的主观意愿，并要求解除合同。实圣达公司虽当庭同意继续履行，但（2017）京 0107 民初 20264 号民事案件中，其作为原告主张因华源亿泊公司存在欺诈行为，导致其作出错误意思表示，并据此要求撤销案涉协议。同时，三方股东目前已无法正常召开股东会。综合以上情节，三方就协议继续履行存在重大分歧，已不具备继续履行的主观意愿。

2. 案涉协议是否具备继续履行的客观条件。如前所述，根据三方协议约定，案涉企业吸收合并共 6 个环节，目前仅股权转让和新设公司已经履行完毕，合同转移、资产合并、公司注销、新设公司股权转让未最终完成。对于剩余合同约定事项的履行一节，根据本案双方诉辩意见及三方董事会会议记录显示，实圣达公司要求以二次审计评估并重新确认各自股权比例为前提，对此三方在案涉协议中的具体约定内容为"三方在合并后业务主体公司的股权比例可进行相应调整，具体调整比例由三方共同协议确定"。故根据案涉协议约定，股权比例调整须以三方合意为基础条件，但并未考虑三方发生矛盾时的解决方案。如前所述，三方现就此已产生重大分歧，且三方已无法正常召开股东会，故客观上不具备协商一致的条件。而通过司法手段干预当事人的意思自治缺乏法律依据，亦不符合案涉协议约定。

同时，如继续推进协议履行，在股东会、董事会等公司内部权力、执行机构无法正常运行的情况下，华源亿泊公司将面临陷入公司僵局乃至解散，如此与继续履行协议的目的显然不符，亦不利于保护各方股东及公司法人权益。

综合以上因素，该院认为案涉协议客观上不具备继续履行的条件，故应予解除。对于具体解除时间一节，应以本案原审时华源亿泊公司相关主张送达至最后收到起诉书的一方即泊尔公司的时间为准，即2018年5月14日。

二、各方当事人是否存在违约情形

（一）华源亿泊公司是否存在违约行为。对此实圣达公司认为其在股权评估过程中存在造假等行为，并导致三方在吸收合并后的公司中的股权比例存在较大偏差。经查，三方股权评估过程中，采取成本法加收益法两种方法加权计算方式，其中既参考各方实际财务数据，亦考虑了各方独立申报的预测数据。而三方确认的股权比例虽为各方当事人协议结果，但实际上完全采纳了该评估结论。经该院询问评估机构负责人意见，并综合在案证据，可以说明华源亿泊公司在评估过程中申报的财务数据与其后续实际营收情况存在较大差距，一定程度上影响了资产评估结论的有效性，因此其客观上未尽到资产评估业务约定书中关于甲方（委托方）提供准确、客观文件资料的约定义务。而本案中，依据原评估结论所形成的股权比例问题是引发双方主要矛盾的争议焦点，以上情节可以说明，华源亿泊公司对此存在一定过错。

另对于实圣达公司主张华源亿泊公司在工商登记过程中提交的备案登记材料存在伪造股东签字的行政违法行为及二次评估前向股东出具多份审计报告的财务违规行为一节，并非企业吸收合并协议约定的具体事项，亦不影响该院作出前述判断。

（二）实圣达公司与泊尔公司是否存在违约行为。本案中，对于被吸收企业解散及股东对新设企业进行股权转让二项合同义务未履行完毕一节，实圣达公司抗辩认为，2017年7月24日董事会决议已确认三方以分部形式独立运营核算，故不违反合同约定。对此该院认为，根据该董事会决议内容的文义理解，三方以分部形式独立运营核算系公司内部管理形式。但上述决议的履行与实圣达公司及泊尔公司对外注销其法人主体并无必然关联，且对于注销义务三方在合同附件中明确了履行时间，并约定如有变更需另行协议解决，而上述董事会决议未就此作出明确的变更约定。故可以说明实圣达公司与泊尔公司对此未依约履行。

除上述事项外，三方股东均未对新设公司进行股权转让，亦不符合案涉协议约定。

三、协议解除后的后续处理措施

依合同法第九十七条之规定：合同解除后，尚未履行的，终止履行；已经履行的，根据履行情况和合同性质，当事人可以要求恢复原状、采取其他补救措施，并有权要求赔偿损失。而本案中，当事人仅就协议是否应当解除提出主张，均未对恢复原状提出诉请；同时考虑本案三方当事人对企业吸收合并合作协议履行情况，实圣达公司及泊尔公司对华源亿泊公司进行了部分合同项目的转移，而相关合同权利义务的回转涉及案外其他合同当事人权益。同时，三方在履行过程中的支出、收入及盈余、亏损需经清算，而相关责任的具体负担亦应以此为基础进行判断。本案中三方对此未提出诉辩意见，亦未进行举证、质证。故综合以上情况，本案中不宜对协议解除后的后续处理进行一并处理，各方当事人对此可结合各项目合同具体履行情况另案提出主张。

四、对于实圣达公司反诉请求的认定

实圣达公司于本案中提出两项反诉主张：一是继续履行企业吸收合并合作协议，二是要求华源亿泊公司承担违约责任。同时实圣达公司提出司法审计申请，要求以各公司现有财务状况为依据，重新确认三方股权比例。对此该院认为，实圣达公司主张以继续履行案涉协议为前提确认华源亿泊公司应承担的违约责任，根据前述分析，三方已经不具备继续履行的基础，案涉协议应予以解除，故实圣达公司反诉主张成立的基础已不存在。而协议解除与协议继续履行将导致各方承担违约责任的具体方式与后果存在明显不同，因此实圣达公司基于继续履行协议而要求华源亿泊公司承担违约责任缺乏事实及法律依据，该院不予支持。对于实圣达公司提出司法审计申请一节，其目的在于重新确认各方股权比例，对此该院认为，如前所述，根据案涉协议，三方在确认各自股权比例的首次评估过程中，存在对各自权利的处分行为和商业考量因素，评估结果并非单纯实际财务数据的反映，故在尊重案涉协议约定及合同当事人意思自治的前提下，司法审计无法实现实圣达公司重新确定各自股权比例并据此继续履行的诉讼目的，综上意见，对于实圣达公司的反诉主张该院不予支持，其关于要求合同违约方承担责任的诉请应在解除协议的基础上另行主张。

另，基于本案华源亿泊公司、实圣达公司对于合同解除均存在一定过错，故本案本诉诉讼费用应由双方分担，具体数额由该院酌定。

综上，依据《中华人民共和国合同法》第九十四条、九十六条、《中华人民共和国公司法》第一百七十二条第二款之规定，判决：一、华源亿泊公司、实圣达公司及泊尔公司于2016年11月29日签订的《企业吸收合并合作协议》于2018年5月14日解除；二、驳回华源亿泊公司及实圣达公司的其他诉讼请求。

二审法院认为：一是关于《企业吸收合并合作协议》是否应当解除的问题。

首先，应当明确，本案各方签订的系公司合并合同，考虑《企业吸收合并合作协议》解除问题时，除涉及合同法角度，还应从公司人合性层面进行考量。其次，结合合同三方的履约过程和目前的意思表示，《企业吸收合并合作协议》不具备继续履行的可能性，应当予以解除。本案纠纷发生的根源在于实圣达公司对于华源亿泊公司最初确定的公司占股比例提出异议，认为华源亿泊公司存在评估不实的问题。但根据《企业吸收合并合作协议》的约定，股权比例可根据三方的实际经营数据进行调整，但具体的调整比例须由"三方共同协商确定"。显然，在三方均同意不进行先行审计，直接采用收益法进行资产评估的情况下，三方对评估数据的不完全可靠性应有一定预期，在此情况下才进行了后续调整的约定，但上述约定的履行，需要三方共同合作推进，包括重新评估及重新协商股权调整比例。从实际履行情况来看，三方已经无法达成重新评估的一致意思表示，对于股权调整亦无法重新协商确定，在此情况下，《企业吸收合并合作协议》显然已经无法继续履行，三方合作共赢的合同目的已然无法实现，《企业吸收合并合作协议》应当予以解除。再次，合同无法实际履行还体现在实圣达公司及泊尔公司对公司注销的态度上。合作三方均是业界具有一定品牌优势的企业，三方约定实圣达公司与泊尔公司注销，合并入华源亿泊公司。实圣达公司未按约定注销公司，可体现其并不具备继续履行《企业吸收合并合作协议》的真实需求。综上，对一审判决解除《企业吸收合并合作协议》的处理结果，予以维持。

二是关于实圣达公司反诉主张的损失问题。经询问，实圣达公司称其诉请的损失是如果进行评估发生的评估费、审计费和律师费。如前文所述，二次评估需"三方共同协商确定"，实圣达公司在本案中主张的损失未实际发生，对其诉讼请求，不予支持。

【实务指引】

一、公司合并纠纷的定义

公司合并是指两个或两个以上公司依照法定的条件和程序，合并为一个公司的行为。公司合并包括吸收合并和新设合并两种形式。吸收合并又称归并，是指一个以上的原有公司并入现存公司，被吸收的公司消灭。新设合并是指两个以上原有公司合并设立一个新的公司，原有公司消灭。公司合并是企业调整经营战略、实现规模经济的重要手段。

公司合并主要产生两个方面的法律后果：一是公司组织结构的变化；二是权利义务的概括转移。首先，公司合并必然导致一个或一个以上的公司的消灭，此种公司消灭不需经过清算程序。同时，吸收合并中的吸收公司继续存在，但发生了变化；新设合并中产生了新的公司。其次，公司合并的结果导致了存续公司或者新设公司承受被合并公司的债权债务。

由于公司合并产生上述法律效果，因此涉及多家公司股东及债权人的利益，为了防止公司合并而侵害中小股东或债权人的利益，公司法规定了公司合并的严格程序。公司合并需要由合并各方签订合并协议，经过股东会决议通过，编制资产负债表及财产清单，并应通知或者公告债权人，最终履行相应的登记程序。

如果公司合并没有依照合并协议进行，或者违反了法律、行政法规的强制性规定，则会引发纠纷。公司合并纠纷中比较常见的是公司合并无效纠纷，如公司股东认为公司合并决议未经股东会通过，或者债权人认为公司合并过程中公司未履行通知义务，或者被合并的公司没有清偿债务或者提供相应的担保，或者有其他违反法律或行政法规之情形，而提起的公司合并无效之诉。常见的合并无效原因主要有合并协议无效、合并决议瑕疵、合并违反债权人保护程序等。

二、公司合并纠纷的管辖

根据《民事诉讼法司法解释》第二十二条规定："因股东名册记载、请求变更公司登记、股东知情权、公司决议、公司合并、公司分立、公司减资、公司增资等纠纷提起的诉讼，依照民事诉讼法第二十六条规定确定管辖。"

《民事诉讼法》第二十六条规定："因公司设立、确认股东资格、分配利润、解散等纠纷提起的诉讼，由公司住所地人民法院管辖。"

三、公司合并纠纷的诉讼主体

1. 股东是提起公司合并之诉的适格原告

实践中，关于股东是否有权提起公司合并之诉的争议频繁发生，法院在裁判时一致认为，根据《民事诉讼法》的规定，原告需与案件有利害关系。公司合并后，原公司的资产合并，虽然股东实际控制的资产并未减少，但持股比例发生改变，其权益随时可能遭受侵害。因此，公司合并结果与股东有直接的利害关系，原公司股东是提起公司合并之诉的适格原告。

但值得注意的是，对于公司合并后新加入公司的股东在公司合并之前并未持有公司股份，则不存在侵害其股东权益之说，公司合并对其股东权益无任何影响，故公司合并后新加入的股东无权提起公司合并之诉。

此外，鉴于公司合并协议的双方当事人为公司，故股东仅有权提起确认公司合并协议无效之诉，而无权请求解除合并协议。

2. 股东不是公司合并之诉的适格被告

利害关系人针对公司合并决议提起诉讼时，股东能否作为被告？法院在裁判时认为，公司为企业法人，股东会是公司的内部决策机构，股东会决议的法律效果不仅涉及公司内部的股东，还涉及公司外部的债权人和其他利益相关者。可见，股东会决议属于公司行为。股东会决议无效诉讼的被告应该是公司，股东不是股东会决议的责任承担者。故在利害关系人提起公司合并决议之诉时，不宜将股东列为诉讼的被告。

四、公司合并纠纷的裁判规则

（一）公司合并需经股东会或股东大会作出决议

合并协议作为合同之一种，需满足法律行为生效要件，即合并协议需系公司的真实意思表示，且符合法定程序。《公司法》第四十三条第二款规定："股东会会议作出修改公司章程、增加或者减少注册资本的决议，以及公司合并、分立、解散或者变更公司形式的决议，必须经代表三分之二以上表决权的股东通过。"实践中，对于公司并未通过股东会或股东大会作出决议的，法院在裁判时均认为合并协议违反法律规定，协议无效，对于公司合并通过股东会决议的，对公司合并持反对意见的股东可根据《公司法》第七十四条的规定请求公司收购其股权。

（二）合并协议的解除依据《民法典》的相关规定

公司合并协议作为合同之一种，其履行和解除需遵循《民法典》的相关规定，《民法典》第五百六十二条规定："当事人协商一致，可以解除合同。当事人可以约定一方解除合同的事由。解除合同的事由发生时，解除权人可以解除合同。"第五百六十三条规定："有下列情形之一的，当事人可以解除合同：（一）因不可抗力致使不能实现合同目的；（二）在履行期限届满前，当事人一方明确表示或者以自己的行为表明不履行主要债务；（三）当事人一方迟延履行主要债务，经催告后在合理期限内仍未履行；（四）当事人一方迟延履行债务或者有其他违约行为致使不能实现合同目的；（五）法律规定的其他情形。以持续履行的债务为内容的不定期合同，当事人可以随时解除合同，但是应当在合理期限之前通知对方."实践中,法院在裁判时认为,对于双方一致同意解除合并协议的,合并协议解除;协议一方存在根本违约行为或其他导致协议目的不能实现的行为的,另一方有权请求解除合并协议。

(三) 协议解除后合并期间的经营活动仍然有效

关于合并协议解除后的法律后果问题,《民法典》第五百六十六条规定:"合同解除后,尚未履行的,终止履行;已经履行的,根据履行情况和合同性质,当事人可以请求恢复原状或者采取其他补救措施,并有权请求赔偿损失。合同因违约解除的,解除权人可以请求违约方承担违约责任,但是当事人另有约定的除外。"法院在裁判时认为,合并协议解除后,原公司复活,协议双方应返还财物,恢复至合并前的状态,但合并期间的经营活动只要不违反法律的强制性规定,仍然有效。

合同协议一方当事人违约导致合并协议解除的,另一方当事人可以请求其赔偿损失。

【拓展案例】

我爱我家管理有限公司、邓州市上品酒店有限公司公司合并纠纷[①]

原告邓州市上品酒店有限公司系自然人独资的有限责任公司,其前身邓州市福临假日酒店于2014年5月15日在邓州市工商管理局登记注册,2015年8月30日更名为邓州市上品酒店有限公司,且颁发了营业执照。2015年8月8日,原、被告签订合伙协议一份,协议约定原告将其公司(酒店)全部资产作价140万元,另投现金10万元,作为股份并入被告公司,由原告公司法定代表人李翠按股享受股东的权利义务。被告对原告公司拥有产权,统一管理。原告公司在合同签订日期前的所有债权、债务、收益归原告,合同签订之日后经营中的债权、债务、收益归被告。合同签订后,原告向被告提交了资产负债表及固定资产明细表,但未通知债权人,双方亦未在报纸上对合并事宜进行公告。2015年10月19日,被告与案外人陈珍(系南阳市半岛蓝山酒店管理有限公司负责人)、杨青山签订了项目合作协议书一份,约定三方合作开发原邓州市福林假日酒店,即邓州市上品酒店有限公司,并更名为邓州市半岛蓝山酒店有限公司,进行了装修及经营。现原告认为双方的公司合并协议未按公司法规定的条件履行合并事宜,未编制资产负债表、财产清单,未通知债权人,亦未公告及办理注销、变更登记,请求判令双方的合并协议未生效。审理中,原告放弃了要求解除该协议的诉讼请求。

邓州市上品酒店有限公司向一审法院起诉请求:1. 要求确认原、被告2015年8月8日签订的协议未生效。2. 要求解除上述协议。

一审法院认为:原、被告均为有限责任公司,其之间的协议名为合伙协议,但协议内容实为公司合并。《中华人民共和国公司法》第一百七十三条规定:"公司合并,应当由合并各方签订合并协议,并编制资产负债表及财产清单。公司应当自作出合并决议之日起十日内

[①] 参见河南省南阳市中级人民法院民事判决书(2018)豫13民终7424号。来源:中国裁判文书网http://wenshu.court.gov.cn。

通知债权人，并于三十日内在报纸上公告。债权人自接到通知书之日起三十日内，未接到通知书的自公告之日起四十五日内，可以要求公司清偿债务或者提供相应的担保。"第一百七十九条规定："公司合并或分立，登记事项发生变更的，应当依法向公司登记机关办理变更登记；公司解散的，应当依法办理公司注销登记……公司增加或者减少注册资本，应当依法向公司登记机关办理变更登记。"由此可知，公司合并协议是否生效不仅取决于合并各方的股东是否作出决议，意思表示是否真实，还取决于各方是否编制的资产负债表和财产清单，是否履行了法定的公告程序，债权人是否同意，即公司合并协议的生效，除合并各方意思表示真实外，还须经过法定程序及债权人同意。而本案中，首先，原、被告双方虽签有合并协议，但双方均未编制正式的资产负债表及财产清单，被告虽出示了原告编制的资产负债表及财产明细表，但作为公司合并中被解散公司的债务，须经公告后由债务人申报后才能确认，故原告制作的资产负债表并不能完全反映其真实的债务情况。其次，合并时未通知债权人，亦未于三十日内在报纸上进行公告。再次，合并协议签订后原告未办理注销登记，被告亦未办理变更登记，双方未严格履行公司合并的法定程序和法定义务。协议的部分履行并不能证明合并协议已生效。而未生效的协议亦谈不上解除。故原告要求确认双方签订的合并协议未生效，本院予以支持，其放弃要求解除该协议的诉讼请求，本院予以准许。综上所述，依照《中华人民共和国公司法》第一百七十三条、第一百七十九条之规定，判决如下：

二审法院认为，本案的争议焦点为双方签订的公司合并协议是否生效。《中华人民共和国合同法》第四十四条规定，依法成立的合同，自成立时生效。法律、行政法规规定应当办理批准、登记等手续生效的，依照其规定。本案的合并协议约定双方签字后生效，法律、行政法规没有规定此类合同需经批准或登记后生效，原审适用的《中华人民共和国公司法》第一百七十三条、第一百七十九条也没有公司合并协议需要批准或登记后生效的规定，因此，原判认定双方签订的公司合并协议未发生法律效力，没有法律依据，处理不当，本院予以纠正。依照《中华人民共和国合同法》第四十四条和《中华人民共和国民事诉讼法》第一百七十条第一款第（二）项之规定，判决如下：一、撤销邓州市人民法院（2017）豫1381民初4572号民事判决；二、驳回邓州市上品酒店有限公司的诉讼请求。

第十九章 公司分立纠纷

【典型案例】

李宏虎、长沙宏盛投资发展有限公司公司分立纠纷①

2016年10月8日，李胜辉作为甲方、李宏虎作为乙方、宏盛公司作为丙方签订了《协议书》，写明甲乙双方共同出资1000万元设立丙，甲方出资490万元，乙方出资510万元，丙公司总资产约2亿元，对外负债约9480万元，三方就终止股东投资合作关系签订协议。该协议第三条第1、2款约定："通过派生分立新设方式，将现有的宏盛公司分立成为两个公司，即分立后的宏盛公司、新设派生公司（即长沙青成农业科技有限公司，以下简称青成公司），将现有宏盛公司持有2100万股长沙市农村商业银行股权分割至派生公司，将其余宏盛公司现有的资产及债务分割保留至宏盛公司……甲方将其持有的宏盛公司股权办理过户至乙方名下，乙方将其持有的派生公司股权办理过户至甲方名下……派生公司单独享有2100万股长沙市农村商业银行股权对应的股东权益。"第四条约定："1.甲乙双方确认截至2016年3月11日，宏盛公司合法存续状况、资产权属及债权债务状况，以及其他纠纷或可能对公司造成不利影响的事件均真实、准确、完整，不存在任何的虚假、不实、隐瞒，宏盛公司主要资产及债权债务详见附件《资产及债权债务清单》。"第七条约定："甲方、乙方双方或者甲乙丙三方在本协议签订之前签订的且未全面履行于股权转让相关的协议自本协议签订之日起自动作废，不再执行。"之后，三方履行了上述协议的部分内容，2017年3月30日，李胜辉作为甲方、李宏虎作为乙方、宏盛公司作为丙方、青成公司作为丁方签订了《协议书》（以下简称《协议书2》），该协议约定了如下内容："3.3 另乙方额外支付甲方人民币250万元，于2017年12月31日前付清，逾期支付的按逾期金额日万分之五的标准支付违约金……4.4 除《协议书》及本协议另有约定外，《协议书》及本协议履行完毕前，丙方对外形成的债权债务、经营产生的税费等均由丙方享有和承担，与甲方、丁方无关。如由此给甲方、丁方造成损失的，由乙方、丙方承担赔偿责任；4.5 甲方、丁方对相互在《协议书》及本协议项下的各项债务承担连带责任；4.6 乙方、丙方对相互在《协议书》及本协议项下的各项债务承担连带责任。"2017年4月13日，李胜辉、李宏虎、宏盛公司、青成公司针对各方履行情况签订了《确认书》，该《确认书》写明："四方当事人一致确认2017年3月30日《协议书2》的3.1、3.2、3.3条款继续有效，各方当事人应严格执行。"另查明，2016年3月11日李胜辉、李宏虎确认《长沙宏盛投资发展有限公司资产负债表》并签名，庭审

---

① 参见湖南省长沙市中级人民法院民事判决书（2019）湘01民终2207号。来源：中国裁判文书网 http://wenshu.court.gov.cn。

中双方当事人确认《长沙宏盛投资发展有限公司资产负债表》即《协议书》中的《资产及债权债务清单》。李胜辉承认于 2018 年 2 月 14 日收到李宏虎支付的 202.2 万元，当事人对此事实无异议。另李宏虎、宏盛公司陈述：本归宏盛公司所有的塔机（吊）系李胜辉于 2014 年 6 月私自处置，买受人戴镇东陆续付款 32.8 万元给李胜辉，买受人李中亚 2015 年 2 月支付的 15 万元管道材料款收款人李文系李胜辉侄儿。

李胜辉向一审法院起诉请求：1. 判令李宏虎、宏盛公司立即支付 478000 元；2. 判令李宏虎、宏盛公司按日万分之五的标准向李胜辉支付 2018 年 1 月 1 日起至实际付清全部合同价款之日的违约金，暂计算至 2018 年 9 月 20 日的违约金为 107102 元。（即 250 万元＊万分之五＊44 天 ＋47.8 万元＊万分之五＊218 天），前述 1、2 项诉求暂合计 585102 元；3. 判令李宏虎、宏盛公司承担本案诉讼及保全费用。

李宏虎、宏盛公司向一审法院反诉请求：1. 请求判令李胜辉立即支付李宏虎、宏盛公司塔机（吊）处置收入款 32.8 万元，材料收入款 15 万元，合计 47.8 万元；2. 请求判令李胜辉从收到第一笔前述款项之日起，按照中国人民银行同期贷款利率支付逾期付款违约金；3、请求判令李胜辉承担诉讼费用。

【裁判要旨】

一审法院认为：当事人签订的两份《协议书》及《确认书》系其真实意思表示，合法有效，且当事人已经履行了协议的主要内容，各方均应按照协议履行自身义务。根据 2017 年 3 月 30 日《协议书》约定的"3.3 另乙方额外支付甲方人民币 250 万元，于 2017 年 12 月 31 日前付清，逾期支付的按逾期金额日万分之五的标准支付违约金"，李宏虎仅于 2018 年 2 月 14 日支付李胜辉 202.2 万元，剩余 47.8 万元未支付，李宏虎逾期未支付应当承担违约责任。经核算截至李胜辉起诉之日 2018 年 10 月 10 日的违约金合计 111880 元，后续违约金以未付款项为基数按照日利率 0.05% 自 2018 年 10 月 11 日计算至实际清偿之日止。根据当事人协议的约定，宏盛公司与李宏虎对相互在两份《协议书》中的各项债务承担连带责任，故本案中宏盛公司应当连带清偿上述债务。关于本案的反诉，经查李胜辉与李宏虎于 2016 年 3 月 11 日确认了《长沙宏盛投资发展有限公司资产负债表》，之后当事人于 2016 年 10 月 8 日及 2017 年 3 月 30 日签订的两份《协议书》中均确定了该资产负债表。本案的本诉法律关系基于当事人签订的两份《协议书》中约定的权利义务，李宏虎、宏盛公司以李胜辉未将部分 2016 年 3 月 11 日之前处置资产情况纳入《长沙宏盛投资发展有限公司资产负债表》为由提起反诉要求对方给付款项，李宏虎、宏盛公司还主张李胜辉的行为违反了公司法，侵占公司资产，涉嫌刑事犯罪，认为法院应当裁定中止本案审理程序并移送公安部门。综上，该院认为李宏虎、宏盛公司反诉所称的给付义务并非基于本诉的法律事实和法律关系，李胜辉依据当事人签订的两份《协议书》提起诉讼，要求李宏虎、宏盛公司履行约定义务，本诉纠纷经审理查明事实清楚、证据充分，法院依法应当作出判决，故对于李宏虎、宏盛公司的反诉请求，该院认为与本诉合同纠纷不属同一法律关系，本案中不予处理，李宏虎、宏盛公司可以另行起诉或主张权利。综上所述，依照《中华人民共和国合同法》第八条、第一百零七条，《最高人民法院关于适用〈中华人民共和国民事诉讼法〉的解释》

第二百三十二条、第二百三十三条,《中华人民共和国民事诉讼法》第六十四条第一款之规定,判决如下:李宏虎于本判决生效后七日内支付李胜辉人民币478000元、违约金111880元,合计589880元,后续违约金按照日利率0.05%自2018年10月11日计算至实际清偿之日止,长沙宏盛投资发展有限公司对上述债务承担连带清偿责任。如果未按本判决指定的期间履行给付金钱义务,应当依照《中华人民共和国民事诉讼法》第二百五十三条之规定,加倍支付迟延履行期间的债务利息。本诉受理费9652元,财产保全费用3520元,合计13172元,由李宏虎、长沙宏盛投资发展有限公司负担。(李胜辉已预交诉讼费13172元,长沙宏盛投资发展有限公司已预交反诉费用4235元。)

二审法院认为:本案中李胜辉、李宏虎原系宏盛公司股东,因公司经营发展需要,通过派生分立新设方式,双方协商将宏盛公司分立成为两个公司,即分立后的宏盛公司、新设派生公司青成公司,将现有宏盛公司持有2100万股长沙市农村商业银行股权分割至派生公司,将宏盛公司现有的其余资产及债务分割保留至宏盛公司,李胜辉将其持有的宏盛公司股权办理过户至李宏虎名下,李宏虎将其持有的派生公司股权办理过户至李胜辉名下。同时,双方还约定由李宏虎额外支付李胜辉人民币250万元,李胜辉因李宏虎未按约履行协议所约定的250万元支付义务诉至法院,系公司分立过程中所发生的纠纷,一审认定本案为合同纠纷系对本案法律关系认定不准确,应予纠正为公司分立纠纷。至于李宏虎、宏盛公司上诉称李胜辉未将47.8万元的资产处置情况纳入《长沙宏盛投资发展有限公司资产负债表》,涉嫌职务侵占的问题,因本案公司分立过程中双方签订的《协议书》中均未涉及该47.8万元资产处置的问题,一审判决认为李宏虎、宏盛公司对该47.8万元可另行主张权利并无不当。因此,虽然一审判决认定法律关系存在瑕疵,但裁判结果正确,本院依法纠正瑕疵后仍维持其裁判结果。依照《中华人民共和国民事诉讼法》第一百七十条第一款第(一)项、《最高人民法院关于适用〈中华人民共和国民事诉讼法〉的解释》第三百三十四条之规定,判决如下:驳回上诉,维持原判。

【实务指引】

一、公司分立纠纷的定义

公司分立是指一个公司依照法定条件和程序,分裂为两个或者两个以上公司的行为。分立包括创设分立和存续分立两种形式。创设分立又称新设分立,是指公司分立为两个或两个以上的新的公司,原公司消灭。存续分立又称派生分立,是指公司分立为两个或两个以上的新的公司,但原公司仍然存续的公司分立形式。公司分立有利于实现公司经营的专门化,提升公司的经营效率。

公司分立主要产生两个方面的法律后果:一是公司组织结构的变化;二是权利义务的法定转移。首先,公司分立导致一个或一个以上的公司设立,该公司的营业来自既有公司营业分割,而不是既有公司的转投资行为。对于创设分立,还同时导致既有公司的消灭,其消灭也不需要经过清算程序。其次,公司分立的结果导致了分立公司债务的法定承担,即除非公司在分立前与债权人就债务清偿达成的书面协议另有约定,公司分立前的债务由分立后的公司承担连带责任。

由于公司分立产生上述法律效果，因此涉及多家公司股东及债权人的利益，为了防止公司分立而侵害中小股东或债权人的利益，公司法规定了公司分立的严格程序。公司分立需要经过股东会决议通过，制定分立计划或者分立协议，编制资产负债表及财产清单，通知或公告债权人，进行财产分割，并办理登记手续。

如果公司分立未依照该公司分立计划或分立协议进行，或者违反了法律、行政法规的强制性规定，则会导致纠纷。公司分立纠纷中比较常见的是公司分立无效纠纷，如公司股东认为公司分立决议未经股东会通过，或债权人认为公司分立过程中公司未履行通知义务，或有其他违反法律或行政法规之情形，而提起公司分立无效之诉。

近年来，公司分立频繁发生，因公司分立发生的纠纷也日益增多，故《民事案件案由规定》将公司分立纠纷列为第三级案由。

二、公司分立的步骤

公司分立的步骤，对司法介入也有影响。分立进行到哪一步，在哪一步产生纠纷，司法介入的方式将因此而不同。

第一步，公司的执行董事或者董事会拟出分立方案。

第二步，股东会作出分立决议、决定，即作出分立的书面意思表示。作出该意思表示的必须是公司的权力机关，即公司的股东会。如果分立的是一人公司，则由股东决定，如果是国有独资公司，则由国有资产监督管理机构决定。根据我国公司法的规定，有限责任公司的分立决议，必须经代表三分之二以上表决权的股东通过，股份有限公司的分立决议，必须经出席会议的股东所持表决权的三分之二以上通过。如果决议的程内容违法，或者决议的程序违法，相关股东可以请求法院确认分立决议无效，或请求撤销分立决议。分立决议、决定、协议，是司法介入分立纠纷的基础依据。

第三步，签订分立合同。在吸收分立和分立合并中，参与分立的既存公司是复数，各公司需要就分立的具体事项和各自的权利义务签署书面合同，否则公司的股东和债权人的利益将面临巨大风险。分立合同是处理分立纠纷的基本依据。

第四步，通知债权人，发布分立公告。公司分立，是一个特别重大的事项，关乎债权人的切身利益，直接影响其债权的实现。所以现行《公司法》第一百七十六条第二款规定，公司应当自作出分立决议之日起十日内通知债权人，并于三十日内在报纸上公告。

第五步，分割资产、负债和业务，编制报表和财产清单。资产包括财产和债权。我国现行《公司法》第一百七十六条第一款只提分割财产，没有提分割债权、债务和业务，显然是一漏洞。在第二款虽然提到编制资产负债表及财产清单，但仍然没有提到债权和债务的处理。最新修改的《公司登记管理条例》第三十八条要求在办理公司分立登记的时候，要向登记机关提交债务清偿或者债务担保情况的说明，堵塞了公司法在此问题上的漏洞。公司的业务分割，也是公司分立的重要内容。业务分割涉及业务关系的维系、公司的平稳过渡和今后的发展。分割资产、负债和业务，是分立各方现实利益调整、分配和博弈的环节，是分立过程中最容易产生纠纷的环节。

第六步，办理公司分立登记。分立登记是实施公司分立中重要的一环，能够完成分立登记，则新公司取得法律上的主体资格，因分立产生的所有纷争，都可以通过司法介入解决。不能完成分立登记，则公司分立有可能功亏一篑。在发生纠纷的情况下，如何完成分立登记，将是本书探讨的重点。在现有的公司分立制度里，如果在完成分立登记之前产生纠纷导致无法完成分立登记，则公司只能走向解散清算的结局。

原国家经济体制改革委员会1992年5月发布的《股份有限公司规范意见》第九十四条规定，公司分立，应报政府授权部门批准，并到工商行政管理机关办理相关登记，所需的文件包括分立申请书、政府批准文件、分立协议、分立决议、分立各方的公司章程、经注册会计师验证的分立前公司的资产负债表、利润表以及注册会计师的查账报告等。

分立登记的意义，一是使新公司取得法律上的主体资格，二是通过登记确立分立关系，保护股东、债权人和其他利害关系人的利益，三是告示作用。

《公司登记管理条例》第三十八条第二款规定，公司分立，应当自公告之日起四十五日后申请登记，提交分立决议或决定，在报纸上登载分立公告的有关证明和债务清偿或者债务担保的说明。此外，根据该条第一款的规定，根据分立方式的不同，申请变更登记或者注销登记或者设立登记，并提供相应的书面文件。

如果法律、行政法规或者国务院决定规定公司分立必须报经批准的，还应当提交有关批准文件。

相比而言，《股份有限公司规范意见》第九十四条第六项规定的内容"经注册会计师验证的分立前公司的资产负债表、利润表以及注册会计师的查账报告等"有其必要性；《公司登记管理条例》没有此项规定，公司法里也没有规定将资产负债表和财产清单备置于公司供债权人查阅，不利于保护债权人的利益。

第七步，财产的过户登记。土地、房产、车辆、船舶等是公司重要的生产资料，公司的分立是法人资格的分离和确立，产生了不同的法律主体，财产的分割需要办理过户手续，才发生所有权的转移。需要办理过户手续的财产，办理了过户手续，分割才真正完成。

上述步骤，是分立公司的基本流程，但并非一成不变，也不是所有的步骤都按部就班。比如，在公司规模不大的时候，不一定需要第一步拟出分立方案。分割资产、负债和业务，编制报表和财产清单，也可以在作出分立决议之前，做好安排，再以分立决议、决定确认。由于上市公司与非上市公司的区别，在分立程序上的具体事项会相差很大。

分割资产、负债和业务，这一步是最容易产生纷争的环节。防止因为纷争不能完成分立登记，是最需要从制度上完善的环节。公司登记的制度渠道打通了，公司分立纷争的问题就可以更便捷地通过司法介入予以解决，避免因为僵局而解散清算。

三、公司分立登记的程序

公司需分立的，公司股东会作出决议，并按公司法的规定，履行通知债权人、处理债权债务义务后，向公司登记机关提交相关登记材料，申请变更登记。

（一）派生分立

派生分立是指公司将一部分资产分出去另设一个或若干个新的公司，原公司存续。另设的新公司应办理开业登记，存续的原公司办理变更登记。

1. 分立后存续公司办理变更登记，应提交下列文件、证件

（1）公司法定代表人签署的《公司变更登记申请书》；

（2）《企业（公司）申请登记委托书》；

（3）分立各方签订的分立协议和公司股东会（或其所有者）同意分立的决议（主要写明分立出几个公司，分立的主要内容）；

（4）公司在报纸上发布三次分立公告的凭证；

（5）公司作出的债务清偿或债务担保情况的说明；

（6）公司新一届股东会决议（主要写明：总股本及其股本构成、公司领导班子有否变化、公司章程修改、其他需变更的事项）；

（7）章程修正案（主要列示章程变动情况对照表）或新章程；

（8）由新一届股东会全体股东出具的《确认书》，若有职工代表出任的董事、监事，还需提交职代会选举的任职文件；

（9）《公司股东（发起人）名录》；

（10）《公司（企业）法定代表人登记表》；

（11）公司董事会成员、监事会成员、经理情况；

（12）公司董事、监事、经理身份证复印件；

（13）公司营业执照正副本及由市场监督管理局档案室提供加盖市场监督管理局档案专用章的公司章程复印件。

2. 派生新设公司办理开业登记，应提交下列文件、证件

（1）公司法定代表人签署的《公司设立登记申请书》和其他开业登记材料；

（2）《企业（公司）申请登记委托书》；

（3）分立各方签订的分立协议和原公司股东会（或其所有者）同意分立的决议（主要写明分立出几个公司，分立的主要内容）；

（4）原公司在报纸上发布分立公告的凭证；

（5）原公司作出的债务清偿或债务担保情况的说明；

（6）原公司营业执照复印件。

（二）新设分立

新设分立是指公司将全部资产分别划归两个或两个以上的新公司，原公司解散。原公司办理注销登记，新设公司办理开业登记。

1. 新设公司办理开业登记，应提交下列文件、证件

（1）公司法定代表人签署的《公司设立登记申请书》和其他开业登记材料；

（2）《企业（公司）申请登记委托书》；

（3）分立各方签订的分立协议和原公司股东会（或所有者）同意分立的决议（主要写明分立为哪几个公司，分立的主要内容）；

（4）原公司在报纸上发布分立公告的凭证；

（5）原公司作出的债务清偿或债务担保情况的说明；

（6）原公司营业执照复印件。

2. 分立解散公司（即原公司）办理注销登记，应提交下列文件、证件

（1）公司法定代表人签署的《公司注销登记申请书》；

（2）《企业（公司）申请登记委托书》；

（3）公司股东会同意分立和注销决议（主要内容是因公司分立同意注销）；

（4）分立各方签订的分立协议；

（5）公司在报纸上发布三次分立公告的凭证；

（6）公司作出的债务清偿或债务担保情况的说明；

（7）公司营业执照正副本原件；

（8）法律、行政法规规定应当提交的其他文件。

四、公司分立纠纷的裁判规则

（一）对企业法人分立后原企业债务的承担的处理规则

1. 由分立后的企业承担原企业债务的原则

企业法人的分立，并不产生企业法人终止的结果，而是该企业法人的变更，该变更不意味着原企业法人与债权人之间的债务关系消灭。原企业法人的权利和义务由变更后的企业来承受，其全部财产包括所有权、他物权、无体财产权以及各项债权均由变更后的法人所享有。所以，在企业法人分立后，其原来的债权与债务应当由分立后的法人来承担民事责任。该责任为连带责任，即分立后的企业共同承担债务清偿责任。

2. 原企业出资人与债权人约定债务处理有效原则

企业分立是当事人自治原则的体现。对于原有企业债务的承担问题，也要遵循这一原则。企业在分立过程中应当与所有债权人协商，签订债务分担协议，确定企业分立后由谁来承担或者如何分担该债务。对企业分立后债务的承担不能达成一致的，债权人有权要求企业清偿债务或者提供相应的担保。但是，企业分立时对债务承担的约定未经债权人认可的，并不导致企业分立行为的无效，也不导致分立企业对债务承担的约定无效，只是该约定不能对抗债权人，对债权人无约束力。

如果企业分立时对原企业的债务如何处理没有作出约定，为切实保护债权人的利益，分立后的企业应当承担债务清偿责任；对债务处理有约定的，还需要债权人的认可。

债权人的认可，包括经所有债权人的认可而不是一部分债权人的认可；企业分立时对债务的承担有约定，但是约定不明确，导致双方在理解和适用时发生分歧的，分立后的各个企业均要对债权人承担责任，此时分立后的各个企业对债权人承担的责任，属于连带责任。债

权人既可以向分立后的所有企业主张权利，也可以向其中的一个或者几个企业主张权利；既可以向分立后的企业主张全部债权，也可以向分立后的企业主张部分债权；分立后的企业承担连带责任，则分立后企业的所有财产均为债权人债权的担保财产，债权人不必按照企业分立时的资产负债比例分别要求分立后的企业承担责任。

（二）企业改制后原企业债务的承担规则

企业法人拥有独立的财产是其具有法律人格的基础和前提条件，是企业法人独立享受民事权利和承担民事义务的物质基础；法人以其全部财产作为从事民事活动的一般担保，并以具体财产偿还债务。由接受被改制企业资产的企业法人承担被改制企业的债务，是法人独立财产制度的客观要求，有利于维护市场交易信用和最大限度地保护债权人的合法权益。同时，在改制实践中，无论是实行企业兼并、出售，还是股份制改造，一般都是在对包括债权债务在内的企业净资产进行评估的基础上，通过作价、折股、转股方式实行产权转让的。凡纳入企业资产的原企业债务由改制后的企业承担，不违反该企业及其投资者的意愿，更不存在损害该企业其他股东利益的问题。因此，各地政府在有关改制的规范性文件以及具体操作过程中，一般都明确规定或约定企业改制后，原企业债权债务全部由改制后的企业承担。

小型国有、集体企业通过协商定价、招标投标等形式，将产权转让给其他法人或其他自然人，由购买者按个体工商户或独资、合伙形式的私营企业经营的，企业法人实体不再存续。购买者经营的个体经济组织和私营企业，不具备法人资格，与原企业存在法律人格上的根本区别，不能成为原企业权利、义务的承继者，原企业的债务应由主管部门负责清偿，这是上述原则的例外。至于企业出售后实行兼并或改组为股份制企业（即先售后股）的，企业出售只是改制的一个环节，其法律后果应与购买或企业兼并或股份制改造相同。

需要指出的是，工商注册登记是企业法人设立、变更、终止的程序要件。有无经过工商注册登记应作为企业改制是否最终完成的重要标志。在审理破改制企业改制前的债务案件过程中，凡企业改制后已进行工商变更、设立登记的，应以新企业为诉讼主体，判令其以所有财产承担债务清偿责任；凡企业改制后尚未进行工商变更、注销、设立登记的，仍应以原依法核准登记的改制企业为诉讼主体，并以原有资产为限承担责任，其中该企业的财产占有权实际已发生转移的，应将取得该企业财产的企业、单位或自然人作为共同被告，以其所取得的企业财产为限共同承担责任。

【拓展案例】

史某等公司分立纠纷[①]

2007年4月6日，翔宇房地产公司同史某合资组建了宇翔出租汽车公司，经呼和浩特市人民检察院主持调解，2012年9月20日翔宇房地产公司同史某、宇翔出租汽车公司签订《呼和浩特市宇翔出租汽车有限责任公司存续分立协议书》（以下简称《存续分立协议

---

① 参见呼和浩特市中级人民法院民事判决书（2016）内01民终802号。来源：中国裁判文书网 http://wenshu.court.gov.cn。

书》），并经过呼和浩特市北方公证处公证。《存续分立协议书》约定：（一）根据史某及翔宇房地产公司在宇翔出租汽车公司的持股比例，将宇翔出租汽车公司所经营的300辆客运出租汽车中的100辆分离出来，由史某另行注册成立新公司，独立经营该100辆出租汽车。（二）在史某注册成立新公司10日内将分离出的100辆出租车及相关材料交付给史某，同时将100辆出租车的保证金按实际收款数额一并交付给史某，同时协助办理成立新公司事宜……。（三）宇翔出租汽车公司应进行分立前的审计和清算，清算起止时间从2007年4月11日至上述100辆出租车正式移交到新公司止。（四）任何一方如对审计结果有异议，可协商解决，由呼和浩特市人民检察院主持下另行签订补充协议。（五）宇翔出租汽车公司应该依照审计结果按照出资比例支付史某应得的收益。翔宇房地产公司和史某对审计结果签字确认后就审计、清算结果达成补充协议后15日内向史某支付款项，如逾期不予支付，史某有权要求宇翔出租汽车公司按照银行同期贷款利息的四倍支付违约金。（六）100辆出租车独立经营前所产生的债权债务由宇翔出租汽车公司承担，转由史某新成立的公司经营后所产生的债权债务由新成立的公司自行承担。……二、审计报告情况：2012年11月25日，内蒙古财信达会计师事务所有限责任公司对宇翔出租汽车公司自2007年5月成立以来至2012年10月31日止的资产状况、公司经营情况以及股东分红情况等事项进行了审计，并出具审计意见称：（一）经审计调整后，截至2012年10月31日，资产总额43804886.07元，其中流动资产40500346.74元，固定资产净值2367039.33元，无形资产即营运权净值937500.00元。负债总额为15151906.26元。所有者权益总额为28652979.81元。（二）截至2012年10月31日，账面反映公司实收资本1000万元，其中翔宇房地产公司667万元，史某333万元。宇翔出租汽车公司自成立以来一直没有进行过分红。该份审计报告在审计事项作出调整后还指出审计中发现的其他问题，如：购汽车配件发票内容为配件，但无配件明细；汽车装具232100元，所付发票为内蒙古民族商场有限责任公司，其中7.4万元的发票内容为工艺品；各年中存在发放的福利费及购买的烟酒无明细。2012年史某出具《承诺书》载明：史某完全同意审计报告内容及结果。三、和解协议约定情况：2012年12月21日三方根据内蒙古财信达会计师事务所出具的《审计报告》，在充分协商的基础上，达成如下和解协议：（一）三方均同意内蒙古财信达会计师事务所审定的翔宇房地产公司和宇翔出租汽车公司给付史某14587027元的审计报告。在此基础上宇翔出租汽车公司、翔宇房地产公司再行给付史某160万元，双方共计给付史某16187027元。最终数目以《审计报告》为准进行分割。该款给付后双方各自经营200辆和100辆出租车，双方矛盾全部解决，不再存在任何矛盾。除分给史某的100辆出租车外的固定资产全部留给宇翔出租汽车公司、翔宇房地产公司。（二）本和解协议订立之日起5日内，宇翔出租汽车公司、翔宇房地产公司给付史某500万元，其余款项在2013年1月21日前付清，否则史某有权要求宇翔出租汽车公司、翔宇房地产公司按银行同期贷款利率四倍支付违约金。（三）宇翔出租汽车公司、翔宇房地产公司应将2012年11月、12月经营出租车所取得的收益（即份子钱）据实交付史某，史某交付管理费5万元。该款应于2012年12月31日前付清。（四）本和解协议签订之日起，宇翔出租汽车公司、翔宇房地产公司应积极配合史某办理100辆出租车的过户手续，过户费由史某承担。……（五）……（六）该协议签订后三方承诺，各自撤回在各级法院所有的诉讼，不再因该300辆出租车的经营权而提起任何诉讼。……。四、《和解协议书》履行情况：在和解协议签订后，2012年12月25日宇翔出租汽车公司给付（转出）史某注册资本金333万元。同日宇翔出租汽车公司给付史某承包车辆押金167万元。2013年1月21日宇翔出租汽车公司给付史某出租车司机承包车辆押金2119500元。2013年1月21日宇翔出租汽车公司给付史某利润分配款1715500元。2013年2月4日宇翔出租汽车公司支付史某利润分配款200万元。2013年3月8日宇翔出租汽车公司向史某支付利润分配款1067329元。2012年12月22日史某收到分出的车辆登记证书共计一百份。上述100辆车的价值为684243元（史某分得100辆车的余值374743.12元+经营权余值312500元），随车转让的应收债权（即分出的100辆车欠付的承包费）为359860元。2013年1月21日宇翔出租汽车公司、翔宇房地产公司给付史某11月、12月承包费116.5万元（已扣减5万元管理服务费）。

围绕本案的争议的焦点，一审法院展开论述如下：一、该院认为，《存续分立协议书》《和解协议书》中确立的公司分立和财产分割原则均为按照股东的出资比例来分配，符合双方协议的相关条款及交易习惯。理由为：《存续分立协议书》第一条约定按照持股比例分配实物，如"按照持股比例，将丙方经营的300辆客运出租汽车中的100辆出租汽车从丙方分立出来"，协议第五条约定按照出资比例分配公司利润，如"丙方应当依照审计结果按照出资比例支付乙方应得的收益。"《和解协议书》第一条约定宇翔出租汽车公司、翔宇房地产公司给付史某14587027元，也是按史某在宇翔出租汽车公司出资占公司总资产的33.3%来分割的（即43804886.07元×33.3%）。《和解协议书》中提到的实物分割（300辆车分出100辆）、未处理事故的待摊费用处理也是按史某出资比例分担的。因此对于公司分立及分立中的和解双方坚持按出资比例分割的原则，符合合同的相关条款的约定，也符合交易习惯。二、该院认为，宇翔出租汽车公司的总资产按出资比例应分给史某14587027元，该款项包括约定的实物、有关联的应收债权、负债和待摊费用等项目，其余款项应为现金。理由为：（一）《审计报告》中确认的资产总额为43804886.07元，而公司的净资产（即所有者权益总额）只有28652979.81元。公司总资产中包括负债等项目和所有者权益等项目，因此宇翔出租汽车公司分给史某的14587027元中可以包括负债项目和所有者权益等项目。（二）史某认可分割的财产中包括负债和应收债权等项目。根据史某向宇翔出租汽车公司出具的收到出租车司机承包车辆押金2119500元的《收据》显示，史某知晓并认可对公司的负债项目（承包车辆押金属于会计报表中的负债项目）进行分割。另根据查明情况史某接受的100辆出租车所欠付的承包费已由史某收取，说明史某认可并接受其所分的资产中包括应收债权项目。（三）由于双方在《和解协议书》中未明确14587027元中实物、负债、应收债权等的比例，该院只能按照约定分割，未明确的应视为给付现金。根据《和解协议书》的约定及实际履行情况，除约定分出的实物（100辆出租车的车辆余值、经营权余值）及与之有关联的史某自愿接受的负债、应收债权之外，宇翔出租汽车公司、翔宇房地产公司应付史某的其他款项应为现金。（四）史某主张《和解协议书》第一条约定：宇翔出租汽车公司、翔宇房地产公司给付史某现金14587027元外再分给史某100辆出租车及车辆经营权，此种分配方法显失公平。根据《审计报告》显示，公司资产总额为43804886.07元，而公司的净资产（即所有者权益总额）为28652979.81元，100辆出租车的车辆余值374743.12元、经营权余值312500元、计价器摊销3750元、保险费摊销322974.3元。按照史某的主张，宇翔出租汽车公司、翔宇房地产公司应给付史某的全部款项为15600994.42元（即14587027元+374743.12元+312500元+3750元+322974.3元=15600994.42元）占公司净资产54.45%。史某出资33.3%，分走宇翔出租汽车公司54.45%的净资产，违背《存续分立协议书》和《和解协议书》的分割原则，而且显失公平。三、该院认为，截至现在，宇翔出租汽车公司、翔宇房地产公司尚欠史某的未付款项为2909770元。理由为：（一）根据和解协议，宇翔出租汽车公司、翔宇房地产公司给付史某的全部应付款项为17352027元（14587027元+额外给付的160万元+11月12月经营收入1165000元）。（二）宇翔出租汽车公司向史某的已付款总额为14442257.42元。具体项目包括：1. 已经给付史某的实物资产数1013967.42元（即100辆出租车的车辆余值374743.12元+100辆车经营权余值312500元+100辆车计价器摊销3750元+100辆车11月12日已经缴纳的保险费摊销322974.3元）。2. 已经给付史某100辆车相关联的负债（车辆押金）3789500元（即167万元+2119500元）。3. 给付史某100辆车相关的应收债权（车辆欠付的承包费）359860元。4. 已经给付史某利润款为4782830元（1715500元+200万元+1067330元）。5. 退还史某的出资款333万元。6. 给付史某11月、12月经营收入1165000元。（三）宇翔出租汽车公司、翔宇房地产公司预扣史某的各项费用没有法律依据，该院不予支持。理由如下：1. 宇翔出租汽车公司在审计之后缴纳的、《审计报告》未体现的10月份公司经营各项税款，宇翔出租汽车公司11月、12月发生的营业税及附加税，分出的100辆车司机的11月、12月社保费，分立过程中发生的审计费，2008年至2011年营业执照年检费等费用，由于未在《审计报告》中体现，双方又未在《和解协议书》中约定，因此双方应根据《和解协议书》第七条的约定，"本协议未尽事宜，双方协商解决，另行订立补充协议，补充协议同本协议具有同等效力"。因此，上述费用在本案中该院不予审理。2. 基于以上说理，宇翔出租汽车公司主张双方互负到期债务而相互抵销，没有事实和法律依据，该院不予支持。四、该院认为，史某提出补充审计的申请，没有法律依据，该院不予准许。理由为：（一）史某指出，宇翔出租汽车公司不配合财信达公司对其财务中所涉及的差旅费、工资及营业外支出等费用进行审计，因此要求对上述内容补充审计。由于史某在《和解协议书》及《承诺书》中都确认认可《审计报告》的内容及结果，因此对史某对上述内容要求补充审计的申请，该院不予支持。（二）史某针对《审计报告》中指出的公司财务报表中存在招待费、福利费等费用超出国家规定标准，没有明细，没有发票等内容要求补充审计。由于双方在《和解协议书》中约定，在审计报告审定的基础上，宇翔出租汽车公司、翔宇房地产公司再行给付史某160万元……双方矛盾全部解决，不再存在任何矛盾。所以，对于双方已经协商处理过的事项，史某提出补充审计，于法无据，该院不予支持。五、该院认为，史某要求宇翔出租汽车公司、翔宇房地产公司支付违约金的诉讼请求，合理部分该院予以支持。具体数目如下：1. 2013年2月4日，宇翔出租汽车公司向史某支付200万元，违约13天，根据约定按同期贷款利率的四倍计算利息应承担17766.67元的违约金。2. 2013年3月8日，宇翔出租汽车公司向史某支付了1067329元，违约46天，史某主张违约金27021.93元，该院认可。3. 根据上文陈述，宇翔出租汽车公司、翔宇房地产公司尚欠史某2909770元未付，截至2015年4

月30日共计逾期861天，根据约定应支付违约金1711963元，至实际付清之日止。六、该院认为，交付财产主体应该是被分立的公司，由于当事人在《存续分立协议书》中约定给付分立财产的主体是宇翔出租汽车公司和翔宇房地产公司，故该院尊重当事人的约定，判决宇翔出租汽车公司与翔宇房地产公司承担义务。综上，依据《中华人民共和国公司法》第一百七十五条第一款，《中华人民共和国合同法》第六十条、第六十一条、第一百条、第一百零七条之规定，判决：一、内蒙古翔宇房地产开发集团有限公司、呼和浩特市宇翔出租汽车有限责任公司于判决生效后十日内给付史某欠付公司分立款2909770元；二、内蒙古翔宇房地产开发集团有限公司、呼和浩特市宇翔出租汽车有限责任公司于判决生效后十日内按约定给付史某违约金1756752元，至实际付清之日止；三、驳回史某的其他诉讼请求。如果未按本判决指定的期间履行给付金钱义务，应当依照《中华人民共和国民事诉讼法》第二百五十三条之规定，加倍支付迟延履行期间的债务利息。案件受理费47787元（史某已预交），由内蒙古翔宇房地产开发集团有限公司、呼和浩特市宇翔出租汽车有限责任公司承担44133元，史某承担3654元。

二审法院认为，本案的争议焦点是：一、宇翔出租汽车公司和翔宇房地产公司向史某交付的实物资产，是否包含在《存续分立协议书》和《和解协议书》中，即实物资产的价值是否应从该两份协议约定的应向史某支付的款项中扣除？二、宇翔出租汽车公司代史某缴纳个人所得税的事实是否存在？如存在，缴纳的数额是多少？是否应从宇翔出租汽车公司应付史某的款项中扣除？三、对于《审计报告》中不可转让部分，史某是否应当按照出资比例承担？该金额是否应从应付史某款项中扣除？四、分配给史某的100辆出租车所对应的宇翔出租汽车公司2012年11月、12月的营业税等是否应当由史某承担？五、宇翔出租汽车公司是否按照《存续分立协议书》和《和解协议书》约定付清全部款项？如未付清，未付清部分的金额是多少？是否应当承担违约金？

二审法院认为，本案系公司分立纠纷，史某与翔宇房地产公司系宇翔出租汽车公司的股东，三方就宇翔出租汽车公司分立已达成《存续分立协议书》，后为了该《存续分立协议书》的履行，史某、翔宇房地产公司及宇翔出租汽车公司在《存续分立协议书》的基础上又达成《和解协议书》，因此该两份协议书并不是孤立的，而是相互联系、相互补充的，均是确定本案双方当事人权利义务的依据。

关于焦点一，如前所述，本案系宇翔出租汽车公司股东因公司分立所引发的纠纷。根据公司分立的一般规则，即如无特别约定，则原公司股东应按照股权份额对公司资产及债务进行分割，此种分割方式更符合公平原则。本案中，史某与翔宇房地产公司在宇翔出租汽车公司的出资比例同时也是各自的股权份额，其中史某的出资比例为股东出资总额的33.3%，翔宇房地产公司的出资比例为股东出资总额的66.7%，而史某与翔宇房地产公司及宇翔出租汽车公司就宇翔出租汽车公司分立事宜所达成的《存续分立协议书》《和解协议书》中均反映了按照各自出资比例对宇翔出租汽车公司资产进行分割的意思表示，如两份协议书中均约定将原由宇翔出租汽车公司经营的300辆出租车中的100辆交由史某新成立的公司经营，如《存续分立协议书》约定"丙方（即宇翔出租汽车公司）应当依照审计结果按照出资比例支付乙方（即史某）应得的收益"，又如《和解协议书》约定的宇翔出租汽车公司、翔宇房地产公司给付史某14587027元也是按照史某在宇翔出租汽车公司的出资比例乘以宇翔出租汽车公司的资产总额所得。综上，史某与翔宇房地产公司对于宇翔出租汽车公司分立所确定的资产分割的基本原则就是除双方在两份协议书中特别约定的事项以外，其余均按照各自在宇翔出租汽车公司出资比例进行分配。现两份协议书中均没有明确约定出租车的价值不计入宇翔出租汽车公司的资产总额，而审计报告中宇翔出租汽车公司的资产总额中也包括了300辆出租汽车的价值，因此分配给史某的100辆出租汽车的价值应当包含在翔宇房地产公司应当向史某支付的14587027元中，此种分配方式既符合双方约定，又不违背公平原则。

关于焦点二，本院认为，宇翔出租汽车公司向本院提交了《电子缴税付款凭证》以及《扣缴个人所得税报告表》，意图证明宇翔出租汽车公司代史某向税务机关缴纳1565585.16元个人所得税，并主张该笔款项应从宇翔出租汽车公司及翔宇房地产公司应付史某的款项中扣除，该主张属于抵销权的范畴，但是抵销权的行使条件是双方互付到期债务，而本案中史某对于宇翔出租汽车公司代其缴纳个人所得税的合理性及合法性均不认可，也即宇翔出租汽车公司所主张的其对史某的债权尚存争议，故宇翔出租汽车公司在本案中主张以其代史某缴纳的1565585.16元个人所得税抵销其应付史某的款项不符合抵销权行使的条件，本院不予支持。宇翔出租汽车公司因此与史某之间所形成的债权债务关系其可另案主张。

关于焦点三，宇翔出租汽车公司所主张的《审计报告》中不可转让部分，是指审计期间内宇翔出租汽车公司的部分负债，包括2012年10月份员工工资13882.08元、2012年的企业所得税金757822.68元，以及其他应付款项中史某工资155287.85元、包车押金222157.99元、退回2012年11月和12月房租27777.82元，宇翔出租汽车公司认为以上负债史某应当按照出资比例分担，即应当从宇翔出租汽车公司应付史某款项中扣除。对此，本院认为，宇翔出租汽车公司所主张的上述负债在《审计报告》中均已包含，而《和解协议书》系在《审计报告》作出之后达成的，《和解协议书》中并未约定史某按照出资比例承担宇翔出租汽车公司该部分负债，且《存续分立协议书》中也约定分配给史某的100辆出租汽车在转由史某新成立的公司独立经营前产生的债权债务由宇翔出租汽车公司承担，因此宇翔出租汽车公司的这一主张不能成立，本院不予支持。

关于焦点四，即分配给史某的100辆出租车所对应的宇翔出租汽车公司2012年11月、12月的营业税等费用是否应当由史某承担的问题，包括：（1）11月、12月营业税及附加税47520元；（2）10月份利润应缴纳的所得税63367.5元；（3）蒙AY4200-4300参加社保司机的11、12月社保费37569.83元；（4）财信达事务所审计费20万元，史某按照33.3%的比例承担为66667元；（5）2008年—2011年营业执照年检费19400元，史某按照33.3%的比例承担为6467元；（6）待处理损失2293.3元。本院认为，关于2012年11月、12月所发生的营业税、附加税、10月份利润应缴纳的所得税以及司机的社保费，双方在2012年12月21日签订《和解协议书》时上述费用已经发生或者是应当预见的，但是双方在《和解协议书》中并未就上述各项费用的承担进行约定，而是约定宇翔出租汽车公司及翔宇房地产公司将两个月的份子钱据实交付史某，史某给付宇翔出租汽车公司及翔宇房地产公司管理费5万元，因此宇翔出租汽车公司及翔宇房地产公司主张从应付史某款项中扣减上述各项费用缺乏合同依据，本院不予支持。关于审计费20万元，如前所述，在签订《和解协议书》时已经发生,但在《和解协议书》中并未约定由双方按照出资比例分担,宇翔出租汽车公司及翔宇房地产公司主张从应付史某款项中扣减缺乏合同依据,本院不予支持。关于2008年—2011年营业执照年检费19400元,应当已经包含在财信达公司的《审计报告》附表三利润表之管理费用中,且在《和解协议书》中也未约定此项费用由史某另行承担,故宇翔出租汽车公司及翔宇房地产公司主张由史某承担的理由不能成立,本院不予支持。关于待处理损失2293.3元,体现在《审计报告》附表一资产负债表(资产类)中流动资产项下,具体科目为待处理流动资产净损失,系企业在清查财产过程中发现的列支范围尚不明确或责任尚不明确的流动资产毁损或盘亏,实际为宇翔出租汽车公司因未了解出租车事故所列支的待摊费用,根据《和解协议书》的约定,待事故彻底处理后所需费用按翔宇房地产公司三分之二、史某三分之一分摊,现翔宇房地产公司并未提供证据证明该事故已处理以及其为处理事故实际支出费用,故其该项上诉请求不能成立,本院不予支持。

关于焦点五,本院认为,一审根据双方达成的《存续分立协议书》及《和解协议书》对于宇翔出租汽车公司及翔宇房地产公司应向史某支付的款项、数额进行了核对,其中,双方对于已支付现金13067329元无异议,一审对此认定无误;对于已经向史某交付的实物资产即100辆出租车的价值一审根据《审计报告》内容进行确认,符合双方约定并有相应的证据在卷佐证,此项内容本院予以维持;对于分配给史某的100辆出租车欠付的承包费,因该100辆出租车已移交给史某新成立的公司经营,故该100辆出租车欠付的承包费由史某清收更方便且有利于债权的实现,一审认定宇翔出租汽车公司将该债权让与史某并无不当,本院予以维持。一审认定宇翔出租汽车公司与翔宇房地产公司向史某应付全部款项为17352027元,双方对此无异议,本院予以确认;一审认定已付款总额为14442257.42元系计算错误,实际应为14441157.42元,本院予以更正。故,宇翔出租汽车公司、翔宇房地产公司尚欠史某的未付款项为2910870元。宇翔出租汽车公司及翔宇房地产公司未按照约定的期限及数额向史某支付的款项,根据《和解协议书》的约定,史某有权要求宇翔出租汽车公司及翔宇房地产公司按照银行同期贷款利率的四倍支付违约金,一审据此判决宇翔出租汽车公司及翔宇房地产公司向史某支付违约金符合双方约定且不违反法律规定,本院予以支持。因欠付款的本金数额发生了变化,违约金也应予重新计算,即:1.2013年2月4日,宇翔出租汽车公司向史某支付200万元,违约13天,根据约定按同期贷款利率的四倍计算利息应承担17766.67元的违约金;2.2013年3月8日,宇翔出租汽车公司向史某支付了1067329元,违约46天,应支付违约金27021.93元;3.剩余欠款违约金以2910870元为基数计算,截至2015年4月30日共计逾期861天,根据约定应支付违约金1712610元,并计算至实际付清款之日止。上述1~3项截至2015年4月30日共计应付违约金1757399元。

综上所述,一审关于宇翔出租汽车公司及翔宇房地产公司向史某已付款项的数额计算有误,从而导致判决宇翔出租汽车公司及翔宇房地产公司向史某支付的款项数额错误,本院予以变更。

第二十章　公司减资纠纷

【典型案例】

胡仁建、彭世美与穆春燕公司减资纠纷①

2008年9月9日，重庆建通物流快运有限公司登记设立，注册资本50万元，胡仁建出资40万元，彭世美出资10万元，胡仁建担任法定代表人。2013年4月16日，重庆建通物流快运有限公司增资150万元，其中胡仁建增资120万元，彭世美增资30万元，并由重庆立信会计师事务所出具验资报告，确认重庆建通物流快运有限公司实际收到新增注册资本150万元。2014年8月19日，重庆建通物流快运有限公司的股东胡仁建、彭世美召开股东会并形成决议，同意公司以货币减资170万元，减资后公司注册资本由原来的200万元减少为30万元，减资后，胡仁建的出资额为20万元，彭世美的出资额为10万元，并办理了工商变更登记。在办理减资事务中，重庆建通物流快运有限公司曾在《重庆日报》上刊登减资公告，但并未通知穆春燕。

2014年6月25日，穆春燕所乘坐的客车与重庆建通物流快运有限公司所有的货车相撞，造成穆春燕受伤，穆春燕向重庆市沙坪坝区人民法院提起诉讼，请求重庆建通物流快运有限公司支付医药费等，在该院的主持下，穆春燕与重庆建通物流快运有限公司达成调解协议，由重庆建通物流快运有限公司于2015年11月15日之前给付穆春燕护理费等共计70181.98元。之后，重庆建通物流快运有限公司未清偿该笔债务，穆春燕向重庆市沙坪坝区人民法院申请执行，兑现10187.06元，2016年6月24日，该院作出裁定，终结本次执行程序。

穆春燕向一审法院起诉请求：1. 判令胡仁建、彭世美在170万元的减资范围内对（2015）沙法民初字第11210号调解书中重庆建通物流快运有限公司未清偿的债务60024.2元及自2015年11月15日起至付清之日止按中国人民银行同期同类人民币贷款基准利率的两倍计算的利息承担连带清偿责任；2. 本案的诉讼费由胡仁建、彭世美承担。

【裁判要旨】

一审法院认为，公司减资本质上属于公司内部行为，理应由公司股东根据公司的经营状况通过内部决议自主决定，以促进资本的有效利用，但应根据《公司法》第一百七十七条第（二）项规定，直接通知和公告通知债权人，以避免因公司减资产生损及债权人债权的

---

① 参见重庆市第一中级人民法院民事判决书（2019）渝01民终10752号。来源：中国裁判文书网 http://wenshu.court.gov.cn。

结果。穆春燕对重庆建通物流快运有限公司的债权在重庆建通物流快运有限公司减资之前已经形成。虽然重庆建通物流快运有限公司在《重庆日报》上发布了减资公告，但并未就减资事项直接通知穆春燕，故该通知方式不符合减资的法定程序，也使得穆春燕丧失了在重庆建通物流快运有限公司减资前要求其清偿债务或提供担保的权利。根据现行《公司法》之规定，股东负有按照公司章程切实履行全面出资的义务，同时负有维持公司注册资本充实的责任。尽管公司法规定公司减资时的通知义务人是公司，但公司是否减资系股东会决议的结果，是否减资以及如何进行减资完全取决于股东的意志，股东对公司减资的法定程序及后果亦属明知，同时，公司办理减资手续需股东配合，对于公司通知义务的履行，股东亦应当尽到合理注意义务。重庆建通物流快运有限公司的股东就公司减资事项在2014年8月19日形成股东会决议，此时穆春燕的债权早已形成，作为重庆建通物流快运有限公司的股东，胡仁建、彭世美应当明知。但是在此情况下，胡仁建、彭世美仍然通过股东会决议减资，并且未直接通知穆春燕，既损害了重庆建通物流快运有限公司的清偿能力，又侵害了穆春燕的债权，应当对重庆建通物流快运有限公司的债务承担相应的法律责任。公司未对已知债权人进行减资通知时，该情形与股东违法抽逃出资的实质以及对债权人利益受损的影响，在本质上并无不同。因此，尽管我国法律未具体规定公司不履行减资法定程序导致债权人利益受损时股东的责任，但可比照公司法相关原则和规定来加以认定。由于重庆建通物流快运有限公司的减资行为存在瑕疵，致使减资前形成的公司债权在减资之后清偿不能的，胡仁建、彭世美作为重庆建通物流快运有限公司的股东应在公司减资数额范围内对重庆建通物流快运有限公司的债务不能清偿部分承担补充赔偿责任。至于胡仁建与彭世美之间相互承担连带责任的问题，无法律和事实依据，一审法院不予支持。关于利息，因胡仁建、彭世美只对重庆建通物流快运有限公司未清偿的债务承担补充赔偿责任，而按照（2015）沙法民初字第11210号调解书的约定，重庆建通物流快运有限公司并无给付利息的义务，故一审法院对穆春燕的该项诉请不予支持。关于诉讼时效，根据《中华人民共和国民法总则》的规定，诉讼时效期间为三年，自权利人知道或者应当知道权利受到损害以及义务人之日起计算，本案中，证据显示穆春燕于2019年7月18日查阅重庆建通物流快运有限公司的档案资料，故一审法院推定穆春燕于该日知晓重庆建通物流快运有限公司减资的事实，从该日起算，尚未超过三年，故穆春燕的起诉尚未经过诉讼时效期间。胡仁建主张诉讼时效从公告期满之日之后第四十五日起算或者从重庆市沙坪坝区人民法院裁定终结本次执行程序之日开始起算，无事实和法律依据，因《中华人民共和国公司法》第一百七十八条规定的权利行使期间为要求公司提供担保或者清偿债务的期间，该期间与知晓其违法减资的时点没有必然联系，裁定终结本次执行程序与知晓重庆建通物流有限公司违法减资也无必然联系。综上，依照《中华人民共和国民法总则》第一百八十八条，《中华人民共和国公司法》第一百七十七条，最高人民法院《关于适用〈中华人民共和国公司法〉若干问题的规定（三）》第十四条第二款，《中华人民共和国民事诉讼法》第一百四十四条之规定，判决：一、胡仁建、彭世美分别在140万元、30万元的减资范围内对重庆建通物流快运有限公司未清偿的债务60024.2元的范围内向穆春燕承担补充赔偿责任；二、驳回穆春燕的其他诉讼请求。案件受理费650.3元，由胡仁建、彭世美承担。

二审法院认为，《中华人民共和国公司法》第一百七十七条第二款规定，公司应当自作出减少注册资本决议之日起十日内通知债权人，并于三十日内在报纸上公告。债权人自接到通知书之日起三十日内，未接到通知书的自公告之日起四十五日内，有权要求公司清偿债务或者提供相应的担保。根据《最高人民法院关于适用〈中华人民共和国公司法〉若干问题的规定（三）》，公司债权人请求抽逃出资的股东在抽逃出资本息范围内对公司债务不能清偿的部分承担补充赔偿责任的，人民法院应予支持。本案中，胡仁建、彭世美出资成立的重庆建通物流快运有限公司对穆春燕负有侵权之债60024.2元未能清偿，胡仁建、彭世美在未通知穆春燕的情况下，以股东会决议对公司减资并办理了工商变更登记，不符合公司减资的法定程序，侵害了穆春燕的债权，其行为后果无异于抽逃出资。胡仁建、彭世美应在各自的减资范围内对重庆建通物流快运有限公司未予清偿的上述债务承担补充赔偿责任。诉讼时效期间自权利人知道或者应当知道权利受到损害以及义务人之日起计算。穆春燕举证证明其于2019年7月18日知晓重庆建通物流快运有限公司减资的事实，其起诉未超出诉讼时效期间。胡仁建、彭世美关于诉讼时效的抗辩理由不能成立，本院不予支持。

综上所述，胡仁建、彭世美的上诉请求不能成立，应予驳回；一审判决认定事实清楚，适用法律正确，应予维持。依照《中华人民共和国民事诉讼法》第一百七十条第一款第（一）项之规定，判决如下：驳回上诉，维持原判。

【实务指引】

一、公司减资纠纷的定义

公司减资，即公司注册资本的减少，是指公司依法对已经注册的资本（认缴或者实缴资本）通过一定的程序进行削减的法律行为。公司减资纠纷，则是基于公司注册资本减少而引起的民商事纠纷。

公司法并未明确区分实质减资与形式减资，对公司的减资行为规定了严格的条件和程序。按照规定，公司减资必须符合以下条件和程序：

（1）股东（大）会作出减资决议，并相应地对章程进行修改。在有限责任公司中，作出减资决议必须经代表三分之二以上表决权的股东通过，在股份有限公司中必须经出席会议的股东所持表决权的三分之二以上通过。同时，公司减少资本后，其注册资本不得低于法定注册资本最低额。

（2）公司必须编制资产负债表及财产清单。

（3）通知债权人和对外公告。

（4）债务清偿或担保。债权人自接到通知书之日起三十日内，未接到通知书的自公告之日起四十五日内，有权要求公司清偿债务或提供相应的担保。

（5）办理减资登记手续。公司资本的减少，直接涉及股东的股权利益，同时资本的减少也意味着缩小公司责任财产的范围，在实质减资时，甚至还直接导致资产流出公司，直接影响到公司债权人的利益。因此，根据资本维持原则，注册资本减少一般不被允许，虽然世界上大多数国家都对减资行为采取认可态度，但都规定了较为严格的减资程序，同时规定减资后的注册资本不得低于法定的最低限额。

因此，为保护中小股东的利益和债权人的利益，对于违反法定程序的减资，公司股东可以提起诉讼确认减资行为无效或撤销公司减资决议，债权人有权要求公司清偿债务或者提供相应的担保。《民事案件案由规定》将公司减资过程中出现的公司减资纠纷列为第三级案由。

二、公司减资纠纷的管辖

根据《民事诉讼法》第二十六条的规定，因公司设立、确认股东资格、分配利润、解散等纠纷提起的诉讼，由公司住所地人民法院管辖。又根据《民事诉讼法司法解释》第二十二条的规定，因股东名册记载、请求变更公司登记、股东知情权、公司决议、公司合并、公司分立、公司减资、公司增资等纠纷提起的诉讼，依照民事诉讼法第二十六条规定确定管辖。因此，减资纠纷应当由公司住所地法院管辖。

如此规定，一方面可以避免本案中因公司股东来自不同地区，若按照被告住所地管辖将会导致管辖过于分散，当事人和法院陷于管辖权争议与冲突之中，影响司法效率的情况发生；另一方面便利当事人参加诉讼，便利人民法院审理案件，避免相同事实相异裁判的情况发生。

有案例显示，有法院在财产保全裁定中将案由定为"股东损害公司债权人利益赔偿纠纷"，而在管辖权异议裁定中又定为"减资纠纷"，从而引发争议。对此，二审法院认为，案由是人民法院对诉讼案件所涉及的法律关系的性质进行概括后形成的案件名称，最初立案时的案由与审理时确定的案由可能存在不一致的情形。在进行财产保全时，人民法院审查的范围仅是申请人财产保全的目的是否合法及正当、申请人提供的担保财产是否符合法律规定、保全财产的范围等，无须对案件的管辖进行审查，更无须进行实体审理，故原审法院在财产保全时所定的案由是最初的确定，与案件审理中确定的案由存在不一致，并无不妥。但是，仍然应当注意区别"股东损害公司债权人利益赔偿纠纷"和"减资纠纷"的不同案由。

三、公司减资纠纷的类型

（1）公司股东与公司之间的减资纠纷。包括公司股东提起诉讼请求确认公司减资行为无效或者撤销公司的减资决议，公司股东要求公司返还减资款等。

例如有一案例，原告提起诉讼的依据是《解除增资扩股协议》，而《解除增资扩股协议》约定的目标公司向股东返还200万元资本金，将导致目标公司注册资本减少，《公司法》对公司减少注册资本的要求进行了规定，该法第一百七十七条规定："公司需要减少注册资本时，必须编制资产负债表及财产清单。公司应当自作出减少注册资本决议之日起十日内通知债权人，并于三十日内在报纸上公告。债权人自接到通知书之日起三十日内，未接到通知书的自公告之日起四十五日内，有权要求公司清偿债务或者提供相应的担保。"该案中，股东未能提供证据证明目标公司已经履行了法律规定的公司减少注册资本应当履行的义务，在此情况下，股东主张目标公司向其返还 200 万元投资款，并办理相应工商变更登记，与法律规定不符，故法院不予支持。

（2）公司的债权人提起诉讼，要求减资股东在减资本息范围内对债权人未实现的债权承担补充赔偿责任或者要求公司的其他股东与减资股东承担连带赔偿责任。

四、债权人要求减资股东承担减资赔偿责任的请求权基础

1. 比照抽逃出资的补充赔偿责任

基于对减资纠纷案例实证分析，可以发现，债权人要求减资股东承担减资赔偿责任的请求权基础，在立法未明确规定的情形下，往往比照抽逃出资的责任来认定减资股东在减资本息范围内对债权人就减资前的债务承担补充赔偿责任。其请求权基础具体见之于《公司法司法解释（三）》的第十四条："公司债权人请求抽逃出资的股东在抽逃出资本息范围内对公司债务不能清偿的部分承担补充赔偿责任，协助抽逃出资的其他股东、董事、高级管理人员或者实际控制人对此承担连带责任的，人民法院应予支持；抽逃出资的股东已经承担上述责任，其他债权人提出相同请求的，人民法院不予支持。"

2. 基于减资股东的偿债承诺

出于行政管理之目的，市场管理机关在办理减资变更手续时，往往要求减资股东出具相应的承诺及担保，而该等偿债承诺及担保，往往也成为债权人要求减资股东承担赔偿责任的请求权基础。

3. 要求非减资股东承担连带赔偿责任的请求权基础

《公司法司法解释（三）》第十三条规定："股东在公司设立时未履行或者未全面履行出资义务，公司发起人与股东承担连带责任。"根据上述法律规定，公司股东负有全面履行出资义务以及确保公司资本维持的义务，同时，公司股东之间对公司资本的出资与维持承担连带责任。

4. 在执行程序中追加变更减资股东为被执行人

根据最高人民法院《关于人民法院执行工作若干问题的规定》第八十条规定，被执行人无财产清偿债务，如果其开办单位对其开办时投入的注册资金不实或抽逃注册资金，可以裁定变更或追加其开办单位为被执行人，在注册资金不实或抽逃注册资金的范围内，对申请执行人承担责任。司法实践中，几乎没有成功直接追加减资股东为被执行人的先例。

五、公司减资纠纷的举证

（一）债权人要求减资股东承担补充赔偿责任的法律逻辑

公司在减资过程中，没有依法通知"已知债权人"，从而产生股东优先于债权人分配的效果，侵害了债权人的债权，有悖公司法理。在公司不能清偿债务的情况下，减资股东应当

在减资本息范围内对债权人未能实现的减资前的债权承担补充赔偿责任。因此，债权人必要的举证包括：

（1）公司在作出减资决议时，债权人对公司的债权系"已知债权"，相应的举证包括但不限于催款函、民事判决书、民事合同、起诉材料等；

（2）债权人对公司的债权未能完全实现，包括但不限于法院执行裁定书/说明文件等；

（3）公司减资的事实，包括但不限于公司工商内部档案。

其他非必要但对案件具有一定影响的举证如下：

（1）股东对债务系属明知，在明知的情况仍然减资，存在逃避债务的故意；

（2）偿债承诺及担保。

（二）减资股东的常见抗辩

（1）债权人非减资时的"已知债权人"。此系股东免除减资赔偿责任的核心抗辩，即减资时，债权人并非"已知债权人"。对于何谓"已知债权人"，笔者认为从以下几个方面考虑：①债权基础是否明确；②债权金额是否明确；③债权人身份是否明确；④债权人的联系方式是否明确。

需要注意的是，实务案例显示，"已知债权人"并不以"债权已经经过生效法律文书确认为前提"，处于诉讼之中的债权，事后经过生效法律文书确认，亦可认定为"已知债权"。

法院认定已知债权人的相关参考：公司于2013年5月份刊登了减资公告并于2013年7月30日进行了工商登记变更，而其在2012年9月与原告签订付款计划书，可见公司进行减资公告及变更工商登记时，原告作为其债权人是确定的。

（2）债权人所主张的债权系减资后形成，非减资前债务。

（3）已经公告通知。法院倾向认为：公司法规定公司减资应当通知债权人并且在报纸上公告。一般而言，公司办理减资必定进行了公告。而公告作为一种拟制通知的方式，应当是直接通知的补充，适用于无法直接通知的债权人或者不明知的债权人。如果对于能够直接通知的已知债权人未采用直接通知方式，而事后以已作公告通知进行抗辩，不仅有违债权人利益保护原则，也不符合公司法相关规定的立法精神。因此，在没有通知"已知债权人"的情况下，公司就减资已经公告并不能构成股东免责的抗辩。

公司减少注册资本时，应当通知和公告债权人是强制性规定，违之即构成非法减资。为了保证债权人能够及时了解公司情况，公司应以直接通知为主要方式，公告为辅助方式，且公告绝不能代替通知，尽最大能力确保所有债权人知悉减资情况，及时申报债权，充分保护债权人利益。

（4）公司债务已经获得清偿或者公司有能力清偿债务。

（5）减资行为未造成偿债能力减少。

如："从股东对公司的实际投入而言，其事后对公司减少80万元出资的行为，对公司原基于股东出资所对外所具有的偿付能力，并不产生实质性的影响"。

又如："减资时股东实缴资本为500万元，公司的注册资本从800万元减至500万元仅仅是对认缴资本的减少，是形式上减资，未实际造成公司财产的实质性减少"。

对此，法院倾向认为：公司的注册资本由实缴资本和认缴资本构成，在减资时，股东的认缴资本虽未实际到位，但该部分资本原本应由减资股东按期缴纳并在今后作为公司财产对外承担责任，现公司将需认缴的 300 万元减资，事实上减少了公司今后能获取的财产数额，系公司实质减资。

股东通过股东会减资决议对尚未缴足的出资额免除各自部分应缴出资的义务，该种减资方式尽管没有实际资产的流出，但实际上使得本应增加的公司资产无法增加，是消极意义上的资产减少，属实质减资。

（6）不存在逃避债务的主观故意。如，股东虽然是公司股东之一，但自公司成立以来从未实际参与过公司的经营管理，真正负责公司经营并实际全盘掌控公司的是另一股东，减资股东本人平时并不在公司经营地生活和居住，对公司的经营情况并不知情，涉案的公司债务均由另一股东一人在负责参与和处理，故减资股东不存在逃避债务的故意。

（7）减资后已经又增资，不影响公司偿债能力。如："公司内部的财务记账记录表明，公司已经将减资股东对公司的投入作为其对公司的实际出资，即认可其认缴的 100 万元出资已经全部到位。在我国目前修订后的《公司法》及相关司法解释中，已经不再对股东的出资作出必须经过验资的规定，故股东对公司是否完成出资应以公司的账册记载为准。"

又如："最新公司登记管理条例已经取消了对注册资本的要求和限制，且股东已于 2014 年 5 月 4 日将其所减少的资本补足，已不存在因注册资本金的减少而导致公司偿债能力不足的问题。"对此，法院认为：公司虽在 2014 年 5 月进行了增资，但该增资行为并不能导致其减资过程中减资股东承诺对债务偿还责任的免除，减资股东仍应在其减资额范围内对公司的债务承担偿还责任。减资股东不能因公司 2014 年 5 月 4 日的增资而免责。

（8）诉讼时效抗辩。债权人获悉减资的时间往往成为争议焦点。

（9）公司负有通知义务，而股东不负有减资通知义务，因此不应该承担责任。对此，法院倾向认为：尽管我国公司法规定公司减资时的通知义务人是公司，但公司减资系股东会决议的结果，是否减资以及如何进行减资完全取决于股东的意志。公司减资在实质上系公司股东会决议的结果，且公司减资的受益人系股东，公司办理减资手续需股东配合，对于公司通知义务的履行，股东应当尽到合理注意义务。因此，在公司减资未履行通知已知债权人的义务时，公司股东就其减资部分不能免除责任。作为公司股东明知公司对外负有债务未清偿的情形下，仍同意减少公司的注册资本，依法应认定存在过错。客观上，公司减资后其对公司所应履行的出资责任亦相应减少，从而获得了减资所带来的财产利益，并对应导致公司对外的偿债能力受到影响。故公司股东的减资行为，对债权人所享有的债权的清偿构成侵害。

（10）减资已经经过工商变更登记。对此，法院认为，减资经过工商变更登记不影响减资股东因减资程序瑕疵而应当承担的法律责任。

（11）补充赔偿责任已经履行完毕。减资股东在减资本息范围内承担补充赔偿责任，在已经承担责任的情况下，不应再对债权人承担责任。

（12）关于减资股东的偿债承诺。《某有限公司有关债权清偿及担保情况说明》载明："根据 2010 年 4 月 1 日第三人的股东会决议，本公司编制了资产负债表及财产清单，在该决议作出之日起的 10 日内通知了债权人，并于 2010 年 4 月 2 日在上海商报上刊登了减资公告……根据公司编制的资产负债表及财产清单，公司已向要求清偿债务的债权人清偿了全部债务。未清偿债务的，由公司继续负责清偿，并由股东提供相应的担保。"

对此，法院认为，我国《中华人民共和国担保法》第六条规定："本法所称保证，是指保证人和债权人约定，当债务人不履行债务时，保证人按照约定履行债务或者承担责任的行为。"案件中，系争《某有限公司有关债权清偿及担保情况说明》是根据工商部门的示范文本出具，系应工商部门办理减资手续要求而出具。从出具的对象来看，该情况说明是出具给工商行政部门，而非出具给具体债权人，更不是与债权人所达成的协议。从出具的内容来看，行文表述为"情况说明"，结合文义理解，是对债权清偿及担保的事宜作出说明，并未明确针对原告的具体债务，也未明确担保范围等内容。因此，系争情况说明从出具的对象及内容来看，均不符合担保法所规定的保证担保。

可见，法院倾向认为，减资股东的承诺系因减资行为所作出，而非通常情况下所作债务加入或连带责任保证的意思表示，故对于其表明承担偿还责任的范围，应依据公司法的原则及出具说明的原因进行判断。依据公司法的相关规定，有限责任公司的股东以其认缴的出资额为限对公司承担责任，股东系为公司减资行为出具说明，其承担责任的范围亦应以减资额的范围为限。

六、公司不当减资纠纷的裁判规则

（一）公司作出减资决议免除股东认缴但尚未履行的出资义务，未依法通知债权人，股东对公司债务在减资范围内承担补充赔偿责任

注册资本作为公司资产的重要组成部分，既是公司从事生产经营活动的经济基础，也是公司对外承担民事责任的担保。注册资本的不当减少将直接影响公司对外偿债能力，危及债权人的利益。公司在股东认缴的出资期限届满前，作出减资决议而未依法通知债权人，免除了股东认缴但尚未履行的出资义务，损害了债权人利益。债权人起诉请求股东对公司债务在减资范围内承担补充赔偿责任的，人民法院应予支持。

在江苏万丰光伏有限公司与上海广力投资管理有限公司、丁烜焜等分期付款买卖合同纠纷案中，江苏省高级人民法院认为，《中华人民共和国公司法》第三条规定，"公司是企业法人，有独立的法人财产，享有法人财产权。公司以其全部财产对公司的债务承担责任。有限责任公司的股东以其认缴的出资额为限对公司承担责任；股份有限公司的股东以其认购的股份为限对公司承担责任。"第一百七十七条规定，"公司需要减少注册资本时，必须编制资产负债表及财产清单。公司应当自作出减少注册资本决议之日起10日内通知债权人，并于30日内在报纸上公告。债权人自接到通知书之日起30日内，未接到通知书的自公告之日起45日内，有权要求公司清偿债务或者提供相应的担保。"在上诉人广力投资公司与被上诉人万丰光伏公司发生硅料买卖关系时，广力投资公司的注册资本为2500万元，后广力投资公司注册资本减资为500万元，减少的2000万元是丁烜焜、丁一认缴的出资额，如果广力投资公司在减资时依法通知其债权人万丰光伏公司，则万丰光伏公司依法有权要求广力投资公司清偿债务或提供相应的担保，万丰光伏公司作为债权人的上述权利并不因广力投资公司

前期出资已缴付到位、实际系针对出资期限未届期的出资额进行减资而受到限制。但广力投资公司、丁炟焜、丁一在明知广力投资公司对万丰光伏公司负有债务的情形下，在减资时既未依法通知万丰光伏公司，亦未向万丰光伏公司清偿债务，不仅违反了上述《中华人民共和国公司法》第一百七十七条的规定，也违反了上述《中华人民共和国公司法》第三条"有限责任公司的股东以其认缴的出资额为限对公司承担责任"的规定，损害了万丰光伏公司的合法权益。而基于广力投资公司的法人资格仍然存续的事实，原审判决广力投资公司向万丰光伏公司还款，并判决广力投资公司股东丁炟焜、丁一对广力投资公司债务在其减资范围内承担补充赔偿责任，既符合上述公司法人财产责任制度及减资程序的法律规定，又与《最高人民法院关于适用〈中华人民共和国公司法〉若干问题的规定（三）》第十三条第二款关于"公司债权人请求未履行或未全面履行出资义务的股东在未出资本息范围内对公司债务不能清偿的部分承担补充赔偿责任的，人民法院应予支持"的规定一致，合法有据。基于上诉人广力投资公司违约延期付款给被上诉人万丰光伏公司造成损失的客观事实，以及股东负有诚信出资担保责任以保障公司债权人的交易安全的基本法律原则，在广力投资公司减资未依法通知债权人万丰光伏公司的情形下，判令上诉人丁炟焜、丁一在减资范围内对广力投资公司不能还款部分承担补充赔偿责任，既未超出丁炟焜、丁一认缴的出资额，也与其在减资过程中向工商管理部门出具的关于"在法律规定的范围内提供相应的担保"的说明不悖，未超过其合理预期，合法正确。

在北京盛通印刷股份有限公司等与联合资讯广告集体股份有限公司等承揽合同纠纷案中，北京市第二中级人民法院认为，公司减少注册资本的法定程序依次为股东会作出减资决议、通知债权人、登报公告并无不妥。河北联合公司于股东会减资决议前在报纸上公告减资事宜，但在减资决议后未通知债权人或登报公告，该减资程序不符合法律规定。鉴于《最高人民法院关于〈中华人民共和国公司法〉适用若干问题的规定（三）》第十二条规定："公司成立后，公司、股东或者公司债权人以相关股东的行为符合下列情形之一且损害公司权益的，请求认定该股东抽逃出资的，人民法院应予支持：（四）其他未经法定程序将出资抽回的行为。"而本案河北联合公司的前述行为符合前述司法解释规定，一审法院判决联合股份公司、历峰在各自减少注册资本的范围内对河北联合公司债务承担补充赔偿责任具有法律依据。

（二）公司减资时未依法履行通知已知或应知债权人的义务，公司股东不能证明其在减资过程中对怠于通知的行为无过错的，当公司减资后不能偿付减资前的债务时，公司股东应就该债务对债权人承担补充赔偿责任

公司减资时对已知或应知的债权人应履行通知义务，不能在未先行通知的情况下直接以登报公告形式代替通知义务。

在上海德力西集团有限公司诉江苏博恩世通高科有限公司、冯军、上海博恩世通光电股份有限公司买卖合同纠纷案中，上海市第二中级人民法院认为，对于上诉人德力西公司要求被上诉人冯军、上海博恩公司对江苏博恩公司的上述债务在19000万元的范围内承担补充赔偿责任的请求，亦应予以支持。公司减资本质上属于公司内部行为，理应由公司股东根据公

司的经营状况通过内部决议自主决定，以促进资本的有效利用，但应根据《公司法》第一百七十七条第（二）项之规定，直接通知和公告通知债权人，以避免因公司减资产生损及债权人债权的结果。根据德力西公司与被上诉人江苏博恩公司在合同中约定的交货、验收、付款条款以及实际履行情况看，江苏博恩公司与德力西公司的债权债务在江苏博恩公司减资之前已经形成。德力西公司在订立的合同中已经留下联系地址及电话信息，且就现有证据不存在江苏博恩公司无法联系德力西公司的情形，故应推定德力西公司系江苏博恩公司能够有效联系的已知债权人。虽然江苏博恩公司在《江苏经济报》上发布了减资公告，但并未就减资事项直接通知德力西公司，故该通知方式不符合减资的法定程序，也使得德力西公司丧失了在江苏博恩公司减资前要求其清偿债务或提供担保的权利。根据现行公司法之规定，股东负有按照公司章程切实履行全面出资的义务，同时负有维持公司注册资本充实的责任。尽管公司法规定公司减资时的通知义务人是公司，但公司是否减资系股东会决议的结果，是否减资以及如何进行减资完全取决于股东的意志，股东对公司减资的法定程序及后果亦属明知，同时，公司办理减资手续需股东配合，对于公司通知义务的履行，股东亦应当尽到合理注意义务。被上诉人江苏博恩公司的股东就公司减资事项先后在 2012 年 8 月 10 日和 9 月 27 日形成股东会决议，此时上诉人德力西公司的债权早已形成，作为江苏博恩公司的股东，被上诉人上海博恩公司和冯军应当明知。但是在此情况下，上海博恩公司和冯军仍然通过股东会决议同意冯军的减资请求，并且未直接通知德力西公司，既损害了江苏博恩公司的清偿能力，又侵害了德力西公司的债权，应当对江苏博恩公司的债务承担相应的法律责任。公司未对已知债权人进行减资通知时，该情形与股东违法抽逃出资以及对债权人利益受损的影响，在本质上并无不同。因此，尽管我国法律未具体规定公司不履行减资法定程序导致债权人利益受损时股东的责任，但可比照公司法相关原则和规定来加以认定。由于江苏博恩公司减资行为上存在瑕疵，致使减资前形成的公司债权在减资之后清偿不能的，上海博恩公司和冯军作为江苏博恩公司股东应在公司减资数额范围内对江苏博恩公司债务不能清偿部分承担补充赔偿责任。

在何婷、曹明珍与北京佳特尔文化传媒有限公司执行异议之诉案中，北京市第三中级人民法院认为：公司可以减少注册资本，但应当符合法律的规定，应当采取及时有效的方式通知债权人，以确保债权人有机会在公司财产减少之前作出相应的权衡并作出利益选择，公司则根据债权人的要求进行清偿或者提供担保。本案中，爱国人公司明知佳特尔公司是其债权人，根据爱国人公司的陈述爱国人公司在减资时仅在报纸上刊登了减资公告，而未能提供有效证据证明其在减资时已经对佳特尔公司进行了通知，在报纸上发公告的行为不能当然地免除爱国人公司的直接通知义务，故爱国人公司的减资行为并未依法进行，损害了佳特尔公司的权益。公司减资是公司股东会决议的结果，减资的受益人是公司股东，曹明珍、何婷作为爱国人公司的股东，在明知尚欠佳特尔公司债务，且在减资时未按照法律规定通知佳特尔公司的情形下，减资行为损害了公司的清偿能力，也损害了佳特尔公司的权益，其减资行为与股东未履行或者未全面履行出资义务的本质相同，同时依照《最高人民法院关于适用〈中华人民共和国公司法〉若干问题的规定（三）》第十七条"在办理法定减资程序或者其他股东或者第三人缴纳相应的出资之前，公司债权人依照本规定第十三条或者第十四条请求相关

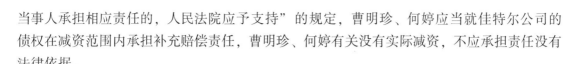

当事人承担相应责任的,人民法院应予支持"的规定,曹明珍、何婷应当就佳特尔公司的债权在减资范围内承担补充赔偿责任,曹明珍、何婷有关没有实际减资,不应承担责任没有法律依据。

在江苏省外事服务中心与无锡雪浪科教产业投资发展有限公司股东损害公司债权人利益责任纠纷案中,无锡市中级人民法院认为,根据公司法第一百七十七条规定,公司减资必须在法定期限内通知债权人,并在法定期限内进行公告。公告作为一种拟制通知的方式应当是对直接通知的一种补充,应当适用于无法直接通知的债权人,如果对于能够直接通知的债权人未采用直接通知方式而事后以已作公告通知进行抗辩,不仅有违债权人利益保护原则,也不符合公司法第一百七十七规定的本义。本案中,服务中心对山水慧普公司享有债权,山水慧普公司对服务中心的债权是明知的,而山水慧普公司在减资过程中并未以直接方式通知服务中心,因此,山水慧普公司存在过错,其减资程序不完全符合上述法律规定。尽管山水慧普公司已完成减资,但山水慧普公司因对已知债权人未依法履行通知义务,故其减资程序存在瑕疵。尽管公司法规定公司减资时的通知义务人是公司,但公司减资系股东会决议的结果,是否减资以及如何进行减资完全取决于股东的意志。本案中,山水慧普公司的实质减资,投发公司收回了550万元出资,直接导致公司净资金减少为负数,客观上损害了山水慧普公司的偿债能力,等同于投发公司优先于债权人回收了所投入的资本,故减资股东的行为构成第三人侵害债权。程序瑕疵的减资,对已知债权人不发生法律效力,本质上造成同抽逃出资一样的后果,故原审法院比照抽逃出资的责任来认定投发公司在减资范围内对服务中心的债务承担补充赔偿责任并无不当。

在上海晟翔实业有限公司与上海仪电(集团)有限公司股东损害公司债权人利益责任纠纷案中,上海市高级人民法院认为,瑕疵减资与股东违法抽逃出资对债权人利益的影响方面没有本质不同,股东责任可比照适用股东抽逃出资的法律规定。携房公司减资未通知债权人仪电公司,减资程序存在瑕疵,故该减资行为对债权人仪电公司不生效,茂网公司、段为民、桂跃华、张玉芬、印晓晴作为携房公司减资股东,需对携房公司瑕疵减资承担补充赔偿责任。晟翔公司虽不是减资股东,但其系携房公司大股东,在公司减资的股东会决议上表决签名,并在留存于工商行政管理机关的《有关债务清偿及担保情况说明》上签名承诺对公司未清偿债务提供相应担保,故晟翔公司应对茂网公司、段为民、桂跃华、张玉芬、印晓晴的补充赔偿责任承担连带责任。

(三) 公司减资过程与股东利益平衡

公司减资,往往伴随股权结构的变动和股东利益的调整。在实质性减资的情形下,减资实际上相当于公司资产的分配。如果减资是按照所有股东的持股比例同比例进行的,则所有的股东都得到了平等的资产分配和退出机会,应该来说其利益冲突并不明显;而在公司不依据股东持股比例减资的情况下(比如定向回购股份),公司的减资将直接引发公司股东之间的利益冲突。无论是实质性的减资还是形式性的减资,减资通常偏向于控股股东的利益,少数股东的利益会受到不同程度的侵害。

《公司法》第三十四条规定了公司新增注册资本时,股东有权按照实际出资比例优先认缴出资。对该条进行反向解释，也可以得出在公司减少注册资本时，股东有权按照实际出资比例，请求减持公司股权的结论。公司减资的直接利害关系人既包括公司债权人，也包括公司股东。特别是在公司亏损的情况下，每个股东都希望自己的股份多减一些，这样公司退回的资本也就多一些，从而减小投资亏损，由此会产生股东之间的利益冲突。如果公司不依据股东持股比例减资，小股东的利益就会受到冲击。因此，在处理公司减资纠纷过程中，应注意审查控股股东是否压制非控股股东的意见甚至利用其优势地位侵害非控股股东的权益。控股股东滥用对公司的控制权，就减少的注册资本不按照股东出资比例进行分配，损害其他股东利益的，该减资决议应属无效。

《公司法》第四十三条规定，股东会会议作出减少注册资本的决议，必须经代表三分之二以上表决权的股东通过。该规定中的"减少注册资本"仅指公司减少注册资本，而并非包括减资在股东之间的分配比例问题。由于减资存在同比减资和不同比减资两种情况，不同比减资会直接突破公司设立时的股权分配情况，如果只要经三分之二以上表决权的股东通过就可以作出不同比减资的决议，实际上是以多数决的形式改变公司设立时经发起人一致决所形成的股权架构。故对于不同比例减资，应由全体股东一致同意，除非全体股东另有约定。

【拓展案例】

青岛市李沧建筑安装工程有限公司、张学健公司减资纠纷[①]

张学健系建安公司公司的股东。建安公司公司章程规定，公司注册资本2000万元，张学健货币及实物共计出资130万元，出资比例6.5%。诉讼过程中，双方均确认，建安公司之后作出减少注册资本的决议，张学健降资额为388663.80元，降资后出资额为906882.20元。

2018年9月14日，建安公司董事会作出决议暂时冻结张学健同志在公司持有股份所享有的经济利益、财产利益和股份转让出让等权利，包括分红、降资所分配的资金。

2018年9月19日，建安公司股东会作出如下决议：根据公司清产核资小组提出的张学健同志涉嫌挪用、占用公司公款达90余万元的问题，董事会决定暂时冻结张学健同志在公司持有股份所享有的经济利益、财产利益和股份转让出让等权利，包括分红、降资所分配的资金；决定终止张学健同志参与公司经营管理和公司事务的研究工作。等张学健同志涉嫌挪用、占用公款问题彻底查清后再作最后处理决定。

2009年8月10日，李沧公安分局经侦科出具情况说明，载明"2009年7月，我科接举报称：建安公司财务账目有可疑之处，个别财务人员涉嫌违法犯罪。为理清账目，查清嫌疑，我科调取该公司部分账目资料，并建议该公司配合公安机关委托相关部门会计资料进行审计"。2018年8月29日，李沧分局经侦大队出具证明，确认对上述情况目前仍在侦查中。

一审过程中，建安公司申请一审法院调取建安公司相关人员在侦查过程中的全部案卷材料及建安公司2003年至2008年期间的全部相关财务账目、凭证。一审法院认为，建安公司

[①] 参见山东省青岛市中级人民法院民事判决书（2019）鲁02民终6878号。来源：中国裁判文书网 http://wenshu.court.gov.cn。

的该项申请与本案无关，非本案应予调取的范围，不予准许。

张学健向一审法院起诉请求：1. 判令建安公司立即给付张学健388663.80元，并支付银行同期贷款利息；2. 诉讼费由建安公司承担。

一审法院认为，本案中双方均确认，建安公司减少注册资本后，张学健的减资款为388663.80元，该款系建安公司减少注册资本后应当支付给张学健股东的减资款，张学健诉请建安公司支付该款于法有据，予以支持。建安公司抗辩不支付张学健减资款的理由为张学健挪用90余万元资金，建安公司的该项抗辩与本案非同一法律关系，该抗辩理由不成立，不予支持。

张学健要求建安公司支付减资款逾期付款的利息，但张学健未举证证明双方对此有协议的约定，张学健的该项主张缺乏事实及法律依据，不予支持。

综上，张学健主张建安公司支付388663.80元减资款的诉讼请求成立，予以支持，支付利息的请求不成立，不予支持。依照《中华人民共和国公司法》第三十七条、《中华人民共和国民事诉讼法》第六十四条规定，判决：一、建安公司于本判决生效之日起十日内支付张学健减资款388663.80元；二、驳回张学健其他诉讼请求。案件受理费7130元（张学健已预交），由建安公司负担。建安公司于本判决生效之日起十日内直接支付张学健7130元。

二审法院认为，上诉人与被上诉人均确认，上诉人公司减资后，被上诉人作为股东应分配的减资款为388663.80元。上诉人抗辩主张，被上诉人涉嫌刑事犯罪，但历经十年，公安机关对该案件并未作出立案处理，且与本案不是同一法律关系，上诉人的该抗辩理由不成立。上诉人还主张，股东会作出决议，因被上诉人涉嫌挪用、占用公司公款，暂时冻结被上诉人降资所分配资金。对此本院认为，上诉人公司作出减资决议后，与作为股东的被上诉人之间形成明确的债权债务关系，上诉人作为支付款项的义务人，内部作出决议冻结被上诉人应得的减资款项，缺乏事实及法律依据。

综上所述，上诉人青岛市李沧建筑安装工程有限公司的上诉请求不成立，应予驳回；一审判决认定事实清楚，适用法律正确，应予维持。依照《中华人民共和国民事诉讼法》第一百七十条第一款第（一）项规定，判决如下：驳回上诉，维持原判。

第二十一章　公司增资纠纷

【典型案例】

何齐元与南通锴炼实业（集团）有限公司、张希等公司增资纠纷①

锴炼公司的股东原为张希、吴占红。2007年12月28日，张希、吴占红将其部分股权进行了转让，锴炼公司的股东遂变为张希、吴占红、上海财牛投资管理有限公司（以下简称财牛公司）、张超文、陈联。

2008年2月27日，锴炼公司股东会决议同意张超文将其持有锴炼公司的部分股权转让给何齐元，并于2月28日办理了变更登记，何齐元成为锴炼公司的股东。

2008年3月18日，锴炼公司召开股东会，公司注册资本由2788万元增资到10088万元。变更后的股权比例为：何齐元由原来的697万元增资到2522万元，占公司股份25%；张希由原来的694万元增资到2511万元，占公司股份24.89%；张超文由原来的139万元增资到2329万元，占公司股份23.09%；吴占红由原来的282万元增资到1020万元，占公司股份10.11%；陈联由原来的279万元增资到1009万元，占公司股份10%；财牛公司出资697万元，占公司股份6.91%。以上决议，何齐元增资1825万元，张希增资1817万元，张超文增资2190万元，吴占红增资738万元，陈联增资730万元，合计增资7300万元。该决议锴炼公司各股东均签字或盖章确认。

2008年3月24日，何齐元在江苏东吴农村商业银行浒关支行（以下简称浒关支行）开设个人银行结算账户，当日该账户进款7300万元，其中：收款人为孙晖的本票2200万元、3700万元，收款人为黄鹤的本票750万元，均背书给何齐元入账；苏州市平江区大恒增压器技术咨询服务部转账400万元；储蓄存款存入250万元。当日，上述款项又以何齐元名义分六笔被全部取出。同日，锴炼公司在浒关支行的账户上现金解款入账合计7300万元，其中以张希名义进投资款1817万元、以吴占红名义进投资款738万元、以陈联名义进投资款730万元、以张超文名义进投资款2190万元、以何齐元名义进投资款1825万元。南通伟业联合会计师事务所出具通伟会内验（2008）第018号验资报告，确认截至2008年3月24日，锴炼公司的实收注册资本为10088万元。该验资报告附件3验资事项说明第四部分其他事项说明中载明，锴炼公司开业至今尚未开展经营活动，本次验资前所有者权益为23154746.18元。

2008年3月25日，南通市工商行政管理局核准变更登记，变更登记事项与2008年3月

---

① 参见江苏省高级人民法院民事判决书（2018）苏民终1357号。来源：中国裁判文书网http://wenshu.court.gov.cn。

18日股东会决议内容一致。工商核准变更登记当日，锴炼公司在浒关支行账户中的7300万元增资款被全部转出，其中：以往来用途转至苏州永达投资咨询有限公司（以下简称永达公司）3700万元（转账凭证上加盖锴炼公司财务专用章及张希印鉴章，并留有何齐元身份证号码）；以往来用途转至永联公司2000万元（转账凭证上加盖锴炼公司财务专用章及张希印鉴章，并留有何齐元身份证号码）；两次以还款用途、两次以借款用途，分四笔400万元合计1600万元转至张希账户（转账凭证上加盖锴炼公司财务专用章及张希印鉴章，并留有张希身份证号码）。永达公司收到上述3700万元转账后于同日转给顾建国；张希账户转入1600万元后，同日有1447万元转入潘海良账户，150万元转入黄莺账户，50万元被取现。

对于7300万元增资款的来源及流向，何齐元在本案审理中陈述：借款增资系所有股东当时的意思表示，7300万元均系其向他人借款后，以各股东名义增资，具体资金运作是张超文经办，其对于7300万元的转出并不知情。在法庭询问何齐元7300万元是向谁借款、如何借款、是否归还、如何还款等问题时，何齐元以问题与本案无关为由未回答。对于为何锴炼公司转入永达公司3700万元及转入苏州永联商务咨询有限公司（以下简称永联公司）2000万元的凭证上留有何齐元的身份证号码，何齐元陈述对于款项转出的手续其不清楚，只是事后从相关案件材料中调到。张希在本案审理中陈述：7300万元是由何齐元出资来增资，再把7300万元分摊到各个股东，对7300万元增资的来源其并不清楚；锴炼公司的财务专用章及其本人印鉴章均由张超文控制，其是在相关诉讼发生后到苏州查询才知资金被抽逃；其不清楚7300万元为何转出，锴炼公司与永达公司、永联公司之间没有交易往来，增资时其与吴占红的身份证被拿走，锴炼公司1600万元转入其名下账户不是其经手。锴炼公司管理人陈述，锴炼公司和永达公司、永联公司之间没有任何商业往来，但转账凭证上留的身份证号码是何齐元的身份证号码。

又查明，一审法院受理的（2008）通中民二初字第0140号原告南通永兴国际汽车销售服务有限公司与被告张希、吴占红、何齐元、陈联股东滥用公司法人独立地位和股东有限责任赔偿纠纷一案中，对涉及案涉锴炼公司7300万元增资的相关事实，张希、吴占红、何齐元均承认锴炼公司工商资料相关决议增资文件上签名真实，且对锴炼公司借款增资的事实知情，但在如何操作等细节上各方存在争议。在该案中何齐元陈述：对借款增资，在张希和杨波保证的情况下，其同意他们去借款增资，资金由张希和张超文运作，不是其本人所出；其个人账户同一天进出7300万元，锴炼公司账户同一天增加7300万元，应属同一笔资金，但其对账户的开设、资金的运转都不知情；其身份证在张超文手上，银行凭证上的签字都不是其所签。张希陈述：其对增资如何操作不清楚，锴炼公司的财务章和法定代表人印鉴章是交给张超文控制使用；何齐元对整个增资的过程知情；锴炼公司与永达公司、永联公司之间没有业务往来，转出资金到永达公司、永联公司等，应该是归还借款。

一审法院受理的（2008）通中民二初字第0145号原告中国建设银行股份有限公司南通城东支行与被告锴炼公司、张希、吴占红、南通新源建材有限公司、东方路易斯家具（通州）有限公司、何齐元、张超文、张坚、陈联金融借款合同纠纷一案中，对涉及案涉锴炼公司7300万元增资的相关事实，何齐元、张超文、张坚表示对借款增资的方案知晓，在保证张希和杨波承担责任的情况下，同意由张希运作借款增资，7300万元增资款全部到位，钱都是张希出面帮大家借的,最后划到何齐元账上再打到各股东头上作为注册资本。何齐元陈述:其把身份证交给张超文、张希运作,钱如何进其账户、注册资本运作等问题,其都不清楚,银行资料中其签字非本人所为,增资款的进入及流出其均不清楚,也与其无关。

一审法院受理的(2008)通中民二初字第0182号原告姜锦冲与被告锴炼公司、张希、吴占红、何齐元、张超文、张坚、陈联、南通宏瑞机械工程公司、南通锴炼风电设备有限公司、南通万基化工机械有限公司、南通市环保设备厂民间借贷纠纷一案中,对涉及案涉锴炼公司7300万元增资款被转走的相关事实,张希在该案听证时陈述当时股东会有决议,先向上海方搞款,然后验资后撤资,在苏州吴县一个信用社验资,其对7300万元增资全部转走的情况清楚,但具体转走事宜不是其操作,是上海的张超文操作。

另查明,2011年1月5日,申请人南通季华铝业有限公司以锴炼公司资不抵债、不能清偿到期债务为由,向一审法院申请对锴炼公司进行重整。一审法院裁定受理后,于2011年3月1日作出(2011)通中商破字第0003-1号决定书,指定北京大成律师事务所南通分所担任管理人。2011年5月26日,一审法院作出(2011)通中商破字第0003-2号裁定书,裁定锴炼公司重整。由于锴炼公司及管理人未能向法院和债权人会议提出重整计划草案,一审法院于2012年5月11日作出(2011)通中商破字第0003-3号裁定书,裁定终止锴炼公司重整程序,宣告锴炼公司破产。南通长城联合会计师事务所受本院委托,对锴炼公司进行了破产审计,并作出长城审字(2011)55号审计报告,该报告载明"实收资本:2011年2月22日报表余额2788万元,由张希、何齐元、陈联、吴占红、张超文、财牛公司投入。2008年3月24日公司增资7300万元未入账,此次审计调增7300万元,调整后余额10088万元。详见附件14"。

锴炼公司向一审法院起诉请求:1.张希缴纳公司注册资本1817万元;2.吴占红缴纳公司注册资本738万元;3.陈联缴纳公司注册资本730万元;4.张超文缴纳公司注册资本2190万元;5.何齐元缴纳公司注册资本1825万元;6.诉讼费由各被告承担。一审中,锴炼公司增加诉讼请求:1.各被告自2008年3月25日起至缴清之日止以各自未缴清注册资本为基数,按照人民银行同期贷款利率标准承担占有期间的利息损失;2.各被告均对未缴清注册资本7300万元及占用期间的利息承担连带责任。

【裁判要旨】

一审争议焦点为:1.张希、吴占红、陈联、张超文、何齐元增资时是否存在未履行出资义务的情形,是否需要补缴出资并承担利息损失;2.锴炼公司主张张希、吴占红、陈联、张超文、何齐元对未缴清注册资本7300万元及占用期间的利息承担连带责任的请求能否成立。

一审法院认为,股东出资义务是指股东按期足额缴纳其所认缴的出资额的义务,包括公司设立时股东的出资义务和公司增资时股东的出资义务。出资义务是股东对公司最基本的义务,股东未尽出资义务既损害公司利益,也损害公司债权人利益。本案中,何齐元、张希、张超文、吴占红、陈联存在虚假增资情形,因锴炼公司已进入破产程序,其管理人代表锴炼公司主张各被告全面履行出资义务的请求应予支持;但主张何齐元、张希、张超文、吴占红、陈联存均对未缴清注册资本7300万元及占用期间的利息承担连带责任于法无据。

关于争议焦点一。《最高人民法院关于适用〈中华人民共和国公司法〉若干问题的规定（三）》（以下简称《公司法司法解释三》）第二十条规定，当事人之间对是否已履行出资义务发生争议，原告提供对股东履行出资义务产生合理怀疑证据的，被告股东应当就其已履行出资义务承担举证责任。本案中，张希、吴占红、何齐元对于锴炼公司股东会决议增资7300万元以及各股东认缴份额并申请工商变更登记的事实均无异议，各股东理应向锴炼公司全面履行出资义务。现有证据显示，何齐元于2008年3月24日在浒关支行开设账户，进账7300万元后又取出，当日锴炼公司在浒关支行的账户入账7300万元增资款，验资完毕次日该7300万元即转出给永达公司、永联公司及张希。锴炼公司所增注册资金的来源及流向情况异常，足以使人产生合理怀疑，故各股东应就其非虚假或抽逃增资承担举证责任，但张希、吴占红、何齐元等均未能对此举证证明，应承担不利的法律后果。对于如何履行增资义务，增资以后资金为何转出等事实，张希、吴占红在数次诉讼中曾称对于具体如何运作均不知情，并确认锴炼公司与永达公司、永联公司没有业务往来，但又曾称对于转走增资款股东会有过决议先验资再撤资。而何齐元在另案中陈述其不知增资款是向谁所借、具体如何运作不知情，在本案中又陈述7300万元增资款均系其向他人所借，但对向谁借款、如何借款、是否归还、如何还款等事实以与本案无关为由未作陈述。事实上，从案涉7300万元增资款转出凭证而言，相关凭证上均有锴炼公司财务专用章及张希印鉴章，部分凭证上并留有何齐元的身份证号码，部分款项亦汇入张希账户，虽然张希及何齐元均以当时相关印章及证件由他人持有为由称非自己实施资金转出行为，但案涉增资款来源于借款，用于验资后在工商部门核准变更登记当日即抽逃是客观事实，而从款项来源、抽逃时间以及各股东对相关事实矛盾陈述上分析，足以证明锴炼公司各股东并无真实增资意图，各股东行为性质实为建立在虚假意图上的虚假增资，不属于工商变更登记完成后的抽逃增资。至于谁具体操作了借款增资和抽逃行为，对本案法律适用并无实质影响。故，因张希、吴占红、陈联、张超文、何齐元增资时未履行出资义务，锴炼公司诉请要求补足各自增资并承担利息损失合法有据，予以支持。

关于争议焦点二。连带责任是法定责任，只有法律有明确规定时才能适用。我国公司法等相关法律及司法解释并未规定有限责任公司增资时未履行出资义务的各股东之间对于未缴清的注册资本承担连带责任。锴炼公司庭审中明确依据我国公司法第一百七十八条及《公司法司法解释三》第十三条第三款的规定，主张张希、吴占红、陈联、张超文、何齐元对未缴清注册资本7300万元及占用期间的利息承担连带责任，但其理由不能成立。我国公司法第一百七十八条第一款规定，有限责任公司增加注册资本时，股东认缴新增资本的出资，依照本法设立有限责任公司缴纳出资的有关规定执行。该条目的旨在明确股东增资时的出资适用与公司设立时的出资相同的规定，也正是基于此，对锴炼公司在各股东未履行增资义务的情形下要求各股东向公司依法全面履行出资义务的主张应予支持。但公司设立时发起人对股东出资瑕疵的责任与公司设立后股东之间对增资瑕疵的责任不同，《公司法司法解释三》第十三条第三款与第四款对于股东在公司设立时和增资时未履行或者未全面履行出资义务的情形进行了区分，分别列明了公司设立阶段、公司增资过程中责任承担的不同主体。该条第三款明确规定,股东在公司设立时未履行或者未全面履行出资义务,依照本条第一款或者第二款提起诉讼的原告,请求公司的发起人与被告股东承担连带责任的,人民法院应予支持;公司的发起人承担责任后,可以向被告股东追偿。该条款针对的是股东在公司设立时未履行或者未全面履行出资义务的情形,且针对的是公司的发起人与被告股东之间的连带责任。而本案系张希、吴占红、陈联、张超文、何齐元在增资时未履行出资义务,显然并不符合该条款所适用的条件。因此,锴炼公司主张张希、吴占红、陈联、张超文、何齐元对未缴增资7300万元及占用期间的利息承担连带责任于法无据,不予支持。

综上所述,根据《中华人民共和国公司法》第二十八条、第一百七十八条第一款、《公司法司法解释三》第十三条第一款、《中华人民共和国破产法》第三十五条、《中华人民共和国民事诉讼法》第一百四十四条之规定,一审法院判决:一、张希于判决生效后10日内向锴炼公司缴纳出资1817万元及利息(以1817万元为基数,自2008年3月25日起至实际支付之日止,依照中国人民银行同期同档贷款利率计算);二、吴占红于判决生效后10日内向锴炼公司缴纳出资738万元及利息(以738万元为基数,自2008年3月25日起至实际支付之日止,依照中国人民银行同期同档贷款利率计算);三、陈联于判决生效后10日内向锴炼公司缴纳出资730万元及利息(以730万元为基数,自2008年3月25日起至实际支付之日止,依照中国人民银行同期同档贷款利率计算);四、张超文于判决生效后10日内向锴炼公司缴纳出资2190万元及利息(以2190万元为基数,自2008年3月25日起至实际支付之日止,依照中国人民银行同期同档贷款利率计算);五、何齐元于判决生效后10日内向锴炼公司缴纳出资1825万元及利息(以1825万元为基数,自2008年3月25日起至实际支付之日止,依照中国人民银行同期同档贷款利率计算);六、驳回锴炼公司的其他诉讼请求。如果未按本判决指定的期间履行给付金钱义务,应当依照《中华人民共和国民事诉讼法》第二百五十三条之规定,加倍支付迟延履行期间的债务利息。案件受理费592950元、财产保全费5000元,公告费1950元,合计599900元,由被告张希、吴占红、陈联、张超文、何齐元共同负担。

双方当事人对于一审查明的事实无异议,本院予以确认。二审中,当事人未提交新证据。

二审争议焦点为:锴炼公司的股东增资是否虚假?何齐元应否承担责任?

本院认为:《中华人民共和国公司法》第二十八条、第一百七十八条对公司股东履行出资、增资义务作了明确规定,若股东出资有瑕疵的,应依法承担责任。而无论是虚假出资还是抽逃出资均属于出资瑕疵,公司有权要求瑕疵出资股东承担补足出资责任。本案中,锴炼公司于2008年召开股东会,决议增加注册资本,其中何齐元应增资1825万元。事实上包括何齐元在内的股东所增资总额7300万元于2008年3月25日通过何齐元个人银行账户存入、取出,当日锴炼公司账户入账7300万元,次日被转给永达公司、永联公司,而锴炼公司各增资的股东均提供不出证据证明锴炼公司与永达公司、永联公司有正常业务往来。一审法院认定锴炼公司各增资股东均存在虚假增资行为,应依法承担补足增资款的责任。何齐元上诉主张其增资款已到账,履行了增资义务,其后的抽逃出资非其所为,其不应承担责任。何齐元的上诉主张不足成立。公司增资行为经过全体股东同意,但该增资款项合计7300万元却是共同存入何齐元个人账户,再取出入公司账,次日又被转出,不管款项进出行为是谁操作，但所有增资行为是一体完成，在性质上应作出共同认定。现张希、吴占红认可其为虚假增资，陈联、张超文拒不到庭，而何齐元对其增资款向何人所借避而不答，也无证据证明其在增资后到锴炼公司于2015年起诉之间长达七年之久对所借款项的归还情况。故原审将款项入账与转出作为一个完整行为，进而认定锴炼公司各股东的增资行为实为虚假增资是正确的。何齐元有意将款项到账行为与转出行为区分解释，认可增资完成，否认转出行为与其有关，明显有违诚信原则，若其系借款增资，不可能不关心该借款向何人所借、利息多少，出借人也不可能直至锴炼公司进入破产也不向各借款增资的股东主张返还。资金到账次日被转出的行为即便非何齐元操作，何齐元否认其知情也难以成立。故原审认定何齐元等股东补足出资有事实和法律依据。

综上，何齐元的上诉请求不能成立，应予驳回。原审判决认定事实清楚，适用法律正确，应予维持。

【实务指引】

一、公司增资纠纷的定义

公司增资，是指公司基于筹集资金，扩大经营等目的，依照法定的条件和程序增加公司资本的行为。公司增资纠纷是指公司在增加注册资本过程中因增资行为引起的民事纠纷。

公司资本增加会增强公司实力，有利于保障债权人的利益和维护交易安全，各国立法通常对增资条件和增资程序限制较少，但公司资本增加必然调整现有的股权结构，直接影响现有股东的利益并可能在股东之间引发利益之争。因此，公司法规定，有限责任公司或者股份有限公司增加资本的，需经公司股东（大）会作出决议，并且有限责任公司增加资本时，除非全体股东约定不按照出资比例优先认缴出资，否则股东有权优先按照实缴的出资比例认缴出资，对于违反程序作出的决议，股东可以向人民法院提起诉讼请求确认增资决议无效。

公司增资纠纷主要包括两种类型：一是股东主张公司增资违反程序而无效，其实质是特殊的公司决议无效之诉；二是有限责任公司的股东主张行使新增资本的认购优先权。

应用该案由时应注意与新增资本认购纠纷案由之间的区别。新增资本认购纠纷主要是发生在新出资人与公司之间以及原股东与公司之间的纠纷，而公司增资纠纷主要是公司在增加资本过程中因增资行为而引起的民事纠纷。

二、公司增资纠纷的管辖

因公司增资纠纷提起的诉讼，原则上以《民事诉讼法》中管辖的相关规定为基础，但要综合考虑公司所在地等因素来确定管辖法院。根据民事诉讼中的一般管辖规则，对法人或者其他组织提起的民事诉讼，由被告住所地人民法院管辖。法人或者其他组织的住所地，是指其主要营业地或者主要办事机构所在地。如果被告公司是不具有法人资格的其他组织形式，又没有办事机构，则应由被告注册登记地人民法院管辖。

三、公司增资纠纷的裁判规则

（一）公司未形成有效的增资决议，不能产生"增资"的效果

根据公司法的规定，公司增资的决议机关是股东（大）会，股东（大）会作出增加注册资本的决议，是公司增资的前提和基础。公司未作出合法有效的增资决议，即便股东或者他人向公司投入资金，其所投入的资金也不能转化为公司注册资本金，由此形成的相关争议应另寻法律解决途径。

黑龙江省哈尔滨市中级人民法院（2016）黑01民终832号民事判决书认为：虽然客运公司董事长陈学贵在股东会议上宣布增资决定，但增资事项依法只能由股东会作出决议，因此客运公司增资决议不合法。蒙影等基于不合法的"增资决议"向财务部门交付出资，不能取得股东资格，从而也无权主张客运公司按照实缴的出资比例分取红利。

《最高人民法院公报》（2015年第5期）刊载该案裁判要旨指出：未经公司有效的股东会决议通过，他人虚假向公司增资以"稀释"公司原有股东股份，该行为损害原有股东的合法权益，即使该出资行为已被工商行政机关备案登记，仍应认定为无效，公司原有股东股权比例应保持不变。

（二）股份有限公司股东不享有新增资本的优先认缴权

《公司法》第三十四条系规定于《公司法》"第二章有限责任公司的设立和组织机构"之中，其规范的对象为有限责任公司，之所以有限责任公司股东享有这种权利，其根源还在于有限责任公司所具有的人合性特征。人合公司，"重视每一位社员的个性，社员和公司之间以及社员之间都保持着精密关系的公司。虽然社员自己可以直接参与公司经营，但其对公司债权人的责任也会随之变重。人合公司是在社员的人际关系即社员之间相互信任的基础之上建立的，因此人合公司不会简单地许可社员地位出现让渡或者变更。"由于在制度设计上，股份公司被设计为公众公司及资合公司，因此法律并未赋予股份有限公司股东享有优先认缴新增注册资本的权利。

云南省昆明市中级人民法院（2015）昆民五终字第32号民事判决书认为：《公司法》第三十四条规定的股东增资优先认购权，是《公司法》基于保护有限责任公司人合性的经营特征，对有限责任公司增资扩股行为发生时所做的强制性规范，目的在于保护有限责任公司基于人合基础搭建起来的经营运行稳定性，该规定仅适用于有限责任公司。对于股份有限公司，基于其资合性的组织形式与管理运行模式，《公司法》并未对其增资扩股行为设定优先认购权的强制性规范，股份有限公司的增资扩股行为系其内部经营决策合意的结果，在不违反相关强制性法律法规的前提下，公司具体的增资方式、增资对象、增资数额、增资价款等均由其股东会决议并遵照执行。

（三）新增出资份额不能享有优先认缴权

《公司法》第三十四条规定："股东按照实缴的出资比例分取红利；公司新增资本时，

股东有权按照实缴的出资比例认缴出资。但是，全体股东不按照出资比例分取红利或者不按照出资比例优先认缴出资的除外。"司法实践中认为，现行《公司法》第三十四条关于新增资本的优先认缴权，在内容上增加了"有权按照实缴的出资比例"这一定语，且明确规定了全体股东另有约定这一除外条款；因此，在没有特殊约定的情况下，股东仅有权优先认缴自己实缴出资比例所对应部分的新增资本。对于其他股东可以认缴但无力认缴的新增资本份额，股东不再享有法定的优先认缴权。实践中，股东对于其他股东放弃的增资份额主张按照股权转让中的优先购买权来行使优先认缴增资权利的，也难以得到法院的支持。

最高人民法院（2010）民申字第1275号民事裁定书（二审）认为：增资扩股不同于股权转让，两者最明显的区别在于公司注册资本是否发生变化。此外，资金的受让方和性质、表决程序采取的规则、对公司的影响等均存在不同之处。优先购买权作为一种排斥第三人竞争效力的权利，对相对人权利影响重大，必须基于法律明确规定才能享有。有限责任公司新增资本时，部分股东欲将其认缴出资份额让与外来投资者，在我国《公司法》无明确规定其他股东有优先认购权的情况下，其他股东不能依据与增资扩股不同的股权转让制度行使《公司法》第七十一条所规定的股权转让过程中的优先购买权。

（四）新增资本优先认缴权应在合理期间行使

新增资本优先认缴权在权利属性上应认定为形成权。因形成权的行使系基于权利人单方意思表示而发生相应法律效果，故对于形成权的行使应当谨慎进行。理论上，形成权受制于除斥期间的限制，在法定的期间内如未能行使的，则归于消灭。

最高人民法院（2010）民提字第48号民事判决书（二审）认为：公司新增资本时，股东有权优先按照实缴的出资比例认缴出资。从权利性质上来看，股东对于新增资本的优先认缴权应属形成权。现行法律并未明确规定该项权利的行使期限，但为维护交易安全和稳定经济秩序，该权利应当在一定合理期间内行使，并且由于这一权利的行使属于典型的商事行为，对于合理期间的认定应当比通常的民事行为更加严格。从维护交易安全和稳定经济秩序的角度出发，结合商事行为的规则和特点，人民法院在处理相关案件时应限定该项权利行使的合理期间，对于超出合理期间行使优先认缴权的主张不予支持。

（五）增资过程中的对赌问题——与目标公司的对赌违反资本维持原则且损害债权人利益，应属无效

最高人民法院（2012）民提字第11号民事判决书（二审）认为：在民间融资投资活动中，融资方和投资者设置估值调整机制（即投资者与融资方根据企业将来的经营情况调整投资条件或给予投资者补偿）时要遵守《公司法》和《合同法》的规定。投资者与目标公司本身之间的补偿条款如果使投资者可以取得相对固定的收益，则该收益会脱离目标公司的经营业绩，直接或间接地损害公司利益和公司债权人利益，故应认定无效。但目标公司股东对投资者的补偿承诺不违反法律法规的禁止性规定，是有效的。在合同约定的补偿条件成立的情况下，根据合同当事人意思自治、诚实信用的原则，引资者应信守承诺，投资者应当得到约定的补偿。

需要指出的是，上述裁判要旨法院在参照适用的过程中，对于有限责任公司，应当援引《公司法》第二十条股东不得滥用股东权利以及《民法典》第三百一十一条有关合同无效的相关规定。对于股份有限公司，法院可以直接援引《公司法》第一百四十二条关于"公司不得收购本公司股份"的相关规定，否认与公司对赌的合法性。

（六）增资协议中的回赎权条款不以投资人取得股权为前提

增资协议中的回赎权条款只取决于其自身设定的条件，不以投资人取得公司股权为前提。在投资人非因自身原因未取得公司股权的情况下，回赎的对象是投资人在目标公司中的投资权益，而非股权。

浙江省杭州市中级人民法院（2015）浙杭商终字第1276号民事判决书（二审）认为：在投资人已按照协议的约定将出资足额缴付至目标公司后，办理增资及股东变更所涉及的工商变更登记属于目标公司的义务。目标公司是否及时办理相关变更登记，对投资人来说是无法控制的。回赎权条款的约定系对投资方权利的保障，只要该约定内容不违反法律规定，对协议各方就具有约束力。现目标公司及其股东未能完成该协议项下的承诺义务，应认为该"赎回权"条件已经成就，而非必须以东辰企业实际取得股权为前提。相反，在目标公司应当给予投资人办理工商变更登记手续而未能办理的情况下，如果再以投资人未取得股权进而认定其不能行使赎回权，则有悖签约各方的真实意思表示，也与该条款的设置目的不符。

（七）因公司增资导致原出质股东股权比例缩减的，质权人应在减少后的比例内享有质权

最高人民法院（2010）民二终字第104号民事判决书（二审）认为：公司增资扩股后，因有新的出资注入公司，虽然原公司股东的持股比例发生变化，但其所对应的公司资产价值并不减少。因此，对于原以公司部分股权设定质权的权利人而言，公司增资扩股后其对相应缩减股权比例享有优先受偿权，与其当初设定质权时对原出资对应的股权比例享有优先受偿权，其实质权利并无变化，不存在因增资扩股损害质权人合法权利的可能。质权人应当以增资扩股后原股权对应出资额相应的缩减后股权份额享有优先受偿的权利。

【拓展案例】

浙江华汇能源环境投资股份有限公司、滁州市人民政府国有资产监督管理委员会公司增资纠纷[①]

为了推进滁州市城东供热项目，滁州市经济技术开发区管委会与浙**汇集团经协商，于2014年1月28日达成《合作意向书》，约定浙**汇集团投资滁州市城东供热项目，项目公司在滁州市开发区注册，地方国有资本实体以现有可用管网实物参股，参股比例20%～30%，超出部分，由浙**汇集团选择租用或购买。城东供热项目于2014年6～8月开工建设，14个月（2015年10月前）建成投产，滁州市开发区人民政府给予税收优惠政策。浙**汇集团与滁州市经济技术开发区管委会还先后签订了《浙**汇集团热电联产

[①] 参见安徽省高级人民法院民事判决书（2019）皖民终515号。来源：中国裁判文书网 http://wenshu.court.gov.cn。

项目投资协议》及《投资补充协议》，就项目投资规模、项目用地、优惠政策等作出约定。为实施该项目，浙＊＊汇集团、浙＊＊汇能源公司、鲁国伟、沈霖共同出资于2014年3月17日注册成立了滁州华汇公司，作为滁州市城东供热项目公司。该公司注册资金为1亿元，其中鲁国伟、浙＊＊汇能源公司、沈霖、浙＊＊汇集团认缴额分别为1000万元、2000万元、2500万元、4500万元，所占股权比例分别为10%、20%、25%、45%。2014年3月29日，滁州市工业经济招商引资和园区建设指挥部召开第31次（指挥长）会议，并形成第134期会议纪要，同意滁州华汇公司投资建设城东热电项目，项目用地通过公开招拍挂方式出让取得。热电厂原有的供热管线、客户资源经评估后，实施整体转让给滁州华汇公司，具体处置方式（参股、出售等）通过谈判，按照有关法规和程序确定。关于项目投资、供热保障协议和签订由政府或政府授权的部门与滁州华汇公司签订。2014年4月25日，滁州市政府第10次常务会议明确，市政府授权市经信委（国资委）与浙＊＊汇集团签订项目建设协议。滁州华汇公司成立后，滁州市经信委（国资委）作为甲方多次与滁州华汇公司（乙方）总经理沈霖商谈。2015年2月1日双方达成《城东热电项目建设协议》，协议第三条明确约定："滁州热电厂老城区热负荷随供热管网、客户资源按国有资产交易规定，经第三方评估机构评估后，由滁州工投公司作为地方国有资本出资人，以现有可用管网实物参股，比例为20%～30%（原始股价格），超出部分，按照国有资产管理办法处置，乙方可选择租用或购买。具体参股时间，以管网评估完成时间为准。"协议还约定，城东热电项目力争于2015年10月建成投产。2015年8月，滁州华汇公司投资建设的滁州经济技术开发区热电联产项目一期工程正式投产。同年10月27日，浙＊＊汇集团与其控股子公司浙＊＊汇能源公司签订股权转让协议，浙＊＊汇集团将其持有的滁州华汇公司的45%的股权以3595.77万元的价格全部转让给浙＊＊汇能源公司。2015年11月2日，浙＊＊汇能源公司向浙＊＊汇集团支付了股权转让款3595.77万元，同年11月6日，公司登记机关办理了滁州华汇公司股权变更登记。

2016年2月18日，滁州市国资委根据滁州市政府的委托，向浙＊＊汇集团发出了《关于要求履行合作协议的函》，要求浙＊＊汇集团履行《合作意向书》，使国有资本参股。同年3月2日，浙＊＊汇集团复函称，股权转让不会对投资集团公司原对滁州市政府的相关承诺有任何影响。2016年3月28日、7月7日，滁州市国资委委托律师又先后两次向浙＊＊汇集团发出了律师函要求其尽快与滁州市国资委、滁州工投公司协商解决滁州工投公司以管网、客户资源参股事宜。同年4月1日，浙＊＊汇集团回函表示，对国有资本参股事宜，同意按照滁州市政府相关文件精神与滁州市国资委进行协商洽谈。2016年7月29日，滁州市经信委主任宁建斌主持召开会议，研究商谈滁州国资入股滁州华汇公司等相关事宜。浙＊＊汇集团委托其公司副总裁兼滁州华汇公司董事长鲁国伟参会，浙＊＊汇能源公司总经理金黎明、滁州华汇公司总经理牟永春也一同参会。会上，双方共同确认：1.浙＊＊汇能源公司是浙＊＊汇集团的控股子公司，浙＊＊汇集团向政府做出过的承诺，在其持股转让给浙＊＊汇能源公司后，由浙＊＊汇能源公司全部承担；2.浙＊＊汇能源公司依然承认浙＊＊汇集团当初《合作意向书》中对政府的承诺由当地国有企业入股滁州华汇公司的条款的有效性，也承认前期委托滁州华汇公司与政府商谈的事项和形成的共识。20%～30%的比例约定是基于当时政府国有热力管道的评估价值尚未确定，原意是在其实物价值与滁州华汇公司的实际投资的注册资本金之间的比较确定。3. 政府为了项目建设的加快，同意入股时间推迟到项目建成投产后进行。4. 浙＊＊汇集团依然欢迎政府的国资机构入股滁州华汇公司。2016年8月5日，各方经协商形成《关于滁州市经信委（国资委）入股滁州华汇等有关情况会议备忘》。2016年9月1日，滁州市国资委再次向浙＊＊汇集团发出《关于要求明确滁州地方国有资本入股滁州华汇的函》。浙＊＊汇能源公司于2016年9月5日回以《关于滁州国资入股滁州华汇热电的情况汇报》，以滁州华汇公司的各股东不能达成一致意见为由，表示无法通过国有资本参股决议。

基于此，2017年4月20日，滁州市国资委、滁州工投公司向安徽省滁州市琅琊区人民法院提起诉讼。在诉讼过程中，为确定原滁州热电厂拥有的已为滁州华汇公司实际使用的供热管网及客户资源价值，经滁州市国资委、滁州工投公司申请，安徽省滁州市琅琊区人民法院依法委托安徽安联信达资产评估事务所（普通合伙）对上述实物资产及客户资源进行评估，在滁州市国资委、滁州华汇公司相关人员共同参与下，确认原滁州热电厂拥有的已为滁州华汇公司实际使用的供热管网及客户资源。2018年4月26日，安徽安联信达资产评估事务所（普通合伙）根据双方确认的情况出具评估报告，评估结论为：供热管网3922.21万元，老客户资源价值2953.95万元。后滁州市国资委、滁州工投公司根据评估结论变更了诉讼请求，安徽省滁州市琅琊区人民法院遂将本案移送一审法院审理。

一审法院认为，综合各方当事人的诉辩意见，确定本案一审的争议焦点是：一、本案的案由如何确定；滁州市国资委、滁州工投公司提起的诉讼请求是否可以一并审理；二、滁州工投公司是否享有滁州华汇公司的股东资格，滁州华汇公司应否为滁州工投公司办理增资入股手续；如果滁州工投公司入股滁州华汇公司，所占股份比例如何确定，对超过其应投资本的部分资产资源价值，滁州华汇公司应否以现金方式予以返还；滁州华汇公司应否向公司登记机关申请办理变更登记；三、浙＊＊汇集团与浙＊＊汇能源公司签订的《股权转让协议》的效力；四、沈霖对滁州市国资委、滁州工投公司主张的公司增资部分是否享有优先认购权。

依法成立的合同具有法律约束力，当事人应当按照约定全面履行合同义务。本案中，滁州市政府为招商引资，推进城东热电项目建设，而授权滁州市经济技术开发区管委会与浙＊＊汇集团与签订《合作意向书》，授权滁州市经信委（国资委）与滁州华汇公司签订《城东热电项目建设协议》，上述协议均系双方当事人的真实意思表示，不违反法律、行政法规的强制性规定，合法有效，对当事人具有法律约束力。

关于争议焦点一。根据《最高人民法院关于印发修改后的〈民事案件案由规定〉的通知》精神，民事案件案由应当依据当事人主张的民事法律关系的性质来确定。本案滁州市国资委、滁州工投公司的诉讼请求主要是要求滁州华汇公司履行《城东热电项目建设协议》，使国有资本参股滁州华汇公司，其实质是要求滁州华汇公司增加注册资本，按照合同约定将滁州华汇公司实际使用的原滁州热电厂所有的供热管网以实物作价出资入股滁州华汇公司。根据该争议的法律关系性质，本案案由定为公司增资纠纷为宜。鉴于合作意向书系滁州华汇公司的股东浙＊＊汇集团签订，合同权利义务主体是浙＊＊汇集团，后浙＊＊汇集团将其持有滁州华汇公司的股权转让给浙＊＊汇能源公司，滁州市国资委、滁州工投公司认为两被告串通损害其合法权益，要求确认浙＊＊汇集团与浙＊＊汇能源公司之间签订的股权转让协议无效，该项请求是围绕其增资入股的诉求而提出，目的是为滁州市国资委、滁州工投公司实现增资入股滁州华汇公司排除障碍。因此，该两项请求可以一并审理。浙＊＊汇集团、浙＊＊汇能源公司关于本案包含股东资格确认之诉和确认合同效力之诉、合并审理存在严重的程序错误的辩解理由不成立，不予采信。

关于争议焦点二。根据有关法律规定，股东资格的取得方式通常是两种方式：一是原始取得，即通过向公司出资认购股份而取得股东资格；二是继受取得，即通过受赠、继承、公司合并等途径而取得股东资格。原始取得又可分为两种情形：1. 公司设立时的原始取得，即基于公司的设立而向公司投资，从而取得股东资格。通过这种方式取得股东资格的人包括有限公司设立时的全部发起人、股份公司设立时的发起人和认股人。2. 设立后的原始取得。即在公司成立后，增资时通过向公司出资或认购股份的方式而取得公司股东资格。因增资而取得股东资格需履行法定程序，由公司股东会作出决议同意增资，向出资人签发出资证明书，并将出资人登记于股东名册。本案中，滁州市经信委（国资委）与滁州华汇公司签订的《城东热电项目建设协议》约定第三方评估机构评估后，由滁州工投公司作为地方国有资本出资人，以现有可用管网实物参股，比例为20%～30%（原始股价格）。但滁州华汇公司未履行该协议，因此，滁州工投公司尚未取得滁州华汇公司的股东资格。故对滁州工投公司请求确认其享有滁州华汇公司股东资格的诉讼请求，不予支持。对浙＊＊汇集团、浙＊＊汇能源公司关于滁州工投公司尚未取得滁州华汇公司的股东资格的辩解意见予以采信。

当事人应当遵循诚实信用原则全面履行合同义务。滁州市经信委（国资委）与滁州华汇公司签订的《城东热电项目建设协议》合法有效，滁州华汇公司应当全面履行，滁州市国资委作为合同主体，有权要求滁州华汇公司履行义务，其作为原告主体适格。根据该协议约定，滁州工投公司作为地方国有资本出资人，以现有可用管网实物参股，比例为20%～30%（原始股价格），具体参股时间以管网评估完成时间为准。2018年4月26日，经第三方评估并出具报告，原滁州热电厂拥有的已为滁州华汇公司实际使用的供热管网及客户资源价值分别为3922.21万元、2953.95万元，即现有可用管网实物价值3922.21万元。该评估报告是有资质的第三方评估机构在滁州市国资委和滁州华汇公司有关人员共同参与下依法出具的，滁州华汇公司、鲁国伟、沈霖对该评估报告均无异议，对其评估结论应予采信。按照上述约定，滁州工投公司参股时间已届至，滁州华汇公司应将原滁州热电厂拥有的已为滁州华汇公司实际使用的供热管网纳入增资3922.21万元，并办理滁州工投公司参股滁州华汇公司的相关手续，申请办理公司股权变更登记。庭审中，浙＊＊汇集团、浙＊＊汇能源公司、滁州华汇公司及第三人均表示同意滁州工投公司入股滁州华汇公司。该增资资本由滁州工投公司作为地方国有资本出资人以现有可用管网实物参股，滁州华汇公司增资后，其注册资本总额为13922.21万元，滁州工投公司占股28.17%，鲁国伟占股7.18%、沈霖占股17.96%、浙＊＊汇能源公司占股46.69%。故对滁州市国资委、滁州工投公司主张以实物网管作价入股滁州华汇公司的诉讼请求，予以支持。实物网管作价入股滁州华汇公司后，该管网的所有权转移给滁州华汇公司。滁州工投公司入股后，对其入股前滁州华汇公司的经营利润不享有分配权,滁州华汇公司对滁州工投公司入股前实际使用的国有供热管网应支付租赁费用。根据协议约定,滁州工投公司作为地方国有资本出资人,以现有可用管网实物参股,故对滁州工投公司要求以客户资源参股的诉讼请求不予支持。滁州华汇公司关于滁州工投公司只应以实物网管作价入股滁州华汇公司的辩解意见成立,予以采信。至于原滁州热电厂的客户资源,因双方在合同中约定不明,由滁州市国资委、滁州工投公司与滁州华汇公司另行协商处理。浙**汇集团、浙**汇能源公司关于该评估报告确定的评估价值不能作为滁州市国资委、滁州工投公司要求参股或支付现金的依据的抗辩意见不能成立,不予采信。

关于争议焦点三,浙**汇集团与浙**汇能源公司签订的《股权转让协议》的效力问题。本案浙**汇集团与浙**汇能源公司签订股权转让协议,浙**汇集团将其持有的滁州华汇公司的股权全部转让给浙**汇能源公司,该转让行为系公司股东之间进行的内部转让,该协议不违反法律、行政法规的强制性规定,合法有效,也并不损害滁州市国资委、滁州工投公司的合法权益。滁州市国资委、滁州工投公司关于要求确认该协议无效的诉讼请求不成立,不予支持。

关于争议焦点四,沈霖对滁州市国资委、滁州工投公司主张的公司增资部分是否享有优先认购权问题。本案中,滁州华汇公司成立后,滁州市人民政府与滁州华汇公司就城东热电项目协议合作的事项进行过多次沟通,沈霖作为滁州华汇公司的股东,也是该公司的董事兼总经理,对滁州市人民政府要求以原滁州热电厂拥有的已为滁州华汇公司实际使用的供热管网作价入股滁州华汇公司是知晓的,且沈霖当庭也认可,2015年2月1日,滁州市经信委(国资委)与滁州华汇公司签订的《城东热电项目建设协议》也是其经手洽谈签署的。协议约定滁州工投公司作为地方国有资本出资人,以现有可用管网实物参股,比例为20%～30%(原始股价格)。该协议的约定是滁州华汇公司对外所作的真实意思表示。增资扩股是公司的重大事项,该意思表示应当是滁州华汇公司内部股东会成员的集体意思表示。庭审中,各方当事人也均表示同意滁州工投公司以实物管网作价入股,该意思表示实质上排除了滁州华汇公司各股东对滁州工投公司以现有可用管网实物参股增资部分的优先认购权。因此,沈霖主张其对滁州工投公司以现有可用管网实物参股的增资享有优先认购权,既违反了其经手签署的《城东热电项目建设协议》的约定,也有违诚实信用原则。对其该抗辩意见,不予支持。浙**汇集团、浙**汇能源公司关于"对于新增资本,滁州华汇公司的股东有权优先按照实缴的出资比例认缴出资,对于滁州工投公司能否参股,有赖于滁州华汇公司的全体股东是否一致同意"的抗辩意见,也与滁州华汇公司滁州市国资委所作的意思表示相悖,不予采信。

综上,依照《中华人民共和国合同法》第六条、第八条、第六十条第一款、第一百零七条,《中华人民共和国公司法》第三十四条,《中华人民共和国民事诉讼法》第六十四条第一款之规定,判决:一、滁州华汇公司于判决生效后三十日内为滁州工投公司办理以现有可用供热管网作价3922.21万元增资入股滁州华汇公司的相关手续,增资后,滁州工投公司所占滁州华汇公司股权比例为28.17%;二、滁州华汇公司于判决生效后三十日内向公司登记机关申请办理股权变更登记(增资后,浙**汇能源公司股权比例为46.69%,滁州工投公司股权比例为28.17%,沈霖的股权比例为17.96%、鲁国伟的股权比例为7.18%);三、驳回滁州市国资委、滁州工投公司的其他诉讼请求。案件受理费385608元,由滁州工投公司负担147697.50元,滁州华汇公司负担237910.50元。

二审法院认为,本案主要争议是滁州工投公司能否增资入股滁州华汇公司以及占股比例问题。对此,滁州华汇公司股东鲁国伟、沈霖在二审中对于滁州工投公司以增资方式入股以及占股比例均明确予以认可;浙**汇能源公司对于滁州工投公司以增资方式入股滁州华汇公司并无异议,但对其入股的比例存在争议;滁州市国资委、滁州工投公司认为,滁州工投公司作为滁州地方国资代表入股滁州华汇公司以及入股比例系浙**汇集团、浙**汇能源公司的承诺,双方就此达成一致,并与滁州华汇公司签订的协议予以明确。针对各方争议事项分述如下:

(一)关于滁州华汇公司各股东是否均同意滁州工投公司增资入股及入股比例如何确定。首先,在滁州华汇公司成立前,滁州市经济技术开发区管委会与浙**汇集团就其投资滁州市城东供热项目进行协商并形成《合作意向书》,浙**汇集团于2014年1月28日盖章确认后交给滁州市经济技术开发区管委会。该协议约定,地方国有资本实体以现有可用管网实物参股,参股比例20%~30%,超出部分由浙**汇集团租用或购买。其次,2015年2月1日,经滁州市人民政府授权滁州市经信委(国资委)与滁州华汇公司达成《城东热电项目建设协议》,约定滁州热电厂老城区热负荷随供热管网、客户资源按国有资产交易规定,经第三方评估机构评估后,由滁州工投公司作为地方国有资本出资人,以现有可用管网实物参股,比例为20%~30%(原始股价格),超出部分,按照国有资产管理办法处置,滁州华汇公司可选择租用或购买;具体参股时间,以管网评估完成时间为准。第三,2016年7月29日,滁州市经信委主任宁建斌主持召开会议,浙**汇集团委托其公司副总裁兼滁州华汇公司董事长鲁国伟参会,浙**汇能源公司总经理金黎明、滁州华汇公司总经理牟永春也一同参会,并形成2016年8月5日《关于滁州市经信委(国资委)入股滁州华汇等有关情况会议备忘》。双方共同确认,浙**汇能源公司是浙**汇集团的控股子公司,依然承认浙**汇集团当初《合作意向书》中对政府的承诺由当地国有企业入股滁州华汇公司的条款的有效性,20%~30%的比例约定是基于当时政府国有热力管道的评估价值尚未确定,原意是在其实物价值与滁州华汇公司的实际投资的注册资本金之间的比较确定。综合上述事实,可以反映滁州华汇公司原股东浙**汇集团对于滁州市国资委或其指定国有企业以原热电厂管网入股滁州华汇公司及入股方式、比例有明确承诺,滁州地方国资入股滁州华汇公司亦是当初滁州市人民政府推进滁州市城东供热项目招商条件,以及给予项目用地安排、税收减免等优惠政策的原因。浙**汇能源公司既为浙**汇集团控股子公司,亦是滁州华汇公司原始股东,其对于上述事实均为知情,且后期也对此作出相同承诺。滁州华汇公司与滁州市经信委(国资委)达成《城东热电项目建设协议》,是上述承诺确认,且滁州华汇公司已经全部接收原热电厂管网及相关客户资源,并实际投入运营,滁州华汇公司股东鲁国伟、沈霖分别为滁州华汇公司董事长和总经理对此知情并均予以认可;浙**汇能源公司自滁州华汇公司成立时即为该公司持股比例为20%的股东,且其与浙**汇集团合计持股为65%,对于该份协议理应知情。因此,浙**汇能源公司仅认可同意滁州工投公司以增资方式入股滁州华汇公司,但不认可持股比例,有悖于诚实信用原则。故一审判决认定以滁州华汇公司已经全部接收原国有城东供热管网评估价值,在20%~30%增资入股并无不当,浙＊＊汇能源公司此节上诉理由,本院不予采信。如上所述,滁州地方国资以案涉供热管网入股滁州华汇公司的意向形成于公司成立之前,滁州华汇公司各股东对此均系知情并认可,故浙＊＊汇能源公司主张必须就此形成股东会决议的理由不能成立。

(二)滁州工投公司是否有权以案涉供热管网作价入股滁州华汇公司。浙＊＊汇公司上诉称,滁州华汇公司实际接收并使用供热管网分别为安徽省滁州热电厂、滁州市供热有限公司、滁州市城投供热有限公司所有,滁州工投公司不是案涉供热管网的所有权人,其无权以该资产入股滁州华汇公司。经查:1. 滁州市供热公司为国有独资公司,出资人为原滁州市经济贸易委员会,现已由滁州市人民政府划归滁州市国资委;2. 安徽省滁州热电厂、滁州市城投供热有限公司、滁州工投公司均为国有独资公司,出资人均为滁州城投公司。滁州城投公司亦为国有独资公司,股东为滁州市国资委。据此,案涉供热管网等资产所有人安徽省滁州热电厂、滁州市供热有限公司、滁州市城投供热有限公司均同属于滁州市国资委直接或间接出资国有独资公司。且案涉供热管网已经实际由滁州华汇公司接收并投入使用。故滁州市国资委关于其依据滁州市人民政府相关授权,有权以上述资产入股滁州华汇公司,并确定滁州工投公司作为国有资本出资人持有上述股份的主张,本院予以采信。

(三)案涉评估报告能否作为作价入股滁州华汇公司的供热管网价值的依据。经查,滁州市国资委、滁州工投公司向安徽省滁州市琅琊区人民法院提起本案诉讼,浙＊＊汇集团对管辖权提出异议,该院作出(2017)皖1102号民事裁定驳回。浙＊＊汇集团不服,上诉至安徽省滁州市中级人民法院,该院于2017年8月17日作出的(2017)皖11民辖终140号民事裁定予以维持。为确定案涉供热管网及客户资源价值,滁州市国资委、滁州工投公司2017年10月10日提出申请,该院依法委托安徽安联信达资产评估事务所(普通合伙)对上述实物资产及客户资源进行评估,评估报告亦载明为法院案件审理提供价值依据。故浙＊＊汇能源公司关于该评估报告是为确定管辖提供价值依据的理由不能成立。该评估报告是有资质的第三方评估机构在滁州市国资委和滁州华汇公司有关人员共同参与下依法出具的,所涉原热电厂管网业由滁州华汇公司实际接收并使用,滁州华汇公司、鲁国伟、沈霖对该评估报告均无异议,浙江能源公司所提异议亦不能成立,故一审法院采信该供热管网价值为3922.21万元的评估结论并无不当。至于浙＊＊汇能源公司所称一审法院作出一审判决时已经超出评估报告有效期的问题,因该评估报告有效期为2017年12月31日至2018年12月30日,一审法院受理本案时间为2018年10月22日,系在该评估报告的有效期内,浙＊＊汇能源公司以一审判决系2019年1月28日作出为由主张超出该报告的有效期的理由缺乏事实和法律依据。据此,一审判决以上述供热管网作价3922.21万元增资入股滁州华汇公司,经折算所占比例为28.17%,亦在约定的20%至30%之间。

综上,浙＊＊汇能源公司的上诉请求不能成立,应予驳回;一审判决认定事实清楚,适用法律正确,应予维持。

第二十二章 公司解散纠纷

【典型案例】

上海昌润房产有限公司与石熙明公司解散纠纷①

昌润公司成立于2003年7月25日，注册资本为1000万元。成立时的登记股东为上海C有限公司（以下简称C公司，占90%股权）、丁某（占10%股权），法定代表人为石熙明；2003年9月25日，昌润公司增资至9000万元，股权比例调整为C公司（占10%股权）、丁某（占90%股权）；2005年12月15日，昌润公司的股东变更登记为C公司（占10%股权）、丁某（占60%股权）、上海D有限公司（占30%股权）；2007年10月18日，昌润公司股东变更登记为C公司（占10%股权）、丁某（占90%股权）；2009年1月18日，昌润公司股东变更登记为石熙明（占75%股权）、丁某（占25%股权）；2010年6月1日，昌润公司股东变更登记为梁某（占75%股权）、丁某（占25%股权），法定代表人从石熙明变更登记为梁某。2010年8月10日，昌润公司股东变更登记为梁某（占50%股权）、包某1（占50%股权）。2010年9月9日，昌润公司股东由梁某、包某1变更登记为毅宝会所。

上海市金山区人民法院于2015年6月25日作出（2014）金民二（商）初字第167号民事判决，判决撤销石熙明向梁某无偿转让昌润公司65%股权的行为；石熙明及梁某协助将梁某所持有昌润公司50%的股权向登记机关办理变更至石熙明名下的登记手续；驳回丁某其他诉讼请求。石熙明、梁某不服提起上诉，本院于2015年12月23日判决驳回上诉，维持原判。石熙明、梁某不服（2015）沪一中民四（商）终字第1795号民事判决，申请再审。2016年8月25日，上海市高级人民法院出具（2016）沪民申202号民事裁定，裁定驳回石熙明、梁某的再审申请。2016年2月16日，丁某向上海市金山区人民法院起诉请求：1. 确认丁某和石熙明在2009年1月9日签订的《股权转让协议》于2015年12月31日解除；2. 石熙明协助丁某将所持昌润公司50%股权向公司登记机关办理变更至丁某名下的登记手续；3. 石熙明向丁某赔偿损失1350万元及利息（以1350万元为本金，自2016年1月1日起至判决生效之日止，按照银行同期贷款利率计算）。上海市金山区人民法院于2018年9月11日作出（2017）沪0116民初5132号民事判决，驳回丁某的全部诉讼请求。2019年8月9日，本院作出（2018）沪01民终12890号民事判决，判决驳回上诉，维持原判。二审庭审中，石熙明与昌润公司均确认，石熙明已变更登记为昌润公司股东，持有昌润公司50%股权。

---

① 参见上海市第一中级人民法院民事判决书（2019）沪01民终14957号。来源：中国裁判文书网http://wenshu.court.gov.cn。

2010年9月2日，昌润公司原股东梁某与包某1形成股东会决议，同意梁某将其持有的昌润公司50%股权转让给毅宝会所，包某1将其持有的昌润公司50%的股权转让给毅宝会所。当日，毅宝会所形成《股东决定书》，通过了修改后的昌润公司章程。2013年9月26日，梁某向毅宝会所发出《关于召开2013年第一次临时股东会的通知》。毅宝会所于2013年10月10日向梁某作出《复函》，内容为：鉴于此前争议及目前的特殊情况，请你亲自到本所办公室确认《关于召开2013年第一次临时股东会的通知》系你签署并发出，在未得到你当面确认前，该通知将不被视为你的真实意思。该《关于召开2013年第一次临时股东会的通知》中的提议、召集程序明显不符合法律、昌润公司章程之规定，为无效提议，毅宝会所不予接受。2013年12月18日，梁某向毅宝会所、褚红伟、包某1发出《关于2013年12月25日合伙人会议的复函》，称对于2013年12月4日会议通知的内容，未经相关程序履行前，其不认可会议通知的内容。对会议召开时间地点、议题的合法性和真实性不予认可。2013年12月18日，梁某向昌润公司监事包某1、执行董事褚红伟发出《关于召开2014年第一次临时股东会的通知》。昌润公司二审中陈述："2012年有合伙人决议，决议开发松江新城的项目。在2014年之后没有召开过股东会。"

（2014）闵民二（商）初字第932号民事裁定显示：梁某起诉请求解散昌润公司，并称昌润公司运行机制处于瘫痪状态，公司的经营管理出现极其严重困难；股东之间多次发生股权转让纠纷，股东之间、毅宝会所内部处于矛盾激化的对立状态，且在法院存在多起诉讼，丧失共同经营管理的基础，昌润公司已经出现严重经营困难的情形；由于公司继续存续会致使公司和股东利益受到数亿元的重大经济损失，梁某穷尽其他途径已不能解决任何问题，故涉诉，请求法院判令解散昌润公司。一审法院认为，梁某提起诉讼时已非昌润公司股东，梁某与本案争议并无直接利害关系，其提起本案诉讼不符合相关规定，遂于2016年1月28日裁定驳回梁某的起诉。梁某提起上诉，本院于2016年6月24日作出（2016）沪01民终5847号民事裁定，驳回上诉，维持原裁定。

石熙明向一审法院起诉请求：解散昌润公司。

【裁判要旨】

一审法院认为，本案存在以下争议焦点：

一、关于石熙明的股东身份之争

一审庭审中，昌润公司认为梁某持有的昌润公司50%股权并没有交付石熙明，因为生效的（2014）金民二（商）初字第167号民事判决只是判令将梁某所持有昌润公司50%的股权办理变更至石熙明名下，然至今该50%股权尚未在登记机关办理股权变更登记。法院亦没有确认过石熙明的股东资格。因此，石熙明不是持有昌润公司50%股权的股东。

一审法院认为，股权交付不是仅以工商登记的变更作为交付标志。在没有约定的情况下，通知到公司亦可以认定为交付。况且，2015年12月23日当日生效的法律文书已经确定了石熙明的权利，石熙明系拥有昌润公司50%股权的股东。

法律规定，提起公司解散之诉的主体是持有公司全部股东表决权的10%以上的股东。石熙明已经被生效法律文书认定为持有昌润公司50%股权的股东，故石熙明主体适格。

二、昌润公司是否符合解散的法定条件之争

昌润公司系有限责任公司，股东仅为石熙明与毅宝会所，各持有50%股权，昌润公司是否符合解散条件，一审法院具体从以下三方面予以阐述：

1. 判决解散公司的"状态"要件是法律规定的"公司经营管理发生严重困难"，即学理上称之为"公司僵局"状态。关于公司僵局状态，公司法相应司法解释规定了四种情形：（1）无法召开股东会；（2）股东会无法形成有效表决；（3）董事冲突；（4）经营管理发生其他困难。综观本案查明的事实，昌润公司和另一股东对石熙明的股东身份一直存疑，不承认石熙明的股东资格。基于该种情形，昌润公司根本无法召开股东会。法律规定了股东会作出决议，必须经出席会议的股东所持表决权过半数通过。而石熙明持有昌润公司50%股权，毅宝会所也持有昌润公司50%股权。故即使召开股东会，鉴于公司股东之间出现了根深蒂固、无法消除的矛盾，决议内容不可能过半数通过，昌润公司不可能形成有效决议。故涉本案属于公司僵局情形中的股东僵局。

2. 判决解散公司的"后果"要件是公司继续存续会使股东利益受到重大损失。对该种将来事态的判断标准，把握以下三个事实要素：（1）股东的现实利益有"正在遭受"损失的事实；（2）股东利益遭受的损失与公司的僵局之间存在因果关系；（3）公司现有的僵局无法打破。本案中，石熙明主张昌润公司在对外经营中违反《中华人民共和国招投标法》等，以及虽然截至2010年12月31日公司未分配利润已经达到366321671.23元，但之后昌润公司又开发销售房产和出租房产，至今公司收入不见踪影等情况。故涉案案情符合公司存续会使股东利益遭受损失的情形。

3. 公司僵局不能通过其他途径予以解决。解散公司是对公司一种最为严厉的制裁，公司一旦解散就进入清算程序，最终导致公司人格的消亡。因此，司法解散公司应当作为解决公司僵局不得已的手段，在诸如允许股东提议召开股东会、对内或者对外转让股份、股份回购等其他救济途径无效的情况下方可使用。石熙明系持有昌润公司50%股权的股东，毅宝会所也系持有昌润公司50%股权的股东。而法律规定了股东大会作出公司解散决议，必须经出席会议的股东所持表决权的三分之二以上通过。石熙明与毅宝会所对解散昌润公司意思表示截然相反，石熙明也无法通过股东会决议方式解散昌润公司。现石熙明通过诉讼方式要求解散昌润公司，从侧面说明股东无力打破公司僵局。况且各方诉讼愈演愈烈，未有打破僵局的救济行为。因此，昌润公司的存续必将使股东的利益受到更加重大的损失。石熙明唯有寻求司法解散昌润公司，将自身的损失降低到最低限度。

综上所述，昌润公司情形符合解散的法定条件。石熙明的诉讼请求有事实和法律依据。

至于昌润公司和毅宝会所认为若解散昌润公司会引起：（1）股东前期投入的资金化为泡影。（2）募集的社会资金必然动荡，造成社会风险。（3）正在履行中的合同将终止履行，包括上海B有限公司建设工程尚未完成结算。（4）购房人的利益保护。一审法院分析如下：

首先，法律规定公司解散的，应当在解散事由出现之日起十五日内成立清算组，开始清算。逾期不成立清算组进行清算的，债权人和股东均可以申请人民法院指定有关人员组成清算组进行清算。所以，公司解散后，进入清算程序，并不是放任不管，进入无组织状态。

其次，公司在解散后，其人格仍然存在。公司解散并未改变其内部组织机构，公司依然是同一个法律统一体。解散清算中的公司与解散前的公司唯一的不同点是公司的目的发生了变化：公司解散后，其权利能力和行为能力即当然缩减，其业务范围被严格局限于对解散的公司的法律关系的清理、处理与清算有关的公司未了结的业务及剩余财产的处置等以清算为目的的民事行为，不得再展开新的商业活动。解散清算中公司的目的是对公司资产进行清算，其原定的目的不再有效。因解散前后公司人格的同一性，从前的法律关系不因解散而变更，原则上除进行经营和分配利润的法律规定不再适用于解散清算中的公司外，其他有关公司的规定同样适用于解散清算中的公司。

再次，公司解散前原有的权利义务关系并不因解散事由的发生而有任何的变化。公司的财产仍归其所有，债权仍由其享有，债务仍由其承担。只有在清算完成后，法人才会最终丧失人格，不复成为法律主体，不再享有权利能力。除法律另有规定外，解散清算中公司对解散事由出现前公司的债务以其财产对外独立承担民事责任。

最后，公司解散清算的目的，从形式上看，是终止公司的法律人格，但事实上，目的应是对公司债权人利益、公司股东利益和社会经济秩序的保护。而这种保护，又是通过公司财产的清理、债权的受偿、债务的清偿和剩余财产的处理实现的。所以，公司债权人的债权，在公司清算过程中能够得到清偿；公司股东投资的收回，能够通过分配公司剩余财产得到实现；公司对购房人的合同义务，在清算过程中也能履行或承继。

由此，昌润公司和毅宝会所关于解散昌润公司所引起的后果并不存在。

司法判决解散是为了保护社员利益而制定的制度。公司终究是为社员利益而存在的，如因公司存续的团体性约束反而害及股东利益时，应通过剥夺公司人格来防止股东的损失。对于人合公司，如果股东之间极度不和，在业务执行或代表公司上互相无法信任，且以退股、除名、转让所持份额等消极方法或经全体股东同意很难解散公司时，不得已继续维持没有必要的人的结合的情形，即可解散。昌润公司是有限责任公司，强调的是人合性。现昌润公司股东人合性完全丧失，符合解散制度的创立目的。一审法院依照《中华人民共和国公司法》第一百八十二条的规定，判决如下：解散昌润公司。一审案件受理费491800元，财产保全费5000元，两项合计496800元，由昌润公司负担。

二审法院认为，在公司法定解散条件未出现的情形下，股东请求解散公司，必须符合《中华人民共和国公司法》《最高人民法院关于适用〈中华人民共和国公司法〉若干问题的规定（二）》规定的解散条件。二审中，石熙明陈述，其提起解散昌润公司的理由在于：其一，昌润公司已长达九年无法召开股东会，也没有作出过有效的股东会决议。因而无法改选执行董事、监事并修改章程，公司的决策机制已陷入僵局。其二，昌润公司经营管理发生严重困难，继续存续会导致股东权益受到损害。石熙明的股东身份一直未得到昌润公司的确认。梁某担任股东期间，其要求行使股东权利或查看公司账册均无法得到回应。昌润公司自2011年开始账上显示没有资金，相应租金收入、售房所得均不知去向。其三，昌润公司的股东争议通过其他途径已无法解决。本院对此作如下分析：

第一，石熙明有权提起本案诉讼。《中华人民共和国公司法》第一百八十二条规定，持有公司全部股东表决权百分之十以上的股东，可以请求人民法院解散公司。上海市金山区人民法院作出的（2014）金民二（商）初字第167号民事判决，判决将梁某所持有的昌润公司 50% 的股权办理变更至石熙明名下。上海市金山区人民法院作出的（2017）沪 0116 民初 5132 号民事判决，亦驳回了丁某要求确认其与石熙明在 2009 年 1 月 9 日签订的《股权转让协议》于 2015 年 12 月 31 日解除的诉讼请求。上述判决均已生效，且昌润公司确认石熙明已变更登记为持有昌润公司 50% 股权的股东。因此，石熙明已符合股东提起公司解散诉讼时应满足的条件，其有权提起本案诉讼。昌润公司申请本案中止审理，缺乏依据，本院不予支持。

第二，昌润公司股东之间存在严重冲突，矛盾难以调和。根据昌润公司的工商登记显示，昌润公司设立时登记股东为 C 公司、丁某，法定代表人为石熙明。其后昌润公司股权发生多次变更，直至 2009 年 1 月 18 日，昌润公司股东变更登记为石熙明、丁某，后又于 2010 年 6 月 1 日变更登记为梁某、丁某，法定代表人从石熙明变更登记为梁某，2010 年 8 月 10 日再次变更登记为梁某、包某 1，直至 2010 年 9 月 9 日变更登记为毅宝会所。嗣后，昌润公司的新老股东之间发生多宗诉讼。根据石熙明的陈述，因毅宝会所未支付股权转让款，梁某起诉要求确认解除其与毅宝会所之间的股权转让协议。丁某起诉要求撤销石熙明向梁某转让股权的行为。梁某起诉要求确认昌润公司股东会决议无效。昌润公司亦起诉梁某损害公司利益责任纠纷。而石熙明亦与昌润公司原股东丁某之间存在股权转让纠纷等诉讼。从昌润公司股东的历史变更来看，昌润公司成立时石熙明即作为昌润公司法定代表人，且又屡次被登记为昌润公司的股东。因此，对于昌润公司及昌润公司股东而言，石熙明并非新加入昌润公司的股东，更非与其他股东之间缺乏相互了解、彼此并不知晓的外部人。昌润公司的新老股东之间存在的众多纠纷，其中亦有纠纷与石熙明存在相互关联。因此，在审查昌润公司是否已经具备解散条件时，不应对昌润公司的前后股东进行机械割裂，而应根据昌润公司成立至今，股东之间的关系以及公司的管理机制运行情况进行综合判断。自 2010 年后，尽管工商登记中未将毅宝会所系昌润公司的唯一股东进行变更，但在昌润公司的股权出让人与受让人之间，已经发生了多次股东权的争夺，毅宝会所实际上已并非昌润公司的唯一股东。然而，昌润公司却从未变更其公司章程并办理相应的股东变更登记。在已有生效文书确认石熙明股东身份，且已办理股东工商变更登记的情形下，昌润公司仍否认石熙明的股东身份。因而，昌润公司的股东之一毅宝会所与另一持股 50% 的股东之间已无法调和矛盾，昌润公司的人合性基础已经丧失。

第三，昌润公司内部管理的权力运行机制已发生障碍，无法形成有效决议。本案中，石熙明持有昌润公司 50% 股权，毅宝会所亦持有昌润公司 50% 的股权，两名股东之间拥有同等的表决权。因而，只有在两名股东意见一致的情况下才能作出有效的股东会决议。只要股东之间意见存在分歧、互不配合，就无法形成有效表决，进而影响公司的运作。昌润公司的股东之间矛盾激烈，客观上已难以对昌润公司的经营形成一致意见，从而形成有效的股东会决议。昌润公司至今已多年未召开股东会，且并无证据证明昌润公司存在不需要召开股东会的情形，这必然影响昌润公司的正常经营。昌润公司亦未能提交有效证据证明其股东之间的冲突可以通过有效途径予以解决。因此，昌润公司已持续两年以上不能形成有效的股东会决议，其内部运行机制已经失效，无法对公司形成有效的管理。此外，公司本身是否处于盈利状况并非判断公司经营管理是否发生严重困难的必要条件。根据我国《公司法》第一百八十二条以及《最高人民法院关于适用若干问题的规定（二）》第一条的相关规定，公司经营管理发生严重困难主要是指管理方面存有严重内部障碍，如股东会机制失灵、无法就公司的经营管理进行决策等，而不应狭隘地理解为资金缺乏、亏损严重等经营性困难。故，对于昌润公司主张其经营管理尚未发生严重困难的观点，本院不予采纳。

第四，昌润公司继续存续会使石熙明的利益受到重大损失。股东通过参与公司决策、行使股东权利来争取利益的最大化并保证收益的及时获取。公司的经营管理如果出现严重困难，则有可能影响公司的正常运转以及股东权利实现通道的畅通，从而对股东的利益构成严重损害。本案中，石熙明的股东身份不被昌润公司认可，其难以通过行使表决权来参与公司决策，且昌润公司的内部运作机制也已失灵，公司章程在股东业已变更后亦未能得到修改。因此，一审法院认定昌润公司存续会使股东利益遭受损失，并无不当，本院予以支持。

正如上文分析，围绕昌润公司的股权及公司的经营管理存在大量诉讼，昌润公司的僵局通过其他途径已难以得到解决。在此情况下，如果再要求石熙明通过其他途径解决矛盾，并不符合《最高人民法院关于适用〈中华人民共和国公司法〉若干问题的规定（二）》第五条"当事人不能协商一致使公司存续的，人民法院应当及时判决"的规定。因此，昌润公司已无法通过公司自身救济机制摆脱公司僵局，公司僵局的继续将会导致股东利益遭受更大的损失。石熙明作为持股50%的股东提出解散昌润公司，具有事实与法律依据，应予支持。本院还需指出的是，公司解散并不代表公司法人资格的灭失，昌润公司的未结事项及债权人权益、股东权益亦能够在相应的清算程序中得以处理和保护。

综上所述，昌润公司的上诉请求不能成立，应予驳回；一审判决认定事实清楚，适用法律正确，应予维持。依照《中华人民共和国民事诉讼法》第一百四十四条、第一百七十条第一款第一项、第一百七十五条规定，判决驳回上诉，维持原判。

【实务指引】

一、公司解散纠纷的定义

公司解散是指引起公司人格消灭的法律事实。根据公司解散事由的不同，公司解散可分为公司自行解散、强制解散和司法解散三种形式。自行解散又称任意解散，是指公司基于自身的意思解散公司，比如因公司章程规定的营业期限届满或者公司章程规定的其他解散事由出现，或股东会或者股东大会决议解散，或因公司合并或者分立需要解散。强制解散是指公司依法被吊销营业执照、责令关闭或者被撤销。司法解散又称裁判解散，是指公司的目的和行为违反法律、公共秩序和善良风俗的，依法律的规定命令其解散；或者公司经营出现显著困难、重大损害或董事、股东之间出现僵局时，依据股东的申请，由法院裁判解散公司。这里所指的公司解散纠纷主要是指公司僵局出现时，公司股东提起解散公司申请而引发的纠纷。

《公司法》第一百八十二条规定了公司僵局作为申请法院裁判解散的事由。该条规定：公司经营管理发生严重困难，继续存续会使股东利益受到重大损失，通过其他途径不能解决的，持有公司全部股东表决权百分之十以上的股东，可以请求人民法院解散公司。

公司在存续期间如果长期发生严重的内部矛盾，导致公司的正常经营无法进行，甚至使股东的利益受到严重损失，此时，若公司继续存续，则对股东利益明显不利。尤其是有限责任公司，具有较强的人合性特点，公司能否正常运营依赖股东之间的相互信赖关系，若股东之间关系恶化，或当公司经营出现严重困难、公司继续存续无法实现公司目的时，应赋予股东申请解散公司的权利。股东申请解散公司的权利实践中，经常会出现公司僵局，股东也经常会提起解散公司的申请，这类争议日益增多。

二、公司解散纠纷的受理条件

公司解散诉讼的受理条件与审查实质条件相同，即《公司法》第一百八十二条，后来《公司法司法解释（二）》进行了进一步细化。但实践中由于公司纠纷的复杂性和股东矛盾的错综性，对于该条件会有了解上的差异，如何理解立法原意及法条适用不仅是本类纠纷的受理条件，也是实质审查条件。

1. 公司经营管理发生严重困难

《公司法》第一百八十二条将司法强制解散的条件限定在"公司经营管理发生严重困难"，而"严重"是一个评价性的修饰词，每个人的标准均不一。为了给予裁判者一个公知的标准，后来出台的《公司法司法解释（二）》第一条，进一步对于经营管理发生严重困难进行四种具体举例释明，均是公司解散纠纷的受理条件及裁判实质审查条件。

公司经营管理严重困难包括两种情况：

（1）公司权力运行发生严重困难，股东会、董事会等权力机构和管理机构无法正常运行，无法对公司的任何事项作出任何决议，即公司僵局情形，通常会考虑到股东是否会因为长期冲突而无法享有适当的公司经营决策、管理和监督的权利，使其股东权益受到重大损失。

（2）公司的业务经营发生严重困难，公司经营不善、严重亏损，通常会考虑到公司长期经营中是否处于亏损的状态，公司扭亏为盈的能力，造成股东经济利益的重大损失。但需注意：如公司仅业务经营发生严重困难，不存在权力运行严重困难的，根据《公司法司法解释（二）》第一条第二款的规定，不符合《公司法》第一百八十二条的解散公司条件。

根据司法实践，如何判断"公司经营管理是否发生严重困难"，应从公司组织机构的运行状态进行综合分析。公司虽处于盈利状态，但其股东会机制长期失灵，内部管理有严重障碍，已陷入僵局状态，可以认定公司经营管理发生严重困难。对于符合公司法及相关司法解释规定的其他条件的，人民法院可以依法判决公司解散。[详见最高人民法院指导案例8号：林方清诉常熟市凯莱实业有限公司、戴小明公司解散纠纷案；案号：（2010）苏商终字第0043号；审理法院：江苏省高级人民法院；裁判日期：2010年10月19日]

2. 公司存续会使股东利益受到重大损失

公司存续是否会使股东利益受到重大损失，主要从公司经营状况及注册资本是否充实角度予以考虑。公司在形成僵局后即进入非常态经营模式，单方股东的经营管理，虽然没有使业务停滞，但是持续亏损显著削弱公司经营能力与偿债能力。公司注册资本均未缴足情况下，双方股东因冲突无法继续共同经营公司，公司注册资本难以充实，无法实现预期经营目的。但注意：公司亏损状况不代表必然符合公司解散条件。

3. 通过其他途径不能解决

虽然《公司法》第一百八十二条公司解散条件中含有"通过其他途径不能解决的"，这是出于"尊重公司自治、司法谨慎干预"的原则，但是立法本意并不是想通过立法将矛盾股东硬性捆绑。在某些公司解散之诉发生的同时，各股东之间的矛盾已经升级到侵权或刑事责任地步，如果仍旧机械地将解散公司必须通过所有自力救济的方式尝试未果后，才能申请司法解散公司，无疑将造成一部分本可以避免的严重后果仍发生的遗憾。

诚如上述所论，公司解散的条件应当审查的本质是公司经营管理是否已经达到长期瘫痪状态，而不应强求各方必须通过所有自力救济的途径。应该考虑原告完全穷尽上述的全部途径的可行性，不能以原告已穷尽其他全部救济手段作为判决公司解散的前提，立法本意仅是考察原告是否在诉讼解散公司之前已经竭力化解公司的矛盾，这仅是供人民法院进行判定各方是否已经达到严重矛盾的标准之一。如果本末倒置，一味强调解散公司的前提条件是必须已穷尽其他途径，则既会架空解散公司之诉，又不具有实践操作性，更不利于矛盾股东硬性捆绑的公司未来发展。故，穷尽其他途径不是解散公司的前置条件。

《公司法》第一百八十二条既是公司解散诉讼的立案受理条件，同时也是判决公司解散的实质审查条件。公司能否解散取决于公司是否存在僵局且符合《公司法》第一百八十二条规定的实质条件，而不取决于公司僵局产生的原因和责任。即使一方股东对公司僵局的产生负有过错，其仍然有权提起公司解散之诉，过错方起诉不应等同于恶意诉讼。[详见公报案例：仕丰科技有限公司与富钧新型复合材料（太仓）有限公司、第三人永利集团有限公司解散纠纷（二审）案；案号：（2011）民四终字第29号；审理法院：最高人民法院；裁判日期：2012年06月07日；来源：《中华人民共和国最高人民法院公报》2014年第2期（总第208期）]

三、公司解散事由具体分析

《公司法司法解释（二）》第一条对于《公司法》第一百八十二条的公司解散诉讼的条件，根据司法实践作出了进一步具体分析：

1. 公司持续两年以上无法召开股东会或者股东大会，公司经营管理发生严重困难的

公司作为一个法律拟制法人，股东会或者股东大会相当于拟制的法人的"大脑"，一般公司通过股东会或者股东大会决议决定公司的经营决策。如果股东会或者股东大会无法正常召开，相当于"人的大脑停止运动"，这体现的是股东之间深刻的矛盾。可以试想会议都无法正常召开，更不用说通过有效的股东会决议来经营公司。

而"两年以上"是具体僵局的时间限定，代表的是股东之间矛盾的严重程度。根据最高人民法院民二庭刘敏法官解释，司法解释之所以规定"两年"的期限，即是对于"持续无法召开"作出具体量化的规定，避免大家对于"长期"理解的不一。两年也是一般民事案件诉讼时效的时间，如果两年内都没有通过自力救济解决纠纷，则可以认为公司确实无法

自行解决争议。因为公司强制解散的前置条件是"通过其他途径无法解决",两年的期限可以给到公司内部自行救济的充分机会。特别注意法定"两年"期限,包括本数。

2. 股东表决时无法达到法定或者公司章程规定的比例,持续两年以上不能作出有效的股东会或者股东大会决议,公司经营管理发生严重困难的

这种情况区别于无法召开股东会或者股东大会的进一步僵局情况,是即使会议暂时召开了,但是由于矛盾的股东各方的力量对峙,任何一方提出的议案,其他方均投反对票,亦造成无法通过股东会决议的结果。

由于各矛盾股东在公司决策过程中表决力量上的对峙,导致在股东们表决的时候无法达到法定或公司章程所规定的比例——公司重大事项必须三分之二以上的表决权通过,对于一般事项由二分之一以上表决权通过,当然章程另有约定依照约定。在达不到法定比例或章程约定通过比例之下,是无法形成有效的决议的。

所以此种情况也可以表达出股东各方矛盾的深刻,这是公司僵局的另一种表现形式。

3. 公司董事长期冲突,且无法通过股东会或者股东大会解决,公司经营管理发生严重困难的

此种情况体现的是董事的僵局情形,把股东会或者股东大会形象比作大脑的情况下,公司董事好比"双手",具体负责公司实际经营事务的执行。公司的董事长期冲突,董事之间闹矛盾通过其聘任的公司管理机构——股东会或者股东大会均无法解决的,不言而喻体现了其矛盾的激烈性。

一般情况下,董事僵局可以通过公司权力机构来解决或协调,极端情况下可以通过更换董事来解决董事之间的矛盾,但董事之间的矛盾无法通过股东会或股东大会解决情况下,即意味着此时的董事僵局实际上已经上升到股东僵局,实质所反映的是各股东利益的矛盾。

董事僵局的表现情况具体为:①董事会无法召开,或者召开后按照法律或公司章程规定无法合法有效地召集董事会;②公司董事之间因为对立情绪并不出席董事会决议,或者即使部分董事出席但无法达到法定的召开董事会人数,无法形成决议。

4. 经营管理发生其他严重困难,公司继续存续会使股东利益受到重大损失的情形

此为经营管理发生严重困难的其他兜底款,为伴随经济社会发展所新产生的层出不穷的纠纷表现留有适用法律的路径,便于根据立法的本意去判断公司是否已经达到需要司法强制解散的程度。

所以本类纠纷的本质是"内部矛盾的严重程度达到公司存续会使股东利益受到重大损失的地步",经营管理发生严重困难的核心归结到底是公司处于一种事实上的经营管理瘫痪状态,无法进行正常的商事活动了,公司的自治机构完全失灵,包括权力机构、执行机关。可分为两个层面来理解公司司法解散的条件,一是当丧失了股东合意经营公司的根本目的——通过商事主体经营获利时,则公司没有再继续存续的必要。二是当公司的存续不仅不会给股东带来创设公司获利的主要目的,更会造成个别股东基本民事权益的损失,则公司当然没有再存续的必要。

实践中,股东提起解散公司诉讼时,往往呈现的是公司内部矛盾的复杂错综性,一般原告并不会仅基于一个事由提起诉讼,而是一种概括性描述的方式提起,无论理由多复杂,其

中只要有一个事由符合《公司法司法解释（二）》的规定即可受理。虽然目前立案实行"立案审查制"，但并不对于案件的内容进行实质审查。

但请注意，本类纠纷立案时需要对于起诉事由表述进行一定的形式审查，即事由表述是否符合公司解散纠纷法定条件，此形式审查主要审查股东据以起诉的事由是否达到公司法所规定的"经营管理发生严重困难"程度。

上述四方面的情形既是法院对此类案件的受理条件，也是法院认定能否作出解散公司实体裁判规则。在提起解散之诉时，请求起诉的股东在涉诉理由上只有满足其中一项条件，法院方可将其起诉进行立案审查。同时，《公司法司法解释（二）》还设定了三种受理条件的限制性规定，即：一是股东以知情权、利润分配请求权等权益受到损害为由要求解散公司的；二是以公司亏损、财产不足以偿还全部债务，以及公司被吊销企业法人营业执照未进行清算等为由提起解散公司之诉的；三是股东提起解散之诉的同时又申请人民法院对公司进行清算的，人民法院对其提出的清算申请不予受理。设立此三种限制性规定主要基于以下理由：一是知情权、利润分配请求权受损，有其他救济途径；二是公司资不抵债应属破产法调整的范畴，吊销营业执照后则公司等于丧失了继续经营和存续资格，应当直接进入清算程序并在清算完毕后注销公司，与公司解散之诉制度无关；三是股东在提起解散公司诉讼时，公司解散的事实并未发生，公司是否解散尚需人民法院的生效判决予以确定。而且，即使法院判决解散后，按照《公司法》第一百八十三条规定，原则上仍应由公司在解散事由出现之日起十五日内成立清算组自行清算，只有在公司逾期不成立清算组进行清算时，方可向人民法院申请强制清算。

参考案例：大庆中马嘉＊生物科技有限公司与大庆市＊＊医药有限责任公司公司解散纠纷上诉案［黑龙江高级人民法院（2014）黑涉港商终字第5号］。

四、公司解散纠纷的审查重点

（一）是否具备提起解散公司诉讼的主体资格

根据《公司法》第一百八十二条及其司法解释，单独或者合计持有公司全部股东表决权百分之十以上的股东，对满足上述公司解散之诉的受理条件，提起公司解散之诉的，人民法院应当受理。

那么隐名股东或仅登记在股东名册上未进行工商变更的股东是否有权提起公司解散之诉呢？公司法虽然没有对股东的定义有明确界定，但在第二十五条也规定："有限责任公司章程应当载明下列事项：……（四）股东的姓名或者名称……"；第三十二条第一款规定："有限责任公司应当置备股东名册，记载下列事项：（一）股东的姓名或者名称及住所……"第二款规定，"记载于股东名册的股东，可以依股东名册主张行使股东权利。"因此，公司法条文上的股东的定义不应作扩大性解释，指的就是登记在股东名册上的股东。《公司法司法解释（三）》的表述跟公司法保持一致，没有采用显名股东、隐名股东的表述，而用了"实际出资人"这一表述，从而与股东一词做了区别。因此，从系统性解释来看，提起解散诉讼的适格主体只能是显名股东，即登记在公司章程和股东名册上的股东，即使未进行工商变更登记也并不排除在公司解散之诉主体范围之外，但隐名股东不能提起公司解散之诉。

参考案例1：沈某芬等诉深圳某五金塑胶有限公司公司解散纠纷案［广东省深圳市前海合作区人民法院（2015）深前法涉外民初字第73号］；

参考案例2：李＊强、浠＊酷泞科技有限公司公司解散纠纷案［黄冈市中级人民法院（2017）鄂11民终800号］。

（二）公司经营管理是否发生严重困难的认定

"公司经营管理严重困难"从字面意义上区分为公司外部"经营"严重困难和内部"管理"严重困难；前者如公司重大亏损或经营瘫痪，后者指公司内部因股东有矛盾或不合作出现了治理性障碍，如股东会或董事会已经无法对任何事项形成决议，形成所谓公司僵局。其实公司内部出现治理障碍与公司对外经营状况没有必然联系。因为股东会或董事会只是公司重大事项决定机构，公司在一方股东或原经营管理机构主持下继续运行也是常见现象。因此，《公司法》第一百八十二条所称公司经营管理困难是指"经营"困难，还是"管理"困难，或者二者必须同时具备？这些问题是处理公司解散案件的重点问题，也是难点问题。

1. 外部"经营"严重困难的认定

此种情形不限于经营停滞或处于亏损状态的公司，盈利公司也可以被解散。

对于经营困难甚至濒临破产的公司实行司法解散易于被接受，而对于那些仍有盈利能力公司或所谓"好公司"是否判决解散，法官无疑会谨慎一些。值得关注的是，最高人民法院在（2012）民申字第336号（指导案例）中，将处于盈利状况中的凯莱公司判决解散，对于"公司经营困难"，在司法认定上有了新的内涵。"裁判要点"总结认为："判断公司经营管理是否发生严重困难，应从公司组织机构的运行状态进行综合分析。公司虽处于盈利状态，但其股东会机制长期失灵，内部管理有严重障碍，已陷入僵局状态，可以认定公司经营管理发生严重困难。"此外，最高人民法院在（2017）民申2148号案件中，秉持同样的意见，认为公司虽有盈利，但在大股东董占琴（兼董事长）的操纵下，多年未分红，最终也判决解散公司。

分析：可以看出，最高人民法院认为公司解散主要考虑的是公司是否出现了"人合性障碍"，"公司僵局"是公司人合性丧失的外观体现，与公司是否处于盈利状况（是否属于"好公司"）没有直接关系。

2. 内部"管理"严重困难的认定

基于有限责任公司人合性较强的特点，认定公司僵局有三种情形。对于公司僵局的表现形式，最高人民法院的判决意见具有开放性。

（1）第一种情况：构成字面意义上的公司僵局。

当股东因为出资或章程特别规定拥有同等投票权利（例如公司仅两个股东，各持有50%股份）因一方拒绝出席即"无法"召开，或即使召开也"不能"形成有效股东会。或者公司章程规定形成股东会决议或董事会决议必须一致通过，导致表决机制失灵乃至公司执行机制瘫痪。这些情况形成"休眠公司",即字面意义上的公司僵局。在最高人民法院(2012)民申字336号案中,公司仅有两名股东,一名作为执行董事、一名作为监事,两人各占百分之五十的股份。公司章程规定股东会决议须经代表二分之一以上表决权通过(不包括本数)。因此,只要两名股东的意见存有分歧、互不配合,就无法形成有效表决。在这种情况下,最高人民法院认为经营管理(主要体现在无法形成有效决议上)已发生严重困难。

分析:事实上,出现上述字面意义上的公司僵局情况较为罕见。因为即使持少数股份的股东拒绝参加,持半数以上的多数股份的股东也可以自行召集股东会并就某些事项作出决议。即使原告起诉时公司尚"没有"决议,也不等于以后"无法"或"不能"作出股东会决议。因此,仅限于字面理解的话,基本不会有"僵局"出现。法院更多地要面对在股权不对等情况下如何认定公司僵局,这也是公司解散之诉法律适用的重点与难点。

(2)第二种情况:股东之间发生矛盾冲突并难以调和,公司人合性基础丧失,而认定出现公司僵局。

此类情况颇多,可参见:

①最高人民法院(2013)民申字第2471号:两原告(共持有百分之四十的股份)于2011年提起公司解散之诉。公司2010年还曾形成过股东会纪要,湖南省高级人民法院判决公司解散,这一判决也在最高人民法院再审中得到支持。最高人民法院审理认为,因公司股东或董事之间冲突不断,已经失去了互相信任及有效合作的基础,公司股东会和董事会的运转已产生了严重的内部障碍,故而公司的经营管理出现了严重困难。

②最高人民法院(2013)民提110号裁决:在保山东成石材公司解散纠纷中,案涉公司有两股东,原告(持股百分之三十)于2010年提起公司解散诉讼。云南省高级人民法院认为,根据公司在2010年仍能够正常召开股东会议的事实,公司并未出现股东会、董事会等机构运行出现持续性的严重困难。最高人民法院再审改判认为,公司两股东在合作中产生分歧,至2010年8月公司董事会会议免除原告总经理职务时矛盾激化,公司自此之后再未召开过股东会,已经构成了公司经营管理严重困难。

③最高人民法院(2015)民申字第2530号民事裁决:在该起纠纷案件中,公司仅有两个股东,股东长期存在矛盾且无法调和,甚至发生暴力冲突。公司持续三年未召开股东会,无法形成股东会决议,虽经多次协商仍无法达成一致。诉讼中未能提交近年来的财务报表,公司盈利、亏损状况难以判断,内部管理混乱。据此,最高人民法院认定该公司的经营管理已经发生严重困难。

分析:以上案件共同特征是,朋友之间合作设立公司,后因经济利益反目成仇。股东矛盾已经超越了商业因素,升级到具有人身性质的对抗与敌意。在这种情况下,发生了公司成立时股东没有预料到的情况,信任合作基础破坏并难以恢复(情势变更),把矛盾股东强行捆绑在一个公司内,只能造成"困兽犹斗",不如解散公司,让股东各奔前程。

(3)第三种情况:公司由某股东单方控制,排除其他股东行使股东权益,致使其他股东投资目的无法实现,而认定出现公司僵局。

在最高人民法院2017民申字第2148号案件中,东北亚公司有三个股东:荟冠公司

（44%）、董占琴（51%）、东证公司（5%）。在一审中，荟冠公司以东北亚公司经营管理发生严重困难、其股东利益受到重大损害、通过其他途径不能解决僵局等事实为由，请求解散东北亚公司。本案中，东北亚公司董事会有5名成员，董占琴方3人，荟冠公司方2人。公司章程第五十三条规定：董事会会议由董事代股东行使表决权，董事会会议对所议事项作出决议，决议应由代表五分之三以上（含本数）表决权的董事表决通过。据此，董占琴方提出的方案，无须荟冠公司方同意即可通过。东北亚公司已有两年未召开董事会，董事会机制失灵；两年没有召开股东会，无法形成有效决议，股东会机制失灵；关于监事会方面，东北亚公司从未召开过监事会。荟冠公司曾推荐常某、宋某等担任东北亚公司高管，均因未达到五分之三的表决比例被拒。荟冠公司已不能正常委派管理者。在这种情形下，最高人民法院认为：在客观上，东北亚公司董事会已由董占琴方控制，荟冠公司无法正常行使股东权利，无法通过委派董事加入董事会参与经营管理。东北亚公司的内部机构已不能正常运转，公司经营管理陷入僵局。荟冠公司作为东北亚公司的第二大股东，早已不能正常行使参与公司经营决策、管理和监督以及选择管理者的股东权利，荟冠公司投资东北亚公司的合同目的无法实现，股东权益受到重大损失。该案件中还有一个重要事实是，公司在大股东董占琴（兼董事长）的操纵下经营并有盈利，但通过股东会决议多年不分配红利，剥夺了其他股东的投资利益。最终，最高人民法院判决公司解散。

分析：在该案中，出现了股东排挤、股东压制现象。由于大股东控制公司或经常自己担任公司主要管理者，许多貌似正常的商业决定可能是隐藏的利益冲突交易。控制公司的股东可以通过其他不正当交易转移公司利益；或者通过其他方式蚕食、消耗公司资产；也可以提高运营成本使得公司无利润分配。例如：通过高薪形式转移股东投资回报，未担任公司职务的股东将无法获取回报。股东获得薪水报酬的本质是取得投资收益，意味着大股东为只为自己发放股利，剥夺了其他股东资产收益。由于大股东的排挤、压制以及违背信义，少数股东只能缩手旁观。小股东投资公司应享有的权益难以实现，导致股东的期望落空。这种情况下，申请公司解散是少数股东权利救济的无奈之举。

参考案例1：林*清诉常熟市*莱实业有限公司、戴*明公司解散纠纷案［江苏省高级人民法院（2010）苏商终字第0043号，最高人民法院指导案例8号］；

参考案例2：王*平诉天津*利矿产有限公司公司解散纠纷案［天津市第二中级人民法院（2016）津02民终2669号］；

参考案例3：向*清等诉五*源升水电发展有限公司公司解散纠纷案［湖北省宜昌市中级人民法院（2011）宜中民二终字第00114号］。

（三）公司继续存续是否会使股东利益受到重大损失

公司解散的目的是维护小股东的合法权益，其实质在于公司存续对于小股东已经失去了意义，表现为小股东无法参与公司决策、管理、分享利润，甚至不能自由转让股份和退出公司。在穷尽各种救济手段的情况下，解散公司是唯一的选择。公司理应按照公司法良性运转，解散公司也是规范公司治理结构的有力举措。

参考案例：吉林*冠投资有限公司及第三人东*融成资本管理有限公司与长春东北亚物

流有限公司、第三人董占琴公司解散纠纷案［最高人民法院（2017）最高法民申 2148 号，最高人民法院公报案例］。

  法院对"公司继续存续是否会使股东利益受到重大损失"的认定与"公司经营管理发生严重困难"的认定理由有相似之处。但，公司能否正常开展业务是判断"公司继续存续是否会使股东利益受到重大损失"的出发点，至于开展业务的商业盈亏情况并不是最重要的考察部分。原因在于，公司能够持续从事正常的经营行为成为维持其存在的必要性因素，股东出资设立公司的基本动因在于通过公司开展经营活动实现资本收益最大化的目标，如果公司内部出现了阻碍其开展正常经营行为的严重障碍，比如公司已实际停产停业，员工已经离职，公司对外无法进行任何商业活动，则继续存续势必会造成公司持续亏损。且"公司继续存续会使股东利益受到重大损失"中的股东利益应当从公司全体股东利益角度出发，并应当考虑职工及债权人利益。但若公司能够正常开展业务，而仅以商业亏损为理由要求解散，不属于"公司继续存续是否会使股东利益受到重大损失"，对解散请求大多不予支持。

  另外，关于公司继续存在是否损害股东利益问题上，包括两个问题：一是受损害的股东权益范围大小；二是公司僵局与股东权利受损害之间的因果关系如何认定。如果公司对外经营发生困难，受损的将是股东财产利益；而如果公司内部管理发生困难，股东公司管理控制利益则可能受损。通过现有资料来看，最高人民法院认定的系广义上的股东权利是否会遭受损害，不仅限于经济利益。毕竟经济利益只是资产收益权的一种，其他权利如因投资而享有的参与民主管理权，包括重大决策权及选择管理者权等都是股东权利的应有之义。这就是为什么即便是盈利公司或非亏损公司也可以被解散的原因。在第二个问题上，最高人民法院体现出相对宽松的态度，一般认为出现公司僵局就"推定"股东利益受损。因为一旦认定"公司经营管理发生严重困难"成立，其后很难有说辞认为公司继续存续"不会"使股东利益受到重大损失。从根本上说，在利益问题上应交由当事人自己判断，法院应保持谦抑态度。

  参考案例：四川＊天电视发展有限公司与香港＊＊国际有限公司、四川省有线电视＊＊开发公司公司解散纠纷案［四川省高级人民法院（2015）川民终字第 1141 号］。

（四）无法通过其他途径化解股东矛盾的认定：协商调解、股权转让、公司减资变更等途径与公司解散形成替代关系

  对于"通过其他途径不能解决"法律适用条件如何操作？由于原告无法证明其已经穷尽"通过其他途径"，更难以证明矛盾"不能解决"，如果仅按字面含义适用此条件，司法解散制度无疑会被虚置。《公司法司法解释（二）》第五条已经明确："人民法院审理解散公司诉讼案件，应当注重调解……当事人不能协商一致使公司存续的，人民法院应当及时判决。"所以"通过其他途径不能解决"是形式性导向要求。在司法实务中主要是通过一些可能性手段，例如协商调解、股权转让、股权回购、公司减资变更等手段以避免公司解散。反之，经过这些合理的努力而不能成功时，公司解散则不可避免。在维护股东权利问题上，其他救济途径与公司解散之间形成替代性关系。对于这一点，最高人民法院在不同案件上态度是一致的。相关材料可参看：

（1）最高人民法院（2011）民四终字第29号认为："股东不能就转让股权、公司回购或减资等维系公司存续的解决方案达成合意。现公司的持续性僵局已经穷尽其他途径仍未能化解，如维系公司，股东权益只会在僵持中逐渐耗竭。相较而言，解散公司能为双方股东提供退出机制，避免股东利益受到不可挽回的重大损失。"

（2）最高人民法院（2013）民提110号裁决认为："本案审理中，组织双方当事人进行了大量调解工作，试图通过一方股东以合理对价收购另一方股东股权的方式，实现双方矛盾的化解和公司法人人格的保全，但终因双方未能达成一致的意思表示而未能通过其他途径解决公司僵局。因此，某某股东关于公司应予司法解散的再审申请理由，予以支持。"

（3）最高人民法院（2017）民申字第2148号认为："股东发生矛盾冲突后，第二大股东试图通过修改公司章程改变公司决策机制解决双方纠纷，或通过向最大股东转让股权等退出公司方式解决公司僵局状态，但均未能成功，当股东之间的冲突不能通过协商达成谅解，任何一方都不愿或无法退出公司时，为保护股东合法权益，强制解散公司就成为唯一解决公司僵局措施。"

（4）最高人民法院（2016）民申字第829号认为："公司股东因矛盾冲突，已无法通过协商、转让股权等内部救济手续解决公司经营管理困难。二审法院多次组织各方当事人进行调解，希望当事人能通过股权转让等途径打破公司僵局，实现纠纷股东的分离，以保持公司商事主体的存续，未达成合意。"

分析：股东权是个集合概念，是由一系列权利所组成，例如：红利分配权、股东会议表决权、提案权、选举权、知情权、优先认股权、股份转让权、剩余财产分配权等形成了权利束。如果多数股东可以凭借控股地位滥用权利，排挤、剥夺其他股东权益，而其他股东只限于单个权利被损害而不断提起诉讼，只能造成讼累且无济于事。通过司法解散公司是少数股东借以彻底解决股东矛盾的根本手段。该制度实质上不是为了"消灭公司"，而是为了"解除合作投资关系"或"消灭合作投资关系"，是少数股东寻求退出的手段。

（五）相关争议通过其他途径是否可以解决

司法实践中对于公司解散措施使用较为谨慎，立法者更期待各方利益主体之间通过公司内部途径对受压迫中小股东的权益进行救济，因此从《公司法》第一百八十二条规定及《公司法司法解释（二）》的规定可知，公司股东在提起公司解散之诉之前应采取必要可行的救济措施，仍不能解决的，方能支持公司解散。判断是否通过其他途径不能解决，应审查公司股东是否采取协商或者寻求股权转让、公司分立以及与公司协商收购股份，或者通过减资退出公司等自救措施。公司司法解散应是在其他救济途径不能解决的基础上最终的救济手段。关于公司解散的判例中有许多因股东未采取自救措施直接起诉解散公司被判驳回的案例。因此，建议股东提起解散之诉之前，采取必要措施寻求自力救济，并保存相关证据材料，以证明在提起解散之诉之前已尽最大努力改变公司局面。

参考案例：苏州**生物技术有限公司与台州**投资有限公司等公司解散纠纷上诉案[江苏省高级人民法院（2015）苏商终字第00161号]。

五、公司解散纠纷的裁判规则

（一）公司解散后能否一并清算

公司解散和公司清算是两个不同的程序，为了节约时间，能否在提请法院判决解散公司的时候同时要求法院强制清算呢？答案是否定的。《公司法司法解释（二）》第二条规定："股东提起解散公司诉讼，同时又申请人民法院对公司进行清算的，人民法院对其提出的清算申请不予受理。人民法院可以告知原告，在人民法院判决解散公司后，依据公司法第一百八十三条和本规定第七条的规定，自行组织清算或者另行申请人民法院对公司进行清算。"

虽然《公司法司法解释（二）》规定"股东提起解散公司诉讼，同时又申请人民法院对公司进行清算的，人民法院对其提出的清算申请不予受理"，但是该规定仅是对解散公司之诉与公司清算申请不能同时提起的限制性规定，并不限制法院在判决解散公司时要求股东及时自行清算公司。因此，法院在判决公司解散时，考虑僵局的现实状况，可与对公司清算一并作出裁决，以利于纠纷的全面彻底解决。

因此人民法院在判决解散公司时，仍可以按照《公司法》第一百八十三条的规定判决股东在法律文书生效之日起十五日内成立清算组，对公司进行清算。对公司解散后的清算一并作出裁决，是因为公司僵局是公司的人合性危机导致的，指望公司解散后的股东良好合作完成公司的清算注销程序，显然也是不大可能的。因此在判决公司解散的同时一并判决限期清算，既有利于当事人又有利于社会。如果当事人不按期清算，相关当事人可以依据判决书申请人民法院进行清算。

在公司解散纠纷中还要注意以下两点：

（1）造成公司僵局的股东如果满足《公司法》第一百八十二条规定的持股条件，同样有权提起公司解散纠纷诉讼。公司是否能够解散取决于公司是否存在僵局，而不取决于僵局产生的原因和责任，因此，即使提起公司解散纠纷的股东是造成公司僵局的股东，公司仍然可以被解散。

（2）公司解散纠纷无法完全解决公司欺压问题。例如，在公司某个大股东持股超过三分之二的情况下，如果公司章程没有特别约定，大股东在其他股东均反对的情况下仍然能够作出符合大股东意愿的股东会决议，持股较少的股东可能受到大股东的欺压。如果大股东不认为公司经营管理发生严重困难，公司在大股东的掌控下仍可正常运行，小股东提起公司解散纠纷将难以得到法院支持，此时小股东需要寻求其他法律途径以维护自身的合法权益。

（二）其他问题

特别需要说明的是，即便判决公司解散，司法解散公司也不等于公司人格一定会消灭。如果原告股东不申请执行，公司也会续存。例如：最高人民法院在（2012）民申字第336

号（指导案例）中将凯莱公司判决解散，但公司并没有被清算，而是继续存活营业。出现这种戏剧性结果的原因在于：控制公司的股东基于判决的压力，收敛了之前的权利滥用行为，对其他股东转为利益尊重与合作态度。原告股东也会重新考虑自己的救济策略，通过不申请执行判决的方式，使得公司继续经营。公司被判决解散后、清算前，股东之间仍可以合作完成业务，处理公司与债权人、债务人等不同主体之间的事务关系。反之，如果股东关系仍不能改善，一方股东控制公司会造成对其他股东的利益不公的，由清算组接管公司以公平处理公司事务直至结束。因此，担心判决公司解散会损害其他主体利益的顾虑是多余的。

【拓展案例】

上海圣博华康文化创意投资股份有限公司与上海浦东乡传农业科技有限公司公司解散纠纷①

乡传公司于2016年7月21日成立，注册资本为2000万元，股东为圣博华康公司及洪久公司，出资比例均为50%。法定代表人为孙业利，任董事长兼总经理，另有董事蒋某、李某、陈某2、杨某，监事陈某1。

2016年6月24日，乡传公司章程载明，公司股东会由全体股东组成，是公司的权力机构，行使下列职权：……（九）对公司合并、分立、解散、清算或者变更公司形式作出决议；股东会会议由董事会召集，董事长主持；股东会会议作出修改公司章程、增加或者减少注册资本的决议，以及公司合并、分立、解散或者变更公司形式的决议，必须经代表全体股东三分之二以上表决权的股东通过。

乡传公司曾起诉案外人李某、洪久公司，要求返还公章、营业执照、财务凭证、人事档案、工程建设合同、销售合同等。

2018年7月17日，上海市公安局浦东分局向案外人蒋某出具《立案告知书》，载明"你于2018年6月12日向我局（报案、控告、举报）的上海市浦东新区孙业利职务侵占一案，经我局审查，认为符合刑事立案条件，根据《中华人民共和国刑事诉讼法》第一百一十条之规定，已决定立案"。

圣博华康公司另提供乡传公司与洪久公司签订的《土地资产委托经营管理合同》。

乡传公司于2017年3月最后一次形成股东会决议，于2017年6月最后一次召开股东会，此次股东会未形成股东会决议。

一审法院认为，圣博华康公司与洪久公司作为股东，虽称乡传公司现没有开展正常经营，圣博华康公司与洪久公司之间矛盾无法调和，无法形成有效公司股东会决议，但从圣博华康公司、洪久公司的庭审陈述来看，乡传公司现对外存在未结事宜，乡传公司的董事还向公安机关举报乡传公司法定代表人职务侵占事宜，公安机关已经立案侦查，尚未处理完毕。至于乡传公司与洪久公司签订的《土地资产委托经营管理合同》所产生的纠纷，合同各方均可寻求其他合法途径予以解决。现有证据不能证明乡传公司经营管理发生严重困难，继续存续会使股东利益受到重大损失，故圣博华康公司请求解散乡传公司，一审法院不予支持。

---

① 参见上海市第一中级人民法院民事判决书（2019）沪01民终12281号。来源：中国裁判文书网 http://wenshu.court.gov.cn。

判决：驳回圣博华康公司请求解散乡传公司的诉讼请求。

二审法院认为，本案的争议焦点是，乡传公司是否符合《公司法》及相关司法解释规定的司法解散条件。

关于起诉主体资格，根据《公司法》第一百八十二条规定，持有公司全部股东表决权百分之十以上的股东，可以请求人民法院解散公司。圣博华康公司持有乡传公司50%股权，已符合股东提起公司解散诉讼时应满足的持股比例条件。

根据《公司法》第一百八十二条和《最高人民法院关于适用〈中华人民共和国公司法〉若干问题的规定（二）》第一条的规定，判断公司的经营管理是否出现严重困难，应当从公司的股东会、董事会和监事会的运行现状进行综合分析。"公司经营管理发生严重困难"的侧重点在于公司管理方面存有严重内部障碍，如股东会机制失灵、无法就公司的经营管理进行决策等。结合本案案情，就乡传公司是否符合法定解散的条件，本院作如下分析：

第一，乡传公司内部管理的权力运行机制已发生障碍，已持续两年以上既不能作出有效的股东会决议，也未能召开股东会。根据各方当事人在庭审中的陈述，乡传公司于2017年3月最后一次形成股东会决议，此后再未形成股东会决议；于2017年6月最后一次召开股东会，但并未形成股东会决议。

第二，乡传公司股东之间、董事之间存在严重冲突，难以调和。乡传公司有五名董事，其中孙业利等三人由圣博华康公司委派，李某、蒋某二人由洪久公司委派。乡传公司曾起诉李某、洪久公司要求返还公章、营业执照、财务凭证、人事档案、合同等。而蒋某曾向公安机关报案孙业利职务侵占案。乡传公司陈述，在民事判决生效及公安机关结案后，公章和营业执照已返还给乡传公司，但认为公司财务凭证至今仍由李某持有。因此，对于公司资产保管等事宜，股东、董事之间仍存在分歧。

第三，就无法召开股东会的原因。乡传公司的章程约定，股东会会议由董事会召集，而董事会会议须由全体董事出席方可举行。如前所述，乡传公司的五名董事分别由圣博华康公司、洪久公司委派，互相之间早有冲突，故乡传公司无法召集董事会或股东会，洪久公司在庭审中对于乡传公司未能有效召集股东会的情形亦予以确认。

第四，就无法形成股东会决议的原因。乡传公司的章程约定，股东会会议由股东按照出资比例行使表决权，股东会会议须经代表全体股东三分之二以上表决权的股东通过。同时，乡传公司仅有两名股东，持股比例是圣博华康公司、洪久公司各持股50%。因此，只有在圣博华康公司、洪久公司达成一致意见的情况下，所议事项才有可能经乡传公司股东会通过并形成股东会决议。相反，只要两名股东的意见存有分歧，互不配合，就无法形成有效表决，显然已影响公司的决策和经营。

第五，由于乡传公司的内部运营机制早已失灵，导致圣博华康公司、洪久公司投资乡传公司的目的无法实现。尽管各方对乡传公司停止经营的原因各执一词，但对乡传公司早已停止经营的状态均予以确认。圣博华康公司、乡传公司在庭审中陈述，乡传公司已于2017年10月停止经营，而洪久公司则称乡传公司早已于2017年6月即已停止经营。因此，乡传公司已持续两年以上无法召开股东会，也不能作出有效的股东会决议，导致公司停止经营，公司经营管理存在严重困难。

最后，乡传公司的内部僵局通过其他途径未能解决。审理中，洪久公司表示如要形成股东会决议，必须要先理清乡传公司的对外债权债务，再由乡传公司支付欠付洪久公司的租金。然而，清理债权债务或租金问题并非公司解散的前提条件。洪久公司与乡传公司亦曾就股权转让事宜进行协商，但始终未达成一致。在本院委托上海经贸商事调解中心进行的调解中，各方最终仍未达成调解方案。根据《最高人民法院关于适用〈中华人民共和国公司法〉若干问题的规定（二）》第五条的规定，当事人不能协商一致使公司存续的，人民法院应当及时判决。

综上所述，乡传公司股东会、董事会等内部运行机制失灵，无法就公司经营管理进行决策，导致公司早已停止经营。乡传公司亦无法通过公司自身救济机制摆脱公司僵局，公司僵局的持续将会导致股东利益遭受更大的损失。因此，本院认定乡传公司的经营管理已经发生严重困难，符合司法解散的条件。圣博华康公司的上诉请求成立。

依照《中华人民共和国民事诉讼法》第一百四十四条、第一百六十九条第一款、第一百七十条第一款第（二）项、第一百七十四条、第一百七十五条之规定，判决如下：一、撤销上海市浦东新区人民法院（2018）沪0115民初70983号民事判决；二、解散被上诉人上海浦东乡传农业科技有限公司。

第二十三章　申请公司清算纠纷

【典型案例】

王秋林与邢台市公共交通总公司申请公司清算纠纷①

2000年4月，公交总公司筹建邢台公交大众巴士有限责任公司（简称大众巴士公司），大众巴士公司参与公交线路的市场运营到2009年11月，一直未办理工商登记等手续。大众巴士公司筹建及运营过程中由公交总公司管理。公交总公司为了筹建等事宜，面向公司员工进行募集，王秋林作为本公司员工，2000年4月投入股金101000元，2001年1月王秋林又投入股金10100元，2007年1月22日王秋林又增加投入股金44440元，王秋林共计投入155540元，公交总公司给王秋林开具了收据，王秋林逐年得到分红共计448699.40元。2013年11月6日，公交总公司通过其在中国建设银行账户退给王秋林前两次缴纳的股金111100元，尚有股金44440元未退还。2015年1月28日王秋林向法院起诉，主张2001年8月23日公交总公司在发放2001年上半年的分红时，从其应得分红中无故扣除1700元。公交总公司已将大众巴士公司解散，却没有依法进行清算。请求判令公交总公司在法定期限内给予清算，返还股金44440元，补发2008年下半年至2013年11月分红491284.20元，返还克扣的分红1700元。

一审法院认为，公民的合法财产受法律保护。被告亦认可收到原告44440元，但并未提交证据证明已退还该款，故原告现要求退还该款，本院予以支持。被告认可对集资入股股金可自愿支取，不支取的按同期国家规定的贷款利息支付利息，故被告应支付原告44440元的利息，计算期限自2013年11月至履行完毕之日。大众巴士公司并未依法成立，原告要求被告在法定期限内对公交大众巴士公司进行清算，并向全体股东公布清算明细的诉讼请求，不符合《中华人民共和国公司法》的规定，本院不予支持。原告要求被告应支付2008年—2013年11月分红491284.20元的主张，其提交的证据显示2008年分红37329.60元，2009年分红57549.80元，2011年已得21109元，2012年已得6372.70元，2013年已得5919.41元，原告未提交证据证明2008年—2013年分红具体数额应为491284.20元，故对该主张不予支持。原告提出返还克扣的分红1700元，原告承认该1700元是因为1988年与他人争执，发生的医疗费，引起扣除借款，与其主张分红并非一致，故本院不予处理。判决：一、被告邢台市公共交通总公司于本判决生效之日起十日内偿还原告王秋林44440元及自2013年11月起至履行完毕之日止，按中国人民银行同期贷款利率计算的利息；二、驳回原告王秋林其他诉讼请求。

---

① 参见河北省邢台市中级人民法院民事判决书（2015）邢民二终字第301号。来源：中国裁判文书网 http://wenshu.court.gov.cn。

【裁判要旨】

本院认为,公交总公司筹建大众巴士有限公司,面向公司员工进行募集,因大众巴士公司未能成立,公交总公司作为筹建大众巴士公司的发起人,对设立公司行为所产生的费用和债务应承担清偿责任,所欠王秋林的44440元应予退还并支付利息。王秋林要求公交总公司支付2008年—2013年11月分红491284.20元,该主张没有证据;要求公交总公司对大众巴士公司进行清算,不符合《中华人民共和国公司法》的规定,本院不予支持。公交总公司扣除的1700元医疗费,与本诉不是同一个法律关系,原审判决已经释明不予处理,王秋林的此项上诉主张,本院不予支持。依照《中华人民共和国民事诉讼法》第一百七十条第一款第(一)项之规定,判决如下:驳回上诉,维持原判。

【实务指引】

一、申请公司清算纠纷的定义

公司清算是指在公司面临解散的情况下,负有清算义务的主体按照法律规定的程序,清理公司债权债务,处理公司剩余财产,终止公司法律人格的行为。公司清算分为普通清算和特别清算。普通清算是指公司在解散后依法自行组织清算机构按照法定程序进行的清算;特别清算是指公司因某些特殊事由解散或者被宣告破产后,或者在普通清算发生显著障碍无法继续进行时,由政府有关部门或者法院介入而进行的清算。

公司清算纠纷,指公司因特设事由解散或被宣告破产,或者普通清算无法继续时,公司未在法定的期限内组成清算组开始清算的,或者虽然成立清算组但故意拖延清算,或者有其他违法清算可能严重损害公司股东或债权人利益的,发生在公司股东、公司债权人与公司之间的争议。

公司法对公司清算、清算组职权、清算程序等内容作出了规定。该法第一百八十三条规定:公司因出现本法第一百八十条第(一)项、第(二)项、第(四)项、第(五)项规定而解散的,应当在解散事由出现之日起十五日内成立清算组,开始清算。对于逾期不成立清算组进行清算的,债权人可以申请人民法院指定有关人员组成清算组进行清算。人民法院应当受理该申请,并及时组织清算组进行清算。

二、申请公司清算纠纷的管辖

根据最高人民法院《关于审理公司强制清算案件工作座谈会纪要》的通知(简称《清算纪要》)第二条及《公司法司法解释(二)》第二十四条之规定可以确定,该类案件的地域管辖为公司住所地人民法院(公司住所地是指公司主要办事机构所在地。公司办事机构所在地不明确的,由其注册地人民法院管辖);级别管辖为基层人民法院管辖县、县级市或者区的公司登记机关核准登记公司的公司强制清算案件,中级人民法院管辖地区、地级市以上的公司登记机关核准登记公司的公司强制清算案件。

值得注意的是：实务中针对该类案件地域管辖一般没有什么争议，但级别管辖则不尽然。基于一些地区行政区划的特殊及不明确性和工商行政管理机关之间的隶属关系及行政职能，加之申请公司强制清算案件数量相对较少，从维护当事人合法权益角度考虑，结合基层法院审理该类案件经验较少，诉讼策略上建议结合《清算纪要》管辖转移的灵活性规定直接请求中级人民法院对该类案件予以受理。

三、申请公司清算纠纷的诉讼主体

申请公司强制清算的主体可以是公司的债权人，在特定情况下也可以是公司股东。公司法中规定债权人可以申请对公司进行强制清算，而对于其他主体包括公司股东是否可以提出清算申请没有规定。《公司法司法解释（二）》中规定了"债权人未提起清算申请，公司股东申请人民法院指定清算组对公司进行清算的，人民法院应予受理。"

公司债权人或者股东向法院申请强制清算应当提交强制清算申请书。申请书中应当写明申请人、被申请人的基本情况和申请的事实和理由。同时，申请人还应当提交被申请人已经发生解散事由以及申请人对被申请人享有债权或者股权的有关证据。如果公司解散后已经自行成立清算组进行清算，但债权人或者股东以其故意拖延清算，或者存在其他违法清算可能严重损害债权人或者股东利益为由，申请强制清算的，申请人还应当提交证明公司存在违法清算行为可能严重损害其利益的相应证据材料。

四、申请公司清算纠纷的审查、受理及撤回

法院审查决定是否受理强制清算申请时，一般应当召开听证会。对于事实清楚、法律关系明确、证据确实充分的案件，经书面通知被申请人，其对书面审查方式无异议的，也可决定不召开听证会，而采用书面方式进行审查。法院应当在听证会召开之日或者自异议期满之日起十日内，作出是否受理强制清算申请的裁定。

被申请人就申请人对其是否享有债权或者股权，或者对被申请人是否发生解散事由存在异议的，除非对上述异议事项已有生效法律文书予以确认，以及发生被吊销企业法人营业执照、责令关闭或者被撤销等解散事由有明确、充分的证据，否则原则上应当另案予以解决，申请人可以就有关争议单独提起诉讼或者仲裁予以确认后，再行提出强制清算申请。

申请人以其是公司实际出资人为由申请强制清算，但不能提供公司股东名册记载其为股东等证据材料的，就不符合申请强制清算的主体资格，应当另行诉讼或者通过其他途径确认其股东身份后再行申请强制清算。

申请人提供被申请人自行清算中故意拖延清算，或者存在其他违法清算可能严重损害债权人或者股东利益的相应证据材料后，被申请人未能举出相反证据的，法院对申请人提出的强制清算申请应予受理。债权人申请强制清算，但被申请人的主要财产、账册、重要文件等灭失，或者被申请人人员下落不明，导致无法清算的，法院仍应受理。

法院受理强制清算申请后，经审查发现强制清算申请不符合法律规定的，可以裁定驳回

强制清算申请。法院裁定不予受理或者驳回受理申请，申请人不服的，可以向上一级法院提起上诉。

法院裁定受理公司强制清算申请前，申请人请求撤回其申请的，法院应予准许。公司因公司章程规定的营业期限届满或者公司章程规定的其他解散事由出现，或者股东会、股东大会决议自愿解散的，法院受理强制清算申请后，清算组对股东进行剩余财产分配前，申请人以公司修改章程，或者股东会、股东大会决议公司继续存续为由，请求撤回强制清算申请的，法院应予准许。

公司因依法被吊销营业执照、责令关闭或者被撤销，或者被法院判决强制解散的，法院受理强制清算申请后，清算组对股东进行剩余财产分配前，申请人向法院申请撤回强制清算申请的，除非申请人有证据证明相关行政决定被撤销，或者法院作出解散公司判决后当事人又达成公司存续和解协议，否则法院应该不予撤回申请。

五、无法清算案件的处理

对于被申请人主要财产、账册、重要文件等灭失，或者被申请人人员下落不明的强制清算案件，法院经过向被申请人的股东、董事等直接责任人员释明法律规定及责任或采取罚款等民事制裁措施后，仍然无法清算或者无法全面清算，对于尚有部分财产，且依现有账册、重要文件等，可以进行部分清偿的，应当参照企业破产法的规定，对现有财产进行公平清偿后，以无法全面清算为由终结强制清算程序；对于没有任何财产、账册、重要文件，被申请人人员下落不明的，应当以无法清算为由终结强制清算程序。

债权人申请强制清算，法院以无法清算或者无法全面清算为由裁定终结强制清算程序的，应当在终结裁定中写明，债权人可以另行依据司法解释的规定，要求被申请人的股东、董事、实际控制人等清算义务人对其债务承担偿还责任。股东申请强制清算，法院以无法清算或者无法全面清算为由裁定终结强制清算程序的，应当在终结裁定中写明，股东可以向控股股东等实际控制公司的主体主张有关权利。

因无法清算或者无法依法全面清算而终结清算程序，与依照企业破产法的规定依法清算，债务人确无财产可供分配而终结破产清算程序，其法律后果是截然不同的。因依法清算，债务人确无财产可供分配时终结破产清算程序的结果，是剩余债务不再清偿；债务人仅以其破产财产为限承担责任，债务人破产清算程序终结后，除破产程序终结之日起两年内发现有依法应当追回的财产或者债务人有应当供分配的其他财产的，可以追加分配外，对于债务人未能依破产程序清偿的债务，原则上不再予以清偿。而因债务人的清算义务人怠于履行义务，导致债务人主要财产、账册、重要文件等灭失无法清算而终结的，虽然债务人的法人资格因清算程序终结而终止，但其既有的民事责任并不当然消灭，而是应当由其清算义务人承担偿还责任。

六、申请公司清算是否符合法律规定的相关问题

公司解散事由（根据《公司法》第一百八十条规定）发生后，如果无法自行清算，一

般情况下公司债权人申请公司强制清算的案件较为普遍，在债权人未起诉情况下，公司股东只有在满足《公司法司法解释（二）》第七条第二款规定（公司解散逾期不成立清算组进行清算的；虽然成立清算组但故意拖延清算的；违法清算可能严重损害债权人或者股东利益的）的三种情形下才能提起强制清算申请。

（1）实践中，公司解散事由尤其在股东会决议解散公司的情况下，若公司股东之间存在矛盾纠纷，则公司其他股东会以股东会决议无效的理由来中止强制清算申请案件的进行，比如，瑕疵出资（未出资或未足额出资）的股东没有表决权、股东会决议参加人并非全部股东或参加股东未签字等理由。笔者遇到的案例就涉及瑕疵出资股东是否拥有表决权进而涉及股东会决议解散公司的效力问题。

（2）关于瑕疵出资股东是否拥有表决权，一般认为：在公司章程或股东会决议对瑕疵出资股东的表决权没有进行合理限制的情况下，瑕疵出资股东拥有表决权（我国公司法仅对出资瑕疵股东的优先权和分红权进行了限制，而对其他权利未作限制）。案例梁大力与南京云帆科技实业有限公司、俞苗根等股东会决议效力纠纷民事判决书［（2012）宁商终字第991号］也肯定了这种观点（判决书认为：股东表决权原则上属于共益权，但又具有一定的特殊性，股东通过资本多数决的表决权机制选择或罢免董事、确立公司的运营方式、决策重大事项等，借以实现对公司的有效管理和控制，其中也包括控制公司财产权，故表决权实质上是一种控制权，同时亦兼有保障股东自益权行使与实现之功能，具有工具性质。因此，公司通过公司章程或股东会决议对瑕疵出资股东的表决权进行合理限制，更能体现法律的公平公正，亦符合公司法和司法解释有关规定之立法精神，可以得到支持）。其实，对于瑕疵出资股东的表决权进行限制已经基本达成共识，毕竟出资是股东最大的义务，从早期案例的完全限制到近期案例的部分限制，其目的都在于督促瑕疵出资股东依约履行其出资义务，规范并均衡公司与股东及各股东之间的利益。

（3）被申请强制清算的公司是否达到破产界限问题。申请公司强制清算时，一般不需要考虑被申请强制清算的公司是否需要达到破产界限，但是，如果被申请强制清算公司的股东均未出资的情况下，法院是否会审查被申请强制清算的公司是否达到破产界限？

有些案件可能在法院经过听证程序后以被申请强制清算公司资不抵债为由建议走破产程序，不予受理强制清算，这时要及时与办案法官沟通表明公司股东愿意补缴出资，从而最终成功让法院受理案件。根据公司法及其司法解释的相关规定，股东尚未缴纳的出资应当属于公司财产，公司有权请求股东完全缴纳出资，公司解散时，股东尚未缴纳的出资均应作为清算财产，因此，公司没有达到资不抵债的破产界限，法院应以申请公司强制清算案由受理案件。

七、公司清算程序的终结

公司依法清算结束，清算组制作清算报告并报法院确认后，法院应当裁定终结清算程序。市场监督管理局等公司登记机关依清算组的申请注销公司登记后，公司终止。

公司因公司章程规定的营业期限届满或者公司章程规定的其他解散事由出现，或者股东会、股东大会决议自愿解散的，法院受理债权人提出的强制清算申请后，对股东进行剩余财产分配前，公司修改章程，或者股东会、股东大会决议公司继续存续，申请人在其个人债权及他人债权均得到全额清偿后，未撤回申请的，法院可以根据被申请人的请求裁定终结强制清算程序，强制清算程序终结后，公司可以继续存续。

【拓展案例】

济南四建（集团）有限责任公司与刘士海等申请公司清算纠纷①

2010年12月，济南市市中区人民法院作出（2010）市商初字第1598号民事判决书，判令济南合顺成商贸有限公司支付原告货款253420元及违约金，案件受理费2550.5元。该民事判决书已经发生法律效力。2014年4月10日济南市市中区人民法院作出（2011）市执字第1200-1号执行裁定书，裁定内容为：济南市市中区人民法院（2010）市商初字第1598号民事判决书本次执行程序终结执行。

2015年1月19日济南市历下区工商行政管理局出具的济南合顺成商贸有限公司工商登记基本情况：法定代表人刘士海，股东刘士江、刘士海；因不依照规定接受年度检验于2008年12月17日被吊销营业执照。

原告济南四建（集团）有限责任公司诉称，2010年12月，济南市市中区人民法院作出（2010）市商初字第1598号民事判决书，判令济南合顺成商贸有限公司支付原告货款253420元及违约金，案件受理费2550.5元。但因济南合顺成商贸有限公司未年检而被吊销营业执照，该债权一直未得到清偿。被告刘士海、刘士江作为该公司股东，因其怠于履行清算义务，导致公司财产流失、灭失，导致原告债权得不到清偿。为维护原告的合法权益，根据《中华人民共和国公司法》及相关司法解释规定，原告向法院提起诉讼，请求依法判令两被告对济南合顺成商贸有限公司依法限期履行清算义务；本案全部诉讼费用由两被告承担。

本院经审理认为，被告刘士海、刘士江出资设立的济南合顺成商贸有限公司已于2008年12月17日被吊销营业执照，根据《中华人民共和国公司法》的规定，有限责任公司应当在解散事由出现之日起十五日内成立清算组，开始清算。被告刘士海、刘士江作为济南合顺成商贸有限公司的股东，应依法履行清算义务，组成清算组对公司进行清算，被告未履行清算义务。原告所诉理由正当，证据充分，本院予以支持。据此，依照《中华人民共和国公司法》第一百八十条，第一百八十三条，《最高人民法院关于适用〈中华人民共和国公司法〉若干问题的规定（二）》第七条，《中华人民共和国民事诉讼法》第一百四十四条之规定，判决如下：被告刘士海、刘士江于本判决生效之日起三个月内对济南合顺成商贸有限公司进行清算。

---

① 参见山东省济南市历下区人民法院民事判决书（2015）历商初字第987号。来源：中国裁判文书网 http://wenshu.court.gov.cn。

第二十四章 清算责任纠纷

【典型案例】

青海昆源矿业有限公司与王海森清算责任纠纷①

森和公司于2014年6月23日成立，注册资本1000万元，实收资本1000万元，企业类型为自然人独资，股东及法定代表人为王海森。2017年11月17日，原森和公司工商信息中的股东变更为王海森持股1%、陈剑刚持股99%。2018年7月26日，原森和公司工商信息中的股东变更为王海森持股100%。2018年6月6日，原森和公司在青海日报刊登公告："青海森和煤业有限责任公司经股东会研究决定，现拟向登记机关申请注销登记，并成立清算组，组长：王海森；成员：王海森，陈剑刚。现予以公告。请债权人自2018年6月6日起45日内向本单位清算组申报债权。"后刊登来函更正公告："2018年6月6日《青海日报》刊登的青海森和煤业有限责任公司的注销公告中，清算组'王海森、陈剑刚'应为王海森、顾焕娟'，特此更正。"2018年8月1日，西宁市市场监督管理局出具（宁市监）登记企销字〔2018〕第1645号准予注销登记通知书，准予森和公司注销。2019年6月2日王海森与陈剑刚签订证明，载明"陈剑刚为青海森和煤业有限责任公司的实际股东及清算组成员，对公司注销产生的法律责任愿意承担。……2018年6月6日在《青海日报》等登报企业注销公告，王海森、陈剑刚已通知全部债务权人与债务人，……但由于陈剑刚所属企业上海菩舍实业有限公司营业执照被吊销状态，导致青海森和煤业有限责任公司注销工作无法完成，无奈之下又于2018年7月26日做了名义上的股权转让变更，将陈剑刚所持99%的股份（990万元）又转至王海森名下，这样才于2018年8月1日注销了青海森和煤业有限公司"。王海森与陈剑刚在本案庭审中确认，双方之间的两次股权变更均未支付对价款。另查明：昆源公司法定代表人陈瑶清与陈剑刚系父子关系，陈剑刚曾担任昆源公司的股东及高管。再查明：2017年2月28日昆源公司与原森和公司签订煤炭销售合同，约定森和公司从昆源公司处购买大柴旦高泉原煤并销往西宁地区的供电企业。2018年3月26日双方签订《债务确认书及还款计划》，确认截至2017年12月20日森和公司共计拖欠昆源公司煤款22207421元，双方约定森和公司自2018年4月1日起以分期付款的方式每月归还昆源公司5000000元，在2018年10月1日前全额付清。

另查，2014年6月23日森和公司为自然人独资的有限责任公司，股东和法定代表人均为王海森一人。2017年11月17日森和公司工商登记的股东变更为王海森持股1%、陈剑刚

---

① 参见青海省高级人民法院民事判决书（2019）青民终235号。来源：中国裁判文书网 http://wenshu.court.gov.cn。

持股99%，而2018年7月26日的森和公司工商登记信息显示股东又变更为王海森持股100%，森和公司属一人公司，此种状态一直延续到2018年8月1日注销森和公司。根据国家企业信用信息公示系统记载，昆源公司的股东系浙江昆源集团有限公司，注册资本金6000万元，2017年12月26日其高管人员由张春、陈耀花、陈剑刚、陈瑶清、蒋国西五人变更为张春、陈瑶清、蒋国西。森和公司向青海省西宁市城西区国家税务局提出的《纳税评估报告》及该税务局出具的《税务事项通知书》中记载，森和公司自2015年1月1日至2018年4月30日因经营亏损和无力经营，已资不抵债，要求注销公司。森和公司于2018年8月1日由清算组王海森、顾焕娟签字并由股东王海森签字确认，作出《青海省森和煤业有限责任公司清算报告及确认清算报告的决定》，称"2018年8月1日经股东决定，森和公司注销清算已结束，公司债权债务已清理完毕，清算报告所列事项准确无误、合法、有效，通过清算组所作的清算报告，公司债权债务如有遗漏由公司股东承担"。同日，由西宁市市场监督管理局出具（宁市监）登记企销字〔2018〕第1645号准予注销登记通知书，准予森和公司注销，森和公司即被注销。

昆源公司向一审法院诉求：1. 判令王海森赔偿昆源公司货款22207421元；2. 判令王海森赔偿昆源公司逾期付款利息724517元（自2018年4月2日起至2019年1月23日止，按银行同期贷款利率4.35%计算），并按银行同期贷款利率支付自2019年1月24日起至上述款项付清之日止的利息；3. 本案诉讼费用由王海森承担。

【裁判要旨】

一审法院认为，昆源公司与原森和公司签订的《原煤购销合同》《债务确认书及还款计划》是合同双方真实意思表示，不违反法律规定，合法有效。装车单、增值税专用发票与《原煤购销合同》《债务确认书及还款计划》形成的证据链可以证实昆源公司已实际向森和公司履行了供货义务，双方经过对账确认尚欠货款金额为22207421元，对该事实予以确认。王海森认为原森和公司已向昆源公司及昆源公司股东陈剑刚清偿货款的抗辩理由无证据佐证，不予支持。

对原森和公司清算事宜是否知情、王海森在清算过程中是否具有故意或重大过失的问题。一审法院认为，2019年6月2日王海森与陈剑刚签订的证明系双方真实意思表示，该证明载明"陈剑刚为青海森和煤业有限责任公司的实际股东及清算组成员，对公司注销产生的法律责任愿意承担。……2018年6月6日在《青海日报》等登报企业注销公告，王海森、陈剑刚已通知全部债务权人与债务人，……但由于陈剑刚所属企业上海菩舍实业有限公司营业执照被吊销状态，导致青海森和煤业有限责任公司注销工作无法完成，无奈之下又于2018年7月26日做了名义上的股权转让变更，将陈剑刚所持99%的股份（990万元）又转至王海森名下，这样才于2018年8月1日注销了青海森和煤业有限责任公司"，上述内容可以证实原森和公司注销时的实际股东与清算组成员为陈剑刚。而昆源公司、陈剑刚对陈剑刚曾系昆源公司股东、高管不持异议，对昆源公司现法定代表人陈瑶清与陈剑刚系父子关系亦不持异议，故根据陈剑刚与王海森签订的证明以及其与昆源公司的特殊关系，可以认定昆源公司对原森和公司注销事宜明确知情，王海森对昆源公司就原森和公司的债权得不到清偿不具有故意或重大过失的行为。一审法院认为，清算责任是指清算组成员对其在清算期间因故意或者重大过失行为给公司、股东、债权人造成损失所应承担的责任。本案中，根据王海森与陈剑刚签署的证明，陈剑刚认可其为原森和公司的实际股东与清算组成员，该证明为王海森与陈剑刚的内部约定，本不能对抗公司外部债权人昆源公司，但陈剑刚不仅为原森源公司实际股东，同时还是昆源公司原股东及高管，亦与昆源公司现法定代表人陈瑶清为父子关系，这一特殊关系与证明中载明的"王海森、陈剑刚该通知的债权人及债务人都通知了"相印证，可以证实昆源公司对原森和公司清算事宜明确知情，但其并未申报债权，同时，证明中明确，陈剑刚认可其为原森和公司实际股东与清算组成员，自愿承担公司注销的法律责任，而昆源公司明确不要求陈剑刚承担清算责任，现其主张要求王海森承担清算责任，而王海森在清算期间不具有故意或者重大过失行为，亦不是清算组实际成员，昆源公司的诉讼请求，缺乏事实依据，不能成立。依照《中华人民共和国公司法》第一百九十条，《中华人民共和国民事诉讼法》第六十四条第一款、第一百三十四条的规定，判决驳回昆源公司的诉讼请求。

二审法院认为，双方当事人争议焦点为王海森是否对昆源公司未向森和公司申报债权存在过错而承担赔偿责任。根据2018年6月6日，森和公司在青海日报刊登公告所称，经公司股东会研究决定，拟向登记机关申请注销登记并成立清算组，请债权人在45日内向本单位清算组申报债权的内容，表明森和公司成立清算组并进入公司清算程序。《中华人民共和国公司法》第一百八十五条规定："清算组应当自成立之日起十日内通知债权人，并于六十日内在报纸上公告。债权人应当自接到通知书之日起三十日内，未接到通知书的自公告之日起四十五日内，向清算组申报其债权。"《最高人民法院关于适用〈中华人民共和国公司法〉若干问题的规定（二）》第十一条规定："公司清算时，清算组应当按照公司法第一百八十五条的规定，将公司解散清算事宜书面通知全体已知债权人，并根据公司规模和营业地域范围在全国或者公司注册登记地省级有影响的报纸上进行公告。"对于森和公司清算期间是否按法律规定通知债权人昆源公司的问题，王海森称第三人陈剑刚不但是森和公司股东，也是昆源公司的股东和高级管理人员，其作为森和公司清算组成员知道森和公司清算的事实，表明昆源公司应当知道森和公司开始清算，而昆源公司未按公告期间申报债权，属于放弃债权的行为，因此，王海森作为清算组成员不应承担赔偿责任。本院认为，2014年6月23日森和公司成立时是自然人独资的有限责任公司，股东和法定代表人均为王海森一人。2017年11月17日森和公司股东变更为王海森持股1%、陈剑刚持股99%，而2018年7月26日森和公司又将股东变更为王海森一人持股100%，此种状态一直延续到森和公司被注销，在两次股东变更中，转让人与受让人均未支付股权转让价款。《中华人民共和国公司法》第一百八十三条规定："有限责任公司的清算组由股东组成。" 2018年6月6日，森和公司在青海日报刊登公告，公布森和公司清算组组长为王海森，成员为王海森、陈剑刚，后又刊登公告更正清算组成员为王海森、顾焕娟，证明本案原审第三人陈剑刚不是清算组成员，王海森所称陈剑刚是清算组成员无事实依据。王海森作为森和公司的唯一股东和法定代表人，对公司进行清算应依法履行清算义务。王海森所述第三人陈剑刚是清算组成员，又是昆源公司股东和高管，陈剑刚知道森和公司清算就应当视为向昆源公司发出申报债权通知，其陈述与本案查明事实不符，是将昆源公司与自然人陈剑刚进行了混同。根据《最高人民法院关于适用

《中华人民共和国公司法》若干问题的规定（二）》第十一条第一款关于公司清算时，清算组应当将公司解散清算事宜书面通知全体已知债权人，并根据公司规模和营业地域范围在全国或者公司注册登记地省级有影响的报纸上进行公告的规定，昆源公司是森和公司清算时的唯一债权人，森和公司进入清算程序后，未书面通知已知债权人。本案二审中，经释明并要求王海森提交森和公司清算组在清理公司财产、编制资产负债表和财产清单后，应当制定的清算方案及清算报告，但其未向法庭提交上述证据。至此，王海森作为森和公司清算组组长和唯一股东，不能提交清算组依法清算的证据。《中华人民共和国公司法》第一百八十七条规定："清算组在清理公司财产、编制资产负债表和财产清单后，发现公司财产不足清偿债务的，应当依法向人民法院申请宣告破产。"根据森和公司向青海省西宁市城西区国家税务局提出的《纳税评估报告》及该税务局出具的《税务事项通知书》，森和公司自2015年1月1日至2018年4月30日因经营亏损和资不抵债。此种情况下，公司实际已不能全额清偿债权，清算组应当依法向人民法院申请破产，但森和公司清算组却于2018年8月1日由清算组成员王海森、顾焕娟签字确认作出《青海省森和煤业有限责任公司清算报告及确认清算报告的决定》，并称注销清算已结束，公司债权债务已清理完毕，清算报告所列事项准确无误、合法、有效，公司债权债务如有遗漏由公司股东承担。同日，森和公司被市场监督管理部门注销。由于森和公司系一人有限责任公司，王海森是公司唯一股东，又是清算组组长，其明知公司债务未清理完毕，仍然申请注销公司，实际产生了未依法履行清算义务及对公司实际清算的后果，导致债权人昆源公司未申报债权。根据《最高人民法院关于适用〈中华人民共和国公司法〉若干问题的规定（二）》第二十条第二款"公司未经依法清算即办理注销登记，股东或者第三人在公司登记机关办理注销登记时承诺对公司债务承担责任，债权人主张其对公司债务承担相应民事责任的，人民法院应依法予以支持"及第十一条第二款关于"清算组未按前款规定履行通知和公告义务，导致债权人未及时申报债权而未获清偿，债权人主张清算组成员对因此造成的损失承担赔偿责任的，人民法院应依法予以支持"和第十九条关于"有限责任公司的股东、股份有限公司的董事和控股股东，以及公司的实际控制人在公司解散后，恶意处置公司财产给债权人造成损失，或者未经依法清算，以虚假的清算报告骗取公司登记机关办理法人注销登记，债权人主张其对公司债务承担相应赔偿责任的，人民法院应依法予以支持"的规定，王海森作为森和公司清算人员负有书面通知昆源公司参加清算的义务，仅发布公告不符合法律规定。王海森在森和公司未实际清算的情况下，决定向登记机关办理注销公司登记，无论其作为清算成员未书面通知已知债权人申报债权，还是对公司未依法清算而提供不实清算报告注销公司均存在重大过错，昆源公司请求王海森对未获申报和清偿的债权承担赔偿责任，符合法律规定。

对于王海森提交2019年6月2日由其与陈剑刚签订《证明》，陈剑刚对森和公司注销后的债务承担责任的问题，虽然《证明》中第三人陈剑刚称其是森和公司的实际股东及清算组成员，对公司注销产生的法律责任愿意承担，但本院认为，《证明》签订时间为2019年6月2日，而森和公司早在2018年8月1日已被注销，公司清算程序终结。另外，在签《证明》时，陈剑刚不是昆源公司的股东和高级管理人员，无证据佐证其得到昆源公司的委托和授权签《证明》，而森和公司注销时的清算人员为王海森、顾焕娟，该部分事实对外均产生公示性,即便陈剑刚认可其是森和公司的实际股东和实际清算人员,承诺对森和公司注销后的债务承担责任,对外并不产生法律效果,王海森、陈剑刚书写《证明》的行为与森和公司清算组未按法律规定书面通知已知债权人是不同的法律关系,且陈剑刚以森和公司股东或清算人员在森和公司注销后所作出的承诺成立与否,并不影响森和公司清算期间对债权人应当承担的书面通知义务。一审以上述证明内容可以证实森和公司注销时的实际股东与清算组成员为陈剑刚,而昆源公司、陈剑刚对陈剑刚曾系昆源公司股东、高管不持异议,对昆源公司现法定代表人陈瑶清与陈剑刚系父子属特殊关系亦不持异议,故根据陈剑刚与王海森签订的《证明》以及其与昆源公司的特殊关系,可以认定昆源公司对原森和公司注销事宜明确知情,王海森对昆源公司就森和公司的债权得不到清偿不具有故意或重大过失行为,与本案查明的事实和涉及的法律关系不符,且本案的事实表明昆源公司在森和公司清算期间的股东系浙江昆源集团有限公司,昆源公司法定代表人陈瑶清与陈剑刚系父子关系,或陈剑刚曾系昆源公司股东和高管并不能替代昆源公司的民事主体资格,一审将自然人主体与企业法人主体混淆,显属认定基本事实不清,本院对此予以纠正。

关于昆源公司请求判令王海森从2018年4月2日起至2019年1月23日止,按银行同期贷款利率4.35%计算的赔偿逾期付款利息724517元,并按银行同期贷款利率支付自2019年1月24日起至债权付清之日止的利息的问题。双方所签《原煤购销合同》第九条违约责任第9.4约定,森和公司未能按照昆源公司约定之日支付应付煤款的,逾期按应付煤款总金额每日3%支付违约金。据此,昆源公司对逾期付款主张违约责任有合同依据,但因合同对逾期按应付煤款总金额每日3%支付违约金过高,昆源公司按银行同期贷款利率4.35%计算利息合情合理。双方在《债务确认书及还款计划》中约定,从2018年4月1日起分期分批每月偿还货款500万元,但森和公司未按约定偿还欠款。森和公司于2018年6月6日进入清算程序,其间经过65天,森和公司应承担该期间的逾期利息,即自2018年4月1日至5月1日应还欠款500万元未还×4.35%÷365天×逾期30天=17876.71元;自2018年5月2日至6月6日应还欠款1000万元未还×4.35%÷365天×逾期35天=41712.33元,以上两项合计59589.04元。2018年6月6日公司进入清算程序后已停止经营活动,申报债权和确认债权并不发生实际清偿的后果,参照《中华人民共和国破产法》第四十六条关于"未到期的债权,在破产申请受理时视为到期。附利息的债权自破产申请受理时起停止计息"的规定,昆源公司主张由王海森承担利息至本金偿还之日,实际加大了被清算公司的民事责任,对该部分请求不予支持。

综上,一审判决认定基本事实不清,昆源公司的部分上诉理由成立,本院予以支持;王海森抗辩其不应承担相应责任的理由不成立,予以改判。

【实务指引】

一、清算责任纠纷的定义

清算责任纠纷是指清算组成员在清算期间,因故意或者重大过失给公司、债权人造成损失,应当承担赔偿责任的纠纷。

公司清算期间，清算组是对内执行清算事务，对外代表公司处理债权债务的公司机关。公司法规定：清算组成员应当忠于职守，依法履行清算义务。清算组成员不得利用职权收受贿赂或者其他非法收入，不得侵占公司财产。清算组成员因故意或者重大过失给公司或者债权人造成损失的，应当承担赔偿责任。

清算，是终结现存的法律关系，处理其剩余财产，使之归于消灭的程序。清算是一种法律程序，社团注销时，必须进行财产清算。未经清算就自行终止的行为是没有法律效力的，不受法律保护。

二、清算责任纠纷的管辖

根据民事诉讼的"原告就被告"原则，被告住所地法院一般应当具有管辖权。但是对于公司诉讼来说，由于案件事实与公司牵涉较多，在强制清算以及清算责任纠纷案件中，公司在清算过程中的资产、财务状况等事实与案件处理结果有紧密的联系，因此公司住所地法院的管辖权也具有相当合理性。其中，对于强制清算案件来说，由于被告就是公司，因此司法解释规定公司住所地为唯一的管辖地。而对于清算责任纠纷来说，被告住所地和公司住所地应当是原告可以选择的范围。

从案件性质来看，清算责任纠纷本质上是清算组成员的作为或不作为侵害了债权人的利益，是一种侵权责任，根据《民事诉讼法》第二十九条的规定："因侵权行为提起的诉讼，由侵权行为地或者被告住所地人民法院管辖。"而清算责任纠纷中清算组成员实施侵权行为（比如怠于通知债权人申报债权这种不作为）的地点应当被理解为是在公司，因为整个清算活动本身在法律上应视为在公司进行的一系列行为。故此，按照侵权行为的管辖原则，公司住所地和被告所在地也应该成为清算责任纠纷管辖的两项选择。

在最高人民法院关于《民事案件案由规定》的最新修订版中，清算责任纠纷归属于"与公司有关的纠纷"一类，从有利于法院查明事实的角度看，将此类案件规定为公司住所地专属管辖亦属妥当，但是在没有法律或司法解释明文规定的情况下，对"专属管辖"应当慎重。我们认为目前将公司住所地和被告住所地两种地域管辖适用于清算责任纠纷较为适宜。

奚晓明主编、最高人民法院民事审判第二庭编著《最高人民法院关于公司法司法解释（一）、（二）理解与适用》第252页倒数第4行："（二）清算人损害赔偿责任分析清算人损害赔偿责任在性质上属于民事侵权责任，而归责原则是确定侵权行为人侵权损害赔偿责任的一般准则。"第254页中部："清算组成员的损害赔偿之诉与股东或债权人提起的强制清算案件具有不同的性质。清算案件属于非讼案件，应由公司住所地人民法院管辖；而清算组成员的损害赔偿之诉在性质上属于给付之诉，应由侵权行为地或者被告住所地人民法院管辖。在此类损害赔偿之诉中，由于侵权行为地是公司住所地而被告是清算组成员，因此，债权人可以在多个有管辖权的法院中选择管辖。"

三、清算责任纠纷案件的诉讼主体

(一) 被清算公司、股东、债权人均可为清算责任纠纷案件的原告

有权提起清算责任纠纷的原告比较明确,按照《公司法司法解释(二)》的规定,债权人、公司股东、公司均可以申请人民法院指定清算组对公司进行清算。

企业破产法规定,出资人申请公司重整的,须持有公司百分之十以上注册资本,避免轻率地申请公司重整;公司法规定,申请公司解散也需股东持有公司全部股东表决权百分之十以上。那么,申请公司强制清算是否对股东持股比例有要求呢?因为公司解散后应该进行清算,清算义务人不履行清算义务,应承担责任,故公司法未规定申请强制清算的股东的持股比例或持股时间。尤其对于小股东来说,因为不掌握公司控制权,无法自行开展清算,所以应赋予小股东申请强制清算的权利,避免小股东因为大股东不履行清算义务而承担清算义务人的责任。

(二) 清算责任纠纷案件的被告:清算义务人

1. 有限责任公司的股东、股份有限公司的董事和控股股东,应当依法在公司被吊销营业执照后履行清算义务,不能以其不是实际控制人或者未实际参加公司经营管理为由,免除清算义务

福建省高级人民法院在 2016 年审理"厦门鹭升公司与何某宝、高某清算责任纠纷一案"时查明,珍宝公司的股东为何某宝(持股 96.33%)、高某(持股 3.33%)、何某兴(持股 0.34%),珍宝公司于 2000 年 9 月 21 日被吊销营业执照。中国工商银行福州市台江支行(以下简称工行台江支行)因与珍宝公司借款合同纠纷案,法院判决:珍宝公司应向工行台江支行偿还借款本金 700 万元,利息 195 万元。因珍宝公司未履行还款义务,工行台江支行向法院申请强制执行。由于珍宝公司另涉其他民事纠纷,故工行台江支行仅执行到债权 50 万元,法院于 2000 年 7 月 13 日裁定中止执行。2000 年 8 月,工行台江支行将前述判决项下债权本息转让给华融福州办事处,后该债权本息被转让给鹭升公司。现鹭升公司起诉珍宝公司两名股东何某宝、高某承担清算责任。

一审法院认为,根据《公司法司法解释(二)》第十八条第二款的规定,何某宝、高某对珍宝公司债务承担赔偿责任的前提条件是何某宝、高某存在怠于履行清算义务致使珍宝公司财产、账册等重要文件灭失而无法清算的行为。珍宝公司于 2000 年 9 月 21 日被吊销营业执照,其股东自此才负有组成清算组对公司进行清算的义务。而法院于 2000 年 7 月 13 日作出中止执行裁定,所以,证据表明珍宝公司在吊销营业执照前实际已无财产可供执行。法院认为,鹭升公司未能提交证据证明珍宝公司在被吊销营业执照时尚有财产及这些财产因何某宝、高某怠于履行清算义务而灭失,应承担举证不能的法律后果。同时,在未依法对珍宝公司进行清算的情况下,也无法证明珍宝公司财务账册等重要文件已灭失或灭失与何某宝、高某的行为存在因果关联。综上,法院认为鹭升公司要求何某宝、高某对珍宝公司债务承担赔

偿责任的诉讼理由不充分，证据不足，驳回鹭升公司的诉讼请求。鹭升公司可以依法申请对珍宝公司进行强制清算。鹭升公司不服提起上诉。

二审福建省高级人民法院认为，珍宝公司于 2000 年 9 月 21 日被工商行政管理局吊销营业执照，依据《公司法》第一百八十三条规定，珍宝公司的股东何某宝、高某应于 2000 年 10 月 6 日前成立清算组对珍宝公司进行清算，但何某宝、高某未依法组织清算，系怠于履行清算义务。且何某宝、高某没有提供证据证明其仍保存珍宝公司的账册和重要文件，也不能证明珍宝公司仍具备清算条件。厦门海事法院于 2000 年 7 月 13 日作出裁定，认定珍宝公司下落不明，无财产可供执行，只能证明人民法院在执行中未查找到珍宝公司的财产，不能证明珍宝公司的财产在被吊销营业执照时已全部灭失。何某宝、高某作为珍宝公司的股东，怠于履行清算义务与珍宝公司的财产、账册灭失之间具有因果关系。据此，法院依据《公司法司法解释（二）》第十八条"有限责任公司的股东、股份有限公司的董事和控股股东因怠于履行义务，导致公司主要财产、账册、重要文件等灭失，无法进行清算，债权人主张其对公司债务承担连带清偿责任的，人民法院应依法予以支持"的规定，何某宝、高某应对珍宝公司债务承担连带清偿责任。并且，法院认为，上述司法解释并未规定公司债权人诉请公司股东对公司债务承担连带责任的，应以启动清算程序为前提。鹭升公司举证珍宝公司股东在法定期限内未启动清算程序，珍宝公司存在"人去楼空"等情形，已完成举证责任。一审法院要求鹭升公司举证珍宝公司在被吊销营业执照时的资产状况及与何某宝、高某怠于履行清算义务之间的关联性，是对举证责任分配不当，二审予以纠正。所以，二审法院支持鹭升公司的请求。

股东对于公司的清算义务，源于公司法的规定，尤其是有限责任公司的股东，全体都负有该责任。因为有限责任公司具有人合性，公司的经营不管对内还是对外，都受股东的实力、信誉、股东间的信任合作的影响，所以，任何股东都不能以不参与公司经营为由把自己从清算义务中"摘出来"。

2. 股东转让股权但未经工商变更登记，不可对抗债权人

河北省高级人民法院在 2014 年审理"邢台某公司与李某芬、李某丰清算责任纠纷一案"时查明：邢台某公司与迁西县华丰公司在 2007 年 7 月签订买卖合同。邢台某公司如约交付了货物，但华丰公司未向邢台某公司支付 153 万欠款。华丰公司有李某丰和李某芬两名股东，李某丰和李某芬于 2009 年 12 月签订了股权转让协议，约定李某芬将在华丰公司的股权转让给李某丰，但未办理股权变更工商登记。2010 年 10 月，李某丰在李某芬未参加的情况下，通过伪造李某芬签名，作出了注销华丰公司、成立清算组的股东会决议，但未在法定期限内通知债权人邢台某公司。邢台某公司知悉华丰公司已被注销，邢台某公司于是向法院提起诉讼，诉请清算组成员李某丰和李某芬承担赔偿责任。

李某芬辩称，其已经在 2009 年 12 月将股权全部转让于李某丰，而且对公司进行清算并注销的股东会决议是李某丰伪造自己签名作出的，其对此并不知情，华丰公司所有的责任应当由李某丰承担。

法院认为，李某丰与李某芬虽然已经签署股权转让协议，但并未办理工商变更登记，因此，此转让协议对第三人（邢台某公司）不发生效力。至于李某丰伪造李某芬签名的股东

会决议也属于公司股东内部间纠纷，不能对抗第三人（邢台某公司）。李某丰和李某芬作为清算组成员，未履行通知义务，导致邢台某公司产生损失，所以，法院认为李某芬应当与李某丰一起对邢台某公司承担连带清偿责任。

本案与上一个案例类似，都是判决未参与公司经营和清算的股东承担连带清偿责任，这个案子的特殊之处在于，李某芬已经将自己的股权转让给李某丰，实际上已退出公司。但是，公司股东变更应办理变更登记，未经办理变更登记，不得对抗第三人，所以其抗辩对于邢台某公司是无效的。但是，李某芬与李某丰之间的股权转让协议是有效的，李某芬可以依双方的约定向李某丰追偿。

3. 丧失民事行为能力的股东不承担清算责任

北京市第一中级人民法院在2009年审理"麦克赛尔公司诉余某等公司清算赔偿一案"时查明：原告麦克赛尔公司诉称，因北京万乐高中心欠付麦克赛尔公司货款，法院于2007年7月20日作出生效的民事判决，判决万乐高中心应向其支付货款及损失505062.63元及利息。该判决生效后，万乐高中心拒不执行判决。为此，麦克赛尔公司申请强制执行，在执行过程中，麦克赛尔公司发现万乐高中心已于2004年9月28日被工商行政管理机关吊销营业执照。余某与鑫达公司作为万乐高中心的股东，至今未对万乐高中心进行清算。另经法院核实，万乐高中心的所有账本现已全部丢失，所有资产也已全部灭失，致使麦克赛尔公司已不能依法从万乐高中心取得上述货款及损失。鉴于上述情况，麦克赛尔公司认为两被告余某与鑫达公司作为万乐高中心的清算主体，未尽到相应的清算责任，麦克赛尔公司诉至法院，请求法院判令两被告赔偿麦克赛尔公司505062.63元及相应利息。

余某辩称，自2002年发生车祸后一直在进行治疗，其并未再参与万乐高中心的经营，不了解万乐高中心与麦克赛尔公司之间的合同关系。余某2007年已被法院宣告为限制民事行为能力人，所以，麦克赛尔公司不能直接起诉余某。

一审法院认为，公司解散，股东应成立清算组进行清算，余某、鑫达公司在万乐高中心被吊销营业执照后，既不组成清算组对公司进行清算，又未妥善管理公司主要财产、账册、重要文件，导致万乐高中心无法进行清算。法院判决余某、鑫达公司向麦克赛尔公司承担货款返还和利息损失赔偿义务。

四、申请破产清算责任纠纷的类型

（一）请求撤销个别清偿行为纠纷

所谓个别清偿行为，是指债务人在法院受理破产申请前规定期限内，且出现破产原因的情况下，仍对个别债权人进行清偿，使相关债权人获得多于其在破产清算程序中所获得清偿的行为。

请求撤销个别清偿行为纠纷是指当债务人出现破产原因时，为确保全体债权人得到公平受偿，对于债务人在破产程序开始前规定期限实施有害于债权人利益的个别清偿行为，在破产程序开始后予以撤销并将撤销利益复归破产财团，管理人在破产程序中以诉讼的方式向人民法院提起而引发的纠纷。

个别清偿行为构成要件：

（1）对个别债权人进行清偿的债务不是未到期的债务，而是已届清偿期的债务。

（2）只有在人民法院受理破产案件前发生的个别清偿行为才属于可撤销的个别清偿行为。

（3）个别清偿行为必须在债务人已经出现破产原因后作出。

（二）请求确认债务人行为无效纠纷

请求债务人行为无效是债务人在人民法院受理企业破产案件后，其所实施的行为被破产管理人主张无效。

请求确认债务人行为无效纠纷是指债务人进入破产案件审理程序后，破产管理人主张债务人实施行为无效而向人民法院提起诉讼所引起的纠纷。

（三）对外追收债权纠纷

对外追收债权是指管理人在债务人进入破产程序后，对债务人的债权或者其他权益予以收回的行为。

对外追收债权纠纷是指在人民法院受理破产审理后，管理人与破产企业的债务人因清偿破产企业债权而引发的纠纷。

（四）追收未缴出资纠纷

追收未缴出资是指管理人在债务人进入破产程序后，对于破产企业的出资人所拖欠的出资款予以追回的行为。

追收未缴出资纠纷是指破产企业的出资人因为履行或者未适当履行出资义务，管理人在破产程序中进行追收所引发的纠纷。

（五）追收抽逃出资纠纷

追收抽逃出资是指管理人在债务人进入破产程序后，对于股东抽逃其按公司章程规定足额缴纳的出资予以追回的行为。

追收抽逃出资纠纷是指管理人在破产程序中对债务人股东抽逃已经投入公司的出资予以追收而产生的纠纷。

（六）追收非正常收入纠纷

追收非正常收入是指管理人在破产程序中，对于债务人的董事、高级管理人员利用职权从企业获取的非正常收入和侵占的企业财产予以追回。债务人的董事、高级管理人员利用职权从企业获取的非正常收入和侵占的企业财产，是对债务人财产的侵犯，应当予以追回并将其纳入债务人财产的范围。管理人在人民法院受理破产申请后应当接管债务人的所有财产，并在破产程序进行期间负责管理和处分债务人的财产，其有权利并且也有义务进行追收。管理人向上述主体主张追收不以诉讼为限，若行为人拒不缴纳的，管理人可向人民法院提起给付之诉，由此而引起的纠纷即为追收非正常收入纠纷。

五、清算责任纠纷的裁判规则

（一）有限责任公司的股东、股份有限公司的董事和控股股东，应当依法在公司被吊销营业执照后履行清算义务，不能以其不是实际控制人或者未实际参加公司经营管理为由，免除清算义务

最高人民法院指导案例9号上海存亮贸易有限公司诉蒋某某、王某某等买卖合同纠纷案裁判理由：上海存亮贸易有限公司按约供货后，××公司未能按约付清货款，应当承担相应的付款责任及违约责任。房某某、蒋某某和王某某作为××公司的股东，应在××公司被吊销营业执照后及时组织清算。因房某某、蒋某某和王某某怠于履行清算义务，导致××公司的主要财产、账册等均已灭失，无法进行清算，房某某、蒋某某和王某某怠于履行清算义务的行为，违反了公司法及其司法解释的相关规定，应当对××公司的债务承担连带清偿责任。××公司作为有限责任公司，其全体股东在法律上应一体成为公司的清算义务人。公司法及其相关司法解释并未规定蒋某某、王某某所辩称的例外条款，因此无论蒋某某、王某某在××公司中所占的股份为多少，是否实际参与了公司的经营管理，两人在××公司被吊销营业执照后，都有义务在法定期限内依法对××公司进行清算。

关于蒋某某、王某某辩称××公司在被吊销营业执照前已背负大量债务，即使其怠于履行清算义务，也与××公司财产灭失之间没有关联性。根据查明的事实，××公司在其他案件中因无财产可供执行被中止执行的情况，只能证明人民法院在执行中未查找到××公司的财产，不能证明××公司的财产在被吊销营业执照前已全部灭失。××公司的三名股东怠于履行清算义务与××公司的财产、账册灭失之间具有因果联系，蒋某某、王某某的该项抗辩理由不成立。蒋某某、王某某委托律师进行清算的委托代理合同及律师的证明，仅能证明蒋某某、王某某欲对××公司进行清算，但事实上对××公司的清算并未进行。据此，不能认定蒋某某、王某某依法履行了清算义务，故对蒋某某、王某某的该项抗辩理由不予采纳。

（二）提起清算责任纠纷诉讼的前提条件是公司债权人或公司的合法权益受到损害，公司债权人和公司可以提起清算责任纠纷诉讼

最高人民法院（2016）最高法民申1195号裁判理由：提起清算责任纠纷诉讼的前提条件是公司债权人或公司的合法权益受到损害，公司债权人和公司可以提起清算责任纠纷诉讼，同时司法解释也规定，公司股东为了维护公司利益，也可以自己的名义提起清算责任纠纷诉讼。在本案中，姜贵军起诉原雅美公司清算组成员和其他股东，是认为上述人员侵犯了其个人的合法权益，并非为了保护公司债权人利益或公司利益，姜贵军以清算责任纠纷提起本案诉讼，不符合该纠纷的起诉条件。

（三）当事人对违法清算、拖延清算应承担举证责任，由清算义务人对自身过错承担举证责任不符合举证责任分配的法定原则

最高人民法院（2012）民申字第636号裁判理由：申请人认为被申请人存在违法清算损害股东等利益和拖延清算的情形，依照《中华人民共和国民事诉讼法》第六十四条第一款"当事人对自己提出的主张，有责任提供证据"的规定，申请人应对其上述主张承担举证责任，但申请人没有提交证据证明之。申请人称被申请人有义务证明清算不存在过错，这是没有法律依据的，实质上是要求被申请人证明自身没有过错，不符合举证责任分配的法定原则。

（四）公司解散逾期不成立清算组进行清算，债权人未提起清算申请，公司股东申请人民法院指定清算组对公司进行清算的，人民法院应予受理，不能因公司下落不明而不受理

黑龙江省高级人民法院（2015）黑涉港商终字第9号裁判理由：提起强制清算案件的受理条件包括两个方面，一须具备适格的申请人与被申请人，二须符合法律规定的启动事由。本案中，龙海公司于2002年被黑龙江省工商行政管理局吊销营业执照，但至目前为止，未能成立清算组进行清算，且无债权人对龙海公司提起清算申请，香港满兴公司作为龙海公司的股东是本案适格的申请人，有权申请法院指定清算组对龙海公司进行清算。一审法院以"龙海公司已经不在原经营场所办公，下落不明，不能到法院进行清算，申请人香港满兴公司的申请不符合立案条件"为由不予受理并无法律依据。香港满兴公司申请法院强制清算，符合法律规定。至于龙海公司是否下落不明，并非不予立案受理的法定事由，一审法院依法应受理香港满兴公司提出的清算申请。

（五）公司营业执照被吊销后因股东原因导致无法清算的，不履行清算义务的公司股东对公司债务应承担连带清偿责任

深圳市中级人民法院（2010）深中法民二终字第1498号裁判理由：最高人民法院《关于适用〈中华人民共和国公司法〉若干问题的规定（二）》第十八条第二款规定："有限责任公司的股东、股份有限公司的董事和控股股东因怠于履行义务，导致公司主要财产、账册、重要文件等灭失，无法进行清算，债权人主张其对公司债务承担连带清偿责任的，人民法院应依法予以支持。"贸易公司早在1998年即被吊销营业执照，其全资控股股东房产公司长期未对贸易公司进行清算，现贸易公司和房产公司均下落不明，亦未能提供公司财产、会计账册、重要文件，公司无法进行清算，故判决房产公司应对贸易公司所欠王某债务承担连带清偿责任。

（六）公司清算时间虽长，但债权人未提交充分证据证明公司股东因怠于履行清算义务导致公司的主要财产、账册、重要文件等灭失致使公司无法进行清算的，对其要求股东对公司债务承担连带清偿责任的请求不应支持

福建省高级人民法院（2010）闽民终字第340号裁判理由：2003年10月8日，中油恒

盛公司股东会决议解散公司。2003年10月17日，该公司股东会决议成立清算组，并在报纸上公告通知了债权人，还编制了资产负债表，中油恒盛公司进入解散清算程序已是客观事实。中油恒盛公司在清算过程中，其法律人格继续存续，其虽主动申报2004年企业年检，但没有证据证明该公司在清算组成立后继续开展经营活动，因此上诉人主张中油恒盛公司在成立清算组后，又主动申报2004年企业年检，构成对法人人格存续的自证，该公司未进入实质清算程序的观点，缺乏理由，不能成立。在中油恒盛公司股东会决议成立清算组之前，原审法院根据本案原债权人泉州建行的申请，于2003年9月29日查封、扣押了中油恒盛公司的财产，后委托拍卖公司进行拍卖。中油恒盛公司清算时间虽然比较长，但上诉人并未提交充分证据证明被上诉人怠于履行义务，导致中油恒盛公司的主要财产、账册、重要文件等灭失，无法进行清算。故上诉人以《最高人民法院关于适用〈中华人民共和国公司法〉若干问题的规定（二）》第十八条第二款的规定要求被上诉人对中油恒盛公司的债务承担连带清偿责任的上诉理由，依据不足，本院不予采纳。

（七）公司股东虽有怠于履行清算义务的事实，但现有证据尚不足以认定公司股东怠于履行清算义务的行为直接导致公司主要财产、账册、重要文件等灭失而无法进行清算的，对公司债务不承担连带清偿责任

辽宁省高级人民法院（2015）辽审四民申字第00291号裁判理由：《最高人民法院关于适用〈中华人民共和国公司法〉若干问题的规定（二）》第十八条第二款规定："有限责任公司的股东、股份有限公司的董事和控股股东因怠于履行义务，导致公司主要财产、账册、重要文件等灭失，无法进行清算，债权人主张其对公司债务承担连带清偿责任的，人民法院应依法予以支持。"而本案中，被申请人大连保税区正洋国际贸易有限公司、被申请人大连永明产业有限公司作为大连永明消防装饰工程有限公司的股东，虽有怠于履行清算义务的事实，但现有证据尚不足以认定二被申请人怠于履行清算义务的行为直接导致大连永明消防装饰工程有限公司主要财产、账册、重要文件等灭失，无法进行清算。从本案相关事实看，2005年12月12日大连市西岗区人民法院作出（2005）西民执字第997号民事裁定，因大连永明消防装饰工程有限公司暂无财产可供执行，裁定终结执行程序，而大连永明消防装饰工程有限公司是在2009年12月29日因未年检被吊销营业执照，上述事实证明大连永明消防装饰工程有限公司在被吊销营业执照前已处于无财产可供执行状态。且本案在原审审理中被申请人大连保税区正洋国际贸易有限公司、被申请人大连永明产业有限公司已经提供了大连永明消防装饰工程有限公司的清算审计报告，证明大连永明消防装饰工程有限公司可以进行清算。依据上述事实和法律规定，原判认为"大连华威消防空调工程有限公司提出其与大连永明消防装饰工程有限公司之间的案涉债权在审计报告中没有体现的情形也不能直接得出该公司无法进行清算的结论"并判决驳回其诉讼请求，在处理结果上并无不当。

（八）公司清算义务系公司解散后全体股东共同义务，不因股东持股比例多少或对公司经营管理控制能力大小而有区别

北京市第一中级人民法院（2013）一中民终字第6082号裁判理由：《公司法》第一百八十一条规定"公司因下列原因解散……（四）依法被吊销营业执照、责令关闭或者被撤

销";第一百八十四条规定:"公司因本法第一百八十一条第(一)项、第(二)项、第(四)项、第(五)项规定而解散的,应当在解散事由出现之日起十五日内成立清算组,开始清算。有限责任公司的清算组由股东组成。"本案中,装饰公司被工商管理部门依法吊销企业法人营业执照时起装饰公司即已出现法定解散事由,应在被吊销之日起15日内成立由装饰公司股东组成的清算组开始清算。但时至今日,王某作为装饰公司唯一股东仍未开始对装饰公司进行清算。

装饰公司自注册成立至被吊销营业执照时止,共经营6年有余,但王某仅向法院提交了装饰公司2008年、2009年共计5张北京银行对账单,2008年借条1张,称装饰公司可据此进行清算。从装饰公司经营时间长短分析,王某提交的上述材料显然并非装饰公司全部财务账册,依《最高人民法院关于适用〈中华人民共和国公司法〉若干问题的规定(二)》第十八条第二款"有限责任公司的股东、股份有限公司的董事和控股股东因怠于履行义务,导致公司主要财产、账册、重要文件等灭失,无法进行清算,债权人主张其对公司债务承担连带清偿责任的,人民法院应依法予以支持"规定,在王某无法提交装饰公司全部账册、重要文件,另据生效判决认定的"因装饰公司遗留财产不足以清偿而未能执行"等情况下,应认定装饰公司目前无法正常进行公司清算,王某对此应承担相应法律责任,判决王某向科技公司清偿到期债务。

(九)有限责任公司清算组在清算工作中,未按《公司法》第一百八十五条及《公司法司法解释(二)》第十一条规定履行通知义务,给债权人造成了损失,侵犯了债权人合法财产权的,依法应对其损失承担连带赔偿责任

云南省昆明市中级人民法院(2011)昆民五终字第38号裁判理由:虽然本案在诉讼的标的金额上与工程款纠纷一案一致,但前案系工贸公司与装饰公司之间因承揽合同纠纷而发生的诉讼,而本案系因工贸公司在清算期间清算组未按法律规定履行通知义务,未通知债权人装饰公司申报债权而引起的清算责任纠纷,两案在诉讼当事人、案件事实及法律适用上均不相同,不属于因同一事实重复起诉情况。

工贸公司在股东会决议解散后,成立了清算组,其股东詹某、李某及财务人员邱某三人为清算组成员,负责开展清算工作。在清算期间,清算组仅登报刊发清算公告,并未采用书面方式向债权人装饰公司发出申报债权通知,以致装饰公司债权未能在工贸公司清算期间获得清偿。工贸公司清算组在清算工作中,未按《公司法》第一百八十六条及《公司法司法解释(二)》第十一条规定履行通知义务,给债权人装饰公司造成了损失,侵犯了装饰公司合法财产权,依法应对其损失承担连带赔偿责任。

依《公司法司法解释(二)》第十一条规定,对于未依照法律规定履行通知和公告义务,导致债权人未及时申报债权而未获清偿的,全体清算组成员均应承担赔偿责任,而不仅仅是清算义务人才承担此侵权赔偿责任。故工贸公司清算组虽由詹某、李某、邱某三人组成,邱某虽非工贸公司股东,但邱某作为清算组成员仍应对装饰公司损失承担连带赔偿责任。鉴于本案一审判决驳回装饰公司对邱某诉请后,装饰公司并未提出上诉,且上诉人詹某、李某亦未以邱某不承担连带赔偿责任的认定为由提出上诉,应视为装饰公司服从一审此项判决，故判决维持。

（十）只有股东、董事及控股股东怠于履行清算义务导致公司事实上已无法清算情况下，其才对公司债务负连带清偿责任

浙江省宁波市中级人民法院（2015）浙甬商终字第943号裁判理由：虽然胡某、王某作为石材公司股东在公司被吊销营业执照后，未在法定期限内履行清算义务，但公司财务账册由当时的公司财务经理黄某领取，而据黄某陈述，其受当时公司法定代表人顾某委托向公安机关领取了财务账册，并放置于顾某家中，可知石材公司财务账册并非由公司或胡某、王某保管。另外，法院在以石材公司为被执行人的系列执行案件中，已将石材公司厂房、设备、应收款作价，按比例分配给包括张某在内的各债权人，可知至石材公司被吊销营业执照时，石材公司主要财产已作价分配给各债权人。故张某称胡某、王某因怠于履行义务，导致石材公司主要财产、账册、重要文件等灭失，无法进行清算，理由不充分，证据不足，法院不予采信。为此，张某要求胡某、王某对公司尚欠张某款项承担连带清偿责任，不予支持。由于顾某在另案生效法律文书中已被认定其须与石材公司共同向张某就涉案款项承担清偿责任，故张某在本案中再要求顾某对此债务承担连带清偿责任理由不充分，判决驳回张某诉请。

（十一）股东因怠于履行清算义务，导致公司主要财产、账册、重要文件等灭失，无法进行清算的，应对公司债务承担连带清偿责任

（1）"怠于履行义务"，包括怠于履行依法及时启动清算程序进行清算的义务，也包括怠于履行妥善保管公司财产、账册、重要文件等的义务。有限责任公司的中小股东虽然是公司的清算义务人，但如果其不掌控公司的主要财产、账册、重要文件等，没有能力决定清算程序的启动和对公司主要财产、账册和重要文件进行妥善保管的，公司解散未依法清算时，如果该股东有证据能够证明其已及时向公司提出了依法清算申请或者向法院提出了强制清算申请，或者能够证明公司主要财产、账册和重要文件灭失导致公司无法清算系公司控股股东和实际控制人行为所致，与其行为无关的，则该股东可不承担对公司债务的连带清偿责任。

（2）清算义务人承担公司债务连带责任的前提是清算义务人怠于履行相关义务导致公司无法清算，落脚点在于"无法进行清算"。也就是说，由于清算义务人怠于履行及时启动清算程序进行清算的义务，以及怠于履行妥善保管公司财产、账册、重要文件等义务，导致公司清算所必需的公司财产、账册、重要文件等灭失而无法清算，如公司清算义务人、主要责任人员下落不明，或公司重要会计账簿、交易文件等灭失，无法查明公司资产负债情况的，或公司主要财产灭失无法合理解释去向的，或因公司财务制度不规范，无法确定公司账簿真实性与完整性而无法清算等情况下，负有相关义务的清算义务人要对公司的债务承担连带清偿责任。如果仅仅是公司未在法定的十五日期限内组成清算组开始清算，但并未达到"无法清算"程度的，则应由清算义务人在造成法人财产减少的范围内对公司债务承担补充赔偿责任，而不是连带责任。

（3）"无法清算"情形下对清算义务人无限责任的追究，不以启动清算程序为前提。只要债权人能够举证证明由于清算义务人怠于履行义务，导致公司主要财产、账册、重要文件等灭失，无法进行清算的，人民法院即应对其要求清算义务人承担连带责任的诉讼请求予以支持。这里主要是举证问题。如果债权人无法自行举证证明债务人"无法清算"的，可以先行向人民法院申请对债务人进行破产清算或者强制清算。人民法院依法受理债权人的破产清算申请或者强制清算申请后，由于债务人"人去楼空"无人提交，或者债务人的有关人员拒不向人民法院提交，或者提交不真实的财产状况说明、债务清册、债权清册、有关财务会计报告以及职工工资的支付情况和社会保险费用的缴纳情况，人民法院以无法清算或者无法依法全面清算为由裁定终结破产清算程序或者强制清算程序的，债权人即可依据人民法院作出的终结裁定另行向人民法院提起诉讼，请求判决清算义务人对公司债务承担无限责任。人民法院可以根据破产清算和强制清算中作出的无法清算和无法依法全面清算的裁定，径行作出判决，而无须债权人再行举证证明，即人民法院作出的无法清算和无法依法全面清算的终结裁定具有当然的证据效力。

（十二）股东怠于履行通知或者公告义务的，应承担赔偿责任

在浙江龙生房地产开发集团有限公司与陈维香清算责任纠纷一案中，杭州市中级人民法院在一审判决［案号：（2012）浙杭商外初字第277号］中认为：根据《中华人民共和国公司法》第一百八十五条之规定："清算组应当自成立之日起十日内通知债权人"，第一百八十九条之规定："清算组成员因故意或者重大过失给公司或者债权人造成损失的，应当承担赔偿责任。"《最高人民法院关于适用〈中华人民共和国公司法〉若干问题的规定（二）》第十一条规定："公司清算时，清算组应当按照公司法第一百八十五条的规定，将公司解散清算事宜书面通知全体已知债权人……未按照前款规定履行通知和公告义务，导致债权人未及时申报债权而未获清偿，债权人主张清算组成员对因此造成的损失承担赔偿责任的，人民法院应依法予以支持。"本案中，原告龙生公司代付律师费的事实发生在原中纺公司清算之前，被告陈维香作为原中纺公司的法定代表人、股东及清算组成员，在原中纺公司进行清算时，应当书面通知原告龙生公司申报债权。但被告陈维香未按法律规定进行通知，以未能反映真实债权债务情况的清算报告申请了原中纺公司的注销，导致原告龙生公司未能及时申报债权而未获清偿，损害了原告的利益，故被告陈维香应就原中纺公司的本案债务对原告龙生公司承担赔偿责任。对于原中纺公司其他清算组成员是否应承担责任，原告未作主张。被告陈维香抗辩称，原中纺公司的清算程序并未结束，陈维香个人并非本案的赔偿主体，对此本院认为，原中纺公司已经工商行政管理部门核准注销，被告陈维香亦在《公司清算报告》中签字确认原中纺公司已清算完毕，故该抗辩理由缺乏事实依据，本院不予采纳。并判令"被告陈维香于本判决生效之日起十日内赔偿原告浙江龙生房地产开发集团有限公司代偿律师费损失人民币20万元"。

一审后，陈维香上诉，浙江省高级人民法院作出（2014）浙商外终字第87号民事判决。随后，陈维香又向最高人民法院申请再审，最高人民法院在再审裁定［案号：（2015）民申字第2249号］中认为：原中纺公司清算组于2012年6月24日出具了《公司清算报告》，并于2012年6月27日经杭州市工商行政管理局核准办理了注销登记。陈维香作为清算组成员以及原中纺公司董事会成员在《公司清算报告》中签字确认原中纺公司已清算完

毕。《中华人民共和国公司法》要求清算组应当通知债权人，并在报纸上进行公告，仅履行刊登公告义务尚不构成对债权人的有效通知。因此原中纺公司清算组虽然在报纸上刊登了公告，但没有提供证据证明已书面通知债权人龙生公司有关公司清算及申报债权的事宜，从而导致龙生公司未能及时申报债权而遭受损失。因此，在原中纺公司已经注销的情况下，原审判决认定由原中纺公司清算组成员陈维香在接受原中纺公司资产范围内对涉案债务承担民事责任并无不当。陈维香关于已履行清算通知义务的再审申请理由亦不能成立。最终驳回了陈维香的再审申请。

实际上，无论是仅按程序通知债权人而没有公告，或者仅仅进行了公告而没有履行通知程序，又或者是二者皆没有正常进行的，均存在严重违反法定程序的情形，对此不利后果股东因为有相应的过错等而要承担相应的赔偿责任。

（十三）股东以虚假的清算报告骗取公司登记机关办理了注销登记的，应承担连带赔偿责任

在林铭洋与烟台银行股份有限公司清算责任纠纷再审一案［案号：（2015）民申字第916号］中，最高人民法院认为：《公司法》所规定的公司解散清算程序，是指在公司非因破产原因解散后，按照《公司法》规定的程序所进行的清算活动。适用该解散清算程序的前提是公司的财产能够清偿全部债务，当公司财产不能足额清偿债务或者明显缺乏清偿能力时，依法应当进行破产清算。《公司法》第一百八十七条第一款规定："清算组在清理公司财产、编制资产负债表和财产清单后，发现公司财产不足清偿债务的，应当依法向人民法院申请宣告破产。"《企业破产法》第七条第三款规定："企业法人已解散但未清算或者未清算完毕，资产不足以清偿债务的，依法负有清算责任的人应当向人民法院申请破产清算。"据此，本案中，申请人林铭洋和林华夫妻作为康宇公司、永恩公司的仅有两名股东，分别担任两公司的法定代表人，在自行清算的过程中，在明知该两公司的资产不足以清偿案涉烟台银行债权的情况下，既未通知烟台银行申报债权，亦未依法向人民法院申请进行破产清算，反而以虚假的清算报告骗取公司登记机关办理了注销登记，其行为损害了债权人烟台银行的利益，依法应当认定为故意侵权行为。

关于申请人林铭洋、林华应当承担的责任范围问题。一方面，《公司法》第一百八十九条第三款规定："清算组成员因故意或者重大过失给公司或者债权人造成损失的，应当承担赔偿责任。"申请人的违法清算行为的直接后果，就是导致债权人烟台银行因债务清偿主体消灭而无法主张债权，故原审判决将申请人的违法清算行为给烟台银行所造成的损失认定为债权本息的全部，并无不当，本院予以维持。另一方面，在债务人企业资不抵债的情况下，通过依法进行破产清算的制度设计，在保证债权人就公司全部财产公平受偿的同时，也为债务人企业提供了破产免责的救济。该破产免责的法律后果在合法免除债务人企业不能清偿的部分债务的同时，也隔断了股东对公司债务的责任，使得股东受到有限责任原则的保护。本案中，申请人林铭洋、林华自行实施的违法清算行为，系对法人独立地位和股东有限责任的滥用，既不能产生债务人康宇公司和永恩公司免于清偿部分债务的法律后果，同时，作为股东的林铭洋、林华也不再受到股东有限责任原则的保护。《公司法》第二十条第三款规定：

"公司股东滥用公司法人独立地位和股东有限责任，逃避债务，严重损害公司债权人利益的，应当对公司债务承担连带责任。"据此，申请人林铭洋、林华亦应当对康宇公司和永恩公司的全部债务承担责任。

对于股东以虚假的清算报告骗取注销登记的行为，明显是滥用股东权利故意侵犯债权人利益，故应对违法清算承担责任，对公司的债务承担赔偿责任。

（十四）诉请债务人原股东承担清算责任，不构成重复诉讼

在河北省沧州市中级人民法院（2013）沧立民终字第 191 号（详见《无锡市洋利特钢管有限公司诉李世岐等清算责任纠纷案——案件受理审查时如何正确认定"重复诉讼"》，栗保东，载《人民法院案例选》）中，基本案情为：2012 年 1 月，生效判决判令管件公司返还钢铁公司买卖合同货款 19 万余元。同年 9 月，钢铁公司发现管件公司于 2012 年 5 月已清算并解散，遂以清算组成员及股东李某、祁某为被告诉请赔偿损失。关于钢铁公司是否构成重复诉讼，成为争议焦点之一。法院认为：①钢铁公司认为管件公司股东李某、祁某作为清算组成员在清算过程中存在过错，依《最高人民法院关于适用〈中华人民共和国公司法〉若干问题的规定（二）》第十一条第二款规定，请求李某、祁某予以赔偿，属清算责任纠纷诉讼。而已经裁判、执行并已终结执行的钢铁公司诉管件公司买卖合同纠纷案，争议双方当事人为钢铁公司和管件公司，争议标的系双方因买卖合同关系产生的权利义务关系。②两案被告不同、争议标的即诉争权利义务关系不同，不符合"一事"认定标准。钢铁公司起诉，符合《民事诉讼法》规定的起诉条件，不属重复诉讼，不违背"一事不再理"原则，法院应予受理。

（十五）对于知道或者应当知道的债权人应认定为已知债权人

《公司法司法解释（二）》第十一条第一款规定："公司清算时，清算组应当按照公司法第一百八十五条的规定，将公司解散清算事宜书面通知全体已知债权人，并根据公司规模和营业地域范围在全国或者公司注册登记地省级有影响的报纸上进行公告。"可见，清算组应当以书面形式通知已知债权人公司解散清算事宜。但法律并未明确规定已知债权人的条件，笔者以为认定已知债权人应当把握以下标准：

1. "已知"的主体限于债务人

已知债权人应系债务人"已知"，而非债权人、第三人或者法院"已知"。实践中存在着债权人或第三人知道债权债务关系的存在，而债务人并不知情的情形。此时由于债务人并不知晓债权人，因此在债务人进行公司清算时，该债权人只能认定为未知债权人。

2. 已知债权人应是特定的人

合同具有相对性，合同交易对象的双方是确定的，由此形成的债权债务关系的当事人也应是特定的。不特定的债权人只能属于未知债权人范畴。不特定的债权人大多存在于公司侵权类纠纷中，如果公司的侵权行为侵害了不特定的相对人的利益，由此形成的债权债务关系在债权人主张之前，该债权人就属于不特定债权人，环境污染侵权责任就是典型。

3. 认定已知债权人不以记载于债务人的公司账册凭证、公司决议为前提

若债权人的地位记载于债务人公司的相关文件中，自然应认定为已知债权人。但实践

中，经常存在公司财务账目记载混乱，会计账册丢失等经营管理不规范的现象，因此仅仅以债务人公司内部文件是否记载作为判断是否为已知债权人的标准，对于债权人来说有失公允。在此种情况下，债权人如果能够提交双方存在债权债务关系的证明，比如合同书、询证函、对账函、承诺函、发货证明、往来邮件等，即可以确定其已知债权人身份。

4. 对于债权已经明确存在，只是债权数额尚未最终确定的债权人，应认定为已知债权人

在发生业务往来或者侵权行为后，当事人还未经结算或赔偿，债务人与债权人之间未形成询证函、对账函、付款协议等书面文件时，债权数额尚未得到明确，但并不影响债权人为已知债权人的认定。也就是说，双方仅对债权金额的大小存在争议，但对于争议债权的存在是明知的，债务人对于该债权的清偿结果具有可预见性，此时债权人应当认定为已知债权人。

5. 已知债权人的认定不以债权人曾经明确向债务人主张过债权为必要条件

债权人曾经向债务人主张过其合法有效的债权，在债务人公司进行清算时，其为已知债权人自不待言。但在有些情况下，债权人的债权尚未届清偿期，或者虽已届清偿期但债权人还未主张，不能因为债权人未主张便认定债务人对该笔债权不知情，从而否定其已知债权人的身份。特别是在债务人为了逃避债务恶意注销公司的情况下，经常以债权人未主张过债权因而属于未知债权人为由，未经书面通知便将公司注销。

【拓展案例】

丁春月、陆燕霞清算责任纠纷[①]

杭疗直属院区与康仁美公司在2011年至2016年间有业务合作，并且双方陆续就有关合作事项签订了《合作协议》《健康管理市场拓展合作协议》等协议。上述协议约定，康仁美公司以自身资源开拓客户至杭疗直属院区进行体检。杭疗直属院区则按体检业务收入的一定比例支付康仁美公司体检"劳务费"或者称"业务拓展费"及"住宿费"提成。其中对"劳务费"提成比例约定为按当年体检业务量的10%或者15%提取，并约定业务量以到达杭疗直属院区账户为原则，对于结算方式则约定为相关费用到达疗养院账户后，每月进行1至2次"拓展费"（劳务费）结算。对"住宿费"则按照住宿费的10%计提提成。其中，2011年至2016年间，康仁美公司"住宿费"提成总计为91264.2元。

除此以外，杭疗直属院区在双方于2014年1月1日签订的《健康管理市场补充协议》中同意康仁美公司通过招聘导医、护士和营销人员的方式拓展业务，并在体检实际费用外再加收10%至15%的"咨询服务费"用于支付上述人员的劳务报酬等费用。相关费用随体检费用一起转入杭疗直属院区财务并列入暂收科目作为预留款。该"咨询服务费"并不能直接支取，而是通过康仁美公司开具相关发票"报销"或以自有客户体检、住宿、餐饮费用抵扣的形式全额返还给康仁美公司。截至2016年1月22日，康仁美公司在杭疗直属院区预

[①] 参见浙江省杭州市中级人民法院民事判决书（2019）浙01民终6575号。来源：中国裁判文书网http://wenshu.court.gov.cn。

留"咨询服务费"累计12052305元,其中包含杭州一二八医院当庭认可的应当返还给康仁美公司的由被告陆燕霞于2016年1月22日自行交入"预留款"账户的761元。除康仁美公司自有客户在杭疗直属院区累计消费抵扣11262617元外,杭疗直属院区又以转账的方式累计支付给康仁美公司"咨询服务费"1474463.6元。此外,2016年1至4月间,康仁美公司自有客户又在杭疗直属院区体检、餐饮、住宿共计花费56523元。截至2016年4月底,杭疗直属院区合计向康仁美公司多支付"咨询服务费"742059.6元。

另查明:1. 2016年3月31日,杭疗直属院区与康仁美公司签订《终止健康管理市场合作协议》,约定自该终止协议签订日起终止双方的健康管理市场拓展合作,并就善后事宜约定如下:

"1. 乙方(康仁美公司)应主动协调推荐客户在甲方(杭疗直属院区)消费相关费用的结清、体检报告的落实等事宜。2. 乙方继续组织来院体检的业务,甲方有义务指派工作人员协调院内相关保障事项,并提供优质服务。"

2. 康仁美公司成立于2010年4月15日,股东为丁春月、陆燕霞。因康仁美公司的股东会决议解散公司并成立由丁春月、陆燕霞组成的清算组,清算组于2017年1月11日在《每日商报》刊登公司注销清算公告,于2017年7月11日向杭州市下城区市场监督管理局提交清算报告和注销登记申请。同日,杭州市下城区市场监督管理局核准并注销营业执照。

3. 根据中国人民解放军部队调整改革部署,原南京军区杭州疗养院已转隶为中国人民解放军空军杭州特勤疗养中心。

4. 由杭州市卫生和计划生育委员会于2017年7月25日颁发的、全国唯一识别码为330033401、登记号为PDY10008833010611A1001的《医疗机构执业许可证》及杭州市卫生局关于同意南京军区杭州疗养院第二名称为"杭州第一二八医院"的批复"杭卫发〔2008〕248号"、杭州市卫生局关于同意南京军区杭州疗养院变更第二院名为"杭州一二八医院"的批复"杭卫发〔2008〕267号"证实杭州市一二八医院系南京军区杭州疗养院的第二名称。

杭州一二八医院向一审法院提出诉讼请求:一、判令丁春月、陆燕霞连带赔偿杭州一二八医院损失741298.6元。二、丁春月、陆燕霞承担本案诉讼费用。

一审法院认为:综合庭审中的证据及丁春月、陆燕霞和杭州一二八医院双方的陈述,本案的争议焦点在于:1. 杭州一二八医院主体是否适格;2. 本案应当适用何种案由;3. 杭州一二八医院是否对康仁美公司享有债权;4. 本案丁春月、陆燕霞是否应承担赔偿责任。

关于杭州一二八医院诉讼主体是否适格的问题。根据查明的事实,虽然杭疗直属院区为案涉一系列协议的合同相对人,但从杭州市卫生和计划生育委员会颁发的《医疗机构执业许可证》中的全国唯一识别码、医疗机构名称及登记号的记载以及杭州市卫生行政部门关于南京军区杭州疗养院第二名称的相关批复可以明确南京军区杭州疗养院和杭州一二八医院系同一机构的不同名称。且根据中国人民解放军空军杭州特勤疗养中心(原南京军区杭州疗养院已转隶为中国人民解放军空军杭州特勤疗养中心)出具的《情况说明》证实中国人民解放军南京军区杭州疗养院直属院区系原南京军区杭州疗养院的下属机构,现因军改原因中国人民解放军南京军区杭州疗养院直属院区的名称已经撤销,此前所有对外事项均由杭州一二八医院承继,故杭州一二八医院具备本案原告诉讼主体资格,对丁春月、陆燕霞主张杭州一二八医院原告主体不适格的抗辩理由,该院不予采信。

关于本案应当适用何种案由的问题。案由是根据当事人诉争法律关系的性质予以确定。清算责任纠纷指清算组成员在清算期间因故意或过失给公司造成损失,应承担赔偿责任的纠纷。本案中,杭疗直属院区与康仁美公司签订《合作协议》《健康管理市场拓展合作协议》《健康管理市场拓展补充协议》等协议,双方存在合同关系,后康仁美公司注销。虽本案纠纷是杭疗直属院区与康仁美公司履行合同所引起的,但杭州一二八医院以由陆燕霞、丁春月所组成的清算组在明知杭疗直属院区对康仁美公司享有债权的情况下,违反《中华人民共和国公司法》的规定,未书面通知杭疗直属院区申报债权,且存在制作虚假清算报告骗取工商行政管理部门注销登记,丁春月、陆燕霞应对康仁美公司债务承担赔偿责任而提起的诉讼,符合清算责任纠纷的相关规定,故本案以清算责任纠纷进行审理并无不当。

关于杭州一二八医院是否对康仁美公司享有债权的问题。从杭疗直属院区与康仁美公司签订的《健康管理市场拓展合作协议》《合作协议》《健康管理市场拓展补充协议》及杭州一二八医院与丁春月、陆燕霞双方的当庭陈述可以确认,杭疗直属院区应支付给康仁美公司的款项由三部分构成:一是在正常体检费用之外加收10%至15%不等的"咨询服务费"。根据该院已查明的事实可以确认,截至2016年4月底,杭疗直属院区合计向康仁美公司多支付"咨询服务费"742059.6元。二是按照住宿业务量的10%比例提取的"住宿费"提成。鉴于杭州一二八医院与丁春月、陆燕霞双方对于"住宿费"提成总计为91264.2元且已结清的事实并无争议,故该院对该笔"住宿费"提成的金额及已结清的事实予以确认。三是关于体检费提成(劳务费又称业务拓展费)的问题。丁春月、陆燕霞提出杭疗直属院区并未按照协议的约定以体检业务总量的15%提取并支付"劳务费",且直至康仁美公司在注销时,杭疗直属院区仍欠康仁美公司60556.79元,康仁美公司并非杭疗直属院区债务人而是债权人的抗辩意见,该院认为,丁春月、陆燕霞的该项抗辩意见系其认为杭州一二八医院仍有部分应付"劳务费"未按协议约定的15%的比例结算,对此,丁春月、陆燕霞负有举证责任。根据丁春月、陆燕霞提供的证据即2013年至2016年的"疗养体检劳务费财务报账单据",除其中五份没有当事人签字外,其余均经过被告陆燕霞或代理人签字确认,且自2011年双方开展合作后至2016年3月合作终止,直至2017年康仁美公司清算注销,康仁美公司及丁春月、陆燕霞均未向杭疗直属院区就提成比例或提成金额向杭疗直属院区提出过异议。且上述报账单据显示双方的结算时间均为每月月初或月中,也与杭疗直属院区与康仁美公司签订的《健康管理市场拓展合作协议》《合作协议书》中关于账款到达疗养院账户后,每月与合作方进行1至2次"市场拓展费"结算的约定相互印证。而丁春月、陆燕霞提供的证据不足以证明杭疗直属院区应支付康仁美公司的"劳务费"为4473963.45元,故该院对杭疗直属院区向康仁美公司超额支付的742059.6元享有债权的事实予以确认。而杭州一二八医院作为杭疗直属院区被撤销后权利义务继受主体,也承继了对康仁美公司的上述债权。但杭州一二八医院因计算方式原因,将陆燕霞自行交入预收款账户的761元进行了重复扣减,导致其主张丁春月、陆燕霞赔偿的"咨询服务费"为741298.6元,但因上述金额未超过康仁美公司实际超额支取的742059.6元,该院对杭州一二八医院主张的741298.6元的债权的诉讼请求亦予以支持。

关于本案丁春月、陆燕霞是否应承担赔偿责任的问题。该院认为，认定是否应承担赔偿责任的关键在于丁春月、陆燕霞作为清算义务人在康仁美公司清算过程中是否因怠于履行通知义务及是否存在采用虚假信息骗取工商登记主管部门给予注销登记的情形导致杭州一二八医院债权无法受偿，从而对杭州一二八医院的债权承担连带清偿责任。康仁美公司于2017年1月9日开始清算，并于2017年7月11日办理了注销登记。依据《最高人民法院关于适用〈中华人民共和国公司法〉若干问题的规定（二）》第十一条的规定，公司清算时，清算组应当按照公司法第一百八十五条的规定，将公司解散清算事宜书面通知全体已知债权人，并根据公司规模和营业地域范围在全国或者公司注册登记地省级有影响的报纸上进行公告。清算组未按照前款规定履行通知和公告义务，导致债权人未及时申报债权而未获清偿，债权人主张清算组成员对因此造成的损失承担赔偿责任的，人民法院应依法予以支持。被告陆燕霞、丁春月作为清算组成员既未书面通知已知债权人杭疗直属院区，且刊登公告的《每日商报》为杭州日报报业集团所属的市级报纸，既非全国性报纸也非康仁美公司注册登记地省级有影响的报纸。此外，依据《最高人民法院关于适用〈中华人民共和国公司法〉若干问题的规定（二）》第十九条的规定，有限责任公司的股东、股份有限公司的董事和控股股东，以及公司的实际控制人在公司解散后，恶意处置公司财产给债权人造成损失，或者未经依法清算，以虚假的清算报告骗取公司登记机关办理法人注销登记，债权人主张其对公司债务承担相应赔偿责任的，人民法院应依法予以支持。而康仁美公司编制的清算报告记载的"债权、债务已经清理完结，截至2017年7月11日，共有总资产1元，总负债0元，净资产1元及偿还债务后剩余的净资产按股东出资比例分配"，清算结论与其尚对杭疗直属院区负有债务的事实不符，也与其资产负债表中载明的"所有者权益合计-176867.26元"不符，故康仁美公司的清算程序不符合法律规定。综上所述，丁春月、陆燕霞作为清算组成员，在清算、注销康仁美公司过程中，既未书面通知已知债权人杭疗直属院区，亦未在康仁美公司注册地省级有影响的报纸进行公告，同时也未如实按照康仁美公司资产负债情况制作清算报告，存在以虚假清算报告骗取登记机关办理康仁美公司的注销登记的情况，明显存在重大过失。故丁春月、陆燕霞作为清算义务人应对康仁美公司所欠杭州一二八医院的债务承担赔偿责任。故杭州一二八医院要求被告丁春月、陆燕霞对康仁美公司对其债务承担连带责任的请求合理，该院予以支持。

关于赔偿范围的问题。由于康仁美公司已注销，杭州一二八医院无法向康仁美公司主张债权，因此其损失应为康仁美公司对杭疗直属院区的欠款及资金占用期间的利息。杭州一二八医院自愿变更诉讼请求，放弃对资金占用期间利息损失的主张，未加重被告负担，该院予以准许。

综上所述，依照《中华人民共和国公司法》第一百八十三条、第一百八十九条，《最高人民法院关于适用〈中华人民共和国公司法〉若干问题的规定（二）》第十一条、第十九条，《最高人民法院关于适用〈中华人民共和国民事诉讼法〉的解释》第九十条之规定，判决如下：丁春月、陆燕霞于本判决生效之日起十日内赔偿杭州一二八医院人民币741298.6元。如果丁春月、陆燕霞未按本判决指定的期间履行给付金钱义务，应当依照《中华人民共和国民事诉讼法》第二百五十三条之规定，加倍支付迟延履行期间的债务利息。本案受理费11213元（杭州一二八医院预交11806元），由丁春月、陆燕霞负担。杭州一二八医院于本判决生效之日起十五日内向该院申请退费，丁春月、陆燕霞于本判决生效之日起七日内，向该院交纳应负担的诉讼费。

二审法院认为，本案首先要确定杭州一二八医院是否有诉讼主体资格。对此，本院分析如下：案涉合同的相对方是南京军区杭州疗养院直属院区。但杭州市卫生和计划生育委员会颁发的《医疗机构执业许可证》和杭州市卫生局作出的杭卫发〔2008〕267号批复均显示南京军区杭州疗养院与杭州一二八医院为同一机构的不同名称。现双方当事人均认可南京军区杭州疗养院直属院区名称已撤销，一审法院据此认定其权利义务由杭州一二八医院承继，有事实和法律依据，本院予以支持。

第二，依照《最高人民关于适用〈中华人民共和国公司法〉若干问题的规定（二）》第十一条之规定，公司清算时，清算组应当将公司解散清算事宜书面通知全体已知债权人，清算组未履行通知义务，导致债权人未及时申报债权而未获清偿，债权人主张清算组成员对因此造成的损失承担赔偿责任的，人民法院应依法予以支持。现康仁美公司已清算注销，且清算组并未通知杭州一二八医院，因此本案的争议核心在于康仁美公司清算时，杭州一二八医院是否为康仁美公司的已知债权人。本案中，杭州一二八医院主张康仁美公司超额领取的咨询服务费741298.6元应予返还，结合前述分析，本案的二审的争议焦点在于杭州一二八医院的该主张是否成立。对此，本院分析如下：杭州一二八医院主张的金额由两部分组成：一部分是2014年9—12月以转账形式给康仁美公司的四笔款项合计685536.6元；另一部分是2016年1月至4月期间，康仁美公司自有客户在一二八医院体检、住宿等产生的56523元费用。虽杭州一二八医院提供的《预交款使用明细》有"0全清"的记载，但案涉款项均未体现在《预交款使用明细》的"0全清"记载之前，故对于杭州一二八医院主张案涉款项系其在合同之外多支付给康仁美公司的意见，本院予以采纳。且在"0全清"的记载外，康仁美公司与杭州一二八医院还存在10笔预交款使用明细，丁春燕、陆燕霞认可了其中的6笔，却以"0全清"为由不认可剩余4笔，该抗辩意见存在矛盾之处，本院不予采纳。丁春月、陆燕霞还上诉称对领取的款项金额无异议，但该款项并非咨询服务费，而是用于补偿历年未足额支付的劳务费。对此，本院认为：杭疗直属院区需支付给康仁美公司的劳务费和咨询服务费体现在双方签订的不同合同中，前者为《合作协议书》和《健康管理市场拓展合作协议》，后者为《健康管理市场拓展补充协议》。两笔款项的性质、结算方式、申请手续均不同。且以上款项均有康仁美公司和丁春月确认的《代收服务费返还说明》相佐证，故对于通过该四笔报销多收取的685536.6元款项，康仁美公司附有返还的义务。2016年1月至4月期间，康仁美公司自有客户在杭州一二八医院体检、住宿等产生的56523元费用，亦与业务咨询费的结算方式相一致。因此对于杭州一二八医院主张的该款项系多支付的业务咨询费的意见，本院亦予以采纳，康仁美公司应返还该款项。扣除重复计算的761元，康仁美公司有义务返还741298.6元。对一审法院的该认定，本院予以支持。

本案中，康仁美公司报销案涉款项的票据上不仅有康仁美公司的盖章，还有丁春月的签字，部分报销的经办人为陆燕霞，因此可认定丁春月、陆燕霞明知以上款项的存在，杭州一二八医院为康仁美公司的已知债权人。丁春月、陆燕霞作为康仁美公司清算组成员未履行通知义务，应对杭州一二八医院未获清偿的款项负赔偿责任。

综上，上诉人丁春月、陆燕霞的上诉理由不成立，应予驳回；一审判决认定事实清楚，适用法律正确。据此，依照《中华人民共和国民事诉讼法》第一百七十条第一款第（一）项之规定，判决驳回上诉，维持原判。